Steuerwissenschaftliche Schriften

Herausgegeben von

Prof. Dr. Lars P. Feld, Walter Eucken Institut, Freiburg i. Br.
Prof. Dr. Ekkehart Reimer, Universität Heidelberg
Prof. Dr. Christian Waldhoff, Humboldt-Universität zu Berlin

Band 67

Jacob Hörnle

Gesellschaftsrechtliche Maßgaben für eine Gruppenbesteuerung ohne Gewinnabführungsvertrag

Nomos

C.H.BECK

Die Deutsche Nationalbibliothek verzeichnet diese Publikation in der Deutschen Nationalbibliografie; detaillierte bibliografische Daten sind im Internet über http://dnb.d-nb.de abrufbar.

Zugl.: Potsdam, Univ., Diss., 2017

ISBN 978-3-8487-5195-2 (Print)
ISBN 978-3-8452-9390-5 (ePDF)

1. Auflage 2019

Für Hannah, Emilia und Luise

Vorwort

Die vorliegende Arbeit wurde im Sommersemester 2017 von der rechtswissenschaftlichen Fakultät der Universität Potsdam als Dissertation angenommen. Rechtsprechung und Literatur konnten bis Anfang Juni 2017 berücksichtigt werden.

Die Arbeit entstand während meiner anwaltlichen Tätigkeit bei ZENK Rechtsanwälte in Berlin. Der Sozietät und insbesondere Herrn Rechtsanwalt Jan Birkefeld, LL.M. gebühren mein Dank für die wie selbstverständlich gewährte Unterstützung und Rücksichtnahme.

Mein besonderer Dank gilt meinem Doktorvater Herrn Prof. Dr. Tilmann Bezzenberger, der mich zur Erstellung der Arbeit ermutigt und mir auch ohne Lehrstuhlangehörigkeit seine Betreuung angeboten hat. Er hat mich während der gesamten Promotionszeit mit großem Einsatz unterstützt. Herrn Professor Dr. Andreas Musil danke ich für die zügige Erstellung des Zweitvotums.

Ebenfalls bedanken möchte ich mich bei der Johanna und Fritz Buch Gedächtnis-Stiftung für die finanzielle Förderung der Veröffentlichung meiner Arbeit durch die Gewährung eines Druckkostenzuschusses.

Von Herzen danke ich auch meinen Eltern Frau Dr. Ruth Hörnle und Herrn Rainer Hörnle, die mich während meiner gesamten juristischen Ausbildung und der Promotionszeit unterstützt haben und mir in allen Lebenslagen stets eine verlässliche Stütze sind.

Mein größter Dank gilt meiner Frau Juliane Hörnle, die meine Promotion von Anfang an unterstützt und mir den Rücken gestärkt und damit großen Anteil am Gelingen dieses Vorhabens hat. Unsere gemeinsamen Kinder haben mir in den letzten Jahren unendlich viel Freude geschenkt und mich auf ihre ganz eigene Weise Tag für Tag motiviert. Ihnen widme ich diese Arbeit.

Berlin, im Oktober 2018 Jacob Hörnle

Inhaltsverzeichnis

Abkürzungsverzeichnis

a. A.	anderer Ansicht
a. E.	am Ende
AEUV	Vertrag über die Arbeitsweise der Europäischen Union
a. F.	alte Fassung
AG	Aktiengesellschaft
AktG	Aktiengesetz
allg.	allgemein
Alt.	Alternative
Anh.	Anhang
AO	Abgabenordnung
BayObLG	Bayerisches Oberstes Landesgericht
Begr.	Begründer
BFH	Bundesfinanzhof
BGB	Bürgerliches Gesetzbuch
BGBl.	Bundesgesetzblatt
BGH	Bundesgerichtshof
BMF	Bundesministerium der Finanzen
bspw.	beispielsweise
BStBl.	Bundessteuerblatt
BT-Drucks.	Bundestag-Drucksache
BVerfG	Bundesverfassungsgericht
bzw.	beziehungsweise
CDU	Christlich Demokratische Union Deutschlands
CSU	Christlich-Soziale Union in Bayern
d. h.	das heißt
ders.	derselbe
dies.	dieselben
DrittelbG	Drittelbeteiligungsgesetz
EDV	elektronische Datenverarbeitung
EStG	Einkommensteuergesetz
EU	Europäische Union
EuGH	Gerichtshof der Europäischen Union
e. V.	eingetragener Verein
etc.	et cetera
f.	folgende

ff.	fortfolgende
FDP	Freie Demokratische Partei
FG	Finanzgericht
Fn.	Fußnote
FS	Festschrift
gem.	gemäß
GewStG	Gewerbesteuergesetz
ggfs.	gegebenenfalls
GmbH	Gesellschaft mit beschränkter Haftung
GmbHG	Gesetz betreffend die Gesellschaften mit beschränkter Haftung
GoB	Grundsätze ordnungsmäßiger Buchführung
grds.	grundsätzlich
GuV	Gewinn- und Verlustrechnung
HGB	Handelsgesetzbuch
Hrsg.	Herausgeber
Hs.	Halbsatz
h. M.	herrschende Meinung
IFSt	Institut Finanzen und Steuern e. V.
i. E.	im Ergebnis
i. R. v.	im Rahmen von
i. S. d.	im Sinne der/des
i. S. v.	im Sinne von
i. V. m.	in Verbindung mit
KG	Kammergericht
KGaA	Kommanditgesellschaft auf Aktien
KStG	Körperschaftsteuergesetz
KStR	Körperschaftsteuerrichtlinie
LG	Landgericht
mbH	mit beschränkter Haftung
MitbestG	Mitbestimmungsgesetz
Mrd.	Milliarden
m. w. N.	mit weiteren Nachweisen
n. F.	neue Fassung
öKStG	österreichisches Körperschaftsteuergesetz
OLG	Oberlandesgericht
OVG	Oberverwaltungsgericht
RFH	Reichsfinanzhof
Rn.	Randnummer
Rspr.	Rechtsprechung

s.	siehe
SE	Societas Europaea
sog.	sogenannt
SolZG	Solidaritätszuschlagsgesetz 1995
str.	streitig
u. a.	unter anderem
Urt.	Urteil
UStAE	Umsatzsteueranwendungserlass
UStG	Umsatzsteuergesetz
u. U.	unter Umständen
vgl.	vergleiche
VZ	Veranlagungszeitraum
z. B.	zum Beispiel
ZPO	Zivilprozessordnung
z. T.	zum Teil

A. Einleitung

I. Einführung in die Problematik

»*Der Konzern existiert weder in einer geschlossenen Theorie noch im Gesetz, er ist ein reales Phänomen, er beherrscht die Unternehmenspraxis.*«[1] So charakterisiert Theisen die Realität des Konzerns und der Konzernlehre und weist damit nicht nur auf die Bedeutung von Konzernen in der Lebenswirklichkeit hin, sondern auch auf den Umstand, dass es für Konzerne – obwohl sie Gegenstand wissenschaftlicher Auseinandersetzungen in der Wirtschafts-, Rechts- und Steuerlehre sind – keine präzise Definition zu geben scheint. Weder zwischen den verschiedenen Wissenschaften, noch innerhalb der einzelnen Disziplinen kann ein Konsens über die notwendigen Merkmale eines Konzerns ausgemacht werden.[2] Jede Wissenschaft ist ihrem Blickwinkel verhaftet und rückt die ihr maßgeblich erscheinenden Aspekte des Realphänomens »Konzern« in den Vordergrund. Die Wirtschaftswissenschaften betonen die wirtschaftliche Einheit der Konzernunternehmung und die dienende Aufgabe der Konzernstruktur für die Verfolgung eines wirtschaftlichen Ziels, während die Art und Weise, auf welche die wirtschaftliche Einheit vermittelt und die Struktur organisiert wird, gegenüber der Zielsetzung nachrangig ist.[3] Die Rechtswissenschaften rücken die rechtlichen Beziehungen zwischen den einzelnen Konzernunternehmungen, die Möglichkeiten der Einflussnahme der Konzernobergesell-

---

1 *Theisen,* Der Konzern, S. 1.

2 Ausführlich zu den verschiedenen Begrifflichkeiten und Definitionsansätzen im deutschen Recht und auch dem Fehlen einer einheitlichen betriebswirtschaftlichen Definition *Witt,* Die Konzernbesteuerung, S. 135 ff.

3 *Theisen* definiert als Konzernunternehmung *»jede autonome Entscheidungs- und Handlungseinheit [...] die mehrere [...] Unternehmen und Betriebe umfasst, die als wirtschaftliche Einheit in personeller, institutioneller und / oder funktioneller Hinsicht zeitlich befristet oder auf Dauer im Rahmen entsprechender Planungen ein gemeinsames wirtschaftliches Ziel verfolgen.«* Er betont, dass im Mittelpunkt des betriebswirtschaftlichen Interesses die Bewältigung der Zielsetzung, also das Erreichen des gemeinsamen wirtschaftlichen Ziels, steht, während es von nachrangiger Bedeutung sei, wie der Konzern rechtlich strukturiert sei und ob die Einheit durch Kapitalbeteiligungen, Verträge oder langfristige Lieferbedingungen herbeigeführt werde, *Theisen,* Der Konzern, S. 127.

schaft auf die Konzernuntergesellschaften und die rechtlichen Grenzen dieser Einflussnahme bzw. die Verantwortung für diese in den Vordergrund.[4] Die Legaldefinition in § 18 AktG nennt als maßgebliches Kriterium eines Konzerns die einheitliche Leitung der Konzernunternehmen, die in der Regel durch einen beherrschenden Einfluss i. S. v. § 17 AktG seitens des leitenden Unternehmens ermöglicht wird. Und das Konzernsteuerrecht konzentriert sich auf die Voraussetzungen, unter denen rechtlich selbständige Unternehmen und Steuerrechtssubjekte für Besteuerungszwecke als Einheit behandelt werden können, sowie Art, Weise und Reichweite dieser Behandlung. In der Praxis spielen bei Entscheidungen über die Organisation eines Unternehmens oder Unternehmensverbundes indes wirtschaftliche, rechtliche und steuerliche Aspekte gleichermaßen eine Rolle. Denn die verantwortlichen Akteure werden eine bestimmte Struktur nur wählen, wenn sie wirtschaftliche Vorteile bietet, gleichzeitig aber sicherstellt, dass rechtlich abgesicherte Einflussmöglichkeiten der »Konzernspitze« über die einzelnen Glieder des Verbundes bestehen und keine unnötigen Haftungsrisiken[5] entstehen. Die steuerrechtliche Behandlung der Struktur ist dabei ein ganz wesentlicher Aspekt im Rahmen der wirtschaftlichen Folgenbetrachtung. Das Fehlen einer »geschlossenen Konzerntheorie« ist somit nicht als Mangel oder Versäumnis zu verstehen, sondern vielmehr als Symptom des Konzerns als Realphänomen, das wirtschaftliche, rechtliche und steuerliche Dimensionen hat und daher nicht isoliert wirtschaftlich, rechtlich oder steuerlich betrachtet werden kann.

Anders als des Gesellschaftsrecht, das den Begriff des Konzerns in § 18 Abs. 1 Satz 1 AktG legaldefiniert, kennt das Steuerrecht den Konzern als eigenständigen Begriff nicht und regelt auch nicht, was einen Konzern im Allgemeinen ausmacht oder welche verschiedenen Erscheinungsformen dieses Phänomens existieren.[6] Auch existiert kein einheitliches »Konzern-

---

4 *Habersack* beschreibt das Konzernrecht als die Befassung mit Fragen *»nach der Zulässigkeit und den gesellschaftsrechtlichen Voraussetzungen für die Entstehung solcher Unternehmensverbindungen, vor allem aber nach den Schranken, die der Verfolgung der spezifischen Interessen des Mehrheitsgesellschafters gesetzt sind, schließlich nach den Auswirkungen der Unternehmensverbindung auf die Verfassung der an ihr beteiligten Gesellschaften«*, *Habersack* in: *Emmerich/Habersack*, Konzernrecht, Einleitung Rn. 1.

5 Zur Haftungs- oder Risikosegmentierung als das *»zentrale Ziel«* der Bildung von Kapitalgesellschaftskonzernen s. *Hommelhoff*, ZGR 2012, 535 [535 f. und 542].

6 *Bauer* resümiert, es bleibe *»festzustellen, daß es keinen einheitlichen steuerlichen Konzernbegriff gibt.«* *Bauer*, Die Besteuerung deutscher Konzerne, S. 9.

steuerrecht«,[7] sondern nur eine Vielzahl von Einzelregelungen, deren Gesamtheit regelmäßig als Konzernsteuerrecht bezeichnet wird.[8] Dieses Konzernsteuerrecht sieht steuerartenspezifische Sonderregeln für die Besteuerung von Unternehmensverbünden vor, wobei sich je nach Steuerart die Voraussetzungen unterscheiden, die ein Unternehmensverbund aufweisen muss, um unter diese Sonderregeln zu fallen. Im Mittelpunkt stehen jedoch stets Unternehmenskonglomerate, die – zumindest auf den nachgeordneten Ebenen – aus Kapitalgesellschaften bestehen. Denn während das Steuerrecht Personengesellschaften regelrecht ausblendet und stattdessen direkt auf die Gesellschafter als Steuerrechtssubjekte zugreift (steuerliche Transparenz von Personengesellschaften), sind Kapitalgesellschaften eigenständige Steuerrechtssubjekte, die jeweils individuell der Besteuerung unterworfen werden (steuerliche Intransparenz der Kapitalgesellschaften).[9] Schließen sich nun Kapitalgesellschaften zu Konzernen[10] zusammen und betrachtet man steuerlich anstelle der jeweiligen Einzelgesellschaft eine Gruppe konzernmäßig verbundener Kapitalgesellschaften als Einheit, so zeigt sich, dass sich aus der steuerlichen Intransparenz der Einzelgesellschaften Steuermehrbelastungen gegenüber der Einheitsbetrachtung der Unternehmensgruppe ergeben können. Diese Mehrbelastungen erscheinen ungerechtfertigt, wenn die Einzelgesellschaften derart enge wirtschaftliche und rechtliche Verbindungen aufweisen, dass sie sich als eine wirtschaftliche Einheit darstellen. Wesentliches Ziel des zersplitterten deutschen »Konzernsteuerrechts« ist es, solche nachteiligen Steuereffekte der Intransparenz von Kapitalgesellschaften immer dort zu neutralisieren

---

7 *Hey* stellt fest, dass das deutsche Steuerrecht *»kein in sich geschlossenes Konzernsteuerrecht [kennt], weder im Rahmen einzelner Steuerarten, geschweige denn steuerartenübergreifend.«*, *Hey*, FR 2012, 994 [995]; ebenso *Fussbroich,* Verlustverrechnung und Verlustverwertung in der Konzernunternehmung, S. 56.

8 *Bauer,* Die Besteuerung deutscher Konzerne, S. 9; s. zu den Regelungen, welche sich dem Konzernsteuerrecht zurechnen lassen *Hey*, FR 2012, 994 [995].

9 S. dazu auch Ziffer B. II. 1. a).

10 Im Folgenden wird als *»Konzern«* nicht nur der Aktienkonzern i. S. v. § 18 AktG verstanden, sondern alle gesellschaftsrechtlich vermittelten Verbindungen von rechtlich selbständigen Unternehmen, vgl. hierzu im Zusammenhang mit dem Begriff des Konzernrechts *Habersack* in: *Emmerich/Habersack*, Konzernrecht, Einleitung Rn. 1; Grundlegend zu den verschiedenen Ausprägungen des Rechtsbegriffs des Konzerns *Theisen,* Der Konzern, S. 27 ff.

oder zumindest abzuschwächen, wo diese angesichts der wirtschaftlichen Einheit der Unternehmensgruppen als ungerechtfertigt erscheinen.[11]

Das Herzstück des deutschen Konzernsteuerrechts[12] ist die körperschaftssteuerliche Organschaft gem. §§ 14 ff. KStG. Sie erlaubt in gewissen Grenzen eine steuerliche Konsolidierung der Einkommen verschiedener Konzerngesellschaften durch deren Zusammenfassung an der Konzernspitze. Für diese Konsolidierung werden die steuerlichen Einkommen der Konzerngesellschaften (Organgesellschaften) der Konzernmutter (Organträger) als eigenes Einkommen zugerechnet, so dass auf deren Ebene eine Einkommenssaldierung stattfindet. Diese Einkommenssaldierung erlaubt es, Gewinne und Verluste der verschiedenen Konzerngesellschaften phasengleich, d. h. innerhalb desselben Veranlagungszeitraums, und interpersonal, d. h. zwischen den rechtlich und steuerrechtlich eigenständigen Gesellschaften, zu verrechnen. Eine Besteuerung von Gewinnen trotz der Existenz abziehbarer Verluste bei anderen Gruppengesellschaften wird vermieden, was den Mitgliedern des Organkreises Zins- und Liquiditätsvorteile bietet.

Nach geltendem Recht setzt die steuerliche Einkommenszurechnung in der Organschaft[13] einen tatsächlichen Transfer der steuerlich zugerechneten Gewinne und Verluste voraus. Das Credo lautet: Eine steuerliche Ergebniszurechnung darf es nur geben, wenn diese mit einem entsprechenden tatsächlichen Mitteltransfer korrespondiert, so dass eine Übereinstimmung zwischen der realen wirtschaftlichen Leistungsfähigkeit der Beteiligten und den Verhältnissen besteht, die für ihre Besteuerung zugrunde gelegt werden. Dieser tatsächliche Mitteltransfer wird durch den obligatorischen Abschluss eines Gewinnabführungsvertrages zwischen Organgesellschaft und Organträger gewährleistet, durch den eine *»Aktiengesellschaft oder Kommanditgesellschaft auf Aktien [...] sich verpflichtet, ihren*

---

11 Vgl. *Hey*, FR 2012, 994 [995]. Anders bei der Umsatzsteuer: hier hat die Rechtsform keinen Einfluss auf die Besteuerung. Unternehmer i. S. d. UStG und damit steuerpflichtig kann vielmehr jedes Gebilde sein, dass die Fähigkeit besitzt, Umsätze auszuführen und am Wirtschaftsverkehr teilzunehmen, *Stadie* in: *Rau/Dürrwächter*, UStG, § 2 Rn. 82 und 84. Die umsatzsteuerliche Organschaft dient daher nicht der Neutralisierung von rechtsformabhängigen Besteuerungsunterschieden, sondern im Wesentlichen der Verwaltungsvereinfachung, *Stadie* in: *Rau/Dürrwächter*, UStG, § 2 Rn. 784 und 789.

12 *Frotscher* in: *Frotscher/Maas*, KStG/GewStG/UmwStG, § 14 KStG Rn. 1.

13 Soweit im Folgenden von der *»Organschaft«* die Rede ist, ist – soweit nicht etwas anderes ausdrücklich bestimmt wird – stets die körperschaftssteuerliche Organschaft gem. den §§ 14 bis 19 KStG gemeint.

ganzen Gewinn an ein anderes Unternehmen abzuführen«, § 291 Abs. 1 Satz 1 AktG. Die Aktiengesellschaft[14] ist nach Abschluss dieses Vertrages somit verpflichtet, ihren gesamten Bilanzgewinn an den sog. anderen Vertragsteil abzuführen. Im Gegenzug trifft den anderen Vertragsteil nach § 302 Abs. 1 AktG die Pflicht, *»jeden während der Vertragsdauer sonst entstehenden Jahresfehlbetrag auszugleichen«*.

Der zwingende Abschluss des handelsrechtlichen Gewinnabführungsvertrages für die Anerkennung der steuerrechtlichen Organschaft ist gewissermaßen ein Paradebeispiel für die eingangs angesprochene Symptomatik des Realphänomens Konzern. Denn er belegt, dass einzelne Aspekte des Konzerns – hier seine steuerrechtliche Behandlung – nicht isoliert von anderen Aspekten – hier die gesellschafts- und haftungsrechtliche Situation – betrachtet werden können. Vielmehr kommt es durch die tatbestandliche Anknüpfung der körperschaftsteuerlichen Organschaft an das Bestehen eines Gewinnabführungsvertrages zu einer notwendigen Verknüpfung des Steuer- und des Gesellschaftsrechts. Diese Verknüpfung sieht sich im steuerrechtlichen Schrifttum massiver Kritik[15] ausgesetzt und wird als Wurzel mancher Problematik der Organschaft ausgemacht. Kritikpunkte sind insbesondere formale Hürden beim Abschluss des Gewinnabführungsvertrages und Fallstricke bei dessen tatsächlicher Durchführung, betriebswirtschaftliche Fehlanreize durch die Verlustübernahmepflicht des Organträgers, überbordender Aufwand für die Verwaltung der sog. Ausgleichsposten für Mehr- und Minderabführungen und eine unzureichende Offenheit der Organschaft für grenzüberschreitende Konzernstrukturen mangels Möglichkeit zum grenzüberschreitenden Abschluss eines Gewinnabführungsvertrages.[16] Es wird aber auch die steuerrechtsdogmatische Rechtfertigung des Gewinnabführungsvertrages in Frage gestellt, insbesondere die überkommene Ansicht der finanzgerichtlichen Recht-

---

14 Die Aktiengesellschaft wird im Folgenden stellvertretend auch für die in der Praxis weniger verbreitete Kommanditgesellschaft auf Aktien (KGaA) genannt. An ihre Stelle kann darüber hinaus auch eine GmbH treten, für die trotz des Fehlens entsprechender Regelungen im GmbHG in gleicher Weise anerkannt ist, dass sie Partei eines Gewinnabführungsvertrages sein kann, statt vieler: *Veil* in: *Spindler/Stilz*, AktG, § 291 Rn. 4 m. w. N. aus Rspr. und Literatur.

15 S. zur Kritik an der geltenden Organschaft ausführlich Ziffer C. I. und II.

16 S. die Übersicht über die Defizite bei *Frotscher* in: *Frotscher/Maas*, KStG/GewStG/UmwStG, § 14 KStG Rn. 64; *Kolbe* in: *Herrmann/Heuer/ Raupach u.a.*, EStG/KStG, § 14 KStG Rn. 10; *Grotherr*, FR 1995, 1 ff.

sprechung,[17] dass der Gewinnabführungsvertrag unter dem Gesichtspunkt der verfassungsrechtlich gebotenen Besteuerung nach der Leistungsfähigkeit eine unverzichtbare Voraussetzung der Organschaft sei. Denn dies gilt nur dann, wenn man die Bestimmung der steuerlichen Leistungsfähigkeit an zivilrechtlichen Kategorien ausrichtet und für jedes zivilrechtlich selbständige Rechtssubjekt einzeln ermittelt. Dieses Vorgehen sei aber keinesfalls zwingend.[18] Im Gegenteil: bei Konzernen läge es aufgrund ihrer wirtschaftlichen Verbundenheit nahe, den Gesamtkonzern als Bezugssubjekt der Leistungsfähigkeitsbestimmung anzusehen und auf seine (Gesamt-) Leistungsfähigkeit abzustellen.[19] Bei dieser Gesamtbetrachtung wäre ein tatsächlicher Mitteltransfer zwischen den Konzerngesellschaften nicht mehr erforderlich, um eine steuerliche Ergebniskonsolidierung zu ermöglichen.[20] Andere Kritiker erkennen die dogmatische Grundüberlegung der Rechtsprechung zwar an, halten das Erfordernis einer tatsächlichen Ergebnisabführung aber dennoch für überholt, weil die fortschreitende Entkopplung des Handelsbilanzrechts vom Steuerbilanzrecht dazu geführt habe, dass so große Differenzen zwischen den tatsächlich abgeführten (handelsbilanziellen) Gewinnen/Verlusten und dem zugerechneten (steuerbilanziellen) Einkommen entstehen können,[21] dass der tatsächliche Ergebnistransfer die steuerliche Ergebnisverrechnung nicht mehr rechtfertigen könne.[22] Zudem führe die Organschaft zu einer Reihe weiterer, teils wirtschaftlich bedeutender Folgen für die Besteuerung der Beteiligten, die in keinerlei Sinnzusammenhang mit dem tatsächlichen Ergebnistransfer stünden, weswegen der tatsächliche Ergebnistransfer nicht (mehr) als *«tragende Säule«* des Organschaftssystems angesehen werden könne.[23] Kurzum, der Gewinnabführungsvertrag wird als maßgeblicher Mangel der deutschen Organschaft angesehen und es wird nicht durchgehend,[24] aber

17 S. zu den Anforderungen des RFH und BFH an den Organschaftsvertrag die Fußnoten in Ziffer B. I. 2.

18 *Hey*, FR 2012, 994 ff.

19 *Prinz*, Beihefter zu DStR 2010, 67 [68].

20 S. dazu noch nachfolgend Ziffer C. II. 4.

21 Grundsätzlich zu der Verknüpfung von Handels- und Steuerbilanz durch die Grundsätze der (umgekehrten) Maßgeblichkeit und die Aufweichungen dieser Grundsätze durch das BilMoG, *Tipke/Lang,* Steuerrecht, § 9 Rn. 40 ff.

22 So bereits *Grotherr*, FR 1995, 1 [10]; *Herzig/Stock*, BFuP 2011, 476 [487 f.]; *Witt,* Die Konzernbesteuerung, S. 158 f.

23 *Herzig*, Beihefter zu DStR 2010, 61 [62].

24 Inhaltlich gehen die Kernpunkte der geäußerten Kritik und die unterbreiteten Änderungs- und Reformvorschläge weit auseinander. Das Spektrum reicht von

doch mehrheitlich gefordert, den Gewinnabführungsvertrag als Voraussetzung der körperschaftssteuerlichen Organschaft aufzugeben.[25]

Maßgeblich befeuert wurde die Reformdebatte durch die nach der Bundestagswahl 2009 gebildete Koalition aus CDU/CSU und FDP, die sich in ihrem Koalitionsvertrag vom 26.10.2009 auf die Fahnen schrieb, mittelfristig die Einführung eines modernen Gruppenbesteuerungssystems anstelle der Organschaft zu prüfen. In dem Koalitionsvertrag hieß es unter anderem wörtlich:

> »Steuerpolitik ist auch Standortpolitik. Aus diesem Grund wollen wir das Unternehmenssteuerrecht weiter modernisieren und international wettbewerbsfähig gestalten. [...] Ansatzpunkte für eine Prüfung sind:
>
> - eine Neustrukturierung der Regelungen zur Verlustverrechnung,
> - die grenzüberschreitende Besteuerung von Unternehmenserträgen,
> - die Einführung eines modernen Gruppenbesteuerungssystems anstelle der bisherigen Organschaft«

Zahlreiche Autoren nahmen diese Ankündigung zum Anlass, der reformwilligen Bundesregierung Anregungen für eine mögliche Reform mit auf den Weg zu geben.[26] Dabei wurden auch umfassende Reformvorschläge unterbreitet, welche die Ersetzung des geltenden Rechts der Organschaft durch ein Gruppenbesteuerungssystem vorsehen, das ohne den Abschluss eines Gewinnabführungsvertrages und damit – scheinbar – ohne Ver-

---

der Forderung nach lediglich punktuellen Anpassungen unter Beibehaltung der grundlegenden Funktionsmechanismen der Organschaft (So z. B. *van Lishaut*, FR 2009, 1030 ff.; *Ismer*, DStR 2012, 821 ff.) bis zu der Forderung nach der Einführung eines vollständig neuen Gruppenbesteuerungsmodells (So z. B. *IFSt-Arbeitsgruppe*, IFSt-Schrift Nr. 471 2011, das vom Bayerischen Staatsministerium der Finanzen vorgelegte Zurechnungsmodell oder das vom Hessischen Finanzministerium vorgeschlagene Gruppenbeitragsmodell. Letztgenannte abgedruckt in Anlagen 6 und 7 zum Bericht der Facharbeitsgruppe *»Verlustverrechnung und Gruppenbesteuerung«* vom 15.09.2011.).

25 S. nur *Esterer/Bartelt*, BB-Special Steuerrecht 2010, 2 [6 f.]; *Grotherr*, FR 1995, 1 ff.; *Kaeser*, Beihefter zu DStR 2010, 56 ff.; *Kessler/Phillip*, Ubg 2010, 867 ff.; *Krebühl*, DB 1995, 743 [744 ff.]; *Prinz*, Beihefter zu DStR 2010, 67 ff.; *Watrin/Sievert/Strohm*, FR 2004, 1 [10 f.]; *Herzig* in: *Herzig*, Organschaft, S. 27 und 35 sowie *Krebühl*, ebenda, S. 595 f.

26 So bspw. *Boer*, IStR 2011, 61 ff.; *Herzig*, Beihefter zu DStR 2010, 61 ff.; *Günkel/Wagner*, Ubg 2010, 603 ff; *Prinz*, Beihefter zu DStR 2010, 67 ff.; *Rödder*, Ubg 2011, 473 ff.

klammerung von Steuer- und Gesellschaftsrecht auskommt.[27] Von der Bundesregierung selbst wurde in Umsetzung des Koalitionsvertrages die Facharbeitsgruppe *»Verlustverrechnung und Gruppenbesteuerung«*[28] unter Leitung des BMF eingesetzt und mit der Prüfung möglicher Alternativen zur Organschaft beauftragt. Ihren Prüfungsbericht veröffentlichte die Facharbeitsgruppe am 10.11.2011. Darin stellt sie das geltende Organschaftssystem vor, skizziert die Gruppenbesteuerungsmodelle ausgewählter anderer Staaten und bewertet ausgewählte Reformvorschläge. Diese Bewertung erfolgte unter Berücksichtigung der *»allgemeinen Ziele der Stärkung des Wirtschaftsstandorts Deutschland, der Steuervereinfachung und der Haushaltskonsolidierung«*.[29] Bei der Auswahl der behandelten Reformvorschläge zeigt sich, dass auch die Bundesregierung den Gewinnabführungsvertrag als Schwachstelle des tradierten Organschaftssystems ausgemacht hatte. Denn die Facharbeitsgruppe schloss in ihre Betrachtung ausschließlich die von dem Finanzministerium Bayerns sowie einer Arbeitsgruppe des IFSt unter Leitung von Frau Prof. Dr. Hey jeweils entworfenen Vorschläge für eine reformierte Gruppenbesteuerung nach dem Zurechnungsprinzip sowie Hessens Entwurf eines Gruppenbeitragsmodells ein.[30] Diese Reformmodelle verzichten allesamt die auf einen Gewinnabführungsvertrag als Tatbestandsvoraussetzung.[31]

---

27 Zu nennen ist hier insbesondere der Vorschlag für ein reformiertes Zurechnungsmodell der *IFSt-Arbeitsgruppe*, IFSt-Schrift Nr. 471 2011.

28 Die Facharbeitsgruppe bestand aus Vertretern des BMF, der Finanzministerien der Bundesländer Baden-Württemberg, Bayern, Hessen, Nordrhein-Westfalen und Rheinland-Pfalz sowie der Bundesvereinigung der kommunalen Spitzenverbände.

29 Bericht der Facharbeitsgruppe *»Verlustverrechnung und Gruppenbesteuerung«*, S. 7.

30 Die Reformmodelle werden unter Ziffer C. III. unten jeweils näher dargestellt und sind in den Anlagen 4 bis 7 zum Bericht der Facharbeitsgruppe *»Verlustverrechnung und Gruppenbesteuerung«* vom 15.09.2011 vergleichend sowie jeweils einzeln dargestellt.

31 Insbesondere mit Rücksicht auf die Haushaltskonsolidierung und die daraus folgende *»Vorgabe der Aufkommensneutralität«* empfahl die Facharbeitsgruppe letztlich die Beibehaltung und ggfs. Modifikation der Organschaft. Von den vorgeschlagenen Reformmodellen hielt sie allenfalls das vom Finanzministerium Hessens erarbeitete Gruppenbeitragsmodell für realisierbar, wobei ausschlaggebendes Argument erneut die Aufkommenswirkung war sowie der relativ geringe Verwaltungsaufwand, Bericht der Facharbeitsgruppe *»Verlustverrechnung und Gruppenbesteuerung«* vom 15.09.2011, S. 142.

Wenngleich eine Umsetzung der Reformankündigung bislang nicht geglückt ist, und die sog. kleine Organschaftsreform aus dem Jahr 2013[32] keinen Systemwechsel, sondern nur eine punktuelle Anpassung der Organschaft gebracht hat, ist die Reformfrage nach wie vor aktuell. Insbesondere bietet der Bundeshaushalt derzeit erstmals seit Langem Spielräume für eine Reform, die voraussichtlich negative Aufkommenswirkungen haben wird.[33]

Problematisch an dem Bestreben nach einem Verzicht auf den Gewinnabführungsvertrag ist jedoch, dass die §§ 291 ff. AktG, insbesondere die §§ 300 bis 307 AktG nicht nur die Gewinnabführung regeln, sondern auch eine Reihe von Instrumenten zum Schutz der Interessen von Gläubigern und Minderheitsgesellschaftern der vertragsschließenden Gesellschaften vorsehen.[34] Wenngleich also die Entkopplung von Steuer- und Gesellschaftsrecht ein nachvollziehbares Ziel der Reformbestrebungen ist, müssen die mit der steuerlichen Ergebnisverrechnung verbundenen gesellschaftsrechtlichen Fragestellungen im Blick behalten werden. Insbesondere muss geklärt werden, ob eine Gruppenbesteuerung ohne die Geltung der §§ 300 bis 307 AktG zu einem Schutzdefizit für die von der Gruppenbesteuerung betroffenen Akteure führt. Diese gesellschaftsrechtliche Analyse ist in der vornehmlich steuerrechtlich geführten Reformdcbatte bislang nicht bzw. nicht in der erforderlichen Tiefe erfolgt, weswegen den steuerrechtlichen Reformvorschlägen die notwendige zivil- und gesellschaftsrechtliche Dimension fehlt. Dieses Defizit soll die vorliegende Arbeit beheben, indem sie die relevantesten Reformvorschläge um eine gesellschaftsrechtliche, insbesondere konzerngesellschaftsrechtliche, Betrachtung ergänzt und durch eine systematische Analyse aufzeigt, welche (konzern-) gesellschaftsrechtlichen Prinzipien bei der Implementierung eines reformierten Gruppenbesteuerungsmodells zu beachten sind, inwieweit sie mit den bestehenden Reformvorschlägen konfligieren und wie etwaige Konflikte gelöst werden können. Dabei wird sich erneut zeigen, dass der

32 S. dazu genauer unten bei Ziffer B. I. 3.

33 S. zu den Aufkommenswirkungen der hier untersuchten Reformmodelle den Bericht der Facharbeitsgruppe *»Verlustverrechnung und Gruppenbesteuerung«* vom 15.09.2011, S. 140 f.

34 S. zu den gesellschaftsrechtlichen Schutzfunktionen der §§ 291 ff. AktG *Altmeppen* in: MüKo AktG, Vorb. § 291 Rn. 1 ff.; *Veil* in: *Spindler/Stilz*, AktG, Vorb. §§ 291 ff Rn. 3 ff.; zum Verhältnis der gesellschaftsrechtlichen Schutzfunktionen zu den steuerlichen Rechtsfolgen der Organschaft s. *Grotherr*, FR 1995, 1 [7 f.]

Konzern ein vielschichtiges Phänomen ist, bei dem sich wirtschaftliche und steuerliche Zielsetzungen nicht unabhängig von rechtlichen, insbesondere gesellschaftsrechtlichen Themen erfassen und lösen lassen.

II. Gang der Untersuchung

Um ein gesellschaftsrechtliches Fundament für die steuerrechtliche Reformdebatte liefern zu können, ist es notwendig zunächst Ursprung und Entwicklung, Dogmatik und Telos sowie Rechtsfolgen des aktuellen Organschaftsrechts in seinen wesentlichen Grundzügen darzustellen (s. dazu nachfolgende Ziffer B.).

Auf Grundlage des Verständnisses der aktuellen Rechtslage kann sodann den Kritikpunkten am geltenden Recht und den formulierten Reformvorschlägen Kontur verliehen werden, wobei hinsichtlich der Reformvorschläge eine Beschränkung auf diejenigen Vorschläge erfolgen soll, welche die Facharbeitsgruppe *»Verlustverrechnung und Gruppenbesteuerung«* des BMF in seine Prüfung einbezogen hat (s. dazu Ziffer C.).

Nach dieser Grundlegung wird sodann die gesellschaftsrechtliche Analyse der Reformvorschläge vorgenommen (s. unten Ziffer D.). Dabei werden in einigen Vorüberlegungen zunächst die zivilrechtliche Relevanz des steuerlichen Ergebnistransfers und der hierfür maßgebliche Rechtsrahmen dargestellt (s. Ziffer D. I.), bevor die einzelnen Reformvorschläge auf ihre Vereinbarkeit mit diesem Rechtsrahmen hin untersucht werden (s. Ziffer D. II. und III.). Diese Untersuchung erfolgt aufgrund der unterschiedlichen rechtlichen Vorgaben für Gruppen-Aktiengesellschaften und Gruppengesellschaften mbH jeweils separat.

In einer Schlussbetrachtung werden schließlich die Untersuchungsergebnisse zusammengefasst und dahingehend analysiert, inwiefern sich die Reformmodelle in das bestehende gesellschaftsrechtliche Korsett einfügen, welchen gesellschaftsrechtlichen Maßgaben die Reformmodelle gegebenenfalls unterliegen und ob ihr erklärtes Ziel, die Entflechtung von Steuer- und Gesellschaftsrecht im Rahmen der Gruppenbesteuerung, erreicht werden kann (s. dazu Ziffer E.).

B. Die körperschaftsteuerliche Organschaft de lege lata

Die Körperschaftsteuer ist die Steuer vom Einkommen der in § 1 Abs. 1 KStG genannten Körperschaften, Personenvereinigungen und Vermögensmassen. Sie ist die Einkommensteuer der Körperschaften und ebenso wie die Einkommensteuer eine Personensteuer[35], die unter Berücksichtigung der persönlichen Verhältnisse des Steuerpflichtigen – hier also der jeweiligen Körperschaft – erhoben wird.[36] Diese gesonderte Besteuerung der Körperschaften zusätzlich zu der Besteuerung ihrer Anteilseigner rechtfertigt sich durch ihre rechtliche Selbständigkeit.[37] Körperschaften sind Verbandspersonen, deren prägendes Merkmal die Unabhängigkeit ihres Bestandes von dem Bestand oder der Zusammensetzung ihrer Anteilseigner ist.[38] Als rechtlich selbständige Verbandspersonen haben Körperschaften auch eine eigene Vermögenssphäre, die von derjenigen ihrer Gesellschafter zu trennen ist (Trennungsprinzip).[39] Daraus zieht das KStG den Schluss, dass die Körperschaft als eigenständiges Steuerrechtssubjekt anzuerkennen ist, das über eine eigene Leistungsfähigkeit im steuerrechtlichen Sinne verfügt und das unabhängig von ihren Anteilseignern und ausschließlich nach Maßgabe ihrer eigenen Verhältnisse besteuert wird.[40]

---

35 *Frotscher* in: *Frotscher/Maas*, KStG/GewStG/UmwStG, Vor § 1 KStG Rn. 2; *Hummel* in: *Gosch*, KStG, § 1 Rn. 20; *Hey* in: *Schön/Osterloh-Konrad*, Kernfragen des Unternehmenssteuerrechts, S. 16.

36 *Tipke/Lang,* Steuerrecht, § 7 Rn. 21.

37 *Hummel* in: *Gosch*, KStG, § 1 Rn. 20; zur Zulässigkeit der Ausrichtung der Besteuerung der Kapitalgesellschaften an der rechtlichen und vermögensmäßigen Selbständigkeit der Kapitalgesellschaften BVerfG, Beschluss vom 21.06.2006 – 2 BvL 2/99, DStR 2006, 1316 [1323].

38 *Heider* in: MüKo AktG, § 1 Rn. 14; *Hirte,* Kapitalgesellschaftsrecht, Rn. 1.4; *Raiser/Veil,* Recht der Kapitalgesellschaften, § 3 Rn. 2.

39 *Jochum*, FR 2005, 577 [580]; *Hirte,* Kapitalgesellschaftsrecht, Rn. 1.7.

40 BVerfG, Beschluss vom 21.06.2006 – 2 BvL 2/99, DStR 2006, 1316 [1323]; *Frotscher* in: *Frotscher/Maas*, KStG/GewStG/UmwStG, Vor § 1 KStG Rn. 9; *Desens* führt insofern aus: *»Grund für das Erfordernis einer gesonderten Erfassung der Gewinne von nichtphysischen Personen ist [...] die Anerkennung der rechtl. Fiktion der juristischen Person auch für die Zwecke der Besteuerung«*, *Desens* in: *Herrmann/Heuer/Raupach u.a.*, EStG/KStG, Einf. KStG, Rn. 31; zur Begründung des historischen Gesetzgebers zur Regelung der Kör-

Diesem Prinzip der Individualbesteuerung einzelner (Steuer-) Rechtssubjekte folgt das Steuerrecht auch bei Körperschaften, die durch wirtschaftliche und rechtliche Verflechtungen, insbesondere durch ihre Beteiligungsstruktur, in einen Konzern[41] integriert sind. Damit hat das deutsche Steuerrecht sich grundsätzlich gegen eine steuerrechtliche Vollanerkennung von zu Konzernen verbundenen Körperschaften als übergeordnetes, selbständiges Steuersubjekt und gegen ein echtes Konzernsteuerrecht entschieden.[42] Dennoch soll der wirtschaftlichen Integration von Körperschaftsteuersubjekten in eine Konzernstruktur unter Aufrechterhaltung dieser Grundentscheidung steuerlich Rechnung getragen werden. Diesem Zweck, die wirtschaftliche Integration der einzelnen Konzerngesellschaften in einen übergeordneten Gesellschaftsverbund steuerlich nachzuvollziehen, dient für die Körperschaftsteuer das Rechtsinstitut der körperschaftsteuerlichen Organschaft gem. §§ 14 bis 19 KStG.[43]

I. Entwicklung und Bedeutung der Organschaft in Deutschland

Das Rechtsinstitut der körperschaftsteuerlichen Organschaft ist keine Schöpfung des Gesetzgebers und diente ursprünglich auch nicht dazu, die wirtschaftliche Einheit konzernmäßig verbundener Unternehmen steuerlich nachzuvollziehen. Die Organschaft ist vielmehr eine Schöpfung der Rechtsprechung, die im Laufe ihrer Geschichte verschiedenen fiskalischen Zwecken diente. Auch ihre wirtschaftliche Bedeutung hat sich in Abhängigkeit von der Entwicklung des steuerrechtlichen Umfeldes, insbesondere des deutschen Körperschaftsteuersystem, immer wieder verändert.[44]

---

perschaftssteuer als Sondersteuer der juristischen Personen s. *Hüttemann* in: Aktienrecht im Wandel, Band II S. 1219 ff.

41 S. zum hier verwendeten Begriff des »*Konzerns*« bereits oben Ziffer A. I.

42 *Frotscher* in: *Frotscher/Maas*, KStG/GewStG/UmwStG, vor § 1 KStG Rn. 102; *Kolbe* in: *Herrmann/Heuer/Raupach u.a.*, EStG/KStG, § 14KStG Rn. 10.

43 *Frotscher* in: *Frotscher/Maas*, KStG/GewStG/UmwStG, § 14 Rn. 18.

44 *Herzig* in: *Herzig*, Organschaft, S. 6 ff.

1. Die Organschaft in der Rechtsprechung von Preußischem OVG, RFH und BFH

Ausgangspunkt der Entwicklung ist die Rechtsprechung des Preußischen Oberverwaltungsgerichts aus dem ausgehenden 19. Jahrhundert. Das Preußische Oberverwaltungsgericht entwickelte den Begriff der Organschaft im Zusammenhang mit der Gewerbesteuer. Dabei qualifizierte es Mittelspersonen, die für außerpreußische Unternehmen in Preußen tätig waren, als unselbständige Betriebstätten des außerpreußischen Unternehmens, wenn die Mittelspersonen zu diesem in persönlichen Dienst- und Abhängigkeitsverhältnissen standen und – gleich einem Unternehmensorgan – dessen Willen und beständiger Leitung unterworfen waren.[45] Diese Qualifikation der Mittelspersonen als Betriebsstätten hatte die (beschränkte) subjektive Steuerpflicht des »herrschenden« außerpreußischen Unternehmens zur Folge und eröffnete dem preußischen Staat das Besteuerungsrecht für dessen innerpreußische Einkünfte.[46] Zweck der Organschaft war ursprünglich somit nicht die konsolidierte Besteuerung wirtschaftlich und/oder rechtlich verflochtener Unternehmen, sondern die Mehrung des Steuersubstrates Preußens und die Verhinderung von Gestaltungen zur Vermeidung einer Steuerpflicht in Preußen.[47]

Der RFH hat diese Rechtsprechung aufgegriffen, fortgeführt, später weiterentwickelt und schließlich auf weitere Steuerarten übertragen, unter anderem auf die Körperschaftsteuer.[48] Erst im Laufe dieser Fortentwick-

---

45 S. nur PrOVG, Urteil vom 05.06.1893 – Rep. V. 9/93 PrOVG St 1, 390; Urteil vom 18.06.1896 – Rep. V. 3/96, PrOVG St 5, 163; Urteil vom 08.10.1897 – Rep. V. A. 92/97, PrOVG St 6, 240; Urteil vom 09.03.1901 – Rep. V. A. 104/00, PrOVG St 10, 206; Urteil vom 31.05.1902 – Rep. VI. G. 38/01, PrOVG St 10, 391; Urteil vom 25.05.1904 – Rep. V. A. 82/03, PrOVG St 12, 268; Urteil vom 30.01.1909 – V. A. 76/08, PrOVG St 14, 319; Urteil vom 04.07.1914 – V. A. 90/12, PrOVG St 17, 152. Da es sich bei den Mittelspersonen anfangs um natürliche Personen handelte und da als Tatbestandsvoraussetzung das Bestehen eines persönlichen Abhängigkeitsverhältnisses gefordert wurde, hat sich für diese Theorie die Bezeichnung »Angestelltentheorie« etabliert, *Jurkat,* Die Organschaft im Körperschaftsteuerrecht, S. 40 ff.; s. auch *Sonnenschein,* Organschaft und Konzerngesellschaftsrecht, S. 308 ff. sowie *Hübl*, DStZ/A 1965, 17 [17 f.].

46 *Witt,* Die Konzernbesteuerung, S. 144.

47 *Jurkat,* Die Organschaft im Körperschaftsteuerrecht, S 87 f.; *Hüttemann* in: Aktienrecht im Wandel, Band II S. 1249; *ders.* in: *Schön/Osterloh-Konrad*, Kernfragen des Unternehmenssteuerrechts, S. 129.

48 *Jurkat,* Die Organschaft im Körperschaftsteuerrecht, S. 88.

lung wurde der Organschaft erstmals ihre heutige Funktion als Rechtsinstitut zur steuerlichen Abbildung der Besonderheiten wirtschaftlich eng verbundener Unternehmen zuteil.[49] Der RFH bezeichnete die Organschaft später als *»steuerliche Lehre von der wirtschaftlichen Einheit rechtlich selbständiger Wirtschaftsobjekte«.*[50] Eine wirtschaftliche Einheit von Wirtschaftsobjekten (gemeint waren wohl Wirtschaftssubjekte) nahm der RFH an, wenn eine Gesellschaft finanziell, wirtschaftlich und organisatorisch nach Art einer Geschäftsabteilung bzw. wie ein Organ in ein anderes Unternehmen eingegliedert war, wenn also ein persönliches Unterordnungsverhältnis bestand, aufgrund dessen die Gesellschaft den Weisungen des Unternehmens Folge zu leisten hatte und wegendessen im Innenverhältnis ihr Handeln auf eigene Rechnung und Gefahr ausgeschlossen war.[51] In einem Gutachten aus dem Jahr 1932[52] erläuterte der RFH seinen neuen Ansatz dahingehend, dass »Einkommen« ein wirtschaftlicher Begriff sei, weswegen die äußeren Rechtsformen nötigenfalls zurücktreten müssten, damit den tatsächlichen wirtschaftlichen Verhältnissen steuerlich Rechnung getragen werden könne; diesem Ziel diene die Organtheorie.[53] In diesem Sinne habe eine Gesellschaft, die wirtschaftlich in ein anderes Unternehmen eingegliedert und zudem vertraglich verpflichtet ist, ihr Einkommen an das herrschende Unternehmen abzuführen,[54] kein eigenes Einkommen. Ihr Einkommen müsse steuerlich vielmehr dem anderen Unternehmen zugerechnet werden.[55] Diese Rechtsprechung begründete die sog. Zurechnungstheorie,[56] welche (in modifizierter Form) auch der Organschaft zugrunde liegt,[57] und ist der Ausgangspunkt der bis heute beste-

---

49 *Witt,* Die Konzernbesteuerung, S. 146 ff.

50 RFH, Urteil vom 21.01.1930 – I A 628/28, RStBl. 1930, 148 [151].

51 RFH, Urteil vom 11.11.1927 – I A 75/27, RFHE 22, 183 [187]; *Jurkat,* Die Organschaft im Körperschaftsteuerrecht, S. 89; *Witt,* Die Konzernbesteuerung, S. 147.

52 RFH, Gutachten vom 26.07.1932 – I D 2/31 und III D 2/32, RFHE 31, 297.

53 RFH, Gutachten vom 26.07.1932 – I D 2/31 und III D 2/32, RFHE 31, 297 [299 ff.]; *Witt,* Die Konzernbesteuerung, S. 147.

54 S. zur Einführung des Ergebnisübernahmevertrages als Voraussetzung der Organschaft durch den RFH *Sonnenschein,* Organschaft und Konzerngesellschaftsrecht, S. 311 f.

55 *Herzig* in: *Herzig*, Organschaft, S. 4 f.; *Hüttemann* in: Aktienrecht im Wandel, Band II S. 1249; *Knobbe-Keuk,* Bilanz- und Unternehmenssteuerrecht, S. 696.

56 S. zur Zurechnungstheorie *Jurkat,* Die Organschaft im Körperschaftsteuerrecht, S. 46 ff.; *Sonnenschein,* Organschaft und Konzerngesellschaftsrecht, S. 311 f.; *Hübl*, DStZ/A 1965, 17 [19 ff.].

57 *Frotscher* in: *Frotscher/Maas*, KStG/GewStG/UmwStG, § 14 KStG Rn. 24 ff.

henden Funktion der Organschaft als Instrument zur Ergebniskonsolidierung im Konzern.

Nach der Gründung der Bundesrepublik hat der BFH die Leitlinien der RFH-Rechtsprechung übernommen und diese fortentwickelt. Dabei betonte der BFH zunehmend die Bedeutung des Ergebnisabführungsvertrages für die steuerliche Anerkennung der Organschaft und stellte heraus, dass die Organgesellschaft trotz ihrer wirtschaftlichen Eingliederung in den Organträger grundsätzlich selbst steuerpflichtig bleibe und Steuern auf den von ihr erwirtschafteten Gewinn abzuführen habe. Der Organträger werde nur für den Gewinn steuerpflichtig, der aufgrund eines zivilrechtlich wirksamen Ergebnisabführungsvertrages an ihn abgeführt werde.[58] In einem Gutachten aus dem Jahr 1956 bekräftigte der BFH die Bedeutung des Ergebnisabführungsvertrages und dessen tatsächlicher Durchführung für die Einkommenszurechnung[59] und stellte zugleich klar, dass aufgrund des Gewinnabführungsvertrages, der ja ein handelsrechtliches Rechtsinstitut darstellte, allenfalls der handelsbilanziell in Übereinstimmung mit den GoB ermittelte Gewinn an den Organträger abgeführt werden könne.[60] Dies hätte den Schluss nahegelegt, dass auch steuerlich nur der tatsächlich abgeführte Handelsbilanzgewinn dem Organträger zugerechnet würde und die Organgesellschaft für den Unterschiedsbetrag zwischen ihrem steuerbilanziellen Ergebnis und dem abgeführten Gewinn[61] steuerpflichtig bliebe.[62] Da der BFH es jedoch für inakzeptabel hielt, dass Steuerpflichtige die Höhe des zuzurechnenden Einkommens durch handelsrechtliche Bilanzierungswahlrechte, die auch damals bereits bestanden, beeinflussen und gestalten könne, rechnete er dem Organträger dennoch den vollen, in der Steuerbilanz ausgewiesenen Gewinn zu.[63] Eine Erklärung für die so entstandene Divergenz zwischen dem tatsächlich abgeführten Handelsbi-

58 BFH, Urteil vom 24.11.1953 – I 109/53, BStBl. III 1954, 21 [22]; *Jurkat,* Die Organschaft im Körperschaftsteuerrecht, S. 90 f.; *Sonnenschein,* Organschaft und Konzerngesellschaftsrecht, S. 315 f.

59 *Hübl,* DStZ/A 1965, 17 [23].

60 BFH, Gutachten vom 27.11.1956 – I D 1/56 S, BStBl. III 1957, 139 [140, 142]

61 Bereits damals gab es handelsbilanzielle Ansatz- und Bewertungswahlrechte, welche Beeinflussungen des Handelsbilanzgewinns und daraus resultierende Abweichungen zum Steuerbilanzgewinn ermöglichten, *Sonnenschein,* Organschaft und Konzerngesellschaftsrecht, S. 316.

62 Eine solche Art der Zurechnung wird als Bilanzierungstheorie bezeichnet, *Jurkat,* Die Organschaft im Körperschaftsteuerrecht, S. 52 f. und 92; *Hübl,* DStZ/A 1965, 17 [23 f.].

63 BFH, Urteil vom 08.03.1955 – I 73/54 U, BStBl. III 1955, 187 [189].

lanzgewinn und dem steuerlich zugerechneten Steuerbilanzgewinn blieb der BFH schuldig.[64] Er schloss die offensichtliche Lücke pragmatisch durch eine Fiktion und befand, dass grundsätzlich davon auszugehen sei, dass der nach dem Ergebnisabführungsvertrag abzuführende Gewinn dem steuerbilanziellen Gewinn entspreche.[65]

Doch es blieb nicht bei derartigen argumentativen Brüchen. Die zunehmend differenzierte Rechtsprechung des BFH brachte weitere Zweifelsfragen hervor, insbesondere die Anerkennung von Personengesellschaften als Organträger betreffend. Aufgrund dieser Unsicherheiten äußerte der BFH in einem Brief an das BMF im Jahr 1962 unter Bezugnahme auf die seinerzeit aktuelle Rechtsprechung des BVerfG verfassungsrechtliche Zweifel daran, dass die Organschaft allein auf der Grundlage richterlicher Rechtsfortbildung weiter Bestand haben könne und appellierte an den Gesetzgeber, die Voraussetzungen und Rechtsfolgen der Organschaft zeitnah gesetzlich zu regeln.[66] Der Gesetzgeber reagierte jedoch zunächst nicht, so dass der BFH in einem Grundsatzurteil vom 04.03.1965 – Gegenstand des Verfahrens war eine Organschaft mit einer Personengesellschaft als Organträger – unter Verweis auf mögliche belastende Regelungswirkungen der Organschaft für den Steuerpflichtigen erneut eine gesetzliche Regelung forderte.[67] Aktiv wurde der Gesetzgeber jedoch erst, nachdem der BFH wahr machte, was er in seinem Grundsatzurteil aus dem März 1965 angedeutet hatte: Mit Urteil vom 17.11.1966 versagte er einer Organschaft zwischen einer Kapitalgesellschaft als Organgesellschaft und einer Personengesellschaft als Organträger die Anerkennung.[68]

---

64 Ausführlich zum Ganzen: *Witt,* Die Konzernbesteuerung S. 149 ff.

65 BFH, Urteil vom 14.02.1956 – I 73/55 U, BStBl. III 1956, 151 [153 f.]; *Jurkat,* Die Organschaft im Körperschaftsteuerrecht, S. 90; *Sonnenschein,* Organschaft und Konzerngesellschaftsrecht, S. 316.

66 BFH, Schreiben vom 04.04.1962 – I 249/61, BB 1962, 438 f.; *Jurkat,* Die Organschaft im Körperschaftsteuerrecht, S. 92.

67 BFH, Urteil vom 04.03.1965 – I 249/61, BStBl. III 1965, 329 [331]; dieses Urteil hatte deswegen grundsätzliche Bedeutung, weil der BFH entschied, dass Einnahmen aus Schachtelbeteiligungen der Organgesellschaft Teil ihres eigenen Einkommens waren und bei ihr steuerfrei blieben. Dies führte im Ergebnis dazu, dass diese Einkünfte dann, wenn eine Kapitalgesellschaft Organgesellschaft und eine Personengesellschaft Organträger war, endgültig der Körperschaftssteuer entzogen wurden, s. hierzu *Jurkat,* Die Organschaft im Körperschaftsteuerrecht, S. 94; *Witt,* Die Konzernbesteuerung, S. 153 f.

68 BFH, Urteil vom 17.11.1966 – I 280/63, BStBl. III 1967, 118 ff.; s. hierzu *Jurkat,* Die Organschaft im Körperschaftsteuerrecht, S. 94.

2. Die Organschaft in der gesellschaftsrechtlichen Diskussion vor Erlass des AktG 1965

Die im Jahr 1962 von BFH geäußerten Zweifel an der Verfassungsmäßigkeit der allein richterrechtlich abgesicherten körperschaftsteuerlichen Organschaftslehre waren nicht die ersten Äußerungen dieser Art. Schon in den 1950er Jahren hatten gewichtige Stimmen in der gesellschafsrechtlichen Literatur Bedenken gegen die Zulässigkeit sog. Organschaftsverträge vorgebracht.[69] Die Kritiker wiesen darauf hin, dass der vom Steuerrecht geforderte Inhalt der Organschaftsverträge, namentlich die Einräumung von Weisungsrechten zu Gunsten des Organträgers und die Verpflichtung der Organgesellschaft zur Abführung des ganzen Gewinns gegen Zusage der Verlustübernahme,[70] im Widerspruch zu zentralen Grundsätzen des Aktien- bzw. Kapitalgesellschaftsrechts stünde. Es wurde moniert, dass der Vertrag die Grundsätze der eigenverantwortlichen Leitung der Gesellschaft, der Gleichbehandlung der Gesellschafter und der Vermögensbindung verletze und die Mitgliedschaftsrechte von Minderheitsgesellschaftern unzulässig beschneide.[71] *Flume* bewertete die Rechtswirkungen des Organschaftsvertrages als Selbstaufgabe der Organgesellschaft und nannte diesen Vorgang *»ungeheuerlich«*.[72] Auch der BGH kritisierte Organschaftsverträge als *»anstößig«*, weil durch diese *»einzelnen Gesellschaftern wider ihren Willen das Mitgliedschaftsrecht auf Gewinnbeteiligung genommen wird«*.[73] *Ballerstedt* kam zu dem Ergebnis, dass Organschaftsverträge nicht als bloß schuldrechtliche Austauschverträge, sondern als gesellschaftsrechtliche Verträge mit satzungsänderndem Charakter einzuordnen seien, die bei Einhaltung der für Satzungsänderungen geltenden

---

69 *Ballerstedt*, DB 1956, 813 ff. und *Ballerstedt*, DB 1956, 837 ff.; *Duden*, BB 1957, 49 ff.; *Flume*, DB 1965, 455 ff.

70 S. zu den wesentlichen, von der finanzgerichtlichen Rechtsprechung geforderten Inhalten des Organschaftsvertrages *Sapper*, Die rechtssystematische Stellung der Unternehmensverträge, S. 16 ff. sowie *Erlinghagen*, Der Organschaftsvertrag mit Ergebnisausschluß-Klausel im Aktienrecht, S. 13 ff. (zum Organschaftsvertrag) und S. 17 ff. (zur Ergebnisausschluß-Vereinbarung).

71 S. nur *Ballerstedt*, DB 1956, 813 und 837 ff.; *Duden*, BB 1957, 49 ff.; *Flume*, DB 1965, 455 ff.; *Rasch*, Sind auf dem Gebiete des Konzernrechts gesetzgeberische Maßnahmen erforderlich?, S. 12 ff.

72 *Flume*, DB 1965, 455 [455].

73 BGH, Urteil vom 08.02.1960 – II ZR 102/58, NJW 1960, 721 [722].

Verfahrensregeln aber durchaus zulässig und wirksam seien.[74] Demgegenüber sah *Duden* Organschaftsverträge als gesetzeswidrig und unwirksam an.[75]

Maßgebliche Ursache für die seinerzeitige Diskussion um die Zulässigkeit des Organschaftsvertrages war das Fehlen einer gesetzlichen Grundlage. Zwar normierte das AktG 1937[76] in seinem § 256 die Gewinngemeinschaft.[77] Die Vorschrift regelte jedoch nur die Wirksamkeitsvoraussetzungen eines auf Gewinnabführung gerichteten Vertrages[78], traf jedoch keine Aussage zur Möglichkeit, vertraglich Weisungsbefugnisse einzuräumen, eine Verlustausgleichspflicht zu statuieren oder Ausgleichsdividenden für Minderheitsaktionäre festzusetzen.[79] Die Regelung stellte daher keine vollständige Rechtsgrundlage für den Organschaftsvertrag dar[80]

---

74 *Ballerstedt*, DB 1956, 813 [815] und *Ballerstedt*, DB 1956, 837 [839], wo er *Flume* darin zustimmt, dass *»schwerlich eine Satzungsänderung vorstellbar ist, die von grundsätzlicherer Bedeutung wäre«*. Ausführlich zum damaligen Meinungsstand in der Literatur *Sapper,* Die rechtssystematische Stellung der Unternehmensverträge, S. 45 ff. Die Begründung zum Regierungsentwurf des AktG 1965 ließ die Frage nach der organisationsrechtlichen Natur der Unternehmensverträge ausdrücklich offen, Begründung zu § 291 des Regierungsentwurf des AktG 1965, abgedruckt bei *Kropff,* Aktiengesetz, S. 376.

75 *Duden*, BB 1957, 49 [50], der eine Gewinnabführung nur jahresbezogen durch entsprechenden Gewinnverwendungsbeschluss der Hauptversammlung für zulässig erachtete.

76 Gesetz über Aktiengesellschaften und Kommanditgesellschaften auf Aktien vom 30.01.1937, RGBl. 1937 I, S. 107 ff.

77 Unter der Überschrift *»Gewinngemeinschaft«* regelte § 256 AktG 1937 Verträge, durch die sich *»eine Aktiengesellschaft oder eine Kommanditgesellschaft auf Aktien verpflichtet, an einen anderen Gewinn abzuführen«* (Abs. 1) sowie Betriebspacht und -überlassungsverträge (Abs. 2). Die Regelung erfasste nach den Maßstäben heutiger Terminologie somit Verträge im Sinne des § 292 Abs. 1 Nr. 2 und 3 AktG, nicht jedoch die heute als *»Gewinngemeinschaft«* bezeichneten Verträge des § 292 Abs. 1 Nr. 1 AktG.

78 Nach § 256 Abs. 1 und 3 AktG 1937 bedurfte ein Vertrag über die Abführung von mehr als ¾ des Gewinns eines Beschlusses der Hauptversammlung mit einer Mehrheit von ¾ des bei der Beschlussfassung vertretenen Grundkapitals.

79 S. § 256 Abs. 1 AktG 1937; *Sapper,* Die rechtssystematische Stellung der Unternehmensverträge, S. 21.

80 Davon ging auch die Begründung zu § 291 des Regierungsentwurf zum AktG 1965 aus, in der es hieß, dass der Gewinnabführungsvertrag *»unter den Begriff der Gewinngemeinschaft in § 256 AktG 1937 fällt«*, während für den Beherrschungsvertrag ausdrücklich auf die Zweifel bezüglich dessen Zulässigkeit hingewiesen wird, *Kropff,* Aktiengesetz, S. 376; dies verkennt *Hueck*, DB 1959, 223 [224].

und ließ die im Schrifttum geforderten Schutzmechanismen für Minderheitsaktionäre und Gläubiger vermissen. Dennoch zog das damalige Schrifttum aus dem Fehlen einer gesetzlichen Grundlage überwiegend nicht den Schluss einer generellen Unzulässigkeit von Organschaftsverträgen. Gefordert wurde vielmehr die Einhaltung eines formalisierten Verfahrens beim Abschluss des Vertrages, seine Legitimation durch mit qualifizierter Mehrheit getroffene Gesellschafterbeschlüsse und bestimmte Mindestvertragsinhalte, die den Interessen der Minderheitsaktionäre angemessen Rechnung tragen.[81] *Hueck* deutete sogar an, dass die Verträge selbst dann, wenn sie gesellschaftsrechtswidrig wären, aufgrund ihrer jahrzehntelangen Akzeptanz durch die Finanzverwaltung, die Finanzgerichtsbarkeit, die Rechtslehre und die beteiligten Wirtschaftskreise einen Status als *»Gewohnheitsrecht«* erlangt haben könnten.[82] Dennoch war die Wirtschaft von der gesellschaftsrechtlichen Diskussion um den Organschaftsvertrag beunruhigt und die Diskussion gab – in Kombination mit der wirtschaftlichen Bedeutung der Organschaft – sicherlich maßgebliche Impulse für die Ausgestaltung des Aktienkonzernrechts im AktG 1965.[83] Einige gehen sogar so weit, die Unternehmensverträge des AktG als *»Kinder des Steuerrechts«* zu bezeichnen.[84] Andere meinen, der Gesetzgeber habe mit den §§ 291 ff. AktG 1965 *»nur auf das Steuerrecht reagiert [...] und damit die Organschaft gerettet«*.[85] Ob dies angesichts der seinerzeit über Jahre hinweg geführten, intensiven wirtschaftspolitischen Diskussion

---

81 *Flume* forderte bspw. einen Beschluss der Hauptversammlung mit qualifizierter ¾–Mehrheit über den Abschluss eines Organschaftsvertrages sowie die Verpflichtung der Organgesellschaft zur Leistung einer Ausgleichsdividende an die Minderheitsgesellschafter, *Flume*, DB 1965, 455 [456 f.]. Ähnlich *Rasch,* Sind auf dem Gebiete des Konzernrechts gesetzgeberische Maßnahmen erforderlich?, S. 15 sowie *Ballerstedt*, DB 1956, 837 ff., der zusätzlich die Verlustübernahmepflicht des Organträgers forderte. *Erlinghagen* fordert eine satzungsmäßige Ermächtigung der Gesellschaftsorgane zur Eingehung eines Organschaftsvertrages, *Erlinghagen,* Der Organschaftsvertrag mit Ergebnisausschluß-Klausel im Aktienrecht, S. 151 ff.

82 *Hueck*, DB 1959, 223 [227]; ähnlich *Rasch*, der insofern auf die *«normative Kraft des Faktischen«* abstellte, *Rasch,* Sind auf dem Gebiete des Konzernrechts gesetzgeberische Maßnahmen erforderlich?, S. 13.

83 *Dettling,* Die Entstehungsgeschichte des Konzernrechts im Aktiengesetz von 1965, S. 137 f.

84 *Priester* in: *Herzig*, Organschaft, S. 39; *Hüttemann* in: Aktienrecht im Wandel, Band II S. 1250 f.

85 *Hüttemann* in: *Schön/Osterloh-Konrad*, Kernfragen des Unternehmenssteuerrechts, S. 134.

um die Ausgestaltung des Aktienkonzernrechts, die sich bei Weitem nicht nur um steuerrechtliche Themen drehte,[86] angemessen ist, mag dahinstehen. Jedenfalls hat der Gesetzgeber die geäußerten Zweifel an der Zulässigkeit des Organschaftsvertrages ausdrücklich in Bezug genommen, bevor er in der Begründung zum AktG 1965 ausführte, man habe den Beherrschungsvertrag für zulässig erklärt, *»um einem wirtschaftlichen Bedürfnis namentlich bei Konzernen zu entsprechen.«*[87] Mit dem Inkrafttreten des AktG 1965 waren somit zumindest die Zweifel an der zivilrechtlichen Zulässigkeit des Organschaftsvertrages, der fortan als Beherrschungs- und Gewinnabführungsvertrag im AktG verankert war, vom Gesetzgeber beseitigt worden.

3. Die Organschaft in der Gesetzgebung seit dem KStG 1969

Wenngleich der Organschaftsvertrag als maßgebliche Voraussetzung der Organschaft mit dem AktG 1965 eine gesetzliche Grundlage erhalten hatte, standen andere vom BFH aufgeworfene Einzelfragen und Bedenken grundsätzlicher Natur weiterhin im Raum. Der Gesetzgeber nahm den Umstand, dass *»in jüngster Zeit [...] nicht nur bei Einzelproblemen, sondern auch, wenn es um grundsätzliche Fragen dieses Rechtsbereichs ging, in zunehmendem Maße eine Unsicherheit entstand«*[88] zum Anlass, Voraussetzungen und Rechtsfolgen der Organschaft durch das Steueränderungsgesetz 1969[89] in § 7a KStG 1969 zu regeln.[90] Dass die zahlreichen Zweifel und Apelle des Bundesfinanzhofes dabei erst nach mehreren Jahren in ein Gesetz mündeten, ist unter anderem der engen Verknüpfung der Organschaft mit dem Gesellschaftsrecht geschuldet. Denn die Bundesregierung hatte bereits frühzeitig mitgeteilt, dass sie eine gesetzliche Regelung der körperschaftsteuerlichen Organschaft für wünschenswert hielt,

---

86 S. hierzu ausführlich *Dettling,* Die Entstehungsgeschichte des Konzernrechts im Aktiengesetz von 1965, S. 213 ff. sowie *Kropff* in: Aktienrecht im Wandel, Band I S. 670 ff.

87 S. die Begründung zu § 291 des Regierungsentwurfes zum AktG 1965, abgedruckt bei *Kropff,* Aktiengesetz, S. 376 f.

88 Begründung der Bundesregierung zum *»Entwurf eines Gesetzes zur Änderung des Körperschaftsteuergesetzes und anderer Gesetze«* vom 17.06.1968, BT-Drucks. V/3017, S. 6.

89 Steueränderungsgesetz 1969 vom 18.08.1969, BGBl. 1969 I, S. 1211 ff.

90 *Knobbe-Keuk,* Bilanz- und Unternehmenssteuerrecht, S. 697.

dass dieser Schritt jedoch auf den gesellschaftsrechtlichen Grundlagen aufbauen müsse, die sich aus der Novellierung des Aktiengesetzes, insbesondere des Konzernrechts, ergäben.[91] Ziel des Gesetzgebungsvorhabens sollte sein, dass sich das Gesetz *»im wesentlichen darauf [beschränke], daß die bisherige Praxis in dieser Frage auf einer ausreichenden gesetzlichen Grundlage fortgesetzt werden kann.«* Dies gelte *»in gleicher Weise für die Voraussetzungen der Organschaft als auch für die mit ihr verbundenen Wirkungen.«*[92]

Vor diesem Hintergrund erstaunt es kaum, dass durch die Tatbestandsvoraussetzungen der Organschaft im KStG 1969 im Wesentlichen die Rechtsprechung des BFH nachgezeichnet wurde.[93] Die Organschaft setzte weiterhin die finanzielle, wirtschaftliche und organisatorische Eingliederung der Organgesellschaft in den Organträger voraus.[94] Der Organträger musste somit derart an der Organgesellschaft beteiligt sein, dass er über die Mehrheit der Stimmrechte in deren Gesellschafterversammlung verfügte (finanzielle Eingliederung),[95] die Organgesellschaft musste den gewerblichen Zwecken des herrschenden Unternehmens dienen und diese nach der Art einer unselbständigen Geschäftsabteilung fördern (wirtschaftliche Eingliederung)[96] und es musste organisatorisch oder vertraglich sichergestellt sein, dass der Organträger jederzeit Einfluss auf die tatsächliche Geschäftsführung der Organgesellschaft nehmen konnte (organisatorische Eingliederung)[97]. Ebenfalls hielt der Gesetzgeber an der vom BFH

---

91 Stellungnahme der Bundesregierung zum Konzentrationsbericht, BT-Drucks. IV/2320, S. 88 ff. [99].

92 Begründung der Bundesregierung zum *»Entwurf eines Gesetzes zur Änderung des Körperschaftsteuergesetzes und anderer Gesetze«* vom 17.06.1968, BT-Drucks. V/3017, S. 6.

93 s. hierzu sowie zu punktuellen Abweichungen *Jurkat,* Die Organschaft im Körperschaftsteuerrecht, S. 103 ff.

94 § 7a Abs. 1 Nr. 1 und 2 KStG 1969; diese Voraussetzungen hatte bereits der RFH formuliert, RFH, Urteil vom 11.11.1927, RFHE 22, 187; und der BFH hat sie seinerseits übernommen, BFH, Urteil vom 25.06.1957, BStBl. 1975 III, 303 [304 f.].

95 *Dötsch* in: *Dötsch*, KStG, § 14 Rn. 249 ff.; *Frotscher in: Frotscher/Maas, KStG/GewStG/UmwStG*, § 14 KStG Rn. 208.

96 BFH, Urteil vom 26.04.1989 – I R 152/84, BFHE 157, 127 [130].

97 Bei Vorliegen eines Beherrschungsvertrages wurde die organisatorische Eingliederung gem. § 14 Abs. 2 Nr. 2 KStG a. F. unwiderleglich vermutet. Außerhalb eines Beherrschungsvertrages konnte sie insbesondere durch die Personalunion der Geschäftsleitungen von Organträger und Organgesellschaft si-

hervorgehobenen Bedeutung des Gewinnabführungsvertrages fest und normierte dessen Vorliegen als Voraussetzung für die Anerkennung der Organschaft.[98] Der Gesetzgeber wirkte lediglich insofern der jüngsten Rechtsprechung des BFH entgegen, als er ausdrücklich eine Organschaft zwischen einer Kapitalgesellschaft als Organgesellschaft und einer Personengesellschaft als Organträger zuließ.[99] Auf der Rechtsfolgenseite stellte das KStG 1969 ganz im Sinne der Zurechnungstheorie klar,[100] dass *»das [steuerliche] Einkommen der Organgesellschaft dem Träger des Unternehmens (Organträger) zuzurechnen«* sei (§ 7a Abs. 1 Satz 1 KStG 1969), nicht hingegen der aufgrund des Gewinnabführungsvertrages abgeführte handelsbilanzielle Gewinn. Dem Organträger wurde also stets und unabhängig von der Höhe des handelsrechtlichen Ergebnisses das gesamte[101] steuerliche Einkommen der Organgesellschaft zugerechnet. Daraus folgte, dass weiterhin Abweichungen zwischen tatsächlicher Ergebnisübernahme und steuerlicher Ergebniszurechnung auftraten,[102] was die Frage nach der Notwendigkeit entsprechender Ausgleichsposten aufwarf[103] und Zweifel

---

chergestellt werden, s. hierzu *Olbing* in: *Streck*, KStG (6. Auflage 2003), § 14 Rn. 28 ff.

98 § 7a Abs. 1 Satz 1 und Nr. 4 KStG 1969; da der Gewinnabführungsvertrag bereits damals nur für die Aktiengesellschaft und die Kommanditgesellschaft auf Aktien gesetzlich geregelt war, sah Absatz 5 der Vorschrift den Abschluss eines entsprechenden Vertrages vor, falls eine andere Kapitalgesellschaft Organgesellschaft sein sollte.

99 § 7a Abs. 1 Nr. 3 KStG 1969, BGBl. 1969 I, S. 1869 ff.; die damit verbundene, damals systemfremde Durchbrechung der Doppelbelastung des Gewinns der Kapital-Organgesellschaft mit Körperschafts- und Einkommensteuer nahm der Gesetzgeber bewusst in Kauf, Begründung der Bundesregierung zum *»Entwurf eines Gesetzes zur Änderung des Körperschaftsteuergesetzes und anderer Gesetze«* vom 17.06.1968, BT-Drucks. V/3017, S. 7; s. hierzu *Jurkat,* Die Organschaft im Körperschaftsteuerrecht, S. 98 f.

100 *Jurkat,* Die Organschaft im Körperschaftsteuerrecht, S. 107.

101 Mit Ausnahme lediglich der Ausgleichszahlungen an außenstehende Gesellschafter; diese hatte die Organgesellschaft gem. § 7a Abs. 3 KStG 1969 selbst zu versteuern.

102 *Sonnenschein,* Organschaft und Konzerngesellschaftsrecht, S. 317 f.; *Witt,* Die Konzernbesteuerung, S. 157.

103 s. hierzu *Jurkat,* Die Organschaft im Körperschaftsteuerrecht, S. 157; Die Bildung und Auflösung von Ausgleichsposten für Mehr- und Minderabführungen ist heute in § 14 Abs. 3 und Abs. 4 KStG geregelt.

an der Berechtigung des Gewinnabführungsvertrages als Voraussetzung der Organschaft schürte.[104]

Die Regelung in § 7a KStG 1969 ist in den ersten Jahren nahezu unverändert geblieben und auch ohne wesentliche inhaltliche Reformen in den §§ 14 bis 18 KStG 1977 fortgeschrieben worden.[105] Erste wesentliche Änderungen erfuhr die Regelung erst im Jahr 2000 durch das Steuersenkungsgesetz,[106] welches die wirtschaftliche und organisatorische Eingliederung als Voraussetzungen der Organschaft aufgab und im Rahmen der finanziellen Eingliederung eine Berücksichtigung mittelbarer Beteiligungen erlaubte. Nach weiteren punktuellen Änderungen erfolgten mit dem Steuervergünstigungsabbaugesetz aus dem Jahre 2003[107] erneut tiefgreifende Anpassungen. So wurden insbesondere die Anforderungen an Personengesellschaften als Organträger verschärft, die bis dato bestehende Möglichkeit zur Begründung sog. Mehrmütterorganschaften beseitigt und die steuerliche Rückwirkung von Gewinnabführungsverträgen begrenzt.[108] Der letzte erhebliche Eingriff des Gesetzgebers erfolgte im Jahr 2013 im Zuge der Umsetzung der sog. kleinen Organschaftsreform durch das Gesetz zur Änderung und Vereinfachung der Unternehmensbesteuerung und des steuerlichen Reisekostenrechts.[109] Die Reform bewirkte insbesondere Erleichterungen für die ordnungsgemäße Durchführung des Gewinnabführungsvertrages[110], indem nunmehr rückwirkende Korrekturen des handelsrechtlichen Jahresabschlusses steuerlich anerkannt wurden.[111] Zum anderen wurde der europarechtlich bedenkliche sog. doppelte Inlandsbezug der Organgesellschaft aufgehoben[112] und es wurden in Reaktion auf eine viel-

104 *Sonnenschein,* Organschaft und Konzerngesellschaftsrecht, S. 318 f.; *Witt,* Die Konzernbesteuerung, S. 158 f.

105 *Frotscher in: Frotscher/Maas, KStG/GewStG/UmwStG,* § 14 KStG Rn. 37; *Neumann* in: *Gosch*, KStG, § 14 Rn. 11.

106 Steuersenkungsgesetz vom 23.10.2000, BGBl 2000 I, S. 1433 ff.

107 Steuervergünstigungsabbaugesetz vom 16.05.2003, BGBl. 2003 I, S. 660 ff.

108 *Frotscher* in: *Frotscher/Maas*, KStG/GewStG/UmwStG, § 14 KStG Rn. 37; *Richter*, StuW 2004, 51 ff.

109 UntStReiseKG vom 20.02.2013, BGBl. 2013 I, S. 285 ff.

110 s. hierzu *Dorenkamp* in: *Herrmann/Heuer/Raupach u.a.*, EStG/KStG, § 14 KStG JK 2013 Rn. 7 ff.

111 S. § 14 Abs. 1 Nr. 3 Sätze 4 und 5 KStG; dazu ausführlich: *Stangl/Brühl*, DK 2013, 77 [85 ff.].

112 § 14 Abs. 1 Satz 1 KStG sah vor der Neufassung vor, dass die Organgesellschaft Sitz und Geschäftsleitung im Inland haben musste, was von der Europäischen Kommission als Verletzung der Niederlassungsfreiheit gem. Art. 49, 50 AEUV angesehen wurde und zu einem Vertragsverletzungsverfahren gegen

beachtete Entscheidung des BFH[113] die Anforderungen an den Organträger gelockert, der nach der Neufassung keine inländische Gesellschaft mehr sein muss.[114]

4. Die wirtschaftliche Bedeutung der Organschaft

Die wirtschaftliche Bedeutung der körperschaftsteuerlichen Organschaft hat sich seit ihrer erstmaligen Kodifizierung in § 7a KStG 1969 mehrfach gewandelt. Dieser Wandel war zumeist jedoch nicht Änderungen des gesetzlichen Organschaftstatbestandes oder seiner Rechtsfolgen geschuldet, sondern vielmehr den Veränderungen anderer Normen des Steuerrechts:

Das bis 1976 geltende klassische Körperschaftsteuersystem, das die rechtliche und vermögensmäßige Selbständigkeit der Körperschaften als Rechtfertigung für eine echte Doppelbelastung deren Gewinne ansah, nämlich zunächst bei ihr selbst und nach Ausschüttung erneut bei ihren Anteilseignern, bescherte der Organschaft große wirtschaftliche Bedeutung. Zwar hatte der Gesetzgeber die Doppelbelastung durch die Einführung eines verringerten Ausschüttungssteuersatzes reduziert,[115] es verblieb jedoch eine finale Körperschaftsteuerbelastung auf jeder Ausschüttungsstufe, die sich in gestaffelten Beteiligungsstrukturen kumulierte und nur durch die unmittelbare Zurechnung des Einkommens der Organgesell-

---

die Bundesrepublik Deutschland führte (Vertragsverletzungsverfahren Nr. 2008/4909), *Krumm* in: *Blümich*, EStG/KStG/GewStG, § 14 KStG Rn. 53; *Olbing* in: *Streck*, KStG, § 14 Rn. 12; *Stangl/Brühl*, DK 2013, 77 [78 ff.]; *Weigert/Strohm*, DK 2013, 249 [253 ff.].

113 BFH, Urteil vom 09.02.2011 – I R 54, 55/10, DStR 2011, 762 ff., dieser Entscheidung wurde das Potenzial beigemessen, einen umfassenden Abfluss von Besteuerungssubstrat bei grenzüberschreitenden Konzernstrukturen zu bewirken, s. *Rödder/Schönfeld*, DStR 2011, 886.

114 Nach der Neuregelung in § 14 Abs. 1 Nr. 2 Sätze 4 bis 7 KStG können auch ausländische Gesellschaften Organträger sein, solange ihre Beteiligung am Organträger einer inländischen Betriebsstätte zugeordnet ist, s. hierzu *Dorenkamp* in: *Herrmann/Heuer/Raupach u.a.*, EStG/KStG, § 14 KStG JK 2013 Rn. 6; *Weigert/Strohm*, DK 2013, 249 [262 ff.]. Ferner wurde die Verknüpfung der Veranlagung von Organgesellschaft und -träger durch eine gesonderte und einheitliche Feststellung eingeführt (§§ 170 ff. AO), § 14 Abs. 5 KStG.

115 Ausgeschüttete Gewinne unterlagen einem geringeren KSt-Satz als thesaurierte. Es bestand somit ein klassisches Körperschaftsteuersystem mit gespaltenem Steuersatz, s. *Hüttemann* in: Aktienrecht im Wandel, Band II S. 1238.

schaft an den Organträger vermieden werden konnte.[116] Soweit der Organträger ebenfalls eine Kapitalgesellschaft war, die in den Genuss des Schachtelprivilegs gem. § 9 KStG 1969[117] kam, stellte sich ferner die Problematik, dass Beteiligungsaufwendungen nicht steuerlich geltend gemacht werden konnten.[118] Auch dieser Effekt konnte verhindert werden, wenn das Einkommen der Organgesellschaft dem Organträger als eigenes, steuerpflichtiges Einkommen zugerechnet wurde.[119]

Mit der Einführung des körperschaftsteuerlichen Anrechnungsverfahrens nach dem KStG 1977[120] verlor die Organschaft ihre Bedeutung für die Vermeidung körperschaftsteuerlicher Doppelbelastungen, da ausgeschüttete Gewinne im Ergebnis des Anrechnungsverfahrens nur noch einfach, nämlich mit dem individuellen Einkommensteuersatz des Ausschüttungsempfängers, belastet wurden.[121] Dies galt auch bei Mehrfachausschüttungen innerhalb von Beteiligungsketten.[122] Da das KStG 1977 infolge des Systemwechsels kein Schachtelprivileg mehr vorsah, entschärfte sich auch die Problematik der Nichtabziehbarkeit von Beteiligungsaufwendungen.[123] Dennoch besaß die Organschaft auch unter dem Anrechnungssystem eine maßgebliche wirtschaftliche Bedeutung: Denn wenngleich die steuerpflichtigen Beteiligungserträge im Falle ihrer Ausschüttung an den Organträger von diesem nunmehr zum Ausgleich eigener oder zugerechneter Verluste verwendet werden konnten, bestand nur in der Organschaft die Möglichkeit, Verluste der Organgesellschaften auf den Or-

---

116 *Frotscher* in: *Frotscher/Maas*, KStG/GewStG/UmwStG, § 14 Rn. 2; *Müller* in: *Mössner/Seeger*, KStG, Vorb. §§ 14-19 Rn. 31.

117 Eine Schachtelbeteiligung in diesem Sinne lag insbesondere vor, wenn eine unbeschränkt körperschaftsteuerpflichtige Körperschaft an dem Grund- oder Stammkapital einer ebenfalls unbeschränkt körperschaftsteuerpflichtigen Kapitalgesellschaft zu mehr als ¼ beteiligt war.

118 § 3c EStG, der durch das *StÄndG 1958* vom 18.07.1958 (BGBl. 1958 I, S. 473 ff.) eingefügt worden, schloss bereits damals eine Geltendmachung von Betriebsausgaben aus, die im Zusammenhang mit steuerfreien Einkünften standen. Entsprechende Grundsätze waren schon zuvor richterrechtlich anerkannt, *Erhard* in: *Blümich*, EStG/KStG/GewStG, § 3c EStG Rn. 1.

119 *Herzig* in: *Herzig*, Organschaft, S. 6.

120 Eingeführt durch das Körperschaftsteuerreformgesetz vom 31.08.1976, BGBl. 1976 I, S. 2597 ff.

121 Zur Funktionsweise des Anrechnungssystems des KStG 1977 s. *Hüttemann* in: in: Aktienrecht im Wandel, Band II S. 1240 f.

122 *Frotscher* in: *Frotscher/Maas*, KStG/GewStG/UmwStG, § 14 Rn. 3.

123 *Herzig* in: *Herzig*, Organschaft, S. 6.

ganträger hochzuschleusen.[124] Darüber hinaus war die Organschaft erforderlich, um die körperschaftsteuerfreie Weiterleitung von bei der Organgesellschaft steuerfreien Erträgen an den Organträger zu ermöglichen, da dieser Gewinn andernfalls beim Organträger der Besteuerung unterlegen hätte.[125]

Seit dem Systemwechsel vom Anrechnungs- zum Halbeinkünfteverfahren mit dem Steuersenkungsgesetz aus dem Jahr 2000[126] hat sich der Schwerpunkt der Steuerwirkungen der Organschaft erneut verlagert,[127] wohingegen sich ihre Bedeutung durch den Übergang vom Halb- zum Teileinkünfteverfahren nicht grundlegend verändert hat. Wesensprägendes Merkmal von Halb- und Teileinkünfteverfahren ist die Rückkehr zu einer definitiven Steuerbelastung auf Ebene der Kapitalgesellschaft, welche auf Ebene der Anteilseigner durch verschiedene Mechanismen neutralisiert wird. Die (typisierende) Neutralisierung erfolgt bei einkommensteuerpflichtigen Dividendenempfängern dadurch, dass Gewinnausschüttungen von Kapitalgesellschaften bei ihnen nur zu 50 % (Halbeinkünfteverfahren) bzw. 60 % (Teileinkünfteverfahren) in die Bemessungsgrundlage für die Einkommensteuer einfließen.[128] Bei Körperschaftsteuersubjekten werden Erträge aus Kapitalgesellschaftsbeteiligungen durch § 8b KStG bei der Gewinnermittlung (nahezu) gänzlich ausgeklammert.[129]

Die Nichtberücksichtigung von Beteiligungserträgen gem. § 8b Abs. 1 KStG hat für körperschaftsteuerpflichtige Konzernobergesellschaften zur Folge, dass eine Doppelbelastung der ausgeschütteten Dividenden wirksam verhindert wird. Mangels Einkommensqualität der Dividenden ist jedoch auch keine steuerwirksame Verrechnung der Dividenden mit Verlus-

---

124 In: *Herzig*, Organschaft, S. 6.

125 *Frotscher* in: in: *Frotscher/Maas*, KStG/GewStG/UmwStG, § 14 KStG Rn. 3.

126 Steuersenkungsgesetz vom 23.10.2000, BGBl. 2000 I, S. 1433 ff.

127 S. zur Bedeutungswechsel der Organschaft durch das StSenkG *Prinz*, FR 2000, 1255 ff.

128 S. zur grundsätzlichen Funktionsweise des Halbeinkünfteverfahrens *Hüttemann* in: Aktienrecht im Wandel, Band II S. 1243 ff.

129 Eine Einschränkung gilt seit dem Inkrafttreten des Gesetzes zur Umsetzung des EuGH-Urteils vom 20.10.2011 (Rs. C-284/09) vom 21.03.2013, BGBl. I 2013, S. 561, mit dem § 8b Abs. 4 KStG eingeführt wurde, der eine volle Besteuerung von Dividenden aus sog. Streubesitzbeteiligungen von unter 10 % vorsieht. S. hierzu *Watermeyer* in: *Herrmann/Heuer/Raupach u.a.*, EStG/KStG, § 8b KStG Rn. 127 ff.

ten der Konzernobergesellschaft mehr möglich.[130] Eine solche Verrechnungsmöglichkeit bietet nur die Organschaft, da hier das Organeinkommen dem Organträger als eigenes steuerpflichtiges Einkommen zugerechnet wird. Da nicht nur die Dividenden bei der Einkommensermittlung des Anteilseigners außer Ansatz bleiben, sondern auch Gewinne aus der Veräußerung seiner Beteiligung,[131] kann die Konzernobergesellschaft Verluste ihrer Tochtergesellschaften auch nicht mehr über eine Teilwertabschreibung ihrer Beteiligung steuerlich geltend machen.[132] Die Organschaft ist daher auch das einzig verbleibende Instrument zur Verlustübertragung nach oben.[133] Sie ist mithin für eine phasengleiche Verlustnutzung im Konzern – gleich in welche Richtung – unerlässlich.

Demgegenüber hat sich die Problematik der Nichtabziehbarkeit von Beteiligungsaufwendungen des körperschaftsteuerpflichtigen Anteilseigners erledigt, da § 8b Abs. 5 Satz 2 KStG die Anwendung von § 3c EStG ausschließt, so dass Beteiligungsaufwendungen abzugsfähig bleiben.[134] Im Gegenzug werden jedoch 5 % des ausgeschütteten Gewinns beim Anteilseigner als (fiktive) nichtabzugsfähige Betriebsausgabe behandelt und seinem steuerpflichtigen Einkommen außerbilanziell hinzugerechnet. Im Ergebnis sind daher auf jeder Ebene eines Kapitalgesellschaftskonzerns 5 % der Dividendenbezüge zu versteuern, was bei tief gestaffelten Beteiligungsketten zu erheblichen Belastungen führen kann (sog. Kaskadeneffekt).[135] Diese Belastung entfällt in einem Organkreis, da dem Organträger das Einkommen der Organgesellschaften unmittelbar zugerechnet wird. Die Tatbestände der §§ 8b Abs. 1 und Abs. 5 KStG sind hier nicht erfüllt.[136] Vergleichbare Effekte ergeben sich gem. § 8b Abs. 2 und Abs. 3

---

130 *Herzig* in: *Herzig*, Organschaft, S. 7; *Frotscher* in: *Frotscher/Maas*, KStG/GewStG/UmwStG, § 14 KStG Rn. 9.

131 § 8b Abs. 2 KStG.

132 *Hüttemann* in: Aktienrecht im Wandel, Band II S. 1246.

133 *Schön*, ZHR 2004, 629 [631].

134 M. *Frotscher* in: *Frotscher/Maas*, KStG/GewStG/UmwStG, § 8b KStG Rn. 519 ff.; *Watermeyer* in: *Herrmann/Heuer/Raupach u.a.*, EStG/KStG, § 8b KStG Rn. 193.

135 *Hüttemann* in: Aktienrecht im Wandel, Band II S. 1245 f.; *Gosch* in: *Gosch*, KStG, § 8b Rn. 452; *Watermeyer* in: *Herrmann/Heuer/Raupach u.a.*, EStG/KStG, § 8b KStG Rn. 190.

136 *Frotscher* in: *Frotscher/Maas*, KStG/GewStG/UmwStG, § 14 KStG Rn. 5; *Watermeyer* in: *Herrmann/Heuer/Raupach u.a.*, EStG/KStG, § 8b KStG Rn. 192.

KStG bei Gewinnen aus der Veräußerung von Gesellschaftsbeteiligungen in tiefer gestaffelten Konzernstrukturen.[137]

Auch wenn die Anteilseigner einkommensteuerpflichtige Personen sind, kann die Organschaft Mehrbelastungen von Gewinnausschüttungen verhindern, die andernfalls infolge des Teileinkünfteverfahrens entstehen können. Denn während das Teileinkünfteverfahren steuerliche Doppelbelastungen nur typisierend neutralisiert und – spiegelbildlich zur nur anteiligen Berücksichtigung der Beteiligungserträge – nur einen quotalen Abzug von Beteiligungsaufwendungen erlaubt, stellt die Organschaft die vollständige Beseitigung körperschaftsteuerlicher Vorbelastungen der Gewinnausschüttungen sicher und erlaubt die vollständige Geltendmachung von Beteiligungsaufwendungen.[138]

Einen weiteren Effekt zeitigt die Organschaft bezüglich der sog. Zinsschranke gem. § 8a KStG i. V. m. § 4h EStG. Diese beschränkt die Abzugsfähigkeit von Zinsaufwendungen konzernangehöriger Unternehmen, um (missbräuchliche) Gestaltungen zur Verlagerung von Gewinnen in das Ausland zu verhindern,[139] wie sie in der Praxis durch konzerninterne Darlehensgewährungen und fremdfinanzierte Beteiligungserwerbe erfolgen.[140] Da die Gesellschaften im Organkreis insoweit gem. § 15 Satz 1 Nr. 3 KStG als *»ein Betrieb«* betrachtet werden, ist der Organkreis kein Konzern i. S. v. § 4h Abs. 2 lit. b) EStG, weswegen die Zinsschranke unanwendbar ist und Zinsaufwendungen voll abziehbar bleiben.[141]

Die Organschaft dient ferner als Gestaltungsinstrument zur Verhinderung von (temporären) Steuermehrbelastungen aufgrund der sog. Mindestbesteuerung gem. § 10d Abs. 2 EStG. Diese Regelung lässt den Abzug

---

137 *Rogall*, DB 2003, 2185 [2187].

138 Bei einkommensteuerpflichtigen Gesellschaftern unterliegen Dividenden gem. § 3 Nr. 40 EStG zu 60 % der Einkommensteuer. Gem. § 3c Abs. 2 EStG können daher auch nur 60 % der mit Gewinnausschüttungen zusammenhängenden Ausgaben steuerlich geltend gemacht werden. Das Teileinkünfteverfahren vermeidet Doppelbelastungen daher nicht vollständig, sondern berücksichtigt lediglich typisierend die körperschaftsteuerliche Vorbelastung dieser Gewinne. Dies kann zu Doppelbelastungen führen, *Hüttemann* in: Aktienrecht im Wandel, Band II S. 1244 f; *Frotscher* in: *Frotscher/Maas*, KStG/GewStG/UmwStG, § 14 KStG Rn. 6.

139 BT-Drucks. 16/4841, S. 35; a. A., wonach die Vorschrift der Umsetzung eines Mindestbesteuerungssystems diene *Frotscher* in: *Frotscher/Maas*, KStG/GewStG/UmwStG, § 8a KStG Rn. 5.

140 S. zu gängigen Gestaltungen *Oellerich* in: *Mössner/Seeger*, KStG, § 8a Rn. 11.

141 *Frotscher* in: *Frotscher/Maas*, KStG/GewStG/UmwStG, § 15 KStG Rn. 102.

vorgetragener Verluste nur für einen Sockelbetrag i. H. v. einer Million Euro uneingeschränkt zu. Darüber hinausgehende Verlustvorträge dürfen nur noch partiell abgezogen werden, woraus eine Streckung des Vortragszeitraums für Verluste oberhalb des Sockelbetrages folgt.[142] In einer Organschaft minimiert die Saldierung der Einkommen aller Gesellschaften im Organkreis innerhalb des Veranlagungszeitraumes das Risiko eines durch 10d Abs. 2 EStG beschränkten Verlustabzugs.

Aufgrund dieser vielseitigen Steuerwirkungen, wird der Organschaft eine insgesamt gewachsene Bedeutung unter dem Halb- bzw. Teileinkünfteverfahren attestiert.[143]

II. Voraussetzungen und Rechtsfolgen der körperschaftssteuerlichen Organschaft nach geltendem Recht

Die Organschaft wird als steuerrechtliche Lehre von der wirtschaftlichen Einheit rechtlich selbständiger Wirtschaftssubjekte verstanden.[144] Sie bildet die wirtschaftliche Einheit verbundener Unternehmen körperschaftsteuerlich ab, indem sie eine Zusammenführung der Einkommen aller Gesellschaften im Organkreis beim Organträger ermöglicht.[145] Das KStG knüpft diese Rechtsfolge jedoch an eine Reihe von Voraussetzungen, die sich zum einen auf die Eigenschaften der beteiligten Steuersubjekte (Organgesellschaften und Organträger) beziehen und zum anderen auf die Art und Weise ihrer Verbundenheit. Liegen alle Voraussetzungen für die steuerliche Anerkennung der Organschaft vor, so ordnet das Gesetz als Rechtsfolge eine nahezu vollständige steuerliche Zurechnung der Einkommen der Organgesellschaften zum Organträger an.

1. Persönlicher Anwendungsbereich

Die Organschaft kennt zwei Typen von Beteiligten, Organgesellschaften und Organträger. Dabei ist die Organgesellschaft diejenige, deren Einkommen steuerlich dem Organträger zugerechnet wird (§ 14 Abs. 1 Satz 1

142 *Gassen* in: *Littmann/Bitz/Pust*, Das Einkommensteuerrecht, § 10d Rn. 75.
143 *Olbing* in: *Streck*, KStG, § 14 Rn. 2.
144 S. oben Ziffer B. I. 1.
145 *Müller* in: *Mössner/Seeger*, KStG, Vorb. §§ 14-19 Rn. 4.

KStG), die also ihr steuerliches Ergebnis auf den Organträger überträgt. Wenngleich § 14 Abs. 1 Satz 1 KStG hinsichtlich der Organgesellschaft die Einzahl benutzt, ist es ohne weiteres möglich, mehrere Organgesellschaften in einem Organkreis zu versammeln. Demgegenüber schreibt das Gesetz seit einer entsprechenden Ergänzung durch das UntStFG[146] in § 14 Abs. 1 Satz 1 KStG vor, dass es je Organkreis nur einen Organträger geben darf; eine sog. Mehrmütterorganschaft ist nunmehr ausgeschlossen.[147]

a) Organgesellschaft

Da nur Kapitalgesellschaften, nicht jedoch Personengesellschaften, eigenständige Steuersubjekte sind, die getrennt von ihren Anteilseignern besteuert werden,[148] bedarf es nur bei diesen des Instrumentes der Einkommenszurechnung zur Durchbrechung ihrer steuerlichen Intransparenz.[149] Folgerichtig kommen als Organgesellschaften auch nur Kapitalgesellschaften in Betracht.[150] Das Gesetz regelt dies aus systematischen Gründen in zwei getrennten Normen: § 14 Abs. 1 Satz 1 KStG normiert die Zulässigkeit von SE, AG und KGaA als Organgesellschaften, während § 17 Satz 1 KStG den Kreis der tauglichen Organgesellschaften auf *»andere als die in § 14 Absatz 1 Satz 1 bezeichnete[n] Kapitalgesellschaft[en]«* und damit letztlich auf alle Kapitalgesellschaften ausdehnt.[151] Dies schließt grundsätzlich auch Gesellschaften ein, die nach einer ausländischen

---

146 Unternehmenssteuerfortentwicklungsgesetz vom 20.12.2001, BGBl. 2001 I, S. 3858 ff.

147 *Kolbe* in: *Herrmann/Heuer/Raupach u.a.*, EStG/KStG, § 14 KStG Rn. 57; *Weigert/Strohm*, DK 2013, 249 [262].

148 Personengesellschaften sind weder Körperschaftsteuer- noch Einkommensteuersubjekte. Bei Ihnen erfolgt ein Durchgriff auf die Gesellschafter, denen die von der Personengesellschaft erzielten Einkünfte zugerechnet werden (sog. Transparenzprinzip), *Niehus/Wilke,* Die Besteuerung der Personengesellschaften, S. 19.

149 *Frotscher* in: *Frotscher/Maas*, KStG/GewStG/UmwStG, § 14 KStG Rn. 183; *Müller* in: *Mössner/Seeger*, KStG, § 14 Rn. 38.

150 Einzig zulässige Personen-Organgesellschaft ist die KGaA, weil bzw. soweit diese steuerrechtlich wie eine Kapitalgesellschaft behandelt wird, s. hierzu *Dötsch* in: *Dötsch*, KStG, § 14 Rn. 77 sowie ausführlich *Frotscher*, DK 2006, 139 ff.

151 *Weigert/Strohm*, DK 2013, 249 [249].

Rechtsordnung verfasst sind, wenn sie sich im Ergebnis eines Typenvergleichs als Kapitalgesellschaften klassifizieren lassen.[152]

b) Organträger

Der Organträger muss nach § 14 Abs. 1 Satz 1 KStG ein *»gewerbliches Unternehmen«* sein. Der Grund hierfür ist, dass die Einkünfte der Organgesellschaften, die dem Organträger zugerechnet werden, zwingend gewerbliche Einkünfte darstellen, da nur Kapitalgesellschaften als Organgesellschaften zulässig sind und Einkünfte von Kapitalgesellschaften gem. §§ 8 Abs. 2 KStG, § 2 Abs. 2 Satz 1 GewStG stets als gewerblich zu qualifizieren sind. Wären auch andere als gewerbliche Unternehmen als Organträger zugelassen, so könnte die Einkommenszurechnung an sie dazu führen, dass die gewerblichen Einkünfte der Organgesellschaften in nichtgewerbliche Einkünfte des Organträgers umqualifiziert und so der Gewerbesteuer entzogen würden.

Hinsichtlich der Rechtsform unterliegt der Organträger geringeren Einschränkungen als die Organgesellschaften. Es können sowohl natürliche Personen und Personengesellschaften (§ 14 Abs. 1 Nr. 2 Satz 2 KStG) als auch Körperschaften (§ 14 Abs. 1 Nr. 2 Satz 1 KStG) Organträger sein, wobei für die verschiedenen Rechtsformen unterschiedliche Anforderungen gelten. Insbesondere wird bei einer Personengesellschaft als Organträger verlangt, dass diese eine (nicht nur geringfügige) eigengewerbliche Tätigkeit[153] ausübt. Dadurch sollen reine Holding-Personengesellschaften als Organträger ausgeschlossen werden, durch deren Einsatz andernfalls

---

152 *Müller in: Mössner/Seeger, KStG*, § 14 Rn. 39; *Weigert/Strohm*, DK 2013, 249 [252]. Der Berücksichtigung ausländischer Gesellschaftsformen kommt insofern potentiell wachsende Bedeutung zu, als der bis zur «kleinen Organschaftsreform« gesetzlich geforderte sog. doppelte Inlandsbezug, d. h. das Bestehen von Sitz und Geschäftsleitung im Inland, aufgehoben wurde. Nun können auch Kapitalgesellschaften mit Sitz in einem Mitgliedstaat der europäischen Union Organgesellschaften sein, wenn ihre Geschäftsleitung im Inland ansässig ist, § 14 Abs. 1 Satz 1 KStG. Obgleich die inländische Geschäftsleitung regelmäßig die unbeschränkte Steuerpflicht der Organgesellschaft gem. § 1 Abs. 1 Nr. 1 KStG bedingt, ist die unbeschränkte Steuerpflicht keine zwingende Voraussetzung für Organgesellschaften, *Kolbe* in: *Herrmann/Heuer/Raupach u.a.*, EStG/KStG, § 14 KStG Rn. 52.

153 Eine gewerbliche Prägung gem. § 15 Abs. 3 Nr. 1 EStG ist insofern nicht ausreichend.

Mehrmütterorganschaften »durch die Hintertür« wieder eingeführt werden könnten.[154] Denn das ihnen gem. § 14 Abs. 1 Satz 1 KStG zugerechnete Einkommen würde aufgrund ihrer steuerlichen Transparenz deren Gesellschaftern zugerechnet,[155] wodurch es wie durch eine Weiche auf letztlich mehrere Zurechnungsobjekte verteilt würde.

2. Objektive Tatbestandsvoraussetzungen

In objektiver Hinsicht setzt die Organschaft die finanzielle Eingliederung der Organgesellschaft(en) in den Organträger (§ 14 Abs. 1 Satz 1 Nr. 1 KStG) sowie den Abschluss und die Durchführung eines Gewinnabführungsvertrages (§ 14 Abs. 1 Satz 1, Satz 1 Nr. 3 und Satz 2 KStG) voraus.

a) Finanzielle Eingliederung

Die finanzielle Eingliederung der Organgesellschaft in den Organträger ist nach dem Wegfall der wirtschaftlichen und organisatorischen Eingliederung als Tatbestandsvoraussetzungen der Organschaft das maßgebliche Kriterium für die qualifizierte wirtschaftliche Verflechtung der Organschaftsmitglieder. Sie soll sicherstellen, dass der Organträger seinen Willen zumindest in den Fragen des regelmäßigen Geschäftsverkehrs in den Gesellschafterversammlungen der Organgesellschaften durchsetzen kann.[156] Die Anforderungen an die wirtschaftliche Verflechtung der Organmitglieder gehen jedoch nicht so weit, dass die Möglichkeit des Organträgers zur einseitigen Durchsetzung von strukturändernden Maßnahmen wie Satzungsänderungen oder Kapitalveränderungen gegeben sein müsste.[157] Deswegen und weil für allgemeine Beschlüsse sowohl in der AG als auch in der GmbH in der Regel die Mehrheit der abgegebenen Stimmen

---

154 *Frotscher* in: *Frotscher/Maas*, KStG/GewStG/UmwStG, § 14 KStG Rn. 125.

155 S. BMF-Schreiben vom 10.11.2005 - IV B 7 - S 2770 - 24/05; kritisch dazu: *Dötsch*, DK 2005, 695 ff.

156 *Frotscher* in: *Frotscher/Maas*, KStG/GewStG/UmwStG, § 14 KStG Rn. 208.

157 *Frotscher* in: *Frotscher/Maas*, KStG/GewStG/UmwStG, § 14 KStG Rn. 210; *Dötsch* in: *Dötsch*, KStG, § 14 Rn. 254.

ausreicht,[158] lässt § 14 Abs. 1 Satz 1 Nr. 1 Satz 1 KStG es im Regelfall ausreichen, wenn dem Organträger die Mehrheit der Stimmrechte aus den Anteilen der Organgesellschaft zusteht. Maßgebliches Kriterium ist somit die Stimmrechtsmehrheit, nicht die Mehrheit der Anteile. Insbesondere wenn die Organgesellschaft eigene Anteile hält oder stimmrechtslose Anteile ausgegeben hat, kann daher bereits eine Kapitalbeteiligung von weniger als 50 % die erforderliche Stimmrechtsmehrheit gewähren.[159] Umgekehrt kann allerdings auch ein Stimmrechtsanteil von mehr als 50 % unzureichend sein, wenn die Verfassung der Organgesellschaft für das Gros der Beschlüsse ihrer Anteilseigner qualifizierte Mehrheiten voraussetzt. In diesem Fällen ist nach Maßgabe des eingangs genannten Zwecks der finanziellen Eingliederung zu prüfen, welcher Stimmrechtsanteil für die finanzielle Eingliederung erforderlich ist. Sie ist in solchen Fällen nur gegeben, wenn die Stimmen des Organträgers diesem eine selbständige Beschlussfassung in allen regelmäßigen, nicht als außerordentlich zu bezeichnenden Angelegenheiten der Organgesellschaft erlauben.[160]

Die erforderlichen Stimmrechte müssen dem Organträger nicht unmittelbar zustehen. Gem. § 14 Abs. 1 Satz 1 Nr. 1 Satz 2 KStG sind auch mittelbare Beteiligungen ausreichend, wenn auf jeder Beteiligungsstufe eine einflussvermittelnde Stimmrechtsmehrheit besteht.[161] Die finanzielle Eingliederung kann auch durch eine Zusammenrechnung der Stimmrechtsanteile verschiedener Zwischengesellschaften herbeigeführt werden, wenn der Organträger in jeder vermittelnden Zwischengesellschaft über die

158 Etwas anderes gilt nur, soweit Gesetz oder Satzung qualifizierte Mehrheiten verlangen bzw. zusätzliche Erfordernisse aufstellen, s. § 133 Abs. 1 AktG und §§ 47 Abs. 1, 45 Abs. 2 GmbHG.

159 *Dötsch* in: *Dötsch*, KStG, § 14 Rn. 256.

160 *Frotscher* in: *Frotscher/Maas*, KStG/GewStG/UmwStG, § 14 KStG Rn. 210; die bei *»üblichen Beschlüssen«* erforderliche Mehrheit ist erforderlich, *Neumann* in: *Gosch*, KStG, § 14 Rn. 131; zu den üblichen Beschlüssen gehören bspw. Beschlussfassungen zur Feststellung des Jahresabschlusses und der Gewinnverwendung, *Dötsch* in: *Dötsch*, KStG, § 14 Rn. 254.

161 Die Länge des Beteiligungsstranges, der die Stimmrechtsmehrheit vermittelt, ist grundsätzlich unerheblich; *Olbing* in: *Streck*, KStG, § 14 Rn. 50. Auch ist es nicht erforderlich, dass die Zwischengesellschaften selbst die Voraussetzungen einer Organgesellschaft oder eines Organträgers besitzen, so auch die Finanzverwaltung, s. H 57 KStR, Stichwort *»Mittelbare Beteiligung«* mit Verweis auf BFH, Urteil vom 02.11.1977 – BStBl. 1978 II, 74 ff. Anders verhält es sich bei sog. Organschaftsketten, bei denen auf jeder Beteiligungsstufe ein Organschaftsverhältnis besteht. Hier müssen alle Beteiligten Gesellschaften taugliche Organgesellschaft bzw. Organträger sein.

Stimmrechtsmehrheit verfügt und somit beeinflussen kann, wie die Zwischengesellschaften die ihnen zustehenden Stimmrechte in der Gesellschafterversammlung der Organgesellschaft ausüben.[162]

b) Abschluss und tatsächliche Durchführung des Gewinnabführungsvertrages

Wie bereits dargestellt,[163] verlangt das geltende Recht als Rechtfertigung für die Einkommenszurechnung von der Organgesellschaft an den Organträger einen tatsächlichen Finanz- und Leistungsfähigkeitstransfer zwischen den Gesellschaften. Dieser Transfer wird dadurch sichergestellt, dass § 14 Abs. 1 Satz 1 KStG die Organmitglieder zum Abschluss eines Gewinnabführungsvertrages i. S. v. § 291 Abs. 1 AktG und zu seiner tatsächlichen Durchführung verpflichtet. Weitere Anforderungen an Inhalt und Dauer des Gewinnabführungsvertrages ergeben sich aus § 14 Abs. 1 Satz 1 Nr. 3 KStG. Für andere als die in § 14 Abs. 1 Satz 1 KStG genannten Kapitalgesellschaften ordnet § 17 Satz 1 KStG die entsprechende Geltung der vorgenannten Vorschriften an; auch diese Gesellschaften sind somit zum wirksamen Abschluss und der tatsächlichen Durchführung eines Gewinnabführungsvertrages im aktienrechtlichen Sinne verpflichtet.[164]

(1) Wirksamer Abschluss des Gewinnabführungsvertrages

Gem. § 14 Abs. 1 Satz 2 KStG ist die Einkommenszurechnung erst möglich, nachdem der Gewinnabführungsvertrag *»wirksam geworden ist«*. Die Ergebniszurechnung setzt somit einen zivilrechtlich wirksamen Gewinnabführungsvertrag voraus. Im Anwendungsbereich des Aktienkonzern-

---

162 *Dötsch* in: *Dötsch*, KStG, § 14 Rn. 263. Umstritten ist allerdings, wie der über die Zwischengesellschaften vermittelte Stimmrechtsanteil des Organträgers an der Organgesellschaft zu berechnen ist. Die Finanzverwaltung nimmtvoffensichtlich eine anteilige Zurechnung vor (s. R 57 KStR, Beispiel 3), die h. M. in der Literatur befürwortet eine Addition der Anteile der Zwischengesellschaften an der Organgesellschaft (*Dötsch* in: *Dötsch*, KStG, § 14 Rn. 267; *Frotscher* in: *Frotscher/Maas*, KStG/GewStG/UmwStG, § 14 KStG Rn. 237 m. w. N.).

163 S. oben Ziffer B. I. 1. und 3.

164 *Frotscher* in: *Frotscher/Maas*, KStG/GewStG/UmwStG, § 17 KStG Rn. 11.

rechts[165] müssen daher die formellen Voraussetzungen der §§ 291 ff. AktG eingehalten werden, nach denen für den wirksamen Abschluss des Gewinnabführungsvertrages neben der Einhaltung der Schriftform gem. § 291 Abs. 3 AktG insbesondere[166] ein Beschluss der Hauptversammlung der Organgesellschaft (und in den Fällen des § 291 Abs. 2 AktG auch des Organträgers) erforderlich ist, mit welchem diese ihre Zustimmung zum Abschluss des Vertrages durch den Vorstand erklärt. Der Beschluss muss mit einer qualifizierten Mehrheit von 75 % des bei der Beschlussfassung vertretenen Grundkapitals ergehen (§ 293 Abs. 1 AktG).[167] Da das Zustimmungserfordernis des § 293 Abs. 1 AktG gemeinhin als Beschränkung der Vertretungsbefugnis des Vorstandes gem. § 78 Abs. 1 AktG verstanden wird,[168] kommt dem Zustimmungsbeschluss unmittelbare Außenwirkung zu: Ein ohne Zustimmung geschlossener Gewinnabführungsvertrag ist schwebend unwirksam und sogar nichtig, wenn die Hauptversammlung ihre Zustimmung verweigert oder der Zustimmungsbeschluss erfolgreich angefochten wird.[169] Stimmt die Hauptversammlung dem Vertragsschluss hingegen zu, so ist der Vertragsschluss nach Maßgabe von

---

165 Dieser erstreckt sich nach der h. M. nicht nur auf die AG und die KGaA, sondern auch auf die SE, *Habersack* in: *Emmerich/Habersack*, Konzernrecht, Einleitung Rn. 45 ff.; *Altmeppen* in: MüKo AktG, Art. 9 SE-VO, Anh. Rn. 19 und 23 ff. jeweils m. w. N. Zur GmbH s. weiter unten in dieser Ziffer.

166 Das Gesetz regelt weitere Anforderungen an den Willensbildungsprozess der Organgesellschaft. So haben der Vorstand der Gesellschaft und sachverständige Vertragsprüfer Berichte über den Gewinnabführungsvertrag zu erstellen und der Hauptversammlung vor der Beschlussfassung zugänglich zu machen (§§ 293a bis 293f AktG). Verstöße gegen diese Vorschriften bewirken jedoch nicht unmittelbar die Unwirksamkeit des Zustimmungsbeschlusses (und damit des Vertrages), sondern allenfalls dessen Anfechtbarkeit oder die Ablehnung seiner Eintragung durch das Registergericht, *Emmerich* in: *Emmerich/ Habersack*, Konzernrecht, § 293a AktG Rn. 40 f. und § 293b Rn. 20 ff.; *Hüffer/Koch,* Aktiengesetz, § 293a Rn. 23; *Altmeppen in: MüKo AktG*, § 293b Rn. 20 f.

167 S. zu weiteren Beschlussanforderungen, die Berechnung der Mehrheitsverhältnisse, Stimmberechtigung des Mehrheitsaktionärs und weiteren Einzelfragen *Langenbucher* in: *Schmidt/Lutter*, AktG, § 293 Rn. 24 ff.

168 *Mülbert* in: *Hopt/Wiedemann*, Großkommentar AktG, § 293 Rn. 47; *Langenbucher* in: *Schmidt/Lutter*, AktG, § 293 Rn. 8.

169 *Emmerich* in: *Emmerich/Habersack*, Konzernrecht, § 293 AktG Rn. 15 und 24; *Koppensteiner* in: *Zöllner/Noack*, Köln Komm AktG, § 293 Rn. 11; *Langenbucher* in: *Schmidt/Lutter*, AktG, § 293 Rn. 8.

§ 294 Abs. 1 AktG zur Eintragung in das Handelsregister anzumelden[170] und erlangt mit seiner Eintragung Wirksamkeit (§ 294 Abs. 2 AktG).[171]

Einfacher gestaltet sich das Verfahren, wenn die Organgesellschaft bei Abschluss des Gewinnabführungsvertrages bereits in den Organträger gem. §§ 319 ff. AktG eingegliedert ist. In diesen Fällen befreit § 324 Abs. 2 AktG die Organgesellschaft von der Einhaltung des vorgenannten Verfahrens. Der Gewinnabführungsvertrag bedarf dann weder der Zustimmung durch die Hauptversammlung der Organgesellschaft, noch bestehen die Prüfungs- und Berichtpflichten von Vorstand und Aufsichtsrat gem. §§ 293a ff. AktG. Auch die Pflicht zur Eintragung des Vertragsschlusses in das Handelsregister entfällt. Lediglich die Schriftform des Vertrages wird gefordert.[172] Grund für die Erleichterungen ist, dass die Organgesellschaft im Falle der aktienrechtlichen Eingliederung bereits so umfassend in den Organträger integriert ist, dass dem Abschluss des Gewinnabführungsvertrages keine maßgeblich strukturändernde Wirkung mehr zukommt.[173]

Auf Gesellschaften in der Rechtsform einer GmbH ist das AktG nicht anwendbar und eine Übertragung des Aktienkonzernrechts auf die GmbH im Wege einer Gesamtanalogie wird wegen der strukturellen Unterschiede zwischen den Verfassungen beider Gesellschaftsformen allgemein abgelehnt.[174] Hinsichtlich der Zuständigkeit und des Verfahrens zum Ab-

---

170 Die Anmeldepflicht trifft ausschließlich die Gesellschaft, die sich zur Abführung ihres Gewinnes verpflichtet hat (die Organgesellschaft). Der Organträger ist selbst dann, wenn er als AG oder KGaA organisiert ist, nicht zur Anmeldung des Vertragsschlusses verpflichtet, *Emmerich* in: *Emmerich/Habersack*, Konzernrecht, § 294 AktG Rn. 3 und 5.

171 *Koppensteiner* in: *Zöllner/Noack*, Köln Komm AktG, § 293 Rn. 39.

172 *Grunewald* in: MüKo AktG, § 324 Rn. 4.

173 *Habersack* in: *Emmerich/Habersack*, Konzernrecht, § 324 AktG Rn. 5; *Ziemons* in: *Schmidt/Lutter*, AktG, § 324 Rn. 8.

174 Das gilt sowohl für das Recht der Vertragskonzerne nach den §§ 291 ff. AktG (*Emmerich* in: *Emmerich/Habersack*, Konzernrecht, Vor § 291 AktG Rn. 7; *Koppensteiner* in: *Zöllner/Noack*, Köln Komm AktG, Vorb. § 291 Rn. 169) als auch für das Recht der faktischen Konzerne in den §§ 311 ff. AktG (*Emmerich* in: *Emmerich/Habersack*, Konzernrecht, Anh. § 318 AktG Rn. 6; *Hüffer/Koch*, Aktiengesetz, § 311 Rn. 53; *Koppensteiner* in: *Zöllner/Noack*, Köln Komm AktG, Vorb. § 311 Rn. 34; *Vetter* in: *Schmidt/Lutter*, AktG, § 311 Rn. 11) und entspricht der Rspr. des BGH (BGH, Urteil vom 16.09.1985 – II ZR 275/84 *»Autokran«*, NJW 1986, 188 [190]; BGH, Urteil vom 17.09.2001 – II ZR 179/99 *»Bremer Vulkan«*, NJW 2001, 3622 [3623]). S. hierzu ferner unten Ziffer D. I. 2. c) (1).

schluss von Unternehmensverträgen werden allerdings auch bei der GmbH die §§ 293 bis 299 AktG im Wesentlichen unverändert herangezogen.[175] Diese analoge Anwendung ist nach Auffassung des BGH gerechtfertigt, weil die Interessenlage beim Abschluss von Gewinnabführungsverträgen unter Beteiligung von Gesellschaften mbH und Aktiengesellschaften vergleichbar sei und entsprechende Regelungen im GmbHG fehlten.[176] Umstritten und nicht höchstrichterlich geklärt ist allerdings, ob die Gesellschafterversammlung der Organgesellschaft mbH dem Abschluss des Gewinnabführungsvertrages einstimmig zustimmen muss, oder ob ein Beschluss mit qualifizierter Mehrheit ausreicht.[177]

Abweichungen der zivilrechtlichen von der steuerrechtlichen Bewertung der Wirksamkeit des Gewinnabführungsvertrages können sich aus der Anwendung der Lehre von der fehlerhaften Gesellschaft ergeben. Diese Lehre findet auf den Gewinnabführungsvertrag als Organisationsvertrag grundsätzlich Anwendung, weswegen auch ein unter einem Wirksamkeitsmangel leidender Gewinnabführungsvertrag die Vertragsparteien zivilrechtlich bindet, bis sich eine der Parteien auf seine Unwirksamkeit beruft.[178] Steuerrechtlich ist hingegen allein die objektive Rechtslage maßgeblich, weswegen Wirksamkeitsmängel stets und unabhängig von ihrer Geltendmachung beachtlich sind.[179]

---

175 BFH, Beschluss vom 22.10.2008 – I R 66/07, DStR 2009, 100 [101]; *Emmerich* in: *Emmerich/Habersack*, Konzernrecht, § 291 AktG Rn. 66; *Liebscher* in: MüKo GmbHG, § 13 Anh. Rn. 704 ff.; *Koppensteiner* in: *Zöllner/Noack*, Köln Komm AktG, Vorb. § 291 Rn. 172; s. zu den einzuhaltenden Voraussetzungen die Übersicht bei *Dötsch* in: *Dötsch*, KStG, § 14 Rn. 330.

176 BGH, Beschluss vom 24.10.1988 – II ZB 7/88, NJW 1989, 295.

177 S. ausführlich zum Meinungsstand *Liebscher* in: MüKo GmbHG, § 13 Anh. Rn. 712 ff.; ferner *Dötsch* in: *Dötsch*, KStG, § 17 Rn. 10; *Pache* in: *Herrmann/Heuer/Raupach u.a.*, EStG/KStG, § 17 KStG Rn. 22.

178 Dies erkennt die Rechtsprechung jedenfalls für Unternehmensverträge unter Beteiligung von Gesellschaften mbH an: BGH, Urteil vom 14.12.1987 – II ZR 170/87, NJW 1988, 1326 [1326 f.]; BGH, Urteil vom 11.11.1991 – II ZR 287/90, NJW 1992, 505 [505]; BGH, Urteil vom 05.11.2001 – II ZR 119/00, NJW 2002, 822 [823]; s. hierzu aus der Literatur *Emmerich* in: *Emmerich/ Habersack*, Konzernrecht, § 291 Rn. 44 ff.; inwiefern die Grundsätze über die fehlerhafte Gesellschaft auch für Unternehmensverträge im Aktienrecht gelten, ist fraglich, s. zu den Einzelheiten *Emmerich* in: *Emmerich/Habersack*, Konzernrecht, § 291 Rn. 52 und. 28 ff.; *Mülbert* in: *Hopt/Wiedemann*, Großkommentar AktG, § 293 Rn. 143 ff.

179 BFH, Urteil vom 30.07.1997 – I R 7/97; DStR 1997, 2020 [2021]; *Neumann* in: *Gosch*, KStG, § 14 Rn. 208; *Müller/Stöcker*, Die Organschaft, Rn. 195 ff.

(2) Anforderungen an den Vertragsinhalt

§ 14 Abs. 1 Satz 1 KStG verlangt explizit den Abschluss eines Gewinnabführungsvertrages i. S. v. § 291 Abs. 1 AktG.[180] Durch andere Verträge, insbesondere Teilgewinnabführungsverträge gem. § 292 Abs. 1 Nr. 2 AktG, kann keine Organschaft begründet werden.[181] Grund für die Forderung nach einem aktienrechtlichen Gewinnabführungsvertrag ist das Bestehen indisponibler gesetzlicher Vorgaben in den §§ 300 ff. AktG sowohl für den Umfang der zulässigen Gewinnabführung als auch für die Verpflichtung der Obergesellschaft zum Verlustausgleich. Die aktienrechtlichen Regelungen stellen eine vollständige Ergebnisabführung zwischen den beteiligten Gesellschaften sicher und garantieren somit – und hierauf kommt es dem Steuergesetzgeber an[182] – den tatsächlichen Leistungsfähigkeitstransfer zwischen Organgesellschaft und Organträger. Hierdurch sowie durch die vorgegebene Mindestdauer des Vertrages wird ausgeschlossen, was Gesetzgeber und Finanzverwaltung seit jeher unerwünscht ist: eine willkürlich modifizierbare Verschiebung von Gewinnen und Verlusten im Organkreis.[183]

Hinsichtlich der Höhe des abzuführenden Gewinns stellt § 301 AktG auf den ohne die Gewinnabführung (fiktiv) entstehenden Jahresüberschuss

---

180 In Betracht käme grundsätzlich auch ein dem Gewinnabführungsvertrag gesetzlich gleichgestellter sog. Geschäftsführungsvertrag gem. § 291 Abs. 1 Satz 2 AktG (S. zu dessen Inhalt und Bedeutung *Emmerich in: Emmerich/ Habersack, Konzernrecht*, § 291 Rn. 67 ff.; *Veil* in: *Spindler/Stilz*, AktG, § 291 Rn. 47 ff.) Dieser spielt in der Praxis jedoch keine Rolle, wie der der Rechtsausschuss des Deutschen Bundestages bereits im Rahmen der Aktienrechtsnovelle 1965 befand. Der Vertragstypus wurde lediglich in das Gesetz aufgenommen, um zu verhindern, dass durch Abschluss eines solchen Vertrages die wirtschaftlichen Folgen eines Gewinnabführungsvertrages unter Umgehung der für diesen Fall angeordneten aktienrechtlichen Sicherungsmechanismen erzielt werden. S. Bericht des Rechtsausschusses zu § 291 AktG 1965, abgedruckt bei *Kropff,* Aktiengesetz, S. 377.

181 *Frotscher* in: *Frotscher/Maas*, KStG/GewStG/UmwStG, § 14 KStG Rn. 297; *Olbing* in: *Streck*, KStG, § 14 Rn. 91.

182 S. zur systematischen Funktion des Gewinnabführungsvertrages *Frotscher* in: *Frotscher/Maas*, KStG/GewStG/UmwStG, § 14 KStG Rn. 289.

183 S. hierzu im Zusammenhang mit der Dauer des abschließenden Gewinnabführungsvertrages *Bödefeld/Krebs*, FR 1996, 157 [158] m. w. N., ebenso *Walter*, GmbHR 1995, 649 ff. sowie *Lange*, GmbHR 2011, 806 [809]; im Zusammenhang mit der finanziellen Eingliederung ferner *Frotscher* in: *Frotscher/Maas*, KStG/GewStG/UmwStG, § 14 KStG Rn. 277.

als Ausgangsgröße ab. Dieser ist um Verlustvorträge, Einstellungen in die gesetzliche Rücklage gem. §§ 300, 150 Abs. 2 AktG und etwaige nach § 268 Abs. 8 HGB ausschüttungsgesperrte Beträge zu vermindern und an den Organträger abzuführen. Diese Vorgabe gilt stets, *»gleichgültig welche Vereinbarungen über die Berechnung des abzuführenden Gewinns getroffen worden sind«* (§ 301 Abs. 1 Satz 1 AktG). Die Regelung ist somit indisponibel.[184]

Im Gegenzug ist der Organträger gem. § 302 AktG verpflichtet, *»jeden während der Vertragsdauer sonst entstehenden Jahresfehlbetrag«* der Organgesellschaft auszugleichen. Der Organträger muss somit der Organgesellschaft den Betrag erstatten, der sich im Rahmen einer fiktiven Betrachtung der Organgesellschaft ohne Gewinnabführungsvertrag aus deren Gewinn- und Verlustrechnung ergibt.[185]

Da die §§ 291 ff. AktG für andere Kapitalgesellschaften als AG, KGaA und SE nicht bzw. allenfalls analog[186] gelten, verlangt das Gesetz von ihnen nicht den Abschluss eines Gewinnabführungsvertrages *»im Sinne des § 291 Abs. 1 AktG«*. § 17 Abs. 1 KStG verlangt vielmehr, dass jede andere Kapitalgesellschaft sich vertraglich *»wirksam verpflichtet, ihren ganzen Gewinn an ein anderes Unternehmen im Sinne des § 14 abzuführen«,* wobei Voraussetzung für die steuerliche Anerkennung eines solchen Vertrages ist, dass er eine den §§ 301 und 302 AktG entsprechende Vertragsdurchführung gewährleistet.[187] Zudem müssen auch diese Verträge

---

184 *Emmerich* in: *Emmerich/Habersack*, Konzernrecht, § 301 Rn. 10c, der von der Nichtigkeit abweichender vertraglicher Regelungen oder Weisungen ausgeht; ebenso *Veil in: Spindler/Stilz, AktG,* § 301 Rn. 19; für die Wirksamkeit und ein bloßes Durchführungsverbot hingegen *Altmeppen* in: MüKo AktG, § 301 Rn. 22.

185 *Altmeppen* in: MüKo AktG. § 302 Rn. 17; *Hüffer/Koch,* Aktiengesetz, § 302 Rn. 9; *Veil* in: *Spindler/Stilz*, AktG, § 302 Rn. 15. Der Jahresfehlbetrag ist fiktiv, weil der Anspruch auf Verlustausgleich gem. § 277 Abs. 3 Satz 2 HGB in die GuV einzustellen ist, so dass ein Jahresfehlbetrag in der endgültigen Bilanz nicht entstehen kann, *Koppensteiner* in: *Zöllner/Noack*, Köln Komm AktG, § 302 Rn. 18; *Veil* in: *Spindler/Stilz*, AktG, § 302 Rn. 15.

186 S. die hierzu vorstehend Ziffer B. II. 2. b) (1).

187 Dabei gelten hinsichtlich der Einhaltung von § 301 und § 302 AktG unterschiedliche Anforderungen. Hinsichtlich § 301 reicht die bloß tatsächliche Einhaltung der Höchstgrenzen aus, BMF-Schreiben vom 24.03.1994 – IV B 7-S 2770–24/94; *Dötsch* in: *Dötsch*, KStG, § 17 Rn. 17; *Pache* in: *Herrmann/Heuer/Raupach u.a.*, EStG/KStG, § 17 KStG Rn. 22. Demgegenüber muss die Verlustübernahmeverpflichtung gem. § 302 AktG durch einen dynamischen Verweis auf die Vorschrift explizit im Vertrag geregelt werden,

die weiteren Voraussetzungen aus § 14 Abs. 1 Satz 1 Nr. 3 KStG erfüllen, wie bspw. eine Mindestvertragslaufzeit von fünf Jahren.[188] So wird ein weitgehender Gleichlauf der Organschaftsvoraussetzungen für die verschiedenen Gesellschaftstypen gewährleistet.

(3) Mindestvertragslaufzeit

Gem. § 14 Abs. 1 Satz 1 Nr. 3 Satz 1 KStG muss der Gewinnabführungsvertrag *»auf mindestens fünf Jahre«* abgeschlossen werden. Auch mit dieser Regelung verfolgt der Gesetzgeber das Ziel, willkürliche Beeinflussungen der Ergebniszurechnung von Jahr zu Jahr zu unterbinden.[189] Zur Einhaltung der gesetzlichen Mindestvertragslaufzeit ist daher die rechtsverbindliche Vereinbarung einer entsprechenden Laufzeit erforderlich. Die bloße Durchführung des Vertrages für fünf Jahre oder länger ist nicht ausreichend.[190]

Nach einer klarstellenden Entscheidung des BFH aus dem Jahr 2011 ist geklärt, dass die vorgesehenen *»fünf Jahre«* einen Zeitraum von fünf Zeitjahren (60 Monaten) umfassen, nicht hingegen fünf Wirtschaftsjahre.[191] Wann der maßgebliche Zeitraum beginnt, ist umstritten. Die Finanzverwaltung stellt auf den Beginn des Jahres ab, für das erstmals die Rechtsfolgen des § 14 Abs. 1 Satz 1 KStG eingetreten sind.[192] Die Vertragslaufzeit ist danach – unabhängig von dem zivilrechtlichen Wirksamwerden des Vertrages – erst von dem Zeitpunkt an zu berechnen, in dem erstmals alle Voraussetzungen der Organschaft vorlagen, insbesondere auch die finanzielle Eingliederung.[193] Bei der Berechnung der zu vereinbarenden

---

Dötsch in: *Dötsch*, KStG, § 17 Rn. 28; *Frotscher* in: *Frotscher/Maas*, KStG/GewStG/UmwStG, § 17 KStG Rn. 30 ff.; *Rödder*, Ubg 2012, 717 ff.

188 *Dötsch* in: *Dötsch*, KStG, § 17 Rn. 9; *Frotscher* in: *Frotscher/Maas*, KStG/GewStG/UmwStG, § 17 KStG Rn. 11.

189 BFH, Urteil vom 12.01.2011 – I R 3/10, DStR 2011, 717 [719]; BFH, Urteil vom 13.11.2013 – I R 45/12, DStR 2014, 643 [644]; *Dötsch* in: *Dötsch*, KStG, § 14 Rn. 534; s. hierzu bereits vorstehend Ziffer B II. 2. b) (2).

190 *Olbing* in: *Streck*, KStG, § 14 Rn. 93; *Walter*, GmbHR 1995, 649.

191 BFH, Urteil vom 12.01.2011 – I R 3/10, DStR 2011, 717 [719]; ebenso zuletzt FG Düsseldorf, Urteil vom 03.03.2015 – 6 K 4332/12, DStR 205, 1044 [1045 f.]; so bereits zuvor auch R 60 Abs. 2 Satz 1 KStR.

192 R 60 Abs. 2 Satz 2 KStR.

193 So auch FG Berlin-Brandenburg, Urteil vom 15.07.2009 – 12 K 12148/08; *Sterner* in: *Herrmann/Heuer/Raupach u.a.*, EStG/KStG, § 14 KStG Rn. 200.

Vertragslaufzeit sind somit die steuerrechtlichen Determinanten sowohl für den Beginn der Vertragslaufzeit[194] als auch für deren Ende[195] zu beachten. Dieser Umstand kann es erfordern, ordentliche Kündigungsrechte vertraglich für mehr als fünf Zeitjahre auszuschließen, wenn ein Fehlschlagen der Organschaft sicher verhindert werden soll.[196]

Neben der Vereinbarung einer fünfjährigen Mindestlaufzeit ist auch erforderlich, dass der Gewinnabführungsvertrag während dieser Mindestlaufzeit wirksam bleibt. Wird der Gewinnabführungsvertrag zuvor beendet, ohne dass die Vertragsbeendigung durch einen wichtigen Grund i. S. v. § 14 Abs. 1 Satz 1 Nr. 3 Satz 2 KStG[197] gerechtfertigt ist, so *»ist der GAV von Anfang an als steuerrechtlich unwirksam anzusehen«*[198] und die Organschaft ist »verunglückt«.

(4) Tatsächliche Vertragsdurchführung

§ 14 Abs. 1 Satz 1 Nr. 3 Satz 1 KStG fordert nicht nur eine fünfjährige Mindestvertragslaufzeit, sondern darüber hinaus auch die tatsächliche Durchführung des Vertrages während seiner gesamten Geltungsdauer. In dieser Zeit muss somit der ganze Gewinn der Organgesellschaft an den Organträger abgeführt und deren ganzer Verlust von ihm übernommen werden.[199] Der Gesetzgeber stellt diese Forderung deswegen auf, weil er

---

A. A. *Dötsch* in: *Dötsch*, KStG, § 14 Rn. 550, der einwendet, dass die geforderte Mindestvertragslaufzeit sich nach dem Gesetzeswortlaut nur auf den Gewinnabführungsvertrag beziehe und daher allein nach zivilrechtlichen Kriterien zu ermitteln sei.

194 Gem. § 14 Abs. 1 Satz 2 KStG erfolgt die Einkommenszurechnung erstmals für das Kalenderjahr, in dem das Wirtschaftsjahr endet, in dem der Gewinnabführungsvertrag wirksam geworden ist.

195 S. dazu eingehend Ziffer C. II 1.

196 *Sterner* in: *Herrmann/Heuer/Raupach u.a.*, EStG/KStG, § 14 KStG Rn. 200.

197 S. zu den anerkannten wichtigen Kündigungsgründen *Krumm* in: *Blümich*, EStG/KStG/GewStG, § 14 KStG Rn. 161 ff.

198 R 60 Abs. 6 Satz 5 KStR.

199 *Frotscher* in: *Frotscher/Maas*, KStG/GewStG/UmwStG, § 14 KStG Rn. 359. Die Vertragsdurchführung hat in strikter Übereinstimmung mit den Regelungen des Gewinnabführungsvertrages zu erfolgen. Es sind somit nicht nur die gesetzlichen Vorschriften, insbesondere §§ 301 und 302 AktG, zu beachten, sondern auch andere vertragliche Bestimmungen, selbst wenn diese über den steuer- und/oder handelsrechtlich geforderten Vertragsinhalt hinausgehen. *Frotscher* in: *Frotscher/Maas*, KStG/GewStG/UmwStG, § 14 KStG Rn. 362;

einen tatsächlichen Leistungsfähigkeitstransfer zwischen Organgesellschaft und Organträger als notwendige Voraussetzung für die organschaftliche Einkommenszurechnung ansieht.[200] Zu der rechtswirksamen Verpflichtung zum Ergebnistransfer muss daher auch dessen tatsächliche Durchführung treten. Das Erfordernis der Vertragsdurchführung entspricht insofern der »Ernstlichkeit« hinsichtlich des Organschaftsvertrages, welche die Rechtsprechung bereits vor der erstmaligen Kodifizierung der Organschaft von den Parteien gefordert hat[201] und die sie auch in anderen Fällen für die steuerliche Anerkennung von Rechtsgeschäften zwischen Kapitalgesellschaften und ihren Gesellschaftern fordert.[202]

Welche Anforderungen im Einzelnen an die tatsächliche Gewinn- und Verlustabführung zu stellen sind, ist umstritten. Jedenfalls gehört die bilanzielle Durchführung des Gewinnabführungsvertrages dazu, d. h. Organgesellschaft und Organträger müssen die aus der Rechtspflicht zur Ergebnisabführung resultierenden gegenseitigen Forderungen bzw. Verbindlichkeiten jeweils in ihren Bilanzen aktivieren bzw. passivieren.[203] Einigkeit besteht weiterhin darüber, dass der jeweilige Schuldner diese Verbindlichkeiten auch zu begleichen hat.[204] Wie dies im Einzelnen erfolgen muss, insbesondere ob eine Aufrechnung oder Umwandlung der Ansprüche in (zinslose und nicht besicherte) Darlehen bzw. ihr langfristiges Stehenlassen zulässig ist oder ob der Ausgleich sofort, innerhalb bestimmter Fristen oder erst bei Beendigung der Organschaft erfolgen muss, ist hin-

---

Sterner in: *Herrmann/Heuer/Raupach u.a.*, EStG/KStG, § 14 KStG Rn. 203; a. A. *Olbing* in: *Streck*, KStG, § 14 Rn. 114.

200 S. zu dieser Forderung von Gesetzgeber, Finanzverwaltung und Rechtsprechung unten Ziffer B. I. 1. und 3.

201 So *Melan/Karrenbrock*, FR 2009, 757 [759 f.].

202 So z. B. im Zusammenhang mit der Frage, ob Leistungserbringungen von Kapitalgesellschaften an ihre Gesellschafter verdeckte Gewinnausschüttungen darstellen, vgl. *Gosch* in: *Gosch*, KStG, § 8 Rn. 347.

203 *Dötsch* in: *Dötsch*, KStG, § 14 Rn. 515 ff.; *Frotscher* in: *Frotscher/Maas*, KStG/GewStG/UmwStG, § 14 KStG Rn. 447; *Sterner* in: *Herrmann/Heuer/Raupach u.a.*, EStG/KStG, § 14 KStG Rn. 203.

204 BFH, Urteil vom 05.04.1995 – I R 156/93, DStR 1995, 1109 [1110]; FG München, Urteil vom 18.03.1998 – 1 K 1214/91; *Dötsch* in: *Dötsch*, KStG, § 14 Rn. 518; *ders.* in: *Herzig*, Organschaft, S. 111; *Frotscher* in: *Frotscher/Maas*, KStG/GewStG/UmwStG, § 14 KStG Rn. 446 ff.; *Melan/Karrenbrock*, FR 2009, 757 [759].

gegen unklar. Überwiegend wird hier ein großzügiger Maßstab angelegt.[205]

Da die §§ 301, 302 AktG einen indisponiblen gesetzlichen Rahmen für die vertragliche Gewinn- und Verlustübernahmepflicht der Vertragsparteien bilden und der Vertrag ordnungsgemäß, d. h. rechtstreu, durchgeführt werden muss, erfordert die Organschaft letztlich einen tatsächlichen Transfer von Gewinnen oder Verlusten in der durch §§ 301, 302 AktG vorgeschriebenen Höhe. Für die Bestimmung der abzuführenden Beträge nehmen §§ 301, 302 AktG ihrerseits auf die handelsbilanziellen Größen von Jahresüberschuss und Jahresfehlbetrag Bezug. Die ordnungsgemäße Vertragsdurchführung setzt somit die zutreffende Bestimmung dieser Größen nach dem Handelsbilanzrecht voraus[206] weswegen eine fehlerhafte handelsrechtliche Buchführung im Allgemeinen organschaftsschädlich ist.[207] Dieser Umstand in Verbindung mit den vielfältigen Fehlerquellen des Bilanzrechts hat in der Vergangenheit maßgeblich zu der allseits kritisierten Fehleranfälligkeit der Organschaft beigetragen. Nicht zuletzt deswegen hat der Gesetzgeber durch das UntStReiseKG die Möglichkeit einer »Fiktion der ordnungsgemäßen Vertragsdurchführung« in § 14 Abs. 1

205 Für eine Zulässigkeit des Ausgleichs bis zum Ende der Organschaft: *Dötsch* in: *Dötsch*, KStG, § 14 Rn. 518; *Frotscher* in: *Frotscher/Maas*, KStG/GewStG/UmwStG, § 14 KStG Rn. 450; *Sterner* in: *Herrmann/Heuer/Raupach u.a.*, EStG/KStG, § 14 KStG Rn. 203; von der Pflicht zur *»zeitnahen«* Erfüllung spricht *Neumann* in: *Gosch*, KStG, § 14 Rn. 321a, 318b; s. ausführlich zur Thematik und zum Meinungsstand: *Stangl/Ritzer*, DK 2012, 529 ff.; zur zivilrechtlichen Zulässigkeit einer Aufrechnung s. BGH, Urteil vom 10.07.2006 – II ZR 238/04, NZG 2006, 664 ff.

206 Nach gefestigter höchstrichterlicher Rechtsprechung beziehen sich die Gewinnabführungs- und Verlustausgleichspflicht nach §§ 301, 302 AktG nicht auf die festgestellten, sondern auf die materiell-rechtlich zutreffenden Beträge, BGH, Urteil vom 11.10.1999 – II ZR 120/98, DStR 1999, 1998 [1999]; BGH, Urteil vom 14.02.2005 – II ZR 361/02; DStR 2005, 750 [751]; Für die Anerkennung der Organschaft ist daher eine «Punktlandung« bei der Ermittlung des handelsbilanziellen Jahresergebnisses voraus, *Stangl/Brühl*, DK 2013, 77 [85]; *Neumann* in: *Gosch*, KStG, § 14 Rn. 331.

207 *Dötsch* in: *Dötsch*, KStG, § 14 Rn. 470 ff.; *Olbing* in: *Streck*, KStG, § 14 Rn. 123; allerdings sollen nur solche Bilanzierungsfehler schädlich sein, die das (handelsrechtliche) Bilanzergebnis wesentlich verfälschen, *Dötsch*, DK 2009, 171 [172]; *Schneider/Hinz*, Ubg 2009, 738 [744] m. w. N.; *Frotscher* in: *Frotscher/Maas*, KStG/GewStG/UmwStG, § 14 KStG Rn. 368; zu Organschaftsschädlichkeit einer erhöhten Gewinnabführung wegen unterlassenem Abzug von Verlustvorträgen: BFH, Urteil vom 21.10.2010 – IV R 21/07, DStR 2010, 2505 [2507].

Satz 1 Nr. 3 Satz 4 KStG geregelt. Danach kann unter Umständen auch eine auf einem fehlerhaften Jahresabschluss beruhende Vertragsdurchführung als ordnungsgemäß akzeptiert werden,[208] wodurch dem Steuerpflichtigen die Möglichkeit einer Korrektur kleinerer, entschuldbarer Fehler in laufender Rechnung ermöglicht wird.

Die Rechtsfolgen einer fehlenden oder fehlerhaften Durchführung des Gewinnabführungsvertrages differieren danach, wann der jeweilige Mangel eintritt. Tritt er während der fünfjährigen Mindestlaufzeit der Organschaft ein, so wirkt der Mangel auf den Zeitpunkt der Begründung der Organschaft zurück; diese wird somit rückwirkend für die gesamte Zeit ihres Bestehens aberkannt. Betrifft der Durchführungsfehler ein Jahr nach Erreichen der fünfjährigen Mindestdauer, so bleibt der Bestand der Organschaft in den vorherigen Jahren unberührt.[209]

3. Wesentliche Rechtsfolgen der Organschaft

Die zentrale Rechtsfolge des deutschen Organschaftssystems besteht darin, dass das steuerliche Einkommen der Organgesellschaften dem Organträger zugerechnet wird.[210] Diese Zurechnung erlaubt eine Saldierung des innerhalb eines Veranlagungszeitraums bei den Organgesellschaften und dem Organträger anfallenden Einkommens und damit einen phasengleichen interpersonalen Gewinn- und Verlustausgleich.[211] Weitere Rechtsfolgen ergeben sich daraus, dass der Organkreis auch im Rahmen der Anwendung anderer steuerlicher Vorschriften wie ein Einheitsunternehmen behandelt wird, bspw. bei Anwendung der sog. Zinsschranke gem. § 8a KStG i. V. m. § 4h EStG oder des pauschalierten Ansatzes nicht abzugs-

---

208 Zu den Voraussetzungen dieser fiktiven Heilung ausführlich *Schneider/Sommer*, GmbHR 2013, 22 ff. sowie *Frotscher* in: *Frotscher/Maas*, KStG/GewStG/UmwStG, § 14 KStG Rn. 445 ff. und *Dötsch in: Dötsch, KStG*, § 14 Rn. 470 ff.

209 R 60 Abs. 8 KStR, wonach die fünfjährige Mindestlaufzeit gem. § 14 Abs. 1 Satz 1 Nr. 3 Satz 1 KStG erneut einzuhalten ist, wenn die Organschaft nach dem Jahr der fehlerhaften Vertragsdurchführung erneut begründet werden soll. S. hierzu auch *Frotscher in: Frotscher/Maas, KStG/GewStG/UmwStG*, § 14 KStG Rn. 359a; *Olbing* in: *Streck*, KStG, § 14 Rn. 111 f.; *Neumann* in: *Gosch*, KStG, § 14 Rn. 324 f.

210 *Witt*, Die Konzernbesteuerung, S. 22.

211 *Herlinghaus* in: in: *Herzig*, Organschaft, S. 119 f.

fähiger Betriebsausgaben im Zusammenhang mit steuerfreien Beteiligungserträgen gem. § 8b Abs. 1 und 5 KStG.[212]

Mit der Einkommenszurechnung folgt das deutsche Organschaftssystem der Zurechnungs- und nicht der Einheitslehre. Denn während bei Einheitsmodellen der gesamte Organkreis wie ein Einheitsunternehmen behandelt wird, behalten die Organgesellschaften im Zurechnungssystem ihre Steuerrechtssubjektivität.[213] Von den organschaftsspezifischen Besonderheiten abgesehen ermitteln alle Mitglieder des Organkreises ihr Einkommen zunächst selbständig nach Maßgabe der allgemeinen Gewinnermittlungsvorschriften[214] und die so ermittelten Einkommen werden sodann dem Organträger zugerechnet, bei dem es zu einer zusammengefassten Besteuerung kommt.[215] Organschaftsspezifische Besonderheiten bei der steuerlichen Gewinnermittlung der Organmitglieder ergeben sich insbesondere aus der systemimmanenten Notwendigkeit, das an den Organträger abgeführte handelsbilanzielle Jahresergebnis steuerlich zu neutralisieren[216] und aus der in § 15 KStG geregelten sog. Bruttomethode, die zur Vermeidung systemwidriger Verwerfungen die Anwendung bestimmter Gewinnermittlungsvorschriften bei der Organgesellschaft ausschließt.[217] Aufgrund dieser Besonderheiten erfolgt bei der Organgesellschaft eine zweistufige steuerliche Gewinnermittlung:[218] Auf der ersten Stufe wird der steuerbilanzielle Gewinn nach dem Grundsatz der Maßgeblichkeit aus der Handelsbilanz abgeleitet.[219] Auf der zweiten Stufe wird das steuerbi-

---

212 S. zur Bedeutung von der Organschaft für die Zinsschranke und die Steuerfreiheit von Beteiligungserträgen bereits oben Ziffer B. I. 4.

213 BFH, Urteil vom 07.12.1994 – I K 1/93, BStBl. 1995 II, 175 ff.; *Krumm in: Blümich, EStG/KStG/GewStG*, § 14 KStG Rn. 202; *Dötsch in: Dötsch, KStG*, § 14 Rn. 691; *Herlinghaus* in: *Herzig*, Organschaft, S. 120 f.; *Frotscher in: Frotscher/Maas, KStG/GewStG/UmwStG*, § 14 KStG Rn. 538; s. zu den verschiedenen Organtheorien bereits *Hübl*, DStZ/A 1965, 17.

214 *Herlinghaus* in: in: *Herzig*, Organschaft, S. 121; *Frotscher in: Frotscher/Maas, KStG/GewStG/UmwStG*, § 14 KStG Rn. 540.

215 *Dötsch in: Dötsch, KStG*, § 14 Rn. 692; *Witt,* Die Konzernbesteuerung, S. 22 f.

216 *Herlinghaus* in: in: *Herzig*, Organschaft, S. 121; *Frotscher in: Frotscher/Maas, KStG/GewStG/UmwStG*, § 14 KStG, Rn. 546.

217 *Gerlach*, FR 2012, 450 [454]; *Herlinghaus* in: in: *Herzig*, Organschaft, S. 121 f.; *Frotscher in: Frotscher/Maas, KStG/GewStG/UmwStG*, § 14 KStG, Rn. 547 sowie ausführlich § 15 KStG, Rn. 25 ff.

218 *Wassermeyer*, GmbHR 2003, 313, 313 [314].

219 *Frotscher in: Frotscher/Maas, KStG/GewStG/UmwStG*, § 14 KStG, Rn. 540.

lanzielle Ergebnis außerbilanziell um allgemeine[220] und die bereits genannten organschaftsspezifischen Hinzu- bzw. Abrechnungen korrigiert.[221] Das so ermittelte steuerliche Einkommen der Organgesellschaft wird sodann dem Organträger zugerechnet, bei dem es letztlich der Besteuerung nach Maßgabe der auf ihn anwendbaren Tarifbestimmungen und der in § 15 KStG genannten Normen unterliegt.[222]

Wenngleich der Organträger infolge der Zurechnung unmittelbar Schuldner der auf das Organeinkommen entfallenden Steuer wird, ist die Organgesellschaft von dieser Steuerlast nicht endgültig befreit, sondern haftet gem. § 73 AO für *»solche Steuern des Organträgers, für welche die Organschaft zwischen ihnen steuerlich von Bedeutung ist.«* Nach dieser Vorschrift haftet die Organgesellschaft – beschränkt auf die jeweilige Steuerart, für welche eine Organschaft begründet wurde[223] – grundsätzlich für alle Steuern des Organträgers, auch solche, die vom Organträger oder anderen Organgesellschaften wirtschaftlich verursacht wurden.[224] Allerdings steht die Inanspruchnahme der Organgesellschaft im Ermessen der Finanzbehörden und ein ermessensfehlerfreier Erlass eines Haftungsbescheides nach § 191 AO kommt nach allgemeiner Auffassung nur in Betracht, wenn die Steuer bei dem Organmitglied, welches die Steuerlast wirtschaftlich verursacht hat, uneinbringlich ist und soweit die Steuer auf dem Ergebnisbeitrag der in Haftung genommenen Organgesellschaft be-

---

220 Gemeint sind Hinzurechnungen, die auch bei nicht organschaftlich verbundenen Gesellschaften auftreten können, bspw. gem. § 10 AStG.

221 *Dötsch in: Dötsch, KStG*, § 14 Rn. 694 ff.

222 S. zu tariflichen Besonderheiten bei der Besteuerung beim Organträger *Gerlach*, FR 2012, 450 [454] sowie BFH, Urteil vom 22.01.2004 – III R 19/02, BStBl. 2004 II, 515.

223 Die Haftung ist steuerartspezifisch, kann sich also z. B. nur auf die USt. beziehen, wenn keine gewerbe- und körperschaftsteuerliche Organschaft vorliegt.

224 So die h. M.: FG Düsseldorf, Urteil vom 19.02.2015 – 16 K 932/12 H K, GmbHR 2015, 1116 (mit Verweis auf die Ermessensschranken); *Rüsken* in: *Klein*, Abgabenordnung, § 73 Rn. 7; *Intemann* in: *Koenig*, AO, § 73 Rn. 13; Ebenso bereits ausdrücklich die Begründung zum Entwurf der AO 1974, BT-Drucks. VI/1982, S. 120; a. A. *Lüdicke* in: FS Herzig, S. 295 ff.

ruht.[225] Die Haftung der Organgesellschaft ist daher gegenüber der Inanspruchnahme des Organträgers subsidiär.[226]

Da sich die wesentlichen Rechtswirkungen der Organschaft auf die skizzierte Zusammenrechnung der getrennt ermittelten Einkommen beschränken, behalten ergebniswirksame Rechtsgeschäfte innerhalb des Organkreises ihre volle steuerliche Wirkung. Insbesondere erfolgt keine Neutralisierung von sog. Zwischengewinnen[227] oder von Verbindlichkeiten zwischen den Gesellschaften des Organkreises. Eine steuerliche Vollkonsolidierung findet im deutschen Organschaftssystem folglich nicht statt.

III. Bedeutung des Gewinnabführungsvertrages für die körperschaftssteuerliche Organschaft

Seitdem die Organschaft von der Rechtsprechung als *»steuerliche Lehre von der wirtschaftlichen Einheit rechtlich selbständiger Wirtschaftsobjekte«*[228] bezeichnet und als Instrument zur steuerrechtlichen Abbildung der wirtschaftlichen Verbundenheit rechtlich selbständiger Wirtschaftssubjekte verstanden wird,[229] ist der Gewinnabführungsvertrag ein wesensprägendes Merkmal dieses Rechtsinstituts. Bereits der RFH hat für die organschaftliche Einkommenszurechnung nicht mehr allein auf die Trias der Eingliederungsmerkmale abgestellt, sondern als zusätzliches Element eine Vereinbarung gefordert, nach welcher die Organgesellschaft ihr Einkommen an den Organträger abführen müsse.[230] Während der RFH den Vertragsparteien anfangs viel Freiheit in Bezug auf Form und Inhalt dieser Vereinbarung ließ, wurden die Anforderung an den Inhalt der Vereinbarung und deren Form von der Rechtsprechung später zunehmend konkreti-

---

225 FG Nürnberg, Urteil vom 11.12.1990 – II 238/86 (für die USt); *Loose* in: *Tipke/Kruse*, AO/FGO, § 73 AO Rn. 6; einschränkend: *Rüsken* in: *Klein*, Abgabenordnung, § 73 Rn. 12; *Intemann* in: *Koenig*, AO, § 73 Rn. 18; ähnlich aber mit Hinweis auf weitere möglichen Ermessenserwägungen FG Düsseldorf, Urteil vom 19.02.2015 – 16 K 932/12 H K, GmbHR 2015, 1116.

226 BFH, Urteil vom 23.09.2009 – VII R 43/08, DStR 2009, 2670; *Rüsken* in: *Klein*, Abgabenordnung, § 73 Rn. 12; *Intemann* in: *Koenig*, AO, § 73 Rn. 18.

227 *Frotscher in: Frotscher/Maas, KStG/GewStG/UmwStG*, § 14 KStG, Rn. 538.

228 RFH, Urteil vom 21.01.1930 – I A 628/28, RStBl. 1930, 148 [151].

229 S. zum Bedeutungswandel der Organschaft vorstehend Ziffer B. I. 1.

230 *Sonnenschein,* Organschaft und Konzerngesellschaftsrecht, S. 311 f. m. w. N. aus der Rspr. des RFH.

siert,[231] denn auch dogmatisch rückte die Gewinnabführungsvereinbarung mehr und mehr in das Zentrum.[232] Bis zur Einführung der ersten gesetzlichen Regelung zur Organschaft in § 7a KStG 1969.[233] war der Gewinnabführungsvertrag in den Augen der Richter die maßgebliche Rechtfertigung für die Durchbrechung des ansonsten streng geltenden Subjektsteuerprinzips.[234]

Im Rahmen der Kodifizierung der Organschaft 1969 hätte der Gesetzgeber wohlmöglich auf das Erfordernis eines Gewinnabführungsvertrages verzichten können, da fortan eine gesetzliche Grundlage für die Einkommenszurechnung bestehen sollte.[235] Dies hätte jedoch eine grundlegende steuersystematische Überprüfung des hergebrachten Organschaftstatbestandes und seine Neugestaltung erfordert, was der Gesetzgeber seinerzeit nicht wünschte. Er beabsichtigte lediglich, *»den auf der Rechtsprechung des früheren RFH und des BFH beruhenden geltenden Rechtszustand gesetzlich zu verankern«* ohne die von der Rechtsprechung herausgearbeiteten Tatbestandsmerkmale und Rechtsfolgen zu verändern.[236] Das Tatbestandsmerkmal des Gewinnabführungsvertrages wurde vom Gesetzgeber somit nicht hinterfragt, weswegen seiner Kodifizierung keine gesetzgeberische Zwecksetzung entnommen werden kann, die über den Willen zur «legislativen Absicherung« des seinerzeit geltenden Richterrechts hinausgeht. Möglicherweise diente das Festhalten am Gewinnabführungsvertrag daneben auch dazu, den Steuerpflichtigen ein faktisches Wahlrecht hinsichtlich Begründung und Aufrechterhaltung der Organschaft einzuräumen und ein eindeutiges Beweiszeichen für die erforderliche wirtschaftliche Verflechtung der Organschaftsmitglieder zu schaffen.[237] Die dogmatische Bedeutung des Gewinnabführungsvertrages kann dies jedoch nicht

---

231 Bspw. ließ der RFH anfangs noch einseitige Weisungen des Organträgers ausreichen, während der BFH später einen wirksamen, privatrechtlichen Vertrag verlangte, *Sonnenschein,* Organschaft und Konzerngesellschaftsrecht, S. 315.

232 S. hierzu vorstehend Ziffer B. I. 1.

233 S. dazu oben Ziffer B I. 3.

234 *Grotherr*, FR 1995, 1, [3].

235 *Witt,* Die Konzernbesteuerung, S. 159; ebenso: *Grotherr*, FR 1995, 1 [3]; *Jochum*, FR 2005, 577 [581]; Treptow, StbJb 1995/96, 53, 69; *Theisen,* Der Konzern, S. 580 f.; *Sonnenschein*, Organschaft und Kapitalgesellschaftsrecht, 1976, S. 319 und 425 ff..

236 *Witt,* Die Konzernbesteuerung, S. 142 und 155 f.; Begründung des Regierungsentwurfs eines Gesetzes zur Änderung des Körperschaftsteuergesetzes und anderer Gesetze vom 17.6.1968, BT-Drucks. V/3017, S. 8.

237 *Schmidt*, StuW 1969, 441

erklären. Sie kann nur aus der Rechtsprechung vor dem Inkrafttreten des KStG 1969 abgeleitet werden.

In der Rechtsprechung des RFH war insofern eine gutachterliche Stellungnahme aus dem Jahr 1932 richtungsweisend, in welcher der RFH unter Berufung auf § 9 RAO 1931[238] – dieser statuierte, dass bei der Auslegung der Steuergesetze unter anderem ihr wirtschaftlicher Zweck und die tatsächlichen Verhältnisse zu berücksichtigen seien – die Auffassung vertrat, dass bei der steuerlichen Behandlung von Konzerngebilden die äußeren Rechtsformen nötigenfalls gegenüber den tatsächlichen wirtschaftlichen Verhältnissen zurücktreten müssten.[239] Die tatsächlichen wirtschaftlichen Verhältnisse sollten demgemäß in der Lage sein, eine interpersonale Ergebniszurechnung zwischen zivil- und steuerrechtlich selbständigen Rechtssubjekten zu rechtfertigen. Wirtschaftliche Verhältnisse, die eine Durchbrechung des Trennungsprinzips rechtfertigten, lagen nach Auffassung des RFH immer dann vor, wenn der Organträger aufgrund eines dahingehenden Vertrages (oder einer bindenden Weisung) rechtswirksam verpflichtet war, das wirtschaftliche Ergebnis der Organgesellschaft (Gewinn oder Verlust) zu übernehmen und er dieser Verpflichtung auch nachkam.[240] Da der Steuerpflichtige seine Steuerpflicht jedoch nicht nach Belieben beeinflussen können sollte, indem er die Ergebnisabführung nur für bestimmte Fälle oder gar von Fall zu Fall neu regelte,[241] forderten die Richter, dass die Verpflichtung zur Ergebnisabführung für eine gewisse, längere Dauer verbindlich festgeschrieben sein müsse.[242] Diesem Ansatz folgte später auch der BFH. Auch er hielt die tatsächlich vorliegenden rechtlichen und wirtschaftlichen Verhältnisse für maßgeblich[243] und erachtete einen rechtswirksamen Gewinnabführungsvertrag (einseitige Weisungen sollten nicht mehr ausreichen) für die organschaftliche Einkommenszurechnung als essentiell.[244] Die maßgeblich Bedeutung des Gewinnabführungsvertrages lag nach der Rechtsprechung somit darin, dauerhaft die

---

238 Reichsabgabenordnung vom 22.05.1931, RGBl. 1931 I, S. 161 ff.

239 RFH, Gutachten vom 26.07.1932 – I D 2/31 und III D 2/32, RFHE 31, 297 [299].

240 RFH, Urteil vom 18.2.1933 – I A 439/32, RFHE 33, 63 [65].

241 Vgl. RFH, Urteil vom 31.10.1933 – I A 391/31, RFHE 34, 228 [233].

242 RFH, Urteil vom 31.10.1933 – I A 391/31, RFHE 34, 228 [233].

243 BFH, Urteil vom 8.3.1955 – I 73/54 U, BStBl. III 1955, 187, 188.

244 S. zur zunehmenden Bedeutung des Gewinnabführungsvertrages in der Rspr. des BFH *Witt,* Die Konzernbesteuerung, S. 149 ff. sowie *Sonnenschein,* Organschaft und Konzerngesellschaftsrecht, S. 315 ff.

tatsächliche Übernahme von Gewinnen und Verlusten der Organgesellschaft durch den Organträger sicherzustellen, den Nachweis dafür zu erbringen, dass die Organgesellschaft für Rechnung des Organträgers wirtschaftete, und damit letztlich die wirtschaftliche Einheit der Organmitglieder zu belegen, welche das zentrale Rechtfertigungselement für die organschaftliche Durchbrechung des Subjektsteuerprinzips bildete.[245]

Ähnlich äußern sich auch Stimmen in der jüngeren Literatur: Sie führen für den Gewinnabführungsvertrag ins Feld, dass er eine Haftungsgemeinschaft zwischen den Gesellschaften im Organkreis begründet,[246] die im idealtypischen (faktischen) Kapitalgesellschaftskonzern nicht besteht, dessen Verbund nur durch die Beteiligungsstruktur und ggfs. personelle Verflechtungen vermittelt wird. Denn dort ist die Haftung jedes einzelnen Unternehmens auf sein Gesellschaftsvermögen begrenzt und es besteht eine wirksame Haftungsseparation, die erst durch die Verlustübernahmepflicht des § 302 AktG durchbrochen und zu Gunsten eines (mittelbaren) Haftungsverbundes aufgelöst wird.[247] Dieser Haftungsverbund sei unter dem Gesichtspunkt des Leistungsfähigkeitsprinzips zwingende Voraussetzung für die steuerliche Ergebniszurechnung, weil sich nur solche Verluste auf die steuerliche Leistungsfähigkeit des Organträgers auswirken dürften, für die dieser auch hafte; haftungsfreie Verluste seien dagegen steuerlich unbeachtlich.[248]

---

245 So auch *Ismer*, DStR 2012, 821 [822 f.], der betont, dass die Organschaft historisch ein Modell zur steuerlichen Abbildung des *»Wirtschaftens auf fremde Rechnung«* sei.

246 *Grotherr*, FR 1995, 1 [3].

247 Zu beachten ist jedoch, dass § 302 AktG nur zwischen den Parteien des Gewinnabführungsvertrages wirkt und keine Außenhaftung des anderen Vertragsteils begründet. Gläubiger der Gesellschaft können allerdings durch Pfändung und Überweisung des Verlustübernahmeanspruches auf das Vermögen des anderen Vertragsteils zugreifen. Wegen dieser Zugriffsmöglichkeit sprach bereits die Begründung zum Regierungsentwurf des AktG 1965 von einer »mittelbaren Haftung« des anderen Vertragsteils, BT-Drucks. IV/171, S. 222.

248 *Frotscher* in: *Frotscher/Maas*, KStG/GewStG/UmwStG, § 14 KStG Rn. 289; *Grotherr*, FR 1995, 1 [4]; *van Lishaut*, FR 2009, 1030 [1033].

C. Kritik am geltenden Organschaftsrecht und Reformvorschläge

Obwohl die von der Rechtsprechung und Teilen der steuerrechtlichen Literatur vorgebrachte Argumentation für die Notwendigkeit eines Gewinnabführungsvertrages eine gewisse Überzeugungskraft hat, was selbst von Kritikern des geltenden Organschaftsrechts anerkannt wird,[249] sieht sich die Organschaft umfassender und vielschichtiger Kritik ausgesetzt. Diese Kritik bezieht sich dabei vor allem auf zwei Aspekte des geltenden Rechts: die steuerliche Einkommenszurechnung als zentrale Rechtsfolge der Organschaft (dazu nachfolgende Ziffer C. I.) und die Erforderlichkeit des Gewinnabführungsvertrages für ihre Begründung (dazu nachfolgende Ziffer C. II.).

I. Kritik an der Einkommenszurechnung

Die steuerlichen Rechtsfolgen der Organschaft werden aus verschiedenen Gründen kritisiert. Die Einkommenszurechnung wird zunächst als unzureichend angesehen, weil sie nicht zu einer steuerlichen Vollkonsolidierung im Konzernkreis führe und damit keine vollständige Gleichstellung des Organkreises mit einem Einheitsunternehmen bewirke. Zudem erhöhe die Einkommenszurechnung die Komplexität des Besteuerungssystems und führe zu überbordendem Verwaltungsaufwand und erheblichen Rechtsrisiken für die Beteiligten:

1. Unzureichende Ergebniskonsolidierung im Organkreis

Wie bereits dargestellt[250] besteht die zentrale Rechtsfolge der Organschaft nach geltendem Recht in der phasengleichen, vertikalen Saldierung von Gewinnen und Verlusten im Organkreis. Diese Rechtsfolge ist nach Auf-

---

249 S. bspw. *Herzig*, Beihefter zu DStR 2010, 61 [62]; zur Kritik am Gewinnabführungsvertrag als Voraussetzung der Organschaft s. nachfolgend Ziffer C. II.
250 S. oben Ziffer B. II. 3.

fassung der Kritiker nicht geeignet, das bereits vom RFH formulierte Ziel des Organschaftsrechts zu erreichen und der wirtschaftlichen Einheit des Konzerns steuerlich Wirkung zu verschaffen[251]. Wolle man die wirtschaftliche Einheit des Konzern steuerlich abbilden, dann müsse zu der Saldierung der Einzelergebnisse die steuerliche Neutralisierung von erfolgswirksamen Rechtsgeschäften zwischen verschiedenen Konzerngesellschaften (vertikal und horizontal) hinzutreten, indem sog. Zwischengewinne eliminiert werden.[252] Denn bei zutreffender Ansehung des Organkreises als wirtschaftliche Einheit müsse jeglicher Einfluss konzerninterner Transaktionen auf die Ergebnisse der Konzerngesellschaften ausgeschlossen werden, da die hierauf entfallenden Gewinne und Verluste nicht am Markt realisiert worden seien.[253] Sie seien daher steuerlich ebenso unbeachtlich, wie Leistungsbeziehungen zwischen einzelnen Abteilungen eines Einheitsunternehmens. Um dieses Ziel zu erreichen, könnten Anleihen bei der handelsrechtlichen Konzernrechnungslegung genommen werden, die handelsbilanziell ebenjenes Ziel erreicht, dass bereits der RFH für die Organschaft steuerrechtlich formuliert hat: Die wirtschaftlichen Verhältnisse des Konzern werden so dargestellt, als handele es sich bei diesem um ein Einheitsunternehmen. Zu diesem Zweck wird handelsbilanziell jedoch sowohl nach nationalen[254] als auch nach internationalen[255] Rechnungslegungsstandards eine umfassende Kapital- und Schuldenkonsolidierung sowie eine Zwischenerfolgseliminierung im Konzernkreis vorgenommen.[256] Dementsprechend müssten im Rahmen der Organschaft entsprechende Konsolidierungsschritte steuerbilanziell vorgenommen und eine Konzernsteuerbilanz generiert werden, die den Konzern weitestgehend als Einheitsunternehmen darstellt.

---

251 S. hierzu oben Ziffer B. I. 1.

252 *Witt,* Die Konzernbesteuerung, S. 26; *Krebühl* in: *Herzig*, Organschaft, S. 604 f.; *Grotherr*, StuW 1995, 124 [150]; *Treptow*, StbJb. 1995/96, 53 [66 f.]; so lautet im Grundsatz auch der Befund der IFSt-Arbeitsgruppe, die von dem Vorschlag eines Vollkonsolidierungssystems als Alternative zur Organschaft nur abgesehen hat, weil in absehbarer Zeit keine Aussicht auf dessen Realisierung besteht, *IFSt-Arbeitsgruppe*, IFSt-Schrift Nr. 471 2011, S. 47; ebenso *Rödder*, Ubg 2011, 473 [478 und 481].

253 *Witt,* Die Konzernbesteuerung, S. 24; *Watrin/Sievert/Strohm*, FR 2004, 1 [11].

254 S. §§ 301 ff. HGB.

255 S. IFRS 10 § B 86 der insbesondere eine Schulden-, Kapital- und Zwischengewinnkonsolidierung in Konzernabschlüssen vorgibt.

256 *Witt,* Die Konzernbesteuerung, S. 24.

2. Komplexität und Aufwand als Folge der Einkommenszurechnung

Weitere Kritik betrifft verfahrenstechnische Folgen der dem Organschaftssystem immanenten Verschränkung von steuerlicher Einkommenszurechnung und handelsrechtlicher Ergebnisabführung: Die tatbestandsseitige Anknüpfung der steuerlichen Einkommenszurechnung an die durch den Gewinnabführungsvertrag bewirkte Abführung des handelsbilanziellen Jahresergebnisses führt nicht nur zu steuerrechtsdogmatischen Verwerfungen,[257] sondern auch zu einer signifikanten Verkomplizierung der buchhalterischen Abwicklung von Organschaftssachverhalten. Denn damit die vom Organträger zu tragende Steuerlast letztlich mit dem Umfang der Leistungen korrespondiert, die er tatsächlich von den Organgesellschaften empfangenen hat, müssen Differenzen zwischen dem von der Organgesellschaft tatsächlich abgeführten Handelsbilanzgewinn und ihrem Steuerbilanzgewinn[258] durch die Bildung außerbilanzieller Ausgleichsposten bzw. durch die Erfassung von Gewinnausschüttungen oder Einlagen in entsprechender Höhe kompensiert werden.[259] Diese Ausgleichsposten sind erforderlich, um Doppelbelastungen (bei handelsrechtlichen Minderabführungen) oder steuerfreie Gewinne (bei handelsrechtlichen Mehrabführungen) des Organträgers zu verhindern, sollte dieser die Organbeteiligung veräußern.[260] Dieses Ausgleichspostensystem wird als maßgebliches Praxisproblem der Organschaft angesehen,[261] da in bestimmten Konstellationen hochkomplexe Gefüge von Ausgleichsposten entstehen können, deren Handhabung und Fortschreibung von den Steuerpflichtigen mit vertretbarem Aufwand kaum mehr bewältigt werden kann. Auch auf Seiten der Finanzverwaltung können diese Sachverhalte kaum noch angemessen nach-

---

257 S. dazu unten Ziffer C. II. 4.

258 Zu den für die Bestimmung der Mehr- bzw. Minderabführungen maßgeblichen Vergleichsgrößen s. BFH, Urteil vom 06.06.2013 – I R 38/11, DStR 2013, 1986 [1990]; zu den verschiedenen Rechtsauffassungen hierzu s. *Dötsch* in: *Dötsch*, KStG, § 14 Rn. 818 ff.

259 Ob die Kompensation durch Ausgleichsposten oder die Erfassung von Gewinnausschüttungen/Einlagen erfolgt, hängt davon ab, ob es sich um Mehr- oder Minderabführungen handelt, die ihre Ursache in organschaftlicher oder vororganschaftlicher Zeit haben, vgl. § 14 Abs. 3 und 4 KStG. S. hierzu auch *IFSt-Arbeitsgruppe*, IFSt-Schrift Nr. 471 2011, S. 17 f.

260 s. zum Regelungszweck und -system *Krumm* in: *Blümich*, EStG/KStG/GewStG, § 14 KStG Rn. 270 ff.; *Neumann* in: *Gosch*, KStG, § 14 Rn. 416a.

261 *Esterer/Bartelt*, BB-Special Steuerrecht 2010, 2 [3 f.]; *Oesterwinter*, DStZ 2011, 585; *Oesterwinter*, DStZ 2011, 585 [591].

vollzogen und überprüft werden.[262] Und da die Entkopplung von Handels- und Steuerbilanz infolge des BilMoG[263] noch weiter vorangeschritten ist, nehmen die auszugleichenden Differenzen weiter zu und das System wird auf lange Sicht als untragbar angesehen.[264]

II. Kritik am Erfordernis des Gewinnabführungsvertrages

Zweiter großer Kritikpunkt ist das Tatbestandsmerkmal des Gewinnabführungsvertrages. Das Erfordernis seines Abschlusses und seiner tatsächlichen Durchführung für die Mindestdauer von fünf Jahren ist unter verschiedenen Gesichtspunkten Kritik ausgesetzt.[265]

1. Hürden für Abschluss und Durchführung des Gewinnabführungsvertrages

Indem § 14 Abs. 1 Satz 1 Nr. 3 KStG die Anerkennung der Organschaft von dem wirksamen Abschluss eines Gewinnabführungsvertrages mit einer festen Vertragslaufzeit von mindestens fünf Jahren sowie dessen tatsächlicher Durchführung abhängig macht, verknüpft das Gesetz die Organschaft eng mit dem Zivil- und Gesellschaftsrecht. Aufgrund dieser Verknüpfung schlagen zivilrechtliche Mängel bei Abschluss und Durchführung des Gewinnabführungsvertrages unmittelbar auf das Steuerrecht durch und nehmen in der Praxis steuerlicher Betriebsprüfungen eine feste Rolle ein.[266]

---

262 Zur Kritik an der Komplexität des Systems aus Verwaltungssicht s. *Brusch*, DB 2011, Standpunkte 45-46 [45], wonach die Feststellung von Ausgleichsposten von den beteiligten Kreisen als *»Geheimwissenschaft«* bezeichnet werde.

263 Gesetz zur Modernisierung des Bilanzrechts vom 25.05.2009, BGBl. 2009 I, S. 1102 ff.; s. zu den Auswirkungen des BilMoG auf die Grundsätze materieller und umgekehrter Maßgeblichkeit *Tipke/Lang*, Steuerrecht, § 9 Rn. 42 ff.

264 *Günkel/Wagner*, Ubg 2010, 603 [603]; *Rödder*, Ubg 2011, 473 [474].

265 S. zu den Kritikpunkten bezüglich des Gewinnabführungsvertrages die Übersicht bei *Rödder*, Ubg 2011, 473 [473 f.].

266 *Kaeser*, Beihefter zu DStR 2010, 56 [57]; zur Nichtanwendung der Lehre von der fehlerhaften Gesellschaft in Bezug auf Unternehmensverträge i. R. d. steuerlichen Anerkennung von Organschaften s. oben Ziffer B. II. 2. (b) (1).

Bereits das wirksame Zustandekommen von Gewinnabführungsverträgen hängt sowohl bei Aktiengesellschaften als auch bei Gesellschaften mbH von der Einhaltung eines formalisierten Verfahrens unter Einbeziehung der Haupt- bzw. Gesellschafterversammlungen der Organgesellschaft und unter Umständen auch des Organträgers ab.[267] Dieses Verfahren bietet zahlreiche Gelegenheiten für Verfahrensfehler, die eine (schwebende) Unwirksamkeit des Gewinnabführungsvertrages zur Folge haben können. Beispielhaft seien insofern die Einhaltung der Berichtspflichten des Vorstandes gem. § 293a AktG,[268] die Prüfung des Gewinnabführungsvertrages gem. §§ 293b ff. AktG[269] oder die Pflichten zur Vorbereitung der Hauptversammlung gem. § 293f AktG genannt.[270]

Mit Unwägbarkeiten geht auch die erforderliche[271] Eintragung des Gewinnabführungsvertrages in das Handelsregister einher: Denn die Bearbeitungszeiten durch die Registergerichte sind nicht sicher vorherzusehen und können zu zeitlichen Organschaftslücken[272] einschließlich entspre-

---

267 S. zu §§ 291 ff. AktG, die auch für den Abschluss von Gewinnabführungsverträgen durch Gesellschaften mbH analog angewandt werden, s.o. Ziffer B. II. 2. b) (1).

268 Fehlende oder unvollständige Berichte des Vorstandes führen zur Anfechtbarkeit des Hauptversammlungsbeschlusses, mit welchem dem Vertrag zugestimmt wird, *Veil in: Spindler/Stilz, AktG*, § 293a Rn. 24; *Altmeppen* in: MüKo AktG, § 293a Rn. 66; *Emmerich* in: *Emmerich/Habersack*, Konzernrecht, § 293a Rn. 40.

269 Das Fehlen des Prüfungsberichts oder aber die Feststellung von Vertragsmängeln durch die Vertragsprüfer stellt eine Gesetzesverletzung dar, welche die Anfechtbarkeit des Beschlusses begründet und der Eintragung des Vertrages in das Handelsregister entgegensteht, *Veil in: Spindler/Stilz, AktG*, § 293b Rn. 14; *Altmeppen* in: MüKo AktG, § 293b Rn. 20; *Emmerich* in: *Emmerich/Habersack*, Konzernrecht, § 293b Rn. 20.

270 Eine unterlassene oder verkürzte Auslegung von Vertragsunterlagen oder die Verweigerung von Abschriften hat ebenfalls die Anfechtbarkeit eines dennoch ergehenden Hauptversammlungsbeschlusses zur Folge, *Veil in: Spindler/Stilz, AktG*, § 293f Rn. 10; *Altmeppen* in: MüKo AktG, § 293f Rn. 11; *Emmerich* in: *Emmerich/Habersack*, Konzernrecht, § 293f Rn. 15.

271 Gem. § 14 Abs. 1 Satz 2 KStG erfolgt die Ergebniszurechnung erstmals für das das Kalenderjahr, in dem das Wirtschaftsjahr der Organgesellschaft endet, in dem *»der Gewinnabführungsvertrag wirksam wird«*. Gemeint ist die handelsrechtliche Wirksamkeit, welche gem. § 294 Abs. 2 AktG die Eintragung des Vertrages in das Handelsregister voraussetzt, *Frotscher* in: *Frotscher/Maas*, KStG/GewStG/UmwStG, § 14 KStG Rn. 322.

272 *Kaeser*, Beihefter zu DStR 2010, 56 [57]; *Oesterwinter*, DStZ 2011, 585 [588]; auch Verzögerungen, die vom Steuerpflichtigen nicht (mit-) verschuldet wur-

chender Folgeprobleme führen. Auch die Anfechtung von Haupt- oder Gesellschafterversammlungsbeschlüssen gem. § 293 Abs. 1 oder Abs. 2 AktG (analog) kann zu Verzögerungen der Handelsregistereintragung führen, wenn das Registergericht die Eintragung des angefochtenen Beschlusses im Rahmen seiner Ermessensentscheidung nach § 21 Abs. 1 FamFG aussetzt.[273] Zwar kann in diesem Fall ein Freigabeverfahren nach § 246a AktG initiiert werden. Auch dieses kostet jedoch Zeit und für GmbH-Beschlüsse steht die Zulässigkeit eines Freigabeverfahrens in Zweifel.[274]

Aber auch bei der inhaltlichen Ausgestaltung eines Gewinnabführungsvertrages bestehen Fallstricke. Insbesondere bei § 17 Satz 2 Nr. 2 KStG a. F. [275] hat die Finanzverwaltung zuweilen eine sehr formale Auslegung des Gesetzeswortlauts betrieben und Verträge selbst dann nicht steuerlich anerkannt, wenn zwar eine Verlustübernahme vereinbart worden war, der Wortlaut jedoch (marginal) von den gesetzlichen Vorgaben abwich.[276] Weitere Rechtsunsicherheiten können sich im Zusammenhang mit der zu vereinbarenden Mindestvertragslaufzeit ergeben, da die Vereinbarung einer Laufzeit von *»fünf Jahren«* keineswegs immer zum gewünschten Erfolg führt. Eine solche Vereinbarung ist bspw. nicht ausreichend, wenn der

---

den, gehen zu seinen Lasten, *Frotscher* in: *Frotscher/Maas*, KStG/GewStG/UmwStG, § 14 KStG Rn. 322.

273 *Dörr* in: *Spindler/Stilz*, AktG, § 245 Rn. 68; *Hüffer/Koch,* Aktiengesetz, § 245 Rn. 23;

274 Ablehnend KG, Beschluss vom 23.06.2011 – 23 AktG 1/11, NZG 2011, 1068 [1068 f.]; *Fleischer*, DB 2011, 2132; *Zöllner/Noack* in: *Baumbach/Hueck*, GmbHG, § 54 Rn. 28; für eine analoge Anwendung *Bayer/Lieder*, NZG 2011, 1170; *Roth* in: *Altmeppen/Roth*, GmbHG, § 57 Rn. 14.

275 § 17 Satz 2 Nr. 2 KStG regelt die Voraussetzungen, unter denen Gewinnabführungsverträge mit einer GmbH als Organgesellschaft steuerlich anerkannt werden können. Die Norm ist durch das UntStReiseKG vom 20.02.2013 (BGBl. 2013 I, S. 285 ff.) neu gefasst worden und setzt nun voraus, dass die Beteiligten *»eine Verlustübernahme durch Verweis auf die Vorschriften des § 302 des Aktiengesetzes in seiner jeweils gültigen Fassung«* vereinbaren.

276 S. hierzu *Kaeser*, Beihefter zu DStR 2010, 56 [59] m. w. N. aus der Rechtsprechung. Diese »Förmelei« wurden in der Beratungspraxis insbesondere deswegen mit großem Unverständnis aufgenommen, weil in der Zivilrechtsprechung höchstrichterlich anerkannt ist, dass Gewinnabführungsverträge unter Beteiligung von Gesellschaften mbH stets eine Verlustausgleichspflicht analog § 302 AktG nach sich ziehen, BGH, Urteil vom 10.07.2006 – II ZR 238/04, NJW 2006, 3279 [3279] m. w. N. aus der Rechtsprechung des BGH. Die Neufassung von § 17 KStG verspricht Besserung, allerdings sorgte hier die Übergangsvorschrift in § 34 Abs. 10b Satz 1 KStG für Rechtsunsicherheit, s. *Scheifele/Hörner*, DStR 2013, 553 ff.

Vertrag während eines Rumpfgeschäftsjahres abgeschlossen wird und das Vertragsende in ein laufendes Geschäftsjahr fällt.[277] Denn das Ende der Vertragslaufzeit führt gem. § 14 Abs. 1 Satz 1 Nr. 3 Satz 3 KStG zum rückwirkenden Wegfall des Gewinnabführungsvertrages zum Beginn des laufenden Geschäftsjahres. Der Vertrag bestand dann insgesamt nur vier volle und ein Rumpfgeschäftsjahr, was zur Unterschreitung der steuerrechtlich geforderten Mindestvertragslaufzeit von fünf Zeitjahren[278] führt[279] und letztlich zu einem «Verunglücken« der Organschaft insgesamt. Ähnliche Folgen drohen bei Umstellungen des Wirtschaftsjahres während der Vertragslaufzeit.[280]

Dass steuerlich auch die ordnungsgemäße Durchführung des Gewinnabführungsvertrages gefordert wird, wurde bereits erwähnt.[281] Ebenso wurde der Zusammenhang zwischen den §§ 301, 302 AktG und dem Handelsbilanzrecht erwähnt, der dazu führt, dass sich Bilanzierungsfehler unmittelbar auf die Ordnungsgemäßheit der Vertragsdurchführung auswirken.[282] Sollten hier Fehler auftreten, die nicht nach § 14 Abs. 1 Satz 1 Nr. 3 Sätze 4 ff. KStG heilbar sind, so kann dies zu einer (rückwirkenden) Aberkennung der Organschaft durch die Finanzverwaltung führen. Auch die Durchführung eines dem Grunde nach steuerlich anerkannten Gewinnabführungsvertrages birgt also Risiken. Insgesamt führt die Quantität der Problemfelder und Rechtsunsicherheiten in Kombination mit der Qualität der daraus drohenden Rechtsfolgen zu einer Rechtslage, die selbst von gemäßigten Stimmen in der Literatur als problematisch angesehen wird.[283]

---

277 Der BFH hat insofern mit Urteil vom 13.11.2013 klargestellt, dass dieser Fall nicht a priori organschaftsschädlich ist, sondern nur wenn der Gewinnabführungsvertrag auch tatsächlich zum Ende der festen Vertragslaufzeit endet, BFH, Urteil vom 13.11.2013 – I R 45/12, DStR 2014, 643 [645].

278 S. dazu bereits oben Ziffer B. II. 2. b) (3).

279 S. hierzu die Beispiele bei *Kaeser*, Beihefter zu DStR 2010, 56 [60]; nach Maßgabe der neueren Rechtsprechung (BFH, Urteil vom 13.11.2013 – I R 45/12, DStR 2014, 643 [645]) ist anzunehmen, dass die Organschaft in diesem Fall nicht an der zu geringen Vertragslaufzeit, sondern an der fehlenden Durchführung während der gesamten Vertragslaufzeit scheitert.

280 *Dötsch* in: *Dötsch*, KStG, § 14 Rn. 543.

281 S. oben Ziffer B. II. 2. b) (3) und C. I. 2.

282 *Oesterwinter*, DStZ 2011, 585 [589] m. w. N zu der Einordnung und Schädlichkeit bestimmter Arten von Bilanzierungsfehlern.

283 S. bspw. *Ismer*, DStR 2012, 821 [822].

2. Erzwungener Haftungsverbund (§ 302 AktG)

Vielstimmiger Kritik sieht sich der Gewinnabführungsvertrag auch deswegen ausgesetzt, weil er durch die gesetzlich angeordnete Verlustausgleichspflicht des Organträgers einen Haftungsverbund zwischen Organgesellschaft und Organträger erzeugt.[284] Dass diese mittelbare Haftung als Rechtsfolge eines Gewinnabführungsvertrages vom Gesetzgeber des AktG 1965 intendiert war,[285] und in der gesellschaftsrechtlichen Literatur nahezu[286] einhellig als notwendige Rechtsfolge eines Gewinnabführungsvertrages angesehen wird,[287] besänftigt die Kritiker nicht. Denn ihre Kritik entzündet sich nicht an der Verknüpfung des Gewinnabführungsvertrages mit der Verlustausgleichspflicht des § 302 AktG, sondern an der Verknüpfung der Organschaft mit dem Gewinnabführungsvertrag. Diese Verknüpfung wird als ungerechtfertigt angesehen, da nicht ersichtlich sei, warum die steuerrechtliche Verrechnung von Verlusten der Organgesellschaft mit Gewinnen des Organträgers auch den tatsächlichen Ausgleich dieser Verluste durch den Organträger erfordern soll.[288] Erst recht sei nicht ersicht-

---

284 Nach *Esterer/Bartelt* ist die Haftungskonzentration durch den Gewinnabführungsvertrag und die Verlustübernahmepflicht nach § 302 AktG als *»gewichtigster Kritikpunkt«* des geltenden Organschaftsrechts anzusehen, *Esterer/Bartelt*, BB-Special Steuerrecht 2010, 2 [3]. S. zu den Kritikern die weiteren Nachweise bei Rn. 288 unten.

285 Begründung zum Regierungsentwurf des AktG 1965, BT-Drucks. IV/171, S. 222.

286 Wohl gegen die Erforderlichkeit der Verlustübernahme *Sonnenschein,* Organschaft und Konzerngesellschaftsrecht, S. 430 f.

287 *Emmerich* in: *Emmerich/Habersack*, Konzernrecht (7. Auflage 2013), § 302 Rn. 16, wonach die Notwendigkeit des Verlustausgleichs zum Schutze der Gläubiger der abhängigen Gesellschaft *»unbestritten«* sei. Im Ergebnis ebenso mit unterschiedlicher Begründung/Akzentuierung: *Altmeppen* in: MüKo AktG, § 302 Rn. 10 ff.; *Hirte* in: *Hopt/Wiedemann*, Großkommentar AktG, § 302 Rn. 5; *Koppensteiner* in: *Zöllner/Noack*, Köln Komm AktG, § 302 Rn. 5; *Stephan* in: *Schmidt/Lutter*, AktG, § 302 Rn. 7; *Veil* in: *Spindler/Stilz*, AktG, § 302 Rn. 11; *Hüffer/Koch,* Aktiengesetz, § 302 Rn. 3.

288 *Hey* spricht der Anknüpfung der steuerrechtlichen Ergebniskonsolidierung an den tatsächlichen (Gewinn- und) Verlustausgleich eine verfassungsrechtliche Dimension ab und meint, es stünde dem Gesetzgeber frei, auf dieses Erfordernis zu verzichten *Hey*, FR 2012, 994 [997]; ebenso *IFSt-Arbeitsgruppe*, IFSt-Schrift Nr. 471 2011, S. 43; ausführlich hierzu auch *von Wolfersdorff*, IFSt-Schrift 481 2012, S. 40 ff.; auch *Krebühl* meint unter Verweis auf verfassungsrechtliche Spielräume aber auch auf die Instrumente, die das Konzernrecht für faktische Konzerne bereithält, dass eine konsolidierte Besteuerung von Kon-

lich, warum das Steuerrecht den Organträger zwingt, sich über einen Zeitraum von fünf Jahren zu einem vollständigen Verlustausgleich zu verpflichten und damit das wirtschaftliche Risiko eines Totalausfalls und sogar einer Überschuldung der Organgesellschaft in diesem Zeitraum zu übernehmen.[289] In der Wirtschaftsrealität werde die Verlustübernahmepflicht des § 302 AktG oftmals sogar zum «Deal-Breaker«, der das Entstehen von Organschaften verhindere.[290] Letztlich beschränke die Regelung die Organisationsfreiheit der Wirtschaftsakteure unverhältnismäßig, benachteilige betriebswirtschaftlich und haftungsrechtlich begründete Organisationsstrukturen steuerlich und verhindere damit die Bildung moderner Konzernstrukturen.[291] Und das, obwohl das Steuerrecht eigentlich rechtsform- bzw. konzernneutral ausgestaltet sein sollte.[292]

3. Betriebswirtschaftliche Fehlanreize

Während man sich unter einem Konzern gemeinhin eine hierarchisch aufgebaute Unternehmensstruktur vorstellt, die durch alle Ebenen hindurch

---

zernen nicht zwingend mit einer Ergebnisübernahmepflicht einhergehe, *Krebühl* in: *Herzig*, Organschaft, S. 600 ff.; für *Jochum* ist die Erforderlichkeit des Gewinnabführungsvertrages als Rechtfertigung für die Durchbrechung des Trennungsprinzips mit der Kodifizierung der Organschaft im KStG entfallen, *Jochum*, FR 2005, 577 [581]; *Schön* meint, die Haftungsseparation im Kapitalgesellschaftskonzern stelle wegen des Gebots der Rechtsform- und Konzernneutralität des Steuerrechts keine ausreichende Grundlage für eine steuerliche Ungleichbehandlung von Kapitalgesellschaftskonzernen gegenüber Einheitsunternehmen dar, *Schön*, ZHR 2007, 409 [416 f.].

289 *Kaeser*, Beihefter zu DStR 2010, 56 [61].

290 *Prinz* in: *Herzig*, Organschaft, S. 553.

291 *Krebühl* in: *Herzig*, Organschaft, S. 596.

292 Schon der 33. Deutsche Juristentag forderte, Steuern seien so zu gestalten, *»daß die Gewerbetreibenden nicht genötigt werden, der Einkommen- oder Körperschaftsteuer wegen bestimmte Rechtformen zu wählen«*, Verhandlungen des 33. DJT, 1925, S. 492; zur Forderung nach Unternehmens- oder Konzernrechtsneutralität des Steuerrechts, s. *Staringer* in: *Seeger*, Perspektiven der Unternehmensbesteuerung, S. 77 f.; *Hüttemann* in: *Schön/Osterloh-Konrad*, Kernfragen des Unternehmenssteuerrechts, S. 142; zur Rechtsform- und Konzernneutralität als rechtspolitische Zielsetzung, *Schön*, ZHR 2007, 409 [416 f.]; ausführlich zum Bestehen und Verfassungsrang des Postulats der Rechtsformneutralität der Besteuerung, *Hey* in: *Ebling*, Besteuerung von Einkommen, S. 155 ff.; kritisch hingegen, *Wagner*, StuW 2006, 101.

zentral «von oben« gesteuert wird (sog. Stammhauskonzern)[293] existiert in der Wirtschaftsrealität eine Vielzahl weiterer Konzernstrukturen. Dabei haben seit den 1980er Jahren insbesondere Holdingstrukturen an Bedeutung gewonnen, bei denen die Gesellschaft an der Spitze der Organisation lediglich einige zentrale Führungsaufgaben übernimmt, während die nachgeordneten Konzernunternehmungen im Übrigen weitgehend selbständig wirtschaften (sog. Profit-Center-Konzept).[294] In solchen Strukturen sollen die nachgeordneten Einzelunternehmungen von ihrem Management möglichst eigenverantwortlich geführt werden, wobei insbesondere die Ergebnisverantwortung der Geschäftsleitungen der Untergesellschaften ein wesentliches Funktions- und Motivationsprinzip ist.[295] Die mit der steuerlichen Organschaft zwingend verbundene Ergebnisabführung schränkt die Ergebnisverantwortung der Manager der Konzernuntergesellschaften jedoch ein, was dazu führen kann, dass diese weniger ergebnisorientiert agieren.[296] Insbesondere fällt deren Anreiz weg, den eigenen Erfolg durch einen entsprechenden Bilanzausweis zu dokumentieren,[297] da in der Bilanz der Organgesellschaft kein Gewinn ausgewiesen wird.[298] Insofern behindert das derzeitige Organschaftsrecht moderne, dezentrale betriebliche Strukturen.[299] Die Organschaft schmälert die Eigenverantwortlichkeit der Organgesellschaften weiter dadurch, dass diese In-

---

293 S. zum Begriff *Theisen,* Der Konzern, S. 169; *Theisen,* Der Konzern; *Hoffmann,* Konzernhandbuch, S. 12 f.

294 S. zu Strukturmerkmalen und verschiedenen Ausprägungen von Holdingstrukturen ausführlich *Theisen,* Der Konzern, S. 174 ff.; weiterführend zu sog. »Center-Konzepten« der Konzernorganisation, *Hoffmann,* Konzernhandbuch, S. 111 ff.; ebenfalls *Grotherr*, StuW 1995, 124 [137]; zu den veränderten Erscheinungsformen von Konzernen und den Folgerungen daraus für die Organschaft, s. auch *Staringer* in: *Seeger*, Perspektiven der Unternehmensbesteuerung, S. 76 ff.

295 *Theisen,* Der Konzern, S. 175.

296 *IFSt-Arbeitsgruppe*, IFSt-Schrift Nr. 471 2011 S. 23; *Bachem*, IFSt-Schrift 350 1996, S. 88; *Grotherr*, FR 1995, 1 [10]; *Herzig/Wagner*, DB 2005, 1 [6]; *Jochum*, FR 2005, 577 [581]; *Theisen,* Der Konzern, S. 581; *Witt,* Die Konzernbesteuerung, S. 141.

297 *Krebühl*, DB 1994, 496 [500]; *Krebühl*, DB 1995, 743 [744].

298 Wegen der Gewinnabführungspflicht erscheint der Bilanzgewinn im Jahresabschluss der Organgesellschaft auf der Passivseite als Verbindlichkeit gegenüber verbundenen Unternehmen, *Emmerich* in: *Emmerich/Habersack*, Konzernrecht, § 291 Rn. 64; *Veil* in: *Spindler/Stilz*, AktG, § 291 Rn. 35.

299 *Krebühl* in: in: *Herzig*, Organschaft, *Bachem*, IFSt-Schrift 350 1996, S. 47 f.; S. 596; *Gerlach*, FR 2012, 450 [459 f.]; *Grotherr*, StuW 1995, 124 [140]; *Staringer* in: *Seeger*, Perspektiven der Unternehmensbesteuerung, S. 89.

vestitionsentscheidungen nur noch eingeschränkt treffen können, weil sie Gewinnrücklagen gem. § 14 Abs. 1 Satz 1 Nr. 4 KStG nur in eingeschränktem Maße bilden und Gewinne nicht über das *»kaufmännisch vernünftige«*[300] Maß hinaus thesaurieren können.[301] Auch Investitionsentscheidungen können Organgesellschaften oft nicht eigenverantwortlich treffen, da finanzierende Banken in Organschaftskonstellationen regelmäßig einen sog. Organschaftsrevers, also eine harte Patronatserklärung des Organträgers, fordern.[302] Fremdfinanzierte Investitionen sind de facto also nur in Abstimmung mit dem Organträger möglich.[303]

Schließlich führt die fünfjährige Mindestlaufzeit des Gewinnabführungsvertrages dazu, dass die Organisationsstruktur des Konzerns für diese Zeit festgeschrieben wird, soll nicht ein (rückwirkendes) »Verunglücken« der Organschaft einschließlich entsprechender steuerlicher Folgen riskiert werden.[304] Denn eine Beendigung des Gewinnabführungsvertrages auch während der fünfjährigen Mindestvertragslaufzeit ist nur möglich, wenn ein steuerlich anerkennenswerter *»wichtiger Grund«* die Kündigung rechtfertigt (§ 14 Abs. 1 Satz 1 Nr. 3 Satz 2 KStG), Hierzu gehören Umstrukturierungsmaßnahmen nur in bestimmten Fällen.[305]

---

300 Steuerrechtlich ist die Bildung von Rücklagen für Investitionen nur zulässig, wenn ein konkreter Anlass besteht, der ihre Bildung objektiv rechtfertigt. Dabei steht dem Unternehmen grds. ein kaufmännischer Ermessensspielraum zu. Die Bildung unzulässiger Rücklagen gefährdet jedoch die ordnungsgemäße Durchführung des Gewinnabführungsvertrages und damit die Anerkennung der Organschaft durch die Finanzverwaltung. *Frotscher* in: *Frotscher/Maas*, KStG/GewStG/UmwStG, § 14 KStG, Rn. 429 ff.

301 *Grotherr*, FR 1995, 1 [10]; Durch den Gewinnabführungsvertrag werde *»der Tochtergesellschaft jede Möglichkeit zur Selbstfinanzierung genommen«* und *» deren Finanzierungsfreiheit erheblich eingeschränkt«*, *Theisen,* Der Konzern, S. 580 f.

302 *Tetzlaff*, WM 2011, 1016 [1022].

303 *IFSt-Arbeitsgruppe*, IFSt-Schrift Nr. 471 2011, S. 23; *Merkel/Tetzlaff* in: *Schimansky*, Bankrechts-Handbuch, § 98 Rn. 60.

304 *Bachem* bezeichnet den Gewinnabführungsvertrag daher als *»nicht unwesentliches steuerliches Umstrukturierungshindernis«*, *Bachem*, IFSt-Schrift 350 1996, S. 93; *Prinz* in: *Herzig*, Organschaft, S. 554.

305 R 60 Abs. 6 KStR nennt die Veräußerung und Einbringung der Organbeteiligung durch den Organträger oder aber die Spaltung, Verschmelzung oder Liquidation der Organgesellschaft als steuerrechtlich beachtliche wichtige Gründe. Dies dürfte jedoch nur für entsprechende Vorgänge im Verhältnis zu konzernfremden Dritten gelten. Konzerninterne Umstrukturierungsmaßnahmen stellen demgegenüber regelmäßig keinen wichtigen Grund dar und können keine Vertragsbeendigung rechtfertigen. Gleiches gilt für unerwartete wirt-

4. Fehlende dogmatische Legitimation

Vielfach wird der Gewinnabführungsvertrag auch mit dem Argument als Organschaftsvoraussetzung abgelehnt, dass keine dogmatisch schlüssige Verknüpfung zwischen seiner Rechtsfolge – der Abführung des handelsbilanziellen Jahresergebnisses – und der Rechtsfolge der Organschaft – der Zurechnung des steuerbilanziellen Jahresergebnisses – bestehe.[306] Denn wenn die Abführung des handelsbilanziellen Jahresergebnisses das dogmatische Fundament für die Zurechnung des steuerlichen Einkommens sein soll, setze dies voraus, dass sich das abgeführte Ergebnis und das zugerechnete Einkommen zumindest annährend entsprechen. Diese annähernde Übereinstimmung gewährten vormals die Regelungen zur materiellen und umgekehrten Maßgeblichkeit in § 5 Abs. 1 Satz 1 und Satz 2 EStG a. F.,[307] nach denen bei der steuerlichen Einkommensermittlung *»das Betriebsvermögen anzusetzen (§ 4 Abs. 1 Satz 1) [war], das nach den handelsrechtlichen Grundsätzen ordnungsmäßiger Buchführung auszuweisen ist«*, und die verlangten, dass *»[s]teuerrechtliche Wahlrechte bei der Gewinnermittlung [...] in Übereinstimmung mit der handelsrechtlichen Jahresbilanz auszuüben [sind].«* Aufgrund dieser Verknüpfung bestand ein grundlegender Gleichlauf von handelsrechtlicher und steuerlicher Gewinnermittlung, der etwaige Differenzen zwischen dem handelsrechtlichen Jahresergebnis und dem steuerlichen Einkommen begrenzte.[308] Mit dem BilMoG hat der Steuergesetzgeber den Grundsatz der umgekehrten Maßgeblichkeit (§ 5 Abs. 1 Satz 2 EStG a. F.) jedoch aufgegeben,[309] weswegen es nun zulässig ist, steuerliche Wahlrechte abweichend von der Handelsbilanz auszuüben. Infolge dieser Entkopplung sind größere Unterschiede beim Ansatz und bei der Bewertung von Vermögensgegenständen

---

schaftliche Entwicklungen, *Frotscher* in: *Frotscher/Maas*, KStG/GewStG/UmwStG, § 14 KStG, Rn. 682 f.; zu weiteren Einschränkungen s. *Lange*, GmbHR 2011, 806 ff.

306 *Grotherr* bezeichnet die vom Gesetzgeber geforderte Verknüpfung von handels- und steuerrechtlichem Ergebnistransfer als *»sachfremd«*; diese hätte allenfalls in einem der Bilanzierungstheorie folgenden Konzernsteuersystem Berechtigung gehabt, *Grotherr*, FR 1995, 1 [10] sowie *Grotherr*, StuW 1995, 124 [141].

307 EStG in der bis zum 29.05.2009 geltenden Fassung.

308 Ausführlich zu Inhalt, Rechtfertigung und Entwicklung des Maßgeblichkeitsgrundsatzes, *Tipke/Lang,* Steuerrecht, § 9 Rn. 40 ff.

309 *Krumm* in: *Blümich*, EStG/KStG/GewStG, § 5 EStG Rn. 183; so auch ausdrücklich die Gesetzesbegründung, BT-Drucks. 16/10067, S. 99.

bzw. Wirtschaftsgütern in der Handels- und Steuerbilanz möglich als je zuvor und es kann nicht mehr davon ausgegangen werden, dass sich der handelsrechtliche und der steuerrechtliche Gewinn eines Unternehmens entsprechen. Im Gegenteil, die beiden Größen weichen regelmäßig substantiell voneinander ab und einem handelsbilanziellen Gewinn kann sogar ein steuerlicher Verlust gegenüberstehen, der dann zwar steuerlich verrechnet, aber nicht wirtschaftlich vom Organträger getragen wird.[310] Angesichts dieser Sachlage beruhe die organschaftliche Einkommenszurechnung, so ihre Kritiker, letztlich auf einer bloßen Fiktion, nämlich der Fiktion, dass Handels- und Steuerbilanzergebnis sich decken.[311] Wenn die Basis der Einkommenszurechnung letztlich aber eine Fiktion sei, so könne auf die Anknüpfung an den Gewinnabführungsvertrag auch ganz verzichtet werden.[312] Dies gälte jedenfalls seit dem BilMoG,[313] das selbst gemäßigte Stimmen nötigt zuzugestehen, dass die Differenzen zwischen abgeführtem Ergebnis und verrechnetem Einkommen die dogmatische Überzeugungskraft des Prinzips der tatsächlichen Verlusttragung erheblich mindern.[314]

Diese fundamentalen Zweifel an der Erforderlichkeit des Gewinnabführungsvertrages als Organschaftsvoraussetzung werden dadurch gemehrt, dass die Organschaft neben der Ergebnisverrechnung weitere Rechtsfolgen zeitigt, von denen sich keinerlei Wirkungszusammenhang zum Gedanken der Verlusttragung herstellen lässt. Dies gilt bspw. für die Wirkungen der Organschaft im Zusammenhang mit der sog. Zinsschranke, welche die abzugsfähigen Zinsaufwendungen von Unternehmen der Höhe nach deckelt:[315] § 15 Satz 1 Nr. 3 KStG ordnet insofern an, dass die Zinsschranke auf Ebene der Organgesellschaften nicht zur Anwendung kommt und dass alle Gesellschaften im Organkreis[316] als *»ein Betrieb im Sinne des § 4h Einkommensteuergesetzes«* gelten. Dies bewirkt, dass die Zinserträge und Zinszahlungen aller Organgesellschaften – dem organschaftli-

---

310 *Herzig*, Beihefter zu DStR 2010, 61 [62].

311 S. zu dieser »Unterstellung« durch den BFH, Ziffer B. I. 1. oben.

312 *Sonnenschein,* Organschaft und Konzerngesellschaftsrecht, S. 433; *Witt,* Die Konzernbesteuerung, S. 158 f.; *Krebühl*, DB 1995, 743 [744].

313 *Rödder*, Ubg 2011, 473 [476 und 478]; diese Entwicklung haben *Herzig/Wagner* in gewisser Weise vorhergesehen, *Herzig/Wagner*, DB 2005, 1 [6].

314 *Herzig*, FR 2009, 1037 [1039]; *Herzig*, Beihefter zu DStR 2010, 61 [62 f.].

315 *Frotscher* in: *Frotscher/Maas*, KStG/GewStG/UmwStG, § 15 KStG Rn. 102 ff.; s. dazu bereits oben B. 1. 4.

316 S. zum Umfang des Organkreises i.S.d. Regelung *Dötsch in: Dötsch, KStG*, § 15 Rn. 75 ff.

chen Zurechnungsprinzip folgend – dem Organträger zugerechnet werden.[317] Alle Zinsflüsse im Organkreis werden folglich auf Ebene des Organträgers saldiert[318], was konzerninterne Darlehensgewährungen erleichtert.[319] Diese Erleichterung beim steuerlichen Ansatz von Schuldzinsen stehen mit der Verlusttragung nach § 302 AktG jedoch in keinem inneren Zusammenhang, weswegen der Gewinnabführungsvertrag für diese Rechtsfolgen keine legitimierende Wirkung haben kann.[320] Ähnliches gilt bei § 8b Abs. 5 Satz 1 KStG und dem sog. Kaskadeneffekt:[321] Nach dieser Vorschrift müssen Kapitalgesellschaften 5 % aller Gewinnausschüttungen, die sie von ihren Tochterkapitalgesellschaften, erhalten, als nichtabzugsfähige Betriebsausgaben versteuern. § 8b Abs. 5 Satz 1 KStG gilt jedoch bei der organschaftlichen Einkommenszurechnung nicht, weil diese keine Gewinnausschüttung im Sinne der Norm darstellt. Die Weitergabe von Gewinnen von Organgesellschaften an den Organträger ist daher vollständig steuerfrei möglich. Auch hier ist nicht ersichtlich, warum in diesen vergleichbaren Fällen – in beiden Konstellationen geht es um die Besteuerung tatsächlich ausgezahlter Gewinne – nur bei der Organschaft der Kaskadeneffekt wegfällt. Ein innerer Zusammenhang zwischen dieser Begünstigung und der Verlusttragung lässt sich nicht herstellen.

Insgesamt kann die Verlusttragung somit die steuerlichen Folgen der Organschaft in wirtschaftlich wichtigen Teilbereichen nicht legitimieren und selbst in den Bereichen, in denen das Dogma der Verlusttragung dem Grunde nach Berechtigung hat, weist das System Brüche auf, welche die Legitimationswirkung des Gewinnabführungsvertrages erschüttern. Zu alledem weisen gewichtige Stimmen in der steuerrechtlichen Literatur darauf hin, dass die Anknüpfung der Unternehmensbesteuerung an das zivilrechtliche Trennungsprinzip dogmatisch keinesfalls zwingend sei und dass kein verfassungsrechtliches Gebot existiere, dass bei juristischen Personen

---

317 *Frotscher* in: *Frotscher/Maas*, KStG/GewStG/UmwStG, § 15 KStG Rn. 106.

318 *Frotscher* in: *Frotscher/Maas*, KStG/GewStG/UmwStG, § 15 KStG Rn. 110; ausführlich zur Anwendung der Zinsschrankenregelung im Organkreis, *Herzig/Liekenbrock*, DB 2007, 2387 ff.

319 Die ausschließliche Anwendung von § 4h EStG auf Ebene des Organträgers kann auch Vorteile bei der Ermittlung des verrechenbaren EBITDA gem. § 4h Abs. 1 Satz 1 EStG haben, nachteilig ist hingegen, dass die Freigrenze von drei Millionen Euro gem. § 4h Abs. 2 Satz 1 lit. a) EStG nur einmal für den gesamten Organkreis zur Verfügung steht, *Frotscher* in: *Frotscher/Maas*, KStG/GewStG/UmwStG, § 15 KStG Rn. 114.

320 *Herzig*, Beihefter zu DStR 2010, 61 [62].

321 S. dazu bereits oben, Ziffer B. I. 4.

für eine Individualbesteuerung streite.[322] Es stehe dem Gesetzgeber daher offen, allein auf Grundlage bestimmter Beteiligungsverhältnisse eine wirtschaftliche Einheit verschiedener, zivilrechtlich eigenständiger Rechtssubjekte anzunehmen und diese ohne weitere Erfordernisse zum Ausganspunkt einer einheitlichen Besteuerung des Unternehmensverbundes als Ganzes zu machen.[323] Auch der Blick auf die Realität faktischer Konzernen lege es nahe, in der bloß durch Beteiligungsverhältnisse vermittelten einheitlichen Kontrolle verschiedener juristischer Personen einen ausreichenden Anhaltspunkt für deren wirtschaftliche Einheit und zusammengefasste Besteuerung zu sehen; nur mit dieser Betrachtung werde endlich auch dem Ziel der »Konzernneutralität« des Steuerrechts entsprochen.[324]

5. Einwand der Europarechtswidrigkeit

Zuletzt wird das Tatbestandsmerkmal des Gewinnabführungsvertrages unter europarechtlichen Gesichtspunkten kritisch gesehen. Kern der Kritik ist, dass es höchst fraglich ist, ob andere europäische Rechtsordnungen den nach ihrem Recht konstituierten Gesellschaften die Möglichkeit zum Abschluss eines Gewinnabführungsvertrages bieten. Gesetzliche Grundla-

---

322 *Hey*, FR 2012, 994 [997]. *Hey* weist gleichwohl darauf hin, dass gewichtige steuersystematische Gründe für eine Individualbesteuerung der Unternehmen streiten, insbesondere der Umstand, dass eine steuerliche Transparenz der juristischen Person i. S. e. Teilhabersteuer dazu führen würde, dass die Gesellschafter auch für thesaurierte Gewinne Steuern abzuführen hätten, obwohl vor der Ausschüttung der Gewinne keine Steigerung ihrer Leistungsfähigkeit eintritt, s. hierzu ausführlich *Hey* in: *Schön/Osterloh-Konrad*, Kernfragen des Unternehmenssteuerrechts, S. 13 ff.; zur verfassungsrechtlichen Zulässigkeit der Individualbesteuerung von Kapitalgesellschaften s. BVerfG, Beschluss vom 21.06.2006 – 2BvL 2/99, DStR 2006, 1316 [1323].

323 *Hey*, FR 2012, 994 [997]; *Von Wolfersdorff* kommt zu dem Schluss, dass der Gewinnabführungsvertrag dogmatisch nicht als Grundlage der steuerlichen Leistungsfähigkeitszurechnung tauge. Rechtfertigung sei allein das besondere Näheverhältnis zwischen zwei rechtlich selbständigen Gesellschaften, das etwa durch eine qualifizierte Mehrheitsbeteiligung erreicht werde, *von Wolfersdorff*, IFSt-Schrift 481 2012, S. 48; für die Heranziehung der *»Verbundleistungsfähigkeit«* für die Besteuerung auch *Prinz*, Beihefter zu DStR 2010, 67 [68].

324 *Schön*, ZHR 2007, 409 [416 f.]; *Krebühl* in: *Herzig*, Organschaft, S. 596 f.; für die Entbehrlichkeit des Gewinnabführungsvertrages auch aus steuersystematischer Sicht s. *Fussbroich*, Verlustverrechnung und Verlustverwertung in der Konzernunternehmung, S. 226 ff.

gen fehlen außerhalb Deutschlands zumeist,[325] eine Ausgangslage, die seinerzeit auch in Deutschland für Diskussionen um die Zulässigkeit des »Organschaftsvertrages« sorgte.[326] Sollten ausländische Gesellschaften keine Möglichkeit haben, einen Gewinnabführungsvertrag abzuschließen, könnte die tatbestandliche Anknüpfung der Organschaft an den Gewinnabführungsvertrag diskriminierend wirken und einen Verstoß gegen die Niederlassungsfreiheit begründen.[327]

III. *Reformvorschläge*

1. Überblick

Die dargestellte Kritik an der ertragsteuerlichen Organschaft wird schon seit geraumer Zeit erhoben, ebenso wie bereits seit geraumer Zeit Anregungen für eine Reform der Konzernbesteuerung unterbreitet werden.[328] Doch die fortschreitende europäische Integration, die zunehmend differenzierte Rechtsprechung des EuGH zu den Grundfreiheiten sowie die bereits eingangs erwähnte Ankündigung der schwarz-gelben Regierung aus dem Jahre 2009, die Ersetzung der Organschaft durch ein modernes Gruppenbesteuerungssystem prüfen zu wollen, haben die Kritiker bestärkt und zur Veröffentlichung zahlreicher Beiträge zur Reformbedürftigkeit der Organschaft und der Ausgestaltung möglicher Alternativsysteme geführt.[329] Während der überwiegende Teil dieser Beiträge Anregungen un-

---

325 *Danelsing*, DStR 2005, 1342 [1343].

326 S. zur Diskussion vor der Kodifizierung des Gewinnabführungsvertrages im AktG 1965 oben Ziffer B. I. 2.

327 *Esterer/Bartelt*, BB-Special Steuerrecht 2010, 2 [3]; *Herzig/Wagner*, DB 2005, 1 [5].

328 S. bspw. *Bachem*, IFSt-Schrift 350 1996, S. 1 ff.; *Grotherr*, StuW 1995, 124 ff.; *Krebühl*, DB 1995, 743 ff.; *Krebühl*, DStR 2001, 1730 ff.; *Krebühl*, DStR 2002, 1244 ff.; *Treptow*, StbJb. 1995/96, 53 ff.; *Staringer* in: *Seeger*, Perspektiven der Unternehmensbesteuerung, S. 73 ff.

329 S. nur *Endres* in: FS Herzig, S. 189 ff.; *Esterer/Bartelt*, BB-Special Steuerrecht 2010, 2 ff.; *Frey/Sälzer*, BB 2012, 294 ff.; *Gerlach*, FR 2012, 450 ff.; *Günkel/Wagner*, Ubg 2010, 603 ff.; *Herzig*, FR 2009, 1037 [1039 ff.]; *Herzig*, Beihefter zu DStR 2010, 61 ff.; *Herzig/Stock*, BFuP 2011, 476 ff.; *Herzig/Wagner*, DB 2005, 1 ff.; *Hey*, FR 2012, 994 ff.; *Ismer*, DStR 2012, 821 ff.; *Jochum*, FR 2005, 577 ff.; *Kaeser*, Beihefter zu DStR 2010, 56 ff.; *Kessler/Phillip*, Ubg 2010, 867 ff.; *Krebühl*, FR 2009, 1042 ff.; *Lüdicke*, FR 2009, 1025 ff.; *Oesterwinter*, DStZ 2011, 585 ff.; *Prinz*, Beihefter zu DStR 2010, 67 ff.; *Rödder*,

terbreitet oder Leitlinien für die Ausgestaltung der Organschaft de lege ferenda formuliert, wurden auch einige mehr oder weniger detaillierte Gesamtkonzepte für ein neues Gruppenbesteuerungssystem erarbeitet.

Bereits im Jahr 2006 hatte die von der Stiftung Marktwirtschaft ins Leben gerufene Kommission Steuergesetzbuch ein Modell für eine Gruppenbesteuerung vorgestellt, das in ihr *»Steuerpolitisches Programm«* eingebettet war, einen umfassenden Vorschlag zur Reformierung des deutschen Ertragssteuersystems insgesamt.[330] Auch die Bundesländer wurden nach dem «Prüfauftrag« der schwarz-gelben Koalition aus dem Jahr 2009 aktiv. Namentlich unterbreiteten die Finanzministerien Hessens und Bayerns jeweils eigene Vorschläge für eine Reform der körperschaftsteuerlichen Organschaft.[331] Einen weiteren Reformvorschlag unterbreitete eine Arbeitsgruppe des Instituts Finanzen und Steuern e. V. im Jahr 2011.[332]

Mit Ausnahme des Modells der Stiftung Marktwirtschaft wurden die vorgenannten Reformmodelle von der BMF-Facharbeitsgruppe *»Verlustverrechnung und Gruppenbesteuerung«* in ihrem Abschlussbericht vom 15.09.2011 berücksichtigt und hinsichtlich ihrer Voraussetzungen und Rechtsfolgen – insbesondere hinsichtlich ihrer Aufkommenswirkung – der Organschaft gegenübergestellt. Auf eine Einbeziehung des Gruppenbesteuerungsmodells der Stiftung Marktwirtschaft verzichtete die Facharbeitsgruppe des BMF mit der Begründung, dass dieses Modell so eng mit den übrigen Forderungen des *»steuerpolitischen Programms«* der Stiftung Marktwirtschaft verflochten gewesen sei, dass es nicht isoliert hätte umgesetzt werden können.[333] Eine Reform des gesamten Ertragssteuersystems hätte jedoch nicht zur Disposition gestanden. Demgegenüber haben die Reformmodelle der Bundesländer Bayern und Hessen sowie des IFSt nicht zuletzt durch die eingehende Prüfung seitens des BMF bewiesen, dass sie mehr als nur theoretische Betrachtungen oder Gedan-

---

Ubg 2011, 473 ff.; *Schön*, ZHR 2007, 409 ff.; *van Lishaut*, FR 2009, 1030 ff.; *von Wolfersdorff*, IFSt-Schrift 481 2012.

330 *Kommission Steuergesetzbuch*, Steuerpolitisches Programm 2006, S. 33 ff.

331 Die Eckpunkte dieser Vorschläge sind dem Bericht der vom BMF eingesetzten Facharbeitsgruppe *»Verlustverrechnung und Gruppenbesteuerung«* vom 15.09.2011 als Anlagen 6 und 7 beigefügt; zum bayerischen Modell s. ferner die Zusammenfassung von *Schmidt*, DB 2011, Standpunkte 43-44 sowie zum hessischen Modell die Zusammenfassung von *Brusch*, DB 2011, Standpunkte 45-46.

332 *IFSt-Arbeitsgruppe*, IFSt-Schrift Nr. 471 2011.

333 Bericht der Facharbeitsgruppe *»Verlustverrechnung und Gruppenbesteuerung«* vom 15.09.2011, S. 119.

kenspiele sind. Vielmehr sind diese Reformansätze als realistische Perspektiven für eine Reform der Organschaft anzusehen. Daher werden sie hier in Bezug auf ihre Funktionsweise sowie ihre wesentlichen Voraussetzungen und Rechtsfolgen vorgestellt und später kritisch unter gesellschaftsrechtlichem Blickwinkel analysiert. Dabei lassen sich die vorzustellenden Reformmodelle zwei Modelltypen zuordnen, die sich konzeptionell grundlegend unterscheiden:

Die Reformvorschläge Bayerns und des IFSt sehen rechtsfolgenseitig die Fortführung des Konzeptes der Ergebniskonsolidierung durch Zurechnung der steuerlichen Einkommen der Gruppengesellschaften zum Gruppenträger vor. Sie stellen daher ebenso wie die Organschaft »Zurechnungsmodelle« dar. Der wesentliche Unterschied zur Organschaft besteht darin, dass beide Modelle keinen tatsächlichen Leistungsfähigkeitstransfer voraussetzen und auf die Verzahnung der steuerlichen Ergebniszurechnung mit dem Abschluss eines gesellschaftsrechtlichen Gewinnabführungsvertrages verzichten. Wenngleich zwischen den vorgeschlagenen Zurechnungsmodellen sowohl hinsichtlich verschiedener Tatbestandsmerkmale als auch hinsichtlich einzelner Rechtsfolgen Unterschiede bestehen, folgen sie doch dem gleichen Grundprinzip und können zum Zwecke der Betrachtung der mit Ihnen einhergehenden zivil- und gesellschaftsrechtlichen Fragestellungen zusammengefasst betrachtet werden (s. zu den Zurechnungsmodellen nachstehend Ziffer C. III. 2.).

Im Unterschied zu den Zurechnungsmodellen sieht der Reformvorschlag Hessens keine Einkommenszurechnung vor. Er soll vielmehr eine steuerwirksame Verschiebung von Gewinnen innerhalb der Unternehmensgruppe durch die Leistung von sog. Gruppenbeiträgen ermöglichen und ist damit an skandinavische Gruppenbeitragsmodelle oder »Group-Contribution Konzepte« angelehnt.[334] Die Gruppenbeiträge werden steuerlich beim Empfänger als Betriebseinnahme und beim Leistenden als Betriebsausgabe verbucht und sind dadurch steuerwirksam. Sie können nicht nur »vertikal« zwischen Gruppenträger und Gruppengesellschaften geleis-

---

334 S. zu dem finnischen Gruppenbeitragsmodell, welches dem schwedischen sowie norwegischen im Wesentlichen gleicht, *Krüger,* Die ertragsteuerliche Konzernbesteuerung im deutschen, europäischen und US-amerikanischen Vergleich, S. 119 ff.; s. zu dem finnischen Gruppenbeitragssystem auch die Entscheidung des EuGH, Urteil vom 18.07.2007 – C-231/05 (Oy AA), IStR 2007, 631; vgl. zur Wirkungsweise von Group-Contribution Konzepten auch *Lüdicke/Rödl*, IStR 2004, 549 [550] sowie *IFSt-Arbeitsgruppe*, IFSt-Schrift Nr. 471 2011, S. 109.

tet werden, sondern auch »horizontal« zwischen einzelnen Gruppengesellschaften, was eine flexible Gewinn- und Verlustverschiebung im Gruppenverbund ermöglicht. Diese Verlustverschiebung setzt jedoch zwingend die tatsächliche Leistung des Gruppenbeitrags und damit einen tatsächlichen Leistungsfähigkeitstransfer voraus, der hier jedoch – anders als bei der Organschaft – nicht im Rahmen eines Gewinnabführungsvertrages erfolgt (s. näher zu dem Gruppenbeitragsmodell unten Ziffer (C. III. 3.).

2. Zurechnungsmodelle

Die Reformvorschläge Bayerns und des Instituts für Finanzen und Steuern sehen eine Fortführung der derzeit geltenden Gruppenbesteuerungsmethodik im Sinne eines Einkommenszurechnungsmodells vor. Damit sprechen sich beide Systeme gegen eine steuerliche Vollkonsolidierung des Organkreises und für die Beibehaltung der Steuerrechtssubjektivität der einzelnen Gesellschaften im Organkreis aus.[335] Im Gegensatz zur Organschaftsbesteuerung sehen beide Modelle jedoch eine weitgehende Entkoppelung der steuerlichen Einkommenszurechnung von einem tatsächlichen Ergebnistransfer vor. Die steuerliche Einkommenszurechnung soll – jedenfalls während des Bestehens der Gruppenbesteuerung[336] – unabhängig davon erfolgen, ob zugerechnete Gewinne tatsächlich an den Gruppenträger ausgeschüttet oder zugerechnete Verluste tatsächlich von ihm ausgeglichen werden. Wegen dieser Entkopplung ist eine tatbestandsseitige Anknüpfung der Einkommenszurechnung an den Abschluss eines Gewinnabführungsvertrages in beiden Modellen nicht vorgesehen.[337]

---

335 S. für das bayerische Einkommenszurechnungsmodell den Bericht der Facharbeitsgruppe *»Verlustverrechnung und Gruppenbesteuerung«* vom 15.09.2011, Anlage 6 Ziffer 3.a) sowie *Schmidt*, DB 2011, Standpunkte 43-44 [43], wonach die einfachere Handhabung und die leichtere Öffnung des Systems für Auslandsgesellschaften maßgeblich für die Beibehaltung der *»Zwischengewinnlösung«* stritt; s. für den Reformvorschlag der *IFSt-Arbeitsgruppe*, IFSt-Schrift Nr. 471 2011, S. 47.

336 S. zu den Rechtsfolgen bei Beendigung der steuerlichen Gruppe weiter unten in dieser Ziffer.

337 S. für das bayerische Modell den Bericht der Facharbeitsgruppe *»Verlustverrechnung und Gruppenbesteuerung«* vom 15.09.2011, Anlage 6 Ziffer 2.c) sowie *Schmidt*, DB 2011, Standpunkte 43-44 [43]; s. für den Reformvorschlag der *IFSt-Arbeitsgruppe*, IFSt-Schrift Nr. 471 2011, S. 42 ff.

Mit dem Wegfall des Ergebnisabführungsvertrages entfiele zugleich die Notwendigkeit, Divergenzen zwischen der handelsrechtlichen Ergebnisabführung und der steuerlichen Einkommenszurechnung auszugleichen. Das vielkritisierte System der außerbilanziellen Hinzurechnungen und Kürzungen für sog. Mehr- und Minderabführungen einschließlich der Notwendigkeit, zwischen inner- und vororganschaftlich verursachten Mehr- und Minderabführungen zu differenzieren, würde damit obsolet.[338] Dennoch müssten auch in den Zurechnungsmodellen zugerechnete Einkommen und tatsächlich erfolgte Leistungstransfers buchhalterisch erfasst und gegenübergestellt werden, um eine Doppel- oder Minderbesteuerung – insbesondere bei Liquidation beteiligter Gesellschaften oder einem Verkauf von Beteiligungen – zu vermeiden. Diese buchhalterische Erfassung der zugerechneten Einkommensbeträge bzw. Verluste und ihre Verrechnung mit tatsächlich transferierten Vermögenswerten soll in beiden Zurechnungsmodellen durch ein steuerliches Mehrkontensystem bewerkstelligt werden. Das bayerische Modell sieht insofern ein Zweikontensystem vor: Der Gruppenträger führt für jede Gruppengesellschaft ein Steuerbilanzkonto, auf welchem die ihm zugerechneten Gewinne bzw. Verluste erfasst und mit tatsächlich erhaltenen Gewinnausschüttungen bzw. geleisteten Verlustausgleichsleistungen gegengerechnet werden. Ferner führt er für jedes Gruppenmitglied ein sog. Altrücklagenkonto, auf welchem als Anfangsbestand die bei Eintritt in die Gruppenbesteuerung vorhandenen ausschüttungsfähigen Gewinne der Gruppengesellschaften verbucht werden. Sollten die während der Gruppenmitgliedschaft ausgeschütteten Gewinne den Stand des Gruppenmitgliedskontos – also das dem Gruppenträger zugerechnete und von ihm bereits versteuerte Einkommen – übersteigen, werden sie dem Altrücklagenkonto belastet und steuerlich als Gewinnausschüttung nach allgemeinen Regeln behandelt.[339] Das IFSt-Modell gleicht insofern weitgehend dem bayerischen Modell, hält jedoch insbesondere zur sachgerechten Erfassung von Konstellationen mittelbarer Eingliederungen ein Drei-Konten-System für erforderlich.[340]

---

338 S. zur Vermeidung des geltenden Ausgleichspostenregimes sowohl im bayerischen Modellvorschlag als auch im Reformvorschlag der *IFSt-Arbeitsgruppe*, IFSt-Schrift Nr. 471 2011, S. 62 ff.

339 S. hierzu im Einzelnen den Bericht der Facharbeitsgruppe *»Verlustverrechnung und Gruppenbesteuerung«* vom 15.09.2011, Anlage 6 Ziffer 3.c).

340 Zur sachgerechten Abbildung von Gewinnausschüttungen, die auf Ebene einer zwischengeschalteten Gesellschaft *»stecken bleiben«*, soll das Gruppenmitgliedskonto, welches im IFSt-Modell von den Gruppengesellschaften geführt

Obwohl bayerisches und IFSt-Modell jeweils an der Methodik der steuerlichen Einkommenszurechnung festhalten und auch Gemeinsamkeiten hinsichtlich der buchhalterischen Umsetzung aufweisen, bestehen hinsichtlich der vorgeschlagenen Einkommensermittlung bzw. -zurechnung auch Unterschiede: Bspw. sollen nach der Konzeption des IFSt-Modells die Gruppengesellschaften auch nach ihrem Beitritt in die Unternehmensgruppe berechtigt sein, von ihrem Einkommen sog. Vorgruppenverluste abzuziehen, also vorgetragene Verluste, die in der Zeit vor ihrem Gruppenbeitritt entstanden sind.[341] Ein solcher überperiodischer Verlustabzug auf Ebene der Gruppengesellschaften ist weder im geltenden Recht noch im bayerischen Reformmodell zulässig, wo die vororganschaftlichen Verluste stattdessen »eingefroren« werden.[342] Das vom IFSt-Modell vorgesehene «Auftauen« der Vorgruppenverluste bewirkt sowohl gegenüber dem geltenden Recht als auch gegenüber dem Reformvorschlag Bayerns eine signifikante Erweiterung des Kreises der saldierungsfähigen Einkünfte.[343]

---

wird, durch ein Gruppenträgerkonto ergänzt werden. Dieses spiegelt das Gruppenmitgliedskonto mit Ausnahme der «steckengebliebenen« Gewinnausschüttungen, *IFSt-Arbeitsgruppe*, IFSt-Schrift Nr. 471 2011, S. 64 f.

341 *IFSt-Arbeitsgruppe*, IFSt-Schrift Nr. 471 2011, S. 60 f.

342 Für die Organschaft schließt derzeit § 15 Abs. 1 Nr. 1 KStG den Abzug vororganschaftlicher Verluste der Organgesellschaften aus, *Dötsch* in: *Dötsch*, KStG, § 15 Rn. 3; *Frotscher* in: *Frotscher/Maas*, KStG/GewStG/UmwStG, § 14 KStG Rn. 577 f. und § 15 KStG Rn. 8. Lediglich dem Organträger ist der Abzug eigener Verlustvorträge aus vororganschaftlicher Zeit de lege lata erlaubt; er kann eigene Verlustvorträge sowohl von seinem eigenen Einkommen als auch von ihm zugerechneten Einkommensbeträgen der Organgesellschaften abziehen. *Dötsch* in: *Dötsch*, KStG, § 15 Rn. 9; *Frotscher* in: *Frotscher/Maas*, KStG/GewStG/UmwStG, § 15 KStG Rn. 9; die Abziehbarkeit der Vorgruppenverluste des Gruppenträgers auch nach Begründung der Gruppe soll sowohl im bayerischen als auch im IFSt-Reformmodell fortbestehen, s. Bericht der Facharbeitsgruppe *»Verlustverrechnung und Gruppenbesteuerung«* vom 15.09.2011, Anlage 6 Ziff. 3.b) sowie *IFSt-Arbeitsgruppe*, IFSt-Schrift Nr. 471 2011, S. 60 ff.

343 Das wirtschaftliche und fiskalische Potential dieser Erweiterung zeigt der Blick auf die statistische Auswertung zum Verlustvortragsvolumen deutscher Körperschaften, Bericht der Facharbeitsgruppe *»Verlustverrechnung und Gruppenbesteuerung«* vom 15.09.2011, S. 22. Danach beliefen sich die kumulierten Verlustvorträge unbeschränkt steuerpflichtiger Körperschaftsteuersubjekte per 31.12.2006 auf ca. 576 Mrd. Euro. U. a. wegen der Ermöglichung eines Abzuges von Vorgruppenverlusten schätzte die BMF-Facharbeitsgruppe die mit der Einführung eines solchen Modells verbundenen Steuerausfälle auf ca. fünf bis zehn Milliarden Euro jährlich, Bericht der Facharbeitsgruppe *»Verlustverrechnung und Gruppenbesteuerung«* vom 15.09.2011, S. 142.

Auch in Bezug auf das Schicksal zugerechneter Gewinne und Verluste nach dem Ende der Gruppenzugehörigkeit verfolgen das bayerische und das IFSt-Modell unterschiedliche Ansätze. Das bayerische Zurechnungsmodell sieht insoweit vor, dass unmittelbar mit der Beendigung einer Gruppe die vorhandenen Gruppenkonten erfolgswirksam aufgelöst werden. Hat der Gruppenträger in der Gruppenphase weniger Verluste ausgeglichen, als ihm steuerlich zugerechnet wurden, so hat er die «zu wenig« ausgeglichenen Verluste wie Beteiligungserträge nach allgemeinen Regeln nachzuversteuern. Im umgekehrten Fall, wenn also die ausgeschütteten Gewinne hinter den zugerechneten zurückgeblieben sind oder der Gruppenträger mehr Verluste ausgeglichen hat, als er steuerlich zugerechnet bekam, werden die entsprechenden Beträge als Einlagen des Gruppenträgers in die jeweilige Gruppengesellschaft behandelt.[344] Im IFSt-Modell hingegen erfolgt die Nachbesteuerung nicht sofort bei Beendigung der Gruppe, sondern – soweit notwendig – erst im Rahmen einer Veräußerung der Beteiligung an der Gruppengesellschaft durch den Gruppenträger,[345] wodurch dem Fiskus – im Vergleich zum bayerischen Modell – ein temporärer Steuerausfall entsteht.

Da in beiden Zurechnungsmodellen der Gewinnabführungsvertrag und damit der obligatorische Verlustausgleich durch den Organträger wegfällt, bilden Organträger und Organgesellschaft in beiden Reformmodellen keinen Haftungsverbund mehr, der im geltenden Recht jedoch einen maßgeblichen Aspekt der wirtschaftlichen Verbundenheit der Organmitglieder darstellt. Da eine wirtschaftliche Verbundenheit der Gruppenmitglieder jedoch auch nach Ansicht der Reformer die grundlegende Rechtfertigung für eine steuerliche Einkommenskonsolidierung durch ein Gruppenbesteu-

344 *Schmidt*, DB 2011, Standpunkte 43-44 [43] sowie *IFSt-Arbeitsgruppe*, IFSt-Schrift Nr. 471 2011, S. 99 f. Effekt dieser Einlagefiktion ist, dass die entsprechenden Beträge in künftigen Veranlagungszeiträumen als nach § 20 Abs. 1 Nr. 1 Satz 3 EStG steuerfreie Einlagenrückgewähr an den ehemaligen Gruppenträger ausgeschüttet werden können.

345 Die Nachversteuerung wird ermöglicht indem der Saldo aus zugerechneten Einkünften und tatsächlich geflossenen Vermögenszuwendungen in einem Unterkonto zum Beteiligungsbuchwert verbucht wird. Ist der Saldo negativ, weil dem Gruppenträger mehr Verluste zugerechnet wurden, also von ihm ausgeglichen wurden (ein «Überzahlung« von Gewinnen und damit eine temporär steuerfreie Ausschüttung ist im IFSt-Modell aufgrund der gewählten Verrechnungssystematik ausgeschlossen), entsteht ein negativer Merkposten, der im Falle der Veräußerung zu einem entsprechend erhöhten Veräußerungserlös führt, s. *IFSt-Arbeitsgruppe*, IFSt-Schrift Nr. 471 2011, S. 68.

erungsmodell darstellt, muss eine solche nun auch ohne einen Haftungsverbund sichergestellt sein. Zu diesem Zweck werden sowohl im bayerischen als auch im IFSt-Zurechnungsmodell strengere Anforderungen an die finanzielle Eingliederung der Gruppengesellschaften gestellt: So soll die derzeit geltende Beteiligungsschwelle von 50 % auf mindestens 75 % heraufgesetzt werden. Während diese Beteiligungsquote von den Verfassern des bayerischen Reformvorschlages lediglich mit einem Verweis auf deren internationale Üblichkeit begründet wird,[346] stützt die IFSt-Arbeitsgruppe ihren Ansatz auf die hiermit einhergehenden maßgeblichen Einflussnahmemöglichkeiten des Gruppenträgers. Wenn nämlich eine entsprechende Mehrheit nicht nur des Nennkapitals, sondern auch der Stimmrechte gehalten wird,[347] kann der Gruppenträger mit seiner Stimmmehrheit regelmäßig strukturändernde Maßnahmen wie Satzungsänderungen, Kapitalmaßnahmen oder den Abschluss von Unternehmensverträgen durchsetzen, womit dem Gedanken der wirtschaftlichen Einheit der Gruppe hinreichend Rechnung getragen werde.[348]

Um den Beteiligten die Möglichkeit zur freien Entscheidung über Entstehung und Beendigung der Gruppenbesteuerung zu erhalten, die im geltenden Organschaftssystem durch die Anknüpfung an den Gewinnabführungsvertrag gewährleistet ist, und um ein Modell des «Gruppenzwangs«, wie es bei der umsatzsteuerlichen Organschaft gem. § 2 Abs. 2 UStG existiert,[349] zu vermeiden, soll die Gruppenbesteuerung in beiden Zurechnungsmodellen davon abhängen, dass die Beteiligten – Gruppenträger und Gruppenmitglieder – einen gemeinsamen Antrag auf Eintritt in die Gruppenbesteuerung stellen (*»Gruppenantrag«*).[350] Während der bayerische Reformvorschlag offen lässt, welches Gesellschaftsorgan für die Stellung des Gruppenantrags zuständig sein soll, gehen die Autoren der IFSt-Arbeitsgruppe ausdrücklich davon aus, dass es sich dabei um eine Ge-

---

346 Bericht der Facharbeitsgruppe *»Verlustverrechnung und Gruppenbesteuerung«* vom 15.09.2011, Anlage 6 Ziffer 2.b).

347 So ausdrücklich *IFSt-Arbeitsgruppe*, IFSt-Schrift Nr. 471 2011, S. 53.

348 *IFSt-Arbeitsgruppe*, IFSt-Schrift Nr. 471 2011, S. 54.

349 Das (Nicht-) Bestehen einer umsatzsteuerlichen Organschaft hängt allein vom Vorliegen der objektiven Tatbestandsmerkmale ab, *Radeisen* in: *Schwarz/Widmann/Radeisen*, UStG, § 2 Rn. 205; kritisch hierzu: *Stadie,* Umsatzsteuergesetz, § 2 Rn. 194 ff.

350 S. für das bayerische Einkommenszurechnungsmodell den Bericht der Facharbeitsgruppe *»Verlustverrechnung und Gruppenbesteuerung«* vom 15.09.2011, Anlage 6 Ziffer 2.a); s. für den Reformvorschlag der *IFSt-Arbeitsgruppe*, IFSt-Schrift Nr. 471 2011, S. 55.

schäftsführungsmaßnahme handelt. Die Geschäftsleiter der beteiligten Gesellschaften sollen also die Entscheidung über den Beitritt zu der Gruppe selbständig und ohne Beteiligung der Haupt- bzw. Gesellschafterversammlung treffen können.[351]

In zeitlicher Hinsicht gehen sowohl IFSt-Arbeitsgruppe als auch die Autoren des bayerischen Reformmodells von einem fünfjährigen Mindestbindungszeitraum des Gruppenantrages aus.[352] Da die Verfasser beider Reformvorschläge insofern eine Fortgeltung des geltenden Rechts propagieren, ist davon auszugehen, dass auch an den derzeit geltenden Rechtsfolgen einer vorzeitigen Beendigung der Gruppenbesteuerung festgehalten werden soll. Eine vorzeitige Beendigung dürfte somit zu einem auf den Begründungszeitpunkt zurückwirkenden Scheitern der Gruppenbesteuerung führen, soweit die Beendigung nicht auf einen »wichtigen Grund« zurückzuführen ist.[353]

Insgesamt sehen die Zurechnungsmodelle also eine Gruppenbesteuerung vor, die rechtsfolgenseitig weiterhin nach dem Modell einer vertikalen Einkommenszurechnung ohne steuerliche Vollkonsolidierung funktioniert. Tatbestandlich knüpft die steuerliche Einkommenszurechnung an einer ausschließlich durch qualifizierte Mehrheitsbeteiligungen vermittelten wirtschaftlichen Einheit der Gruppenmitglieder an und erfordert keinen tatsächlichen Gewinn- und/oder Verlusttransfer auf Grundlage eines Gewinnabführungsvertrages. Ihre Wahlfreiheit bleibt den Beteiligten aufgrund der Antragsabhängigkeit der Gruppenbesteuerung erhalten.

3. Gruppenbeitragsmodell

Anders als die Zurechnungsmodelle weicht das hessische Gruppenbeitragsmodell hinsichtlich seiner Methodik substantiell von dem geltenden Organschaftsrecht ab. Zwar sind auch hier die Gruppenmitglieder weiter-

---

351 *IFSt-Arbeitsgruppe*, IFSt-Schrift Nr. 471 2011, S. 55.

352 S für das bayerische Einkommenszurechnungsmodell den Bericht der Facharbeitsgruppe *»Verlustverrechnung und Gruppenbesteuerung«* vom 15.09.2011, Anlage 6 Ziffer 2.e); s. für den Reformvorschlag der *IFSt-Arbeitsgruppe*, IFSt-Schrift Nr. 471 2011, S. 55.

353 S. zur steuerlichen Anerkennung einer vorzeitigen Kündigung des Gewinnabführungsvertrages gem. § 14 Abs. 1 Satz 1 Nr. 3 Satz 2 KStG vorstehend Ziffer B. II. 2. b) (3); die Fortgeltung dieses Tatbestandes ist im IFSt-Modell ausdrücklich vorgesehen, *IFSt-Arbeitsgruppe*, IFSt-Schrift Nr. 471 2011, S. 55.

hin eigenständige Steuerrechtssubjekte und die steuerliche Einkommens- und Verlustverrechnung hängt – wie bei der Organschaft – von einem tatsächlichen Leistungsfähigkeitstransfer ab. Abweichend vom derzeitigen System erfolgt die Einkommenskonsolidierung jedoch nicht über eine stete Zurechnung des gesamten steuerlichen Einkommens der Gruppengesellschaften zum Gruppenträger. Stattdessen wird den Gruppenmitgliedern die Möglichkeit gegeben, innerhalb der Gruppe (sowohl vertikal als auch horizontal) steuerwirksame Vermögensverschiebungen in Form von Gruppenbeiträgen vorzunehmen.

Diese neue Methodik des Gruppenbeitragsmodells schlägt sich auf der Tatbestandsseite zunächst dergestalt nieder, dass – wie auch bei den Zurechnungsmodellen – auf den Abschluss eines Gewinnabführungsvertrages zwischen den Beteiligten verzichtet wird. Die Anerkennung steuerwirksamer Gruppenbeitragsleistungen setzt stattdessen einen gemeinsamen Gruppenantrag des Gruppenträgers und der Gruppengesellschaften voraus, der für sich genommen jedoch noch keine Verpflichtung der beteiligten Gesellschaften zur Leistung oder zum Empfang von Gruppenbeiträgen in einer bestimmten Höhe begründet.[354] Der Antrag allein führt somit zu keiner Einkommenskonsolidierung, sondern hat lediglich sekundäre steuerliche Auswirkungen.[355] Dennoch soll er die Beteiligten für eine Mindestdauer von fünf Jahren an die Gruppe binden. Diese Bindungsfrist dient hier – im Gegensatz zur Mindestdauer gem. § 14 Abs. 1 Satz 1 Nr. 3 KStG – nicht der Verstetigung der steuerlichen Einkommenskonsolidierung, weil die Gruppenmitglieder ja ohnehin jedes Jahr individuell über das Ob und die Höhe von Gruppenbeiträgen entscheiden können. Sie dient vielmehr der Verhinderung willkürlicher Gestaltungen hinsichtlich der sekundären Steuerwirkungen des Gruppenantrages, bspw. der Zinsschranke.[356]

---

354 Es besteht steuerrechtlich keine Pflicht zur Leistung von Gruppenbeiträgen. Vielmehr können die beteiligten Gesellschaften über das »Ob« und (in gewissen Grenzen) die Höhe etwaiger Gruppenbeiträge für jeden Veranlagungszeitraum neu entscheiden, *Brusch*, DB 2011, Standpunkte 45-46 [45]; s. auch Bericht der Facharbeitsgruppe *»Verlustverrechnung und Gruppenbesteuerung«* vom 15.09.2011, Anlage 7, Ziffer 2.3.

355 Diese sekundären Steuerwirkungen bestehen im Bereich der Zinsschranke (§ 8a KStG i. V. m. § 4h EStG) und der gewerbesteuerlichen Hinzurechnungen und Kürzungen (§§ 8 und 9 GewStG).

356 S. Bericht der Facharbeitsgruppe *»Verlustverrechnung und Gruppenbesteuerung«* vom 15.09.2011, Anlage 7, Ziffer 2.2.

Zivilrechtliche Grundlage der für die Gruppenbeiträge soll ein *»Gruppenvertrag«* zwischen den Gruppengesellschaften und dem Gruppenträger sein. Er soll die Zulässigkeit der Erbringung von Gruppenbeiträgen zwischen den Gruppenmitgliedern gewähren und eine *»Ausgleichsdividende«* für außenstehende Gesellschafter vorsehen, die steuerlich nach den allgemeinen Regeln als Gewinnausschüttungen zu behandeln ist. Der wirksame Abschluss des Gruppenvertrages soll die Zustimmung der Haupt- bzw. Gesellschafterversammlungen der beteiligten Gesellschaften voraussetzen.[357] Voraussetzung für die steuerliche Anerkennung der geleisteten Gruppenbeiträge soll dieser Vertrag aber offensichtlich nicht sein.[358] Weitere Details zu dem Inhalt des Gruppenvertrages sowie die Frage nach dessen (gegebenenfalls neu zu schaffender) Gesetzesgrundlage lässt der Reformvorschlag offen.

Die konkreten Gruppenbeiträge sollen sodann von den Gruppenmitgliedern jahresbezogen bis zur Abgabe der jeweiligen Steuererklärung einvernehmlich festgelegt werden können und sowohl zwischen dem Gruppenträger und den Gruppengesellschaften (vertikal) als auch zwischen den verschiedenen Gruppengesellschaften (horizontal) geleistet werden können. Hinsichtlich der Höhe der Gruppenbeiträge sind die Gruppenmitglieder grundsätzlich frei, insbesondere muss der Einkommenstransfer, anders als bei der Organschaft und den Zurechnungsmodellen, nicht das gesamte Jahreseinkommen umfassen.[359] Nach oben ist die Möglichkeit zur Leistung von Gruppenbeiträgen jedoch insofern begrenzt, als ein Gruppenmitglied keinen Gruppenbeitrag leisten darf, der die Höhe seines zu versteuernden Einkommens für das jeweilige (vorhergehende) Wirtschaftsjahr übersteigt. Zudem werden Vorgruppenverluste der Organgesellschaften –

357 S. Bericht der Facharbeitsgruppe *»Verlustverrechnung und Gruppenbesteuerung«* vom 15.09.2011, Anlage 7, Ziffer 2.4.

358 Das Reformmodell spricht insofern davon, dass die Beteiligten einen Gruppenvertrag abschließen *»können«*, ohne ihn zur zwingenden Voraussetzung der Gruppenbesteuerung zu machen, Bericht der Facharbeitsgruppe *»Verlustverrechnung und Gruppenbesteuerung«* vom 15.09.2011, Anlage 7, Ziffer 2.4. Insofern scheint der Modellvorschlag davon auszugehen, dass der Gruppenvertrag lediglich die zivilrechtliche Durchführbarkeit der Gruppenbesteuerung gewährleistet, für die steuerliche Anerkennung der Gruppe und die Stellung von Gruppenanträgen hingegen keine unmittelbare Relevanz hat.

359 Das «ganz oder gar nicht Prinzip« der Organschaft, welches die Abführung des *»ganzen Gewinns«* zur Voraussetzung der steuerlichen Anerkennung machte (§ 14 Abs. 1 Satz 1 KStG), kommt damit im Gruppenbeitragsmodell nicht zum Tragen.

wie auch nach geltendem Recht, s. § 15 Satz 1 Nr. 1 KStG – «eingefroren«, können also während der Zeit der Gruppenzugehörigkeit nicht mit positiven Gruppenbeiträgen anderer Gruppengesellschaften verrechnet werden.[360]

Durch welche Gesellschaftsorgane und in welchem Verfahren die Festlegung der konkreten Gruppenbeiträge erfolgen soll, haben die Verfasser des Reformmodells nicht ausdrücklich geregelt. Da jedoch – anders als für den Abschluss des Gruppenvertrages – eine Beteiligung der Haupt- bzw. Gesellschafterversammlungen nicht gefordert wird, ist davon auszugehen, dass es sich hierbei um Geschäftsführungsmaßnahmen handeln soll, die von den jeweiligen Leitungsorganen der Gruppenmitglieder eigenverantwortlich und ohne (erneute) Beteiligung der Anteilsinhaber getroffen werden.[361] Zivilrechtlich sollen die festgelegten Gruppenbeiträge durchsetzbare, d. h. klagbare Leistungspflichten bzw. Ansprüche der Beteiligten begründen.[362] Hierzu passt, dass die geleisteten Beiträge handels- und steuerbilanziell bei dem leistenden Gruppenmitglied als Aufwand bzw. Betriebsausgabe behandelt und bei dem empfangenden Gruppenmitglied spiegelbildlich als Ertrag bzw. Betriebseinnahme zu erfassen sein sollen.[363] Diese Erfassung der Beitragszahlungen als Aufwand bzw. Ertrag bewirkt die beabsichtigte Einkommenskonsolidierung. Wegen der steuer- wie zivilrechtlichen »Vollwirksamkeit« der Leistungen ist als notwendiges Korrektiv vorgesehen, dass die Gruppenbeiträge nicht so hoch bemessen sein dürfen, dass sie die Insolvenz der leistenden Gesellschaft herbeiführen.[364]

---

360 S. Bericht der Facharbeitsgruppe *»Verlustverrechnung und Gruppenbesteuerung«* vom 15.09.2011, Anlage 7, Ziffer 2.7.; anders hingegen *Brusch*, DB 2011, Standpunkte 45-46 [46], wonach zwar eine Verrechnung von Verlustvorträgen der Gruppengesellschaften aus der Vorgruppenzeit mit empfangen Gruppenbeiträgen unzulässig sein soll, die Gruppengesellschaften jedoch die Möglichkeit haben sollen, Vorgruppenverluste uneingeschränkt mit eigenen Gewinnen zu verrechnen.

361 So versteht offensichtlich auch das IFSt den Vorschlag Hessens, vgl. *IFSt-Arbeitsgruppe*, IFSt-Schrift Nr. 471 2011, S. 48.

362 *Brusch*, DB 2011, Standpunkte 45-46 [45].

363 Die steuerbilanzielle Erfassung erfolgt in der Steuerbilanz des Jahres, für welches der Gruppenbeitrag geleistet wird, regelmäßig also des Vorjahres, s. Bericht der Facharbeitsgruppe *»Verlustverrechnung und Gruppenbesteuerung«* vom 15.09.2011, Anlage 7, Ziffer 2.4.

364 s. Bericht der Facharbeitsgruppe *»Verlustverrechnung und Gruppenbesteuerung«* vom 15.09.2011, Anlage 7, Ziffer 2.4 a. E.; diese Voraussetzung dürfte allerdings nicht die steuerliche Anerkennung des Gruppenbeitrages betreffen,

Wie auch bei den Zurechnungsmodellen, heben die Autoren im Gegenzug zum Verzicht auf den Gewinnabführungsvertrag mit seinen strengen gesetzlichen Rechtsfolgen die Anforderungen an die finanzielle Eingliederung der Gruppengesellschaften spürbar an. Anstelle der bisherigen Mindestbeteiligungsquote von 50 % ist eine Beteiligungsschwelle von mindestens 95 % vorgesehen, die allerdings weniger dogmatisch als vielmehr fiskalisch motiviert zu sein scheint.[365] Die Beteiligungsquote bezieht sich dabei auf das Kapital und die Stimmrechte.[366]

---

sondern allein Teil der zivilrechtlichen Rahmenbedingungen für deren Leistung sein.

365 Ein steuersystematisches Argument für die hohe Beteiligungsquote wird in dem Reformvorschlag nicht vorgebracht. Zur Begründung wird stattdessen auf die internationale Üblichkeit hoher Beteiligungsquoten in Gruppenbeitragsmodellen verwiesen sowie darauf, dass hierdurch der durch den Verzicht auf den Gewinnabführungsvertrag entstehende Aufkommensverlust gegenfinanziert werden soll, s. Bericht der Facharbeitsgruppe *»Verlustverrechnung und Gruppenbesteuerung«* vom 15.09.2011, Anlage 7, Ziffer 2.2.; *Brusch*, DB 2011, Standpunkte 45-46 [46].

366 Bericht der Facharbeitsgruppe *»Verlustverrechnung und Gruppenbesteuerung«* vom 15.09.2011, Anlage 7, Ziffer 2.2.

D. Vereinbarkeit einer Gruppenbesteuerung nach den Reformmodellen mit dem Gesellschaftsrecht

Nachdem die geltende Rechtslage und die maßgeblichen Funktionsmechanismen der vorgeschlagenen Reformmodelle dargestellt wurden, ist auf dieser Grundlage im Folgenden zu untersuchen, welche Rahmenbedingungen das Gesellschaftsrecht den vorgestellten Gruppenbesteuerungsmodellen bietet, inwieweit die Reformmodelle mit diesen Rahmenbedingungen kompatibel sind und ob und, wenn ja, wie etwaige Konflikte der Gruppenbesteuerungsmodelle mit dem Gesellschaftsrecht aufgelöst werden können. Im Ergebnis dieser Analyse wird sich zeigen, ob die von den Reformmodellen bezweckte Entkoppelung des Steuer- vom Gesellschaftsrecht gelingen kann.

Die Untersuchung wird sich dabei auf die zentralen Rechtsfolgen der Reformmodelle konzentrieren, d. h. die körperschaftssteuerliche Einkommenszurechnung bei den Zurechnungsmodellen und den körperschaftssteuerwirksamen Transfer von Gruppenbeiträgen beim Gruppenbeitragsmodell. Weitere steuerliche »Nebenwirkungen« werden im Sinne einer stringenten Darstellung außer Betracht gelassen. Das gilt insbesondere für die Auswirkungen der Gruppenbesteuerungsmodelle auf die Abzugsfähigkeit von Zinsaufwendungen nach § 4h EStG i. V. m. § 8a KStG (sog. Zinsschranke)[367] sowie für ihre gewerbesteuerlichen Auswirkungen.[368]

367 Zu den wirtschaftlichen Folgen der modifizierten Anwendung der Zinsschranke im Organkreis gem. § 15 Satz 1 Nr. 3 KStG s. *Prinz*, FR 2008, 441 [443 f.]. Zur möglichen Methodik einer Zuordnung von Verursachungsbeiträgen zu den steuerlichen Wirkungen des Auf- und Abbaus von Zinsvorträgen zu den einzelnen Mitgliedern des Organkreises s. *Herzig/Liekenbrock*, DB 2009, 1949 [1953 ff.].

368 Sowohl die Zurechnungsmodelle (s. Bericht der Facharbeitsgruppe *»Verlustverrechnung und Gruppenbesteuerung«* vom 15.09.2011, Anlage 6, Ziffer 1.c) und *IFSt-Arbeitsgruppe*, IFSt-Schrift Nr. 471 2011, S. 59 f.) als auch das Gruppenbeitragsmodell (s. Bericht der Facharbeitsgruppe *»Verlustverrechnung und Gruppenbesteuerung«* vom 15.09.2011, Anlage 7, Ziffer 2.8) sollen auch für die Gewerbesteuer Wirkung entfalten.

I. Vorüberlegungen zur gesellschaftsrechtlichen Prüfung der Reformmodelle

Die Gruppenbesteuerungsmodelle sehen Tatbestandsmerkmale und Rechtsfolgen vor, die gesellschaftsrechtliche Konfliktlagen herbeiführen können, bspw. zwischen Minderheits- und Mehrheitsgesellschaftern oder zwischen den Gesellschaftern und Gläubigern der beteiligten Gesellschaften. Solche Konfliktlagen entstehen insbesondere dann, wenn es zwischen Gesellschaften und (einzelnen) Gesellschaftern zu einem Transfer von Vermögenswerten kommt. Insoweit ist im Folgenden »vor der Klammer« zu untersuchen, inwiefern die Durchführung der hier untersuchten Reformmodelle Vermögensverschiebungen zwischen den Beteiligten – Gruppengesellschaften und Gruppenträger – bewirkt (dazu nachfolgend Ziffer D. I. 1.).

Im Anschluss soll zur Vorbereitung der nachfolgenden, eingehenden gesellschaftsrechtlichen Analyse im Überblick dargestellt werden, mit welchen Mechanismen und Instrumenten das Gesellschaftsrecht Interessenkonflikten zwischen den beteiligten Akteuren begegnet. Dabei soll der Blick insbesondere auf die Rechtsregeln gelenkt werden, die dem Handlungsspielraum der Beteiligten hinsichtlich unzulässiger Vermögenstransfers Grenzen setzen, weil diese Rechtsregeln die Implementierung der vorgeschlagenen, reformierten Gruppenbesteuerungsmodelle beeinträchtigen bzw. eine Anpassung der Reformvorschläge oder des Gesellschaftsrechts erforderlich machen können (dazu nachfolgend Ziffer D. I. 2.).

1. Auswirkungen der Reformmodelle auf das Vermögen der Beteiligten

Bei den Mitgliedern der steuerlichen Gruppe handelt es sich vornehmlich um Kapitalgesellschaften, weil nur Kapitalgesellschaften aufgrund ihrer steuerlichen Intransparenz von einem Gruppenbesteuerungssystemen profitieren.[369] Diese Kapitalgesellschaften müssen in den Reformmodellen zwingend durch qualifizierte Beteiligungsverhältnisse miteinander verbunden sein, weil diese Beteiligungsverhältnisse die wirtschaftliche Ein-

---

369 S. zur Bedeutung der steuerlichen Intransparenz von Kapitalgesellschaften im Zusammenhang mit der Organschaft und einer Gruppenbesteuerung im Allgemeinen Ziffer A. I. sowie Ziffer B. II. 1. a).

heit der Unternehmensgruppe indizieren, die wiederum die konsolidierte Ertragsbesteuerung der Gruppe rechtfertigt. Sollte es durch die Zurechnung des steuerlichen Jahresergebnisses zu Vermögensverschiebungen zwischen den Beteiligten kommen, so käme es folglich zu Vermögensverschiebungen zwischen Kapitalgesellschaften und ihren Gesellschaftern, die jedoch gesellschaftsrechtlichen Grenzen unterliegen. Insofern muss für die Zurechnungsmodelle in einem ersten Schritt ermittelt werden, ob bzw. unter welchen Umständen die Zurechnung des steuerlichen Einkommens Auswirkungen auf die Vermögenslage der beteiligten Gesellschaften hat (s. dazu nachfolgend Ziffern D I. 1. a) bis d)).

In Bezug auf das Gruppenbeitragsmodell stellt sich die Frage nach dem Vorliegen von Vermögensverschiebungen nicht in gleicher Weise, wie bei den Zurechnungsmodellen. Denn anders als bei den Zurechnungsmodellen erfolgen hier mit den Gruppenbeiträgen unmittelbare, greifbare Leistungstransfers, denen die steuerliche Konsolidierung lediglich »nachfolgt«, indem diese Leistungen steuerlich anerkannt werden. Das Vorliegen tatsächlicher Vermögensverschiebungen zwischen Gruppenmitgliedern liegt im Gruppenbeitragsmodell also auf der Hand, weswegen sich nicht die Frage stellt, ob eine Vermögensverschiebung vorliegt. Hier ist vielmehr danach zu fragen, ob den steuerlichen Auswirkungen der Transferleistungen eine eigenständige Vermögenswirkung zukommt und wie diese sich zu der Vermögensverschiebung in Form der Beitragsleistung verhält (s. Ziffer D. I. 1. e) unten).

a) Schwierigkeiten der Bewertung steuerlicher Gewinne und Verluste

Ertragsteuern wie die Körperschafts- oder die Einkommensteuer knüpfen an den Vermögenszuwachs des Steuerpflichtigen in einem Veranlagungszeitraum[370] an, der entweder durch Einnahme- Überschussrechnung oder durch Betriebsvermögensvergleich ermittelt wird.[371] Ein sich ergebender

---

370 Dabei knüpft das deutsche Steuerrecht nicht an die sog. Reinvermögenszugänge an, d. h. die Zugänge jeglicher Vorteile, die der Steuerpflichtige für die Befriedigung seiner Bedürfnisse verwenden kann. Vielmehr wird auf Vermögenszugänge aus den sieben in § 2 Abs. 2 Satz 1 EStG genannten Einkunftsarten abgestellt, die zusammen das Erwerbseinkommen des Steuerpflichtigen bilden, *Tipke/Lang,* Steuerrecht, § 7 Rn. 30.

371 Für Gesellschaften, die an einer Organschaft beteiligt sind, spielt die Gewinnermittlung durch Einnahme-Überschussrechnung keine Rolle, da alle Or-

Vermögenszuwachs unterliegt der tariflichen Steuer, Vermögensminderungen führen zu steuerlichen Verlusten, die innerperiodisch verrechnet (Verlustausgleich) oder nach § 10d EStG auf andere Veranlagungszeiträume zurück- oder vorgetragen werden können (Verlustabzug).[372] Durch den Verlustausgleich wird erreicht, dass nur der Saldo aus positiven und negativen Einkünften der Besteuerung unterliegt, dass also die Verluste zu einer sofortigen, periodengleichen Minderung der Steuerlast führen.[373] Der Verlustabzug führt hingegen zu einer entsprechenden Saldierung in der Vergangenheit oder in der Zukunft. Werden nun einem Steuerpflichtigen die steuerlichen Gewinne oder Verluste eines anderen Steuerpflichtigen zugerechnet, so hat er die aus einem zugerechneten Gewinn resultierende Steuerlast zu tragen bzw. kann das mit einem zugerechneten Verlust verbundene Verlustverrechnungspotential nutzen, was zu einer entsprechenden Steuerminderung führt. Die mit dem steuerlichen Ergebnis verknüpften Vermögensfolgen gehen folglich auf den Zurechnungsempfänger über.[374] Dieser Übergang kann – etwaig hierfür erbrachte Gegenleistungen außer Acht gelassen – für die Beteiligten wirtschaftlich vor- oder nachteilig sein.[375]

---

ganmitglieder – Organgesellschaften und Organträger – nach Maßgabe von §§ 14 Abs. 1 Satz 1, 17 Satz 1 und 14 Abs. 1 Nr. 2 Satz 1 KStG gewerblich tätig oder Kapitalgesellschaften sein müssen und ihre Einkünfte folglich im Wege des Betriebsvermögensvergleichs ermitteln.

372 *Tipke/Lang,* Steuerrecht, § 8 Rn. 61 f.

373 Der Verlustausgleich ist im deutschen Steuerrecht nicht gesondert geregelt, sondern ergibt sich aus der Systematik der Einkommensermittlung, die bei der *»Summe der Einkünfte«* gem. § 2 Abs. 3 EStG ansetzt. Sämtliche Einkünfte – positiv wie negativ – aus den verschiedenen Einkunftsarten werden somit in einem ersten Schritt saldiert.

374 Dieser Übergang erfolgt für die körperschaftsteuerliche Organschaft dadurch, dass dem Organträger das Einkommen der Organgesellschaft steuerlich zugerechnet wird und somit in dessen Bemessungsgrundlage einfließt, *Neumann* in: *Gosch*, KStG, § 14 Rn. 390. Die Organgesellschaft bleibt zwar Steuerrechtssubjekt und wird zur KSt. veranlagt. Allerdings hat sie infolge der Zurechnung kein bzw. ein geringeres steuerpflichtiges Einkommen, s. zum Einkommensermittlungsschema der Organgesellschaft, *Neumann* in: *Gosch*, KStG, § 14 Rn. 393. Bei der gewerbesteuerlichen Organschaft erfolgt die Zurechnung dadurch, dass die Organgesellschaft als Betriebsstätte des Organträgers behandelt wird. Ihr Gewerbeertrag wird somit wie ein eigener (Betriebsstätten-) Ertrag des Organträgers behandelt und eine Veranlagung der Organgesellschaft bleibt aus, *Drüen* in: *Blümich*, EStG/KStG/GewStG, § 2 GewStG Rn. 157 f.

375 S. hierzu auch *Karthaus,* Die österreichische Gruppenbesteuerung als Modell für Deutschland, S. 184.

Die Feststellung, ob die Zurechnung steuerlicher Einkünfte im konkreten Fall vor- oder nachteilig für den Zurechnungsempfänger und den Zurechnenden ist, kann jedoch Schwierigkeiten bereiten. Denn anders als bei der Übertragung von Vermögensgegenständen wie bspw. beweglichen Sachen, Immobilien oder Rechten, hat die Zurechnung eines steuerlichen Jahresergebnisses keinen objektiven Wert im Sinne eines Marktpreises. Einen »Markt« gibt es schon deswegen nicht, weil das deutsche Steuerrecht eine Übertragung des steuerlichen Einkommens von einem Steuerpflichtigen auf einen anderen nicht vorsieht; insbesondere kennt es keinen interpersonalen Verlusttransfer. Vielmehr werden Verluste steuerlich ausschließlich der Person zugerechnet, die sie erlitten hat.[376] Auch der (intertemporale) Verlustabzug erfordert eine solche Personenidentität.[377] Interpersonale Verlustübertragungen lehnt das deutsche Steuerrecht demgegenüber ab, insbesondere sind Verluste nicht durch Rechtsgeschäft übertragbar.[378] Aber auch in Gesamtrechtsnachfolgekonstellationen sieht das deutsche Steuerrecht in der Regel keinen Verlustübergang auf den Rechtsnachfolger vor[379] und bei Kapitalgesellschaften kann sogar der Wechsel von Gesellschaftern zu einem Untergang von Verlustvorträgen führen, obgleich der Gesellschafterwechsel die Identität der juristischen Person als

---

376 Ständige Rspr. des BFH, s. statt vieler BFH, Urteil vom 05.05.1999 – XI R 1/97, NJW 2000, 239 [240]; *Eckhoff* in: *Groll*, Verluste im Steuerrecht, S. 22 ff.; *Orth* in: *Kessler/Kröner/Köhler*, Konzernsteuerrecht, § 11 Rn. 60; *Tipke/Lang,* Steuerrecht, § 8 Rn. 63; einzige echte Ausnahme von diesem Grundsatz ist wohl die Zusammenveranlagung von Ehegatten, welche eine Saldierung der Gesamteinnahmen und damit ggfs. auch von Verlusten eines Ehegatten mit positiven Einkünften des anderen zur Folge hat (§ 26b EStG), *Ettlich* in: *Blümich*, EStG/KStG/GewStG, § 26b EStG Rn. 13.

377 *Orth* in: *Kessler/Kröner/Köhler*, Konzernsteuerrecht, § 11 Rn. 25 ff. und 180 ff.

378 BFH, Vorlagebeschluss vom 28.07.2004 – XI R 54/99, DStR 2005, 13 [17] m. w. N. aus der finanz- und verfassungsgerichtlichen Rspr.; *Tipke/Lang,* Steuerrecht, § 8 Rn. 63; *Orth* in: *Kessler/Kröner/Köhler*, Konzernsteuerrecht, § 11 Rn. 453.

379 Auch im Falle der Rechtsnachfolge geht ein Verlustvortrag nur über, wenn dies im Einzelfall ausdrücklich gesetzlich angeordnet ist, *Tipke/Lang,* Steuerrecht, § 8 Rn. 63. Solche Anordnungen trifft das Steuerrecht letztlich nur im Umwandlungsrecht und auch dort nur in bestimmten Fällen sowie unter weiteren Voraussetzungen, § 12 Abs. 3 Satz 2 UmwStG; s. zum Verlustübergang in Rechtsnachfolgekonstellationen die Bestandsaufnahme von: *Heinrich* in: *Groll*, Verluste im Steuerrecht, S. 123 ff.

Steuersubjekt nicht berührt (sog. schädlicher Beteiligungserwerb, § 8c Abs. 1 KStG).[380]

Mangels freier Übertragbarkeit von Verlusten zwischen unabhängigen Dritten fehlt somit ein Markt, der die Bestimmung eines Verkehrswertes von steuerlichen Verlustvorträgen zuließe. Stattdessen hängen die finanziellen Auswirkungen der steuerlichen Ergebniszurechnung – ihre Zulässigkeit unterstellt – maßgeblich von der wirtschaftlichen Lage sowie den Ertragsaussichten der Beteiligten ab:[381] Erwirtschaftet der Zurechnungsempfänger im jeweiligen Veranlagungszeitraum bspw. Gewinne und verfügt zudem über positive Ertragsaussichten, so bedeutet die Zurechnung weiterer steuerlicher Gewinne für ihn eine unmittelbare steuerliche Mehrbelastung. Die Zurechnung fremder verrechenbarer Verluste führt dem Zurechnungsempfänger in der gleichen Situation hingegen »Ausgleichsmasse« zu, die er sofort zur Minderung seines steuerpflichtigen Einkommens und damit zur Verringerung seiner Steuerlast einsetzen kann. Sind Ertragslage und Ertragsaussichten des Zurechnungsempfängers hingegen schlecht, erwirtschaftet das Unternehmen also stetig Verluste, so kommt der Zurechnung positiver Einkünfte eines Dritten keine unmittelbare Belastungswirkung zu, da in ausreichendem Umfang (eigene) verrechenbare Verluste vorhanden sind, die wegen der schlechten wirtschaftlichen Perspektive andernfalls in absehbarer Zeit nicht hätten genutzt werden können. Umgekehrt würde sich die Vermögenslage dieses Steuerpflichtigen mit der Zurechnung weiterer, fremder Verluste mangels verrechenbarer Gewinne nicht verbessern.

Jeweils spiegelbildlich stellt sich die Situation beim übertragenden Steuersubjekt dar: Der Transfer von Gewinnen auf den Gruppenträger entlastet die Gruppengesellschaft, da sie von der Steuerpflicht für diese Gewinne befreit wird. Nur für den (Ausnahme-) Fall, dass sie die übertragenen Gewinne durch Verrechnung mit Verlusten hätte neutralisieren können, die sie nun nicht mehr verwerten kann, bleibt der Gewinntransfer für sie wirtschaftlich neutral. Der Transfer von Verlusten auf den Gruppenträger belastet die Gruppengesellschaft hingegen regelmäßig, weil sie das

---

380 S. zu den verfassungsrechtlichen Zweifeln an der Regelung wegen ihres Konflikts mit dem Trennungs- und dem Leistungsfähigkeitsprinzip den Vorlagebeschluss des FG Hamburg vom 04.04.2011 – 2 K 33/10, DStR 2011, 1172 sowie *Roser* in: *Gosch*, KStG, § 8c Rn. 2a.

381 S. hierzu im Zusammenhang mit der Vererbbarkeit von Verlustvorträgen BFH, Beschluss vom 29.03.2000 – I R 76-99, BFH/NV 2000, 1158 sowie die Anmerkungen hierzu von *Beiser*, DStR 2000, 1505.

diesem innewohnende Verrechnungspotential einbüßt. Anders ist dies nur, wenn sich ihr aufgrund ihrer negativen Ertragsprognose ohnehin keine Chance auf eine künftige Nutzung der übertragenen Verluste bietet.

Vor dem Hintergrund dieser »Relativität« des Wertes eines steuerlichen Jahresergebnisses ist zu prüfen, inwiefern ein steuerliches Jahresergebnis, insbesondere ein vortragsfähiger Verlust eines Steuerpflichtigen, eine Vermögensposition des Steuerpflichtigen im Rechtssinne darstellt, deren Übertragung – insbesondere im Verhältnis von Kapitalgesellschaften zu ihren Gesellschaftern – den Schranken der Kapitalerhaltung und Vermögensbindung bzw. des Konzernrechts unterliegt.

b) Vermögensrelevanz steuerlicher Gewinne und Verluste im Schadensersatzrecht

Eine Möglichkeit, sich der Bestimmung der Relevanz steuerlicher Gewinne und Verluste für das Vermögen im Rechtssinne anzunähern, bietet das Schadensersatzrecht der §§ 249 ff. BGB, weil in diesem die Zuordnung von Rechten und Gütern zur Vermögenssphäre einer Person eine zentrale Rolle einnimmt. Die Bestimmung der Vermögenszugehörigkeit von Rechten und Gütern ist hier deswegen wichtig, weil einem Geschädigten nach den §§ 249 ff. BGB zwar stets ein Anspruch auf Naturalrestitution gegen den Ersatzpflichtigen zusteht, weil ihm § 251 Abs. 1 BGB ein Anspruch auf Geldersatz aber grundsätzlich nur für Vermögensschäden einräumt.[382] Bei Nichtvermögensschäden hingegen kann Geldersatz nur verlangt werden, wenn das Gesetz dies ausdrücklich anordnet (§ 253 Abs. 1 BGB).[383] Zur Bestimmung des Inhalts von Schadensersatzansprüchen ist somit eine Abgrenzung von Vermögens- und Nichtvermögensschäden vorzunehmen. Hierfür ist eine Bestimmung des rechtlich relevanten Vermögens erforderlich. Zudem ist die Bestimmung des Vermögens einer Person für die Ermittlung der Schadenshöhe nach Maßgabe der sog. Differenzhypothese von Bedeutung. Denn nach der Differenzhypothese ist ein Vermögensschaden der negative Saldo, der sich aus einem Vergleich des Vermögens

---

382 Ein Geldersatz steht dem Geschädigten namentlich dann zu, wenn eine Naturalrestitution nicht möglich ist oder die Vermögensbeeinträchtigung nur unvollständig kompensieren würde.

383 *Schiemann* in: *Staudinger/Schiemann/Strätz u.a.*, BGB, Vorb. § 249 ff. Rn. 46; *Ekkenga/Kuntz* in: *Soergel*, BGB, Vorb. § 249 Rn. 74.

des Geschädigten vor und nach dem schädigenden Ereignis ergibt.[384] Dieser Vergleich setzt voraus, dass klar ist, welche Positionen dem Vermögen des Geschädigten zuzurechnen sind.[385]

(1) Vermögensbestandteile im Schadensersatzrecht

Zu dem Vermögen einer Person im schadensrechtlichen Sinn zählt nach allgemeiner Auffassung alles, was einen in Geld messbaren Wert besitzt.[386] Für die Abgrenzung von Vermögens- zu Nichtvermögensschäden gilt demnach: Jeder Schaden, der sich in Geld bemessen lässt, ist ein Vermögensschaden.[387] Immaterielle und höchstpersönliche Einbußen, wie das Affektionsinteresse[388] oder der Verlust der Freizeit,[389] stellen dagegen Nichtvermögensschäden dar.

Für die Frage, wann ein Schaden sich in Geld bemessen lässt, wird grundsätzlich auf die sog. Kommerzialisierungsthese zurückgegriffen. Danach liegt ein Vermögensschaden dann vor, wenn das beeinträchtigte Interesse mittels Vermögensaufwendungen verwirklicht werden kann und daher »kommerzialisiert« ist.[390] Diese Kommerzialisierung setzt voraus, dass für die betroffenen Interessen ein Markt im Sinne einer ernsthaften und nicht nur vereinzelten Nachfrage existiert.[391] Fehlt ein Markt in die-

384 Ständige Rechtsprechung des BGH, s. bspw. BGH, Urteil 29.04.1958 – VI ZR 82/57, NJW 1958, 1085; BGH, Urteil vom 30.09.1963 – III ZR 137/62; NJW 1964, 542 [542 f.]; BGH, Urteil vom 15.12.1982 – VIII ZR 315/80, NJW 1983, 444 [445]; BGH, Urteil vom 26.09.1997 – V ZR 29/96, NJW 1998, 302 [304]; *Oetker* in: MüKo BGB, § 249 Rn. 18; *Schiemann* in: *Staudinger/Schiemann/Strätz u.a.*, BGB, Vorb. § 249 ff. Rn. 35.

385 Nach BGH, Beschluss vom 09.07.1986 - GSZ 1/86, NJW 1987, 50 [51] ist es erforderlich *»am Schutzzweck der Haftung und an der Ausgleichsfunktion des Schadensersatzes die in die Differenzbilanz einzusetzenden Rechnungsposten wertend zu bestimmen«.*

386 *Schubert* in: *Bamberger/Roth*, Beck OK BGB, § 249 Rn. 19.

387 *Oetker* in: MüKo BGB, § 249 Rn. 28; *Ekkenga/Kuntz* in: *Soergel*, BGB, Vorb. § 249 Rn. 74.

388 *Ekkenga/Kuntz* in: *Soergel*, BGB, Vorb. § 249 Rn. 74.

389 *Oetker* in: MüKo BGB, § 249 Rn. 95.

390 *Oetker* in: MüKo BGB, § 249 Rn. 41 ff.; *Ekkenga/Kuntz* in: *Soergel*, BGB, Vorb. § 249 Rn. 75; aus der Rspr. des BGH: BGH, Urteil vom 10.10.1974 – VII ZR 231/73, NJW 1975, 40 [41]; BGH, Urteil vom 22.11.1988 – VI ZR 126/88, NJW 1989, 766 [766 f.].

391 BGH, Urteil vom 10.07.1984 – VI ZR 262/82, NJW 1984, 2282 [2283]; *Ekkenga/Kuntz* in: *Soergel*, BGB, Vorb. § 249 Rn. 75.

sem Sinne, so kommt auf die Verkehrsanschauung an: Einem Interesse ist danach ein Vermögens- oder Geldwert zuzusprechen, wenn man sich den Vermögensgegenstand – wollte man ihn für sich haben – Geld kosten lassen würden, wenn also der Verkehr das Interesse als durch Geld kompensierbar ansieht.[392]

(2) Die Vermögensrelevanz von (Steuer-) Verbindlichkeiten

Nach den vorgenannten Maßstäben stellen auch Belastungen einer Person durch Verbindlichkeiten, soweit sie durch das schadensstiftende Ereignis veranlasst worden sind,[393] Vermögensschäden dar, weil sich der Geschädigte die Befreiung von diesen Verbindlichkeiten im Allgemeinen Geld kosten lassen würde. Auch steuerliche Verbindlichkeiten können demgemäß Vermögensschäden darstellen.[394]

Daraus folgt für den hier interessierenden Fall der Zurechnung steuerbarer Einkünfte, dass diese das Vermögen im schadensrechtlichen Sinne beeinflusst, wenn aus der Zurechnung eine Steuerverbindlichkeit resultiert. Dies ist – wie gesehen (s. oben Ziffer D. I. 1. a)) – in aller Regel bei der Zurechnung positiver steuerlicher Einkünfte der Fall, da der Zurechnungsempfänger die zugerechneten Gewinne versteuern muss. Sein Vermögen wird durch die Zurechnung somit beeinträchtigt, während der Übertragende durch die Zurechnung von einer Steuerverbindlichkeit befreit wird und sein Vermögen wächst.

Sollte der Zurechnungsempfänger in Höhe des zugerechneten Gewinns über steuerliche Verluste verfügen, so würden diese durch Verrechnung ausgeglichen und es entstünde keine Steuerverbindlichkeit. Allerdings würde der Zurechnungsempfänger dann in Höhe des zugerechneten Gewinns vortragsfähige steuerliche Verluste verlieren. Die Fragestellung lautet in diesen Konstellationen somit, inwieweit der Untergang steuerlicher

---

392 BGH, Urteil vom 10.07.1984 – VI ZR 262/82, NJW 1984, 2282 [2283]; *Schubert* in: *Bamberger/Roth*, Beck OK BGB, § 249 Rn. 23; *Oetker* in: MüKo BGB, § 249 Rn. 50 f.; *Ekkenga/Kuntz* in: *Soergel*, BGB, Vorb. § 249 Rn. 75.

393 BGH, Urteil vom 22.09.1971 – VIII ZR 38/70, NJW 1971, 2218 ff.; BGH, Urteil vom 16.11.2006 – I ZR 257/03, NJW 2007, 1809 ff.; *Oetker* in: MüKo BGB, § 249 Rn. 16 und 29.

394 *Ekkenga/Kuntz* in: *Soergel*, BGB, Vorb. § 249 Rn. 366; aus der Rspr. des BGH: BGH, Urteil vom 26.01.2012 – VII ZR 154/10, NJW 2012, 1573 [1574]; BGH, Urteil vom 23.10.2003 – IX ZR 249/02NJW 2004, 444 [445].

Verluste bzw. Verlustvorträge Auswirkungen auf das Vermögen des Betroffenen hat.

(3) Die Vermögensrelevanz von Steuererleichterungen

Für den umgekehrten Fall, wenn also ein Schadensfall für den Geschädigten zu einem Wegfall andernfalls angefallener Steuerverbindlichkeiten führt, verlangen die Grundsätze des Schadensrechtes unter dem Gesichtspunkt der Vorteilsausgleichung,[395] dass sich der Geschädigte steuerliche Vorteile anrechnen lassen muss.[396] Voraussetzung für die Vorteilsausgleichung ist aber, dass die Vorteile bereits vorliegen oder zumindest so konkret absehbar sind, dass sie einer Quantifizierung im Wege der Schätzung nach § 287 ZPO zugänglich sind.[397] Auch (künftige) Steuervorteile sind

---

395 Die Vorteilsausgleichung bewirkt, dass bei der Ermittlung des Schadens auch die Vorteile berücksichtigt werden, die mit dem Schadensereignis unmittelbar adäquat-kausal verknüpft sind. Sie folgt dabei den Grundsätzen von Treu und Glauben. Daher muss sich der Geschädigte Vorteile nur anrechnen lassen, soweit dies unter Beachtung des Schutzzwecks der jeweils anwendbaren Haftungsnorm tunlich ist, nicht jedoch, wenn die Vorteile den Schädiger nicht entlasten sollen, z. B. im Falle freiwilliger Leistungen Dritter. S. zu verschiedenen Fallgruppen: *Schubert* in: *Bamberger/Roth*, Beck OK BGB, § 249 Rn. 117 ff; *Oetker* in: MüKo BGB, § 249 Rn. 241 ff.

396 *Oetker* in: MüKo BGB, § 249 Rn. 247 ff. Allerdings ist nach der Zweckrichtung der zur Anwendung kommenden steuerlichen Vorschriften zu differenzieren: Die Vorteilsanrechnung stellt den Regelfall dar. Im Einzelfall jedoch kann der Zweck der Steuervergünstigung der Anrechnung entgegenstehen. Aus der ständigen Rspr. des BGH: BGH, Urteil vom 28.04.1992 – VI ZR 360/91, NJW 1992, 1050 [1051]; BGH, Urteil vom 28.09.1999 – VI ZR 165/98, NJW 1999, 3711 [3712].

397 BGH, Urteil vom 02.04.2001 – II ZR 331/99, NJW-RR 2001, 1450 [1451] für künftige Mietvorteile. Wann diese Voraussetzungen in Bezug auf künftige Steuervorteile vorliegen, ist nicht höchstrichterlich geklärt, weil die Frage nach der Quantifizierung von Steuervorteilen in der Praxis selten auftaucht. Grund hierfür ist, dass die mit Schadensfällen einhergehenden Steuervorteile regelmäßig dadurch nivelliert werden, dass der Geschädigte die Ersatzleistung versteuern muss. Dies gilt insbesondere in Fällen des Kapitalanlageschadens, s. bspw.: BGH, Urteil vom 23.09.2014 – XI ZR 215/13, BKR 2015, 339 [341]; BGH, Urteil vom 28.01.2014 – XI ZR 495/12; NJW 2014, 994 ff.; BGH, Urteil vom 23.04.2012 – II ZR 75/10, NJW-RR 2012, 1312 [1316]; BGH, Teilurteil vom 15.07.2010 – III ZR 336/08, NZG 2010, 1029 [1030 ff.]; BGH, Urteil vom 31.05.2010 – II ZR 30/09, NZG 2010, 869 [871 ff.]; BGH, Urteil vom 09.10.1989 – II ZR 257/88, NJW-RR 1990, 229 [230]; BGH, Urteil vom

demnach bei der Schadensberechnung zu berücksichtigen, wenn die tatsächlichen Anknüpfungspunkte für ihr Eintreten dargelegt und bewiesen werden können[398] und ihr Eintritt mit überwiegender Wahrscheinlichkeit[399] zu erwarten ist. Damit erkennt das Schadensersatzrecht die Vermögensrelevanz von Steuererleichterungen an.

(4) Vermögensrelevanz des Steuerminderungspotentials von Verlustvorträgen

Die Berücksichtigung nicht nur bereits eingetretener, sondern auch erst künftig eintretender Steuervorteile bei der Quantifizierung des Vermögens des Geschädigten spricht auch für die Vermögensrelevanz von steuerlichen Verlustvorträgen. Denn Verlustvorträge beinhalten das Potential, künftig durch Verrechnung mit steuerpflichtigen Gewinnen zu einer Steuererleichterung für den Steuerpflichtigen zu führen.[400] Sie sind nach den dargestellten schadensrechtlichen Grundsätzen somit immer dann als Vermögensbestandteil zu werten, wenn sich das ihnen innewohnende Steuerminderungspotential künftig mit überwiegender Wahrscheinlichkeit heben lässt.

In die gleiche Richtung weist auch § 252 BGB und die höchstrichterliche Rechtsprechung zur schadensrechtlichen Berücksichtigung künftiger Vermögensentwicklungen in verschiedenen wirtschaftlichen Zusammenhängen: § 252 Satz 2 BGB bestimmt, dass auch ein entgangener Gewinn als Schaden zu ersetzen ist, wenn ein Gewinn *»nach dem gewöhnlichen Lauf der Dinge oder nach den besonderen Umständen [...] mit Wahrscheinlichkeit erwartet werden konnte«*. Die Norm stellt klar, dass nicht nur das gegenwärtige Vermögen für die Bestimmung eines ersatzfähigen Schadens heranzuziehen ist, sondern auch Vermögensvorteile, die dem

---

12.02.1986 – Iva ZR 76/84, NJW-RR 1986, 1102 [1103 f.]; ausführlich zur Besteuerung vom Schadensersatzleistungen von Kapitalanlegern *Martini*, DStR 2014, 2160 ff. sowie *Stützel*, NJW 2014, 2070 ff.

398 S. zu den Voraussetzungen der Beweiserleichterung nach § 287 ZPO: *Foerste* in: *Musielak/Voit*, ZPO, § 287 Rn. 7.

399 Es ist anerkannt, dass im Rahmen der sog. Schadensschätzung eine Reduktion des Beweismaßstabes gegenüber § 286 ZPO auf das Maß der »überwiegenden Wahrscheinlichkeit« eintritt, BGH, Urteil vom 07.06.2006 – XII ZR 47/04, NJW-RR 2006, 1238 [1239]; *Prütting* in: MüKo ZPO, § 787 Rn. 17.

400 S. zu hierzu mit anschaulichen Beispielen *Witt*, Die Konzernbesteuerung, S. 337 ff.

Geschädigten ohne das schädigende Ereignis zu einem späteren Zeitpunkt zugeflossen wären.[401] § 252 BGB bestätigt damit die Relevanz künftiger Vermögensentwicklung für den schadensrechtlichen Vermögensvergleich, wenn diese nur hinreichend wahrscheinlich sind.[402].

Aber auch Außerhalb des Anwendungsbereichs von § 252 BGB werden künftige Vermögensentwicklungen bei der schadensrechtlichen Vermögensbewertung berücksichtigt. So ist im Falle des Verlustes von Gesellschafterrechten anerkannt, dass sich der Vermögenswert der Beteiligung nach dem »*finanziellen Zukunftsertrag*« des Unternehmens bestimmt.[403] Die für die Zukunft zu erwartenden Erträge fließen quasi als kapitalisierter entgangener Beteiligungsgewinn in die schadensrechtliche Bewertung ein.[404] Ganz ähnlich verhält es sich bei der Beurteilung von sog. Erwerbsschäden, also bei Erwerbsausfällen infolge von Schädigungen der Gesundheit. Auch hier wird der Schaden auf Grundlage einer Zukunftsprognose berechnet, in die nicht nur der bisherige Verdienst des Betroffenen einfließt, sondern auch überwiegend wahrscheinliche Gehalts- bzw. Verdienstentwicklungen.[405] All diesen Fallgruppen lässt sich der Grundsatz entnehmen, dass die Vermögensbetrachtung im Schadensersatzrecht nicht bei der gegenwärtigen Vermögenslage zum Zeitpunkt des Schadensereignisses endet, sondern auch künftige Vermögensentwicklungen einschließt,

401 BGH, Urteil vom 11.05.1989 – VII ZR 39/88, NJW-RR 1989, 980 [981].

402 Nach § 252 BGB muss kein Vollbeweis für die künftigen Vermögensentwicklungen erbracht werden, sondern es reicht aus Anknüpfungstatsachen darzulegen und zu beweisen, die den Eintritt des jeweiligen Gewinns als wahrscheinlich erscheinen lassen, *Ekkenga/Kuntz* in: *Soergel*, BGB, § 252 Rn. 39. Die Regelung hat insofern einen prozessrechtlichen Gehalt und steht in einem engen Regelungszusammenhang mit § 287 ZPO, vgl. *Schubert* in: *Bamberger/Roth*, Beck OK BGB, § 252 Rn. 32.

403 BGH, Urteil vom 18.04.2002 – IX ZR 72/99, NJW 2002, 2787 [2790 f.]; bereits in einer früheren Entscheidung hatte der BGH ausgeführt, dass bei der schadensrechtlichen Bewertung von Gesellschaftsanteilen regelmäßig »*die Ertragsentwicklung, die das Unternehmen bei vorausschauender Betrachtung aus der Sicht des maßgeblichen Stichtages zu erwarten hatte*« zu berücksichtigen sei, BGH, Urteil vom 29.02.1984 – IVa ZR 188/82, NJW 1984, 2570 [2573]; ausführlich zu der Thematik *Wollny*, DStR 2013, 2132 ff.

404 BGH, Urteil vom 18.04.2002 – IX ZR 72/99, NJW2002, 2787 [2791].

405 Für künftige Gehaltsentwicklungen s. BGH, Urteil vom 09.11.2010 – VI ZR 300/08, NJW 2011, 1146 m. w. N.; zur Erwerbsprognose von Selbständigen s. BGH, Urteil vom 06.02.2001 – VI ZR 339/99, NJW 2001, 1640 [1641 f.]; ferner *Ekkenga/Kuntz* in: *Soergel*, BGB, § 252 Rn. 25 und 28.

soweit Tatsachengrundlagen feststehen, die eine verlässliche Prognose über die künftige Entwicklung zulassen.

Bezogen auf steuerliche Verlustvorträge streiten diese Grundsätze für die Qualifikation von steuerlichen Verlustvorträgen als valide Vermögensposition, sobald zum maßgeblichen Zeitpunkt auf Grundlage belastbarer Tatsachen prognostiziert werden kann, dass der Steuerpflichtige sie künftig mit steuerbaren Gewinnen verrechnen und so Steuerminderungen erzielen kann. Für die anzustellende Prognose lassen sich die durch die Rechtsprechung herausgebildeten Wahrscheinlichkeitsmaßstäbe übertragen, sodass eine gewisse, bzw. überwiegende Wahrscheinlichkeit zu verlangen ist.[406] Verlustvorträgen ist somit immer dann ein Vermögenswert beizumessen, wenn der Steuerpflichtige künftig mit überwiegender Wahrscheinlichkeit wieder Gewinne erwirtschaften wird, die er mit den Verlustvorträgen verrechnen kann.[407] Werden solche Verlustvorträge übertragen, so führt dies für den Übertragenden zu einem Vermögensnachteil, weil er eine künftig mit hinreichender Wahrscheinlichkeit zu erwartende Steuererleichterung verliert. Ebenso entsteht ein Vermögensnachteil, wenn ein Steuerpflichtiger fremde Gewinne zugerechnet bekommt und eigene Verlustvorträge zu deren Neutralisierung opfern muss, obwohl er sie mit hinreichender Wahrscheinlichkeit in absehbarer Zeit mit eigenen Gewinnen hätte verrechnen können.

c) Vermögensrelevanz steuerlicher Gewinne und Verluste im Handelsbilanzrecht

Weitere Anhaltspunkte für die Feststellung, ob die Übertragung steuerlicher Gewinne oder Verluste sich auf das Vermögen der Beteiligten auswirkt, bietet der Blick auf das Handelsbilanzrecht:[408]

Der Handelsbilanz eines Kaufmannes kommt gem. § 242 Abs. 1 Satz 1 HGB die Aufgabe zu, das *»Verhältnis seines Vermögens und seiner*

---

406 BGH, Urteil vom 09.11.2010 – VI ZR 300/08, NJW 2011, 1146 [1147]; BGH, Urteil vom 17.01.1995 – VI ZR 62/94, NJW 1995, 1023 m. w. N.

407 Bei der Bewertung der Verlustvorträge ist jedoch (durch Abzinsung) zu berücksichtigen, dass die sog. Mindestbesteuerung nach § 10d Abs. 2 EStG eine Streckung der Verlustnutzung bedingen kann.

408 Zur Bestätigung des ökonomischen Wertes von Verlustvorträgen durch ihre Aktivierung in der Handelsbilanz (noch vor dem BilMoG) *Heinrich* in: *Groll*, Verluste im Steuerrecht, S. 143 f.; ebenso *Beiser*, DStR 2000, 1505 [1505].

Schulden« darzustellen. Diese Offenlegung soll es dem Kaufmann selbst, aber auch Dritten ermöglichen, Einblick in die Vermögens- und Finanzverhältnisse sowie die Ertragslage seines Unternehmens zu nehmen, um an diesen Erkenntnissen die eigenen geschäftlichen Entscheidungen auszurichten (sog. Informationsfunktion der Handelsbilanz).[409] Damit die Handelsbilanz ihre Informationsfunktion erfüllt, sind die für ihre Aufstellung maßgeblichen GoB auf das Ziel ausgerichtet, die Vermögensverhältnisse des Kaufmannes vollständig und zutreffend wiederzugeben. Für Kapitalgesellschaften normiert § 264 Abs. 2 Satz 1 HGB insofern ausdrücklich:

> »Der Jahresabschluß der Kapitalgesellschaft hat unter Beachtung der Grundsätze ordnungsmäßiger Buchführung ein den tatsächlichen Verhältnissen entsprechendes Bild der Vermögens-, Finanz- und Ertragslage der Kapitalgesellschaft zu vermitteln.«[410]

Dem Ziel der vollständigen und zutreffenden Abbildung der Vermögens-, Finanz und Ertragslage wird im Bilanzrecht dadurch Rechnung getragen, dass sämtliche aktivierungs- bzw. passivierungsfähigen Posten, also Vermögensgegenstände (aktiv) und Schulden (passiv) in der Bilanz angesetzt werden müssen.[411] Als Vermögensgegenstand gilt dabei nach Auffassung des Gesetzgebers jedes nach der Verkehrsanschauung individualisierbare Gut, das sich bei wirtschaftlicher Betrachtung einzeln verwerten lässt.[412]

---

409 Weitere Funktionen der Handelsbilanz sind die Dokumentation der Geschäftsvorfälle (Dokumentationsfunktion) und die Bestimmung ausschüttungsfähiger Beträge (Ausschüttungsbemessungsfunktion), *Kleindiek* in: MüKo Bilanzrecht, § 242 HGB Rn. 4 ff.

410 Bei dieser Vorschrift handelt es sich um eine Generalnorm, welche die Regelungsziele der bilanzrechtlichen Einzelvorschriften konkretisiert und so eine Auslegungshilfe in Zweifelsfällen bietet, *Reiner* in: MüKo HGB, § 264 Rn. 54.

411 Sog. Vollständigkeitsgebot gem. § 246 Abs. 1 Satz 1 HGB. Als weitere Bilanzpositionen kommen Rückstellungen und Rechnungsabgrenzungsposten hinzu. Hierzu ausführlich *Hennrichs* in: MüKo Bilanzrecht, § 246 HGB Rn. 12 ff.

412 Zwar ist der Begriff des Vermögensgegenstandes nicht legaldefiniert. In der Gesetzesbegründung zum BilMoG hat der Gesetzgeber im Zusammenhang mit der Aktivierung selbst geschaffener Immaterieller Vermögensgegenstände jedoch zum Ausdruck gebracht, der wohl h. M. zu folgen, wonach es maßgeblich auf die Einzelverwertbarkeit eines Gutes für seine Klassifikation als Vermögensgegenstand ankommt, RegE BilMoG, BT-Drucks. 16/10067, S. 50. Zu dem steuerrechtlichen Begriff des Wirtschaftsgutes sowie anderen Definitionsansätzen s. *Hennrichs* in: MüKo Bilanzrecht, § 246 HGB Rn. 21 ff.

Hierzu zählen insbesondere Sachen und Rechte.[413] Schulden i. S. d. Bilanzrechts gliedern sich in Verbindlichkeiten und Rückstellungen, wobei eine Verbindlichkeit dann auszuweisen ist, wenn die betreffende Verpflichtung nach Grund und Höhe gewiss und bestimmbar ist, wohingegen für dem Grunde oder der Höhe nach unsichere Verpflichtungen eine Rückstellung zu bilden ist.[414]

Steuerverbindlichkeiten werden in der Handelsbilanz stets passiviert. Ob sie als Verbindlichkeiten oder Rückstellungen ausgewiesen werden, hängt davon ab, ob die Steuer bereits festgesetzt worden ist. Solange eine Steuer noch nicht festgesetzt worden ist, besteht zumindest über ihre Höhe noch Unsicherheit, weswegen eine Rückstellung in Höhe der voraussichtlichen Steuerlast zu bilden ist. Nach ihrer Festsetzung ist die Steuer hingegen als konkrete Steuerverbindlichkeit in der Bilanz auszuweisen.[415] Wer die Steuern zu bilanzieren hat, hängt von der Steuerschuldnerschaft ab (sog. formalrechtliche Betrachtung). In Organschaftsfällen sind daher in der Handelsbilanz des Organträgers Verbindlichkeiten bzw. Rückstellungen auch für den Steueraufwand anzusetzen, der wirtschaftlich auf das zugerechnete Einkommen der Organgesellschaften zurückgeht.[416] Das gleiche würde in anderen Gruppenbesteuerungsmodellen gelten, die nach dem Zurechnungsprinzip arbeiten.

Die bilanziellen Auswirkungen der Zurechnung von steuerlichen Gewinnen stellen sich demnach wie folgt dar: Für den Übertragenden besteht wegen des Wegfalls der Steuerschuldnerschaft grundsätzlich keine Verpflichtung zum Ansatz der Steuerverpflichtungen mehr; infolge des Wegfalls der entsprechenden Passivpositionen verbessert sich seine bilanzielle

413 *Luttermann/Grossfeld,* Bilanzrecht, S. 99.

414 Zur Begrifflichkeit s.: *Hennrichs* in: MüKo Bilanzrecht, § 246 HGB Rn. 81; *Luttermann/Grossfeld,* Bilanzrecht, S. 101; NWB Kommentar Bilanzierung; *Hoffmann,* Konzernhandbuch; in: MHdG, Band III, § 246 Rn. 67.

415 *Korth* in: *Claussen/Scherrer,* KölnKomm Rechnungslegung, § 266 Rn. 291; *Suchan* in: MüKo Bilanzrecht, § 266 HGB Rn. 115 ff.

416 *Reiner/Haußer* in: MüKo HGB, § 275 Rn. 108; *Hüttemann/Meyer* in: *Staub,* HGB, § 275 Rn. 42. Die Organgesellschaft bildet hingegen keine eigenen Passivposten für die Steuerverbindlichkeiten aus ihrem Ergebnis. Lediglich für die Ausgleichsleistungen an außenstehende Aktionäre, für welche die Organgesellschaft steuerpflichtig bleibt (§ 16 KStG), sind entsprechende Posten zu bilden. Weitere Bilanzierungspflichten können daraus resultieren, dass die Organgesellschaft für die Steuern des Organträgers nach § 73 AO haftet, da Haftungsschulden eine Rückstellungsbildung erforderlich machen können, *Suchan* in: MüKo Bilanzrecht, § 266 Rn. 115; *Reiner/Haußer* in: MüKo HGB, § 266 Rn. 107.

Vermögenslage. Demgegenüber hat der Zurechnungsempfänger in Höhe der voraussichtlichen und feststehenden Steuerbelastungen, die für ihn als neuen Steuerschuldner aus den zugerechneten Gewinnen resultieren, Rückstellungen bzw. Verbindlichkeiten in seiner Bilanz zu passivieren. Sein Reinvermögen sinkt somit in entsprechender Höhe und es liegt eine bilanzielle Vermögensminderung vor. Hinsichtlich der Möglichkeit und Pflicht zur Passivierung von Steuerverbindlichkeiten bestehen somit keine Zweifel.

Auf der Aktivseite der Bilanz ist die Sachlage hingegen nicht ganz so eindeutig: Ein steuerlicher Verlustvortrag stellt nämlich nach allgemeiner Ansicht keinen Vermögensgegenstand i. S. d. Handelsbilanzrechts dar,[417] der ohne weiteres zu aktivieren wäre. Dies liegt zum einen an der bereits angesprochenen Unübertragbarkeit von Verlusten von einem Steuerpflichtigen auf einen anderen,[418] derentwegen Verlustvorträge nicht so verwertet werden können, wie es die Qualifikation als Vermögensgegenstand voraussetzt (s. oben in dieser Ziffer). Darüber hinaus ist das einem Verlustvortrag innewohnende Steuerminderungspotential für die Qualifikation des Verlusts als Vermögensgegenstand noch nicht hinreichend konkretisiert: Es stellt sich bis zu seiner tatsächlichen Realisierung vielmehr als bloße Chance oder Hoffnung auf einen Vermögensvorteil dar,[419] der wegen jedoch bilanzrechtlichen Vorsichtsprinzips jedoch nicht aktivierbar ist.[420]

Aus diesen Gründen war die Aktivierung von Verlustvorträgen in der deutschen handelsrechtlichen Rechnungslegung traditionell ausgeschlossen. Internationale Rechnungslegungsstandards kennen demgegenüber schon seit geraumer Zeit die Aktivierung des mit steuerlichen Verlustvorträgen verbundenen Steuerminderungspotentiales als sog. deferred tax assets.[421] Dieser internationale Betrachtungsweise hat sich nun auch der deutsche Gesetzgeber angenähert und mit dem BilMoG in § 274 Abs. 1 Satz 4 HGB[422] geregelt: *»Steuerliche Verlustvorträge sind bei der Berech-*

---

417 *Prinz* in: *Claussen/Scherrer*, KölnKomm Rechnungslegung, § 274 Rn. 39 f.; *Herzig* in: FS Lück, S. 429 [438] m. w. N.

418 S. dazu vorstehend Ziffer D. I. 1. a).

419 *Luttermann/Grossfeld,* Bilanzrecht, S. 223.

420 *Luttermann/Grossfeld,* Bilanzrecht, S. 100.

421 *Risse* in: MüKo Bilanzrecht, § 274 Rn. 62; *ders.* in: FS Herzig, S. 651 ff.; s. hierzu bereits *Marx*, DB 2001, 2364 [2365]; *Kaeser* in: *Lehner*, Verluste im nationalen und Internationalen Steuerrecht, S. 115 ff.

422 S. hierzu ausführlich *Küting/Seel* in: FS Herzig, S. 675 ff.

nung aktiver latenter Steuern in Höhe der innerhalb der nächsten fünf Jahre zu erwartenden Verlustverrechnung zu berücksichtigen.«

Unter der Voraussetzung, dass in den nächsten fünf Jahren voraussichtlich steuerliche Gewinne entstehen, die mit den vorgetragenen Verlusten verrechnet werden können, ist somit auch im deutschen Handelsbilanzrecht eine Aktivierung der aus der Verlustverrechnung resultierenden künftigen Steuerentlastung möglich.[423] Zweck der Aktivierungsmöglichkeit ist die Stärkung der Informationsfunktion der Handelsbilanz. Ausweislich der Gesetzesbegründung zum BilMoG sind für einen vollständigen Vermögensausweis

> »[...] auch Verlustvorträge zu berücksichtigen (§ 274 Abs. 1 Satz 2 HGB). Nur auf diese Weise wird dem Zweck des § 274 HGB Rechnung getragen und eine den tatsächlichen Verhältnissen entsprechende Darstellung der Vermögens-, Finanz- und Ertragslage im handelsrechtlichen Jahresabschluss erreicht [...]«.[424]

Wenngleich somit nach wie vor gilt, dass Verlustvorträge wegen des bilanzrechtlichen Vorsichtsprinzips (s. § 252 Abs. 1 Nr. 4 HGB)[425] keine Vermögensgegenstände darstellen – weswegen sie in § 268 Abs. 8 Satz 2 HGB auch mit einer Ausschüttungssperre belegt werden – erkennt der Gesetzgeber in § 274 Abs. 1 Satz 4 HGB expressis verbis an, dass Verlustvorträge ein wesentlicher Bestandteil einer vollständigen Vermögensdokumentation sind.[426] Nach Maßgabe des durch das BilMoG reformierten Handelsbilanzrechts kommt Verlustvorträgen somit ein konkreter, bilanzierungsfähiger Vermögenswert zu. An dieser Wertung ändert auch die Abhängigkeit des »Wertes« der Verlustvorträge von der Entwicklung des

423 Nach § 274 Abs. 2 Satz 1 HGB sind bei der Bewertung der künftigen Steuerentlastung jeweils die individuellen Steuersätze zu beachten. Der mutmaßliche Zeitpunkt der Verrechnungsmöglichkeit spielt hingegen – solange die Verrechnung gem. § 274 Abs. 1 Satz 4 HGB voraussichtlich in den kommenden fünf Jahren erfolgt – keine Rolle, da § 274 Abs. 2 Satz 1 HGB eine Abzinsung verbietet. S. zur Bewertung im Einzelnen: NWB Kommentar Bilanzierung, § 274 Rn. 68 und 63 ff.; *Prinz* in: *Claussen/Scherrer*, KölnKomm Rechnungslegung, § 274 Rn. 44 ff.

424 Regierungsentwurf zum BilMoG, BT-Drucks. 16/10067, S. 67.

425 Zu der über den Wortlaut der Regelung hinausgehenden Geltung und den verschiedenen Ausformungen des Vorsichtsprinzips s. *Claussen* in: *Claussen/Scherrer*, KölnKomm Rechnungslegung, § 252 Rn. 38 ff.

426 Der Bilanzansatz erfolgt auch hier nach Maßgabe der formalen Betrachtung bei demjenigen, der Steuerschuldner bzw. zur Verlustnutzung berechtigt ist, *Ellerbusch/Schlüter/Hofherr*, DStR 2009, 2443 [2445] sowie *Risse* in: MüKo Bilanzrecht, § 274 Rn. 121 ff.; s. hierzu auch *Dahlke*, BB 2009, 878.

steuerpflichtigen Unternehmens nichts. Der Gesetzgeber hat diese Abhängigkeit gesehen und entschieden, dass sie die Relevanz eines Verlustvortrages für den Vermögensbestand nicht schmälert, solange eine belastbare Prognose dafür vorliegt, dass eine Verlustnutzung mittelfristig wahrscheinlich ist.[427] Auch Beeinflussungen der Verlustnutzungsmöglichkeiten durch steuerrechtliche Besonderheiten, insbesondere durch steuerrechtliche Beschränkungen der Verlustnutzung,[428] stehen dem vermögenswirksamen Ausweis der Verlustvorträge nicht grundsätzlich entgegen, sind aber bei der Prognose der Verrechnungsmöglichkeiten[429] und der Bewertung der aktiven Steuerlatenzen[430] zu berücksichtigen.

Für die Übertragung steuerlicher Verlustvorträge im Zuge einer Gruppenbesteuerung folgt aus alledem, dass die Verlustübertragung für den Übertragenden – wenn bei ihm die Voraussetzungen für eine Aktivierung nach § 274 Abs. 1 Satz 4 HGB vorlagen – zu einer Minderung seiner Aktiva und somit zu einer bilanziellen Vermögensminderung führt. Beim Zurechnungsempfänger ist zu differenzieren: Kann er den zugerechneten Verlust sofort mit steuerlichen Gewinnen verrechnen, tritt bei ihm eine bilanzielle Vermögensmehrung ein, weil seine Steuerrückstellungen entsprechend reduzieren kann. Verfügt er bereits über Verlustvorträge, so hängt die Bilanzwirkung der Zurechnung davon ab, ob er die zugerechneten Verluste mit hinreichender Wahrscheinlichkeit in den kommenden fünf Jahren mit Gewinnen verrechnen kann. Ist dies der Fall, so sind sie als aktive latente Steuer zu aktivieren und verbessern seine bilanzielle Vermögenslage.

---

427 Zu den Anforderungen an die Prognose für die Nutzbarkeit der Verluste im Fünfjahreszeitraum *Küting/Seel* in: FS Herzig, S. 681 ff.; *Prinz* in: *Claussen/Scherrer*, KölnKomm Rechnungslegung, § 274 Rn. 41; Zu den tatsächlichen Anknüpfungspunkten für eine Realisierung *Winnefeld,* Bilanz-Handbuch, Teil D Rn. 697.

428 S. zu den möglichen Beschränkungen die Übersicht bei *Winnefeld,* Bilanz-Handbuch, Teil D Rn. 710.

429 *Risse* in: MüKo Bilanzrecht, § 274 Rn. 63; *Winnefeld,* Bilanz-Handbuch, Teil D Rn. 697.

430 § 274 Abs. 2 Satz 1 HGB sieht die Bewertung *»mit den unternehmensindividuellen Steuersätzen im Zeitpunkt des Abbaus der Differenzen«* vor; hierzu *Risse* in: MüKo Bilanzrecht, § 274 Rn. 75 ff.

d) Zwischenergebnis zur Vermögenswirksamkeit der Zurechnung des steuerlichen Einkommens

Die vorstehenden Betrachtungen haben gezeigt, dass die Zurechnung eines fremden steuerlichen Jahresergebnisses sowohl nach schadensrechtlichen Grundsätzen als auch nach Maßgabe des Handelsbilanzrechts Auswirkungen auf die Vermögenslage der Beteiligten hat. Insbesondere sind auch steuerliche Verluste und Verlustvorträge als Vermögenswerte im Rechtssinne anzusehen.[431] Dies scheint auch der BFH so zu sehen, dessen großer Senat im Zusammenhang mit einer Grundsatzentscheidung zur Vererblichkeit von Verlustvorträgen nach § 10d EStG befunden hat, dass der Verlustabzug *»den Rechtscharakter eines aufschiebend, durch die Entstehung künftiger positiver Gesamtbeträge der Einkünfte bedingten Einkommensteuerminderungsanspruchs«* habe. Diesem Anspruch käme *»dem Grunde nach ein wirtschaftlicher (Vermögens-)Wert zu«.*[432] Und auch im Schrifttum werden der wirtschaftliche Gehalt und die Vermögensrelevanz von Verlusten und Verlustvorträgen bejaht.[433]

Was die konkreten Vermögenswirkungen angeht, führt die Zurechnung eines steuerlichen Gewinns beim Zurechnungsempfänger regelmäßig zur Entstehung einer Steuerschuld, die dessen Vermögen mindert. Selbst dann, wenn der Empfänger über verrechenbare Verlustvorträge in entsprechender Höhe verfügt, tritt eine Vermögensminderung ein. Denn dann mindert sich durch die Verrechnung seiner eigenen Verluste mit dem zugerechneten Gewinn sein Verlustpolster und das diesem innewohnende Steuerminderungspotential. Er verliert somit eine (nach § 274 Abs. 1 Satz 4 HGB bilanzierungsfähige) Vermögensposition. Anders ist dies nur dann, wenn der zugerechnete Gewinn auf Ebene des Zurechnungsempfängers mit Verlusten verrechnet werden kann, die dieser nach den Umstän-

---

431 In diesem Sinne auch bereits *Beiser*, DStR 2000, 1505 [1505]; *Marx*, DB 2001, 2364 [2365]; *Kaeser* in: *Lehner*, Verluste im nationalen und Internationalen Steuerrecht, S. 115 ff.; ebenso *Heinrich* in: *Groll*, Verluste im Steuerrecht, S. 143 ff., der die Aussage lediglich insoweit relativiert, als er zutreffend darauf hinweist, dass ein Verlust seinen Vermögenswert verliert, wenn er von seinem Inhaber nicht mehr genutzt und auch nicht auf einen Rechtsnachfolger übertragen werden kann. Ablehnend hingegen: *Eckhoff* in: *Groll*, Verluste im Steuerrecht, S. 27.

432 BFH, Beschluss vom 17.12.2007 – GrS 2/04, DStR 2008, 545 [547 f.].

433 *Hüttemann*, ZHR 2007, 451 [463]; *Schön*, ZHR 2004, 629, [634 f.]; *Simon*, ZGR 2007, 71 [76]; a. A. im Zusammenhang mit bereicherungsrechtlichen Ausgleichsansprüchen *Habersack*, BB 2007, 1397 [1388 f.].

den des Einzelfalls andernfalls nicht hätte nutzen können. Dann bleibt die Zurechnung für den Empfänger ohne messbare Vermögensbelastung.

Die Gruppengesellschaft, deren Gewinn dem Gruppenträger steuerlich zugerechnet wird, wird durch die Zurechnung von einer Steuerlast befreit. Ihr Vermögen ist um die tarifliche Steuer für die übertragenen Gewinne erhöht. Das gilt auch dann, wenn sich bei der Gruppengesellschaft auch ohne die Gewinnzurechnung an den Gruppenträger keine Steuerlast ergeben hätte, weil sie die Gewinne mit eigenen Verlustvorträgen aus vorhergehenden Veranlagungszeiträumen hätte verrechnen können. Auch dann ist ihr Vermögen erhöht, weil die Gruppengesellschaft infolge der Gewinnzurechnung ihren Verlustvortrag, den sie ohne die Gewinnzurechnung für die Neutralisierung ihres Gewinns hätte aufwenden müssen, behält. Nur dann, wenn die Gruppengesellschaft den Gewinn mit Verlusten hätte verrechnen können, die sie infolge der Gewinnzurechnung überhaupt nicht mehr nutzen kann, erlangt sie durch die Ergebniszurechnung keinen Vermögensvorteil. Das ist aber ein eher theoretischer Fall, der erfordern würde, dass die Gruppengesellschaft einen außerordentlichen Gewinn realisiert und durch Zurechnung an den Gruppenträger verliert, zuvor und auch danach aber verlustträchtig ist.

Für den Fall der Zurechnung eines steuerlichen Verlustes ergibt sich das spiegelbildliche Ergebnis: Die Gruppengesellschaft, deren Verlust dem Gruppenträger zugerechnet wird, verliert einen Vermögenswert in Höhe des dem Verlust innewohnenden Steuerminderungspotentials.[434] Etwas anderes gilt nur dann, wenn sie den übertragenen Verlust aller Voraussicht nach mittelfristig nicht mit eigenen Gewinnen hätte verrechnen können.[435] Der Gruppenträger als Zurechnungsempfänger hingegen erhält mit dem steuerlichen Verlust einen Vermögenswert, den er durch periodengleiche Verrechnung sofort realisieren kann oder aber – wenn seine eigenen und zugerechneten Verluste die maximal rücktragbaren bzw. abziehbaren Beträge nach § 10d EStG übersteigen – durch Verlustabzug in späteren Veranlagungszeiträumen. Vermögensneutral bleibt die Verlustzurechnung für ihn nur dann, wenn er die zugerechneten Verluste mittelfristig nicht nutzen kann, weil entweder nicht damit zu rechnen ist, dass er künftig Gewinne in entsprechender Höhe generiert (oder zugerechnet be-

---

434 In diesem Sinne auch *Simon*, DStR 2000, 431 [433]; i. E. ebenso *Witt,* Die Konzernbesteuerung, S. 340; im Zusammenhang mit einer Ausgleichspflicht nach §§ 311 ff. AktG *Vetter* in: *Schmidt/Lutter*, AktG, § 311 Rn. 69.

435 So auch *Simon*, ZGR 2007, 71 [103].

kommt), oder weil seine Verlustvorträge den mittelfristig erwartbaren Gewinn übersteigen.

e) Auswirkungen der steuerlichen Anerkennung von Gruppenbeiträgen auf die Vermögenslage der Beteiligten

Wie Eingangs bereits angesprochen, stellt sich die Frage nach der Vermögensrelevanz der steuerlichen Einkommenszurechnung bei dem Gruppenbeitragsmodell nicht, weil hier kein isoliert steuerlicher Ergebnistransfer von einem Gruppenmitglied an ein anderes erfolgt. Nach der Konzeption des Gruppenbeitragsmodells werden hier vielmehr rechtsverbindliche, klagbare Leistungsansprüche bzw. Verbindlichkeiten in Form der Gruppenbeiträge zwischen den Beteiligten begründet, die von den Beteiligten auch tatsächlich zu erfüllen sind.[436] Mit der Erfüllung dieser Ansprüche durch die Leistung des jeweiligen Gruppenbeitrags kommt es zu einem unmittelbaren und endgültigen Vermögenstransfer zwischen den Beteiligten, dem fraglos Vermögensrelevanz zukommt.

Mit dem Gruppenvertrag als einer Art Rahmenvereinbarung und der Vereinbarung über den für den jeweiligen Veranlagungszeitraum konkret zu leistenden Gruppenbeitrag liegen den Leistungen Rechtsgeschäfte zu Grunde, die einen vollwertigen Rechtsgrund für die Gewährung und das Behaltendürfen der Gruppenbeiträge darstellen. Allerdings sind diese Rechtsgeschäfte unausgewogen, da eine Vertragspartei eine Leistung erbringt, die ohne adäquate Gegenleistung der anderen Vertragspartei bleibt. Den Vereinbarungen liegt kein Leistungsaustausch zu Grunde, der einem Drittvergleich standhielte, von dem also anzunehmen wäre, dass unabhängige Dritte, die in keinem gesellschaftsrechtlichen Sonderverhältnis zueinander stehen, ihn ebenfalls vorgenommen hätten. Nach geltendem Steu-

436 Innerhalb welcher Zeit nach der Vereinbarung eines Gruppenbeitrages dessen tatsächliche Zahlung folgen muss, wird von den Autoren des Gruppenbeitragsmodells offengelassen. Es wird jedoch ausdrücklich der *»Übergang von wirtschaftlicher Leistungsfähigkeit «* als Voraussetzung steuerwirksamer Gruppenbeiträge gefordert und ein *»zeitnaher Übergang von wirtschaftlicher Leistungsfähigkeit«* als Garant für eine maßvolle Aufkommenswirkung der Reform genannt (s. Bericht der Facharbeitsgruppe *»Verlustverrechnung und Gruppenbesteuerung«* vom 15.09.2011, Anlage 7, S. 5 und S. 8). Es ist folglich davon auszugehen, dass Gruppenbeiträge zeitnah zu ihrer Vereinbarung geleistet werden müssen.

errecht handelt es sich bei den Gruppenbeiträgen somit – je nach Richtung des Leistungsflusses – um (verdeckte) Einlagen bzw. (verdeckte) Gewinnausschüttungen.[437] Solche (verdeckten) Einlagen und Gewinnausschüttungen sind de lege lata allerdings einkommensneutral. Sie werden bei der steuerlichen Gewinnermittlung negiert, § 4 Abs. 1 Satz 1 EStG, § 8 Abs. 3 Sätze 1 bis 3 KStG. Der Erhalt einer (verdeckten) Einlage führt für die empfangende Gesellschaft weder zu einer Erhöhung ihres steuerpflichtigen Einkommens, noch zu einer Verringerung etwaig vorhandener Verlustvorträge.[438] Umgekehrt mindert eine von der Gesellschaft erbrachte (verdeckte) Gewinnausschüttung ihr Einkommen nicht.[439] Der Grund für diese Steuerneutralität verdeckter Einlagen und Gewinnausschüttungen liegt darin, dass es sich bei ihnen um außerbetriebliche Vorgänge handelt (Einkommensverwendung),[440] während als steuerpflichtiges Einkommen nur der durch den Betrieb erwirtschaftete Gewinn herangezogen wird. Mithilfe der (verdeckten) Einlagen und Entnahmen wird also die betriebliche von der außerbetrieblichen Sphäre abgegrenzt[441] und ihr Ansatz ver-

---

437 R 40 Abs. 3 KStR formuliert als Voraussetzung für die (verdeckte) Einlage: *»Voraussetzung für die Annahme einer verdeckten Einlage ist stets, dass die Zuwendung des Gesellschafters oder einer ihm nahestehenden Person durch das Gesellschaftsverhältnis veranlasst ist. Die Ursächlichkeit des Gesellschaftsverhältnisses ist nur dann gegeben, wenn ein Nichtgesellschafter bei Anwendung der Sorgfalt eines ordentlichen Kaufmanns den Vermögensvorteil der Gesellschaft nicht eingeräumt hätte, was grundsätzlich durch Fremdvergleich festzustellen ist.«* Entsprechende Anforderungen formuliert H 36 KStR unter Ziffer III. für die Veranlassung einer verdeckten Gewinnausschüttung durch das Gesellschaftsverhältnis. *»Verdeckt«* sind die Einlagen bzw. Gewinnausschüttungen deswegen, weil sie nicht im Rahmen eines Gewinnverwendungsbeschluss nach Maßgabe der einschlägigen Regelungen des Gesellschaftsrechts erfolgen, *Gosch* in: *Gosch*, KStG, § 8 Rn. 146.

438 Da die Einlage das Einkommen nicht erhöhen darf, wird der Gewinn der Gesellschaft (vorbehaltlich der Sonderregelungen zur sog. materiellen Korrespondenz, s. § 8 Abs. 3 Satz 4 KStG) um den Betrag der verdeckten Einlage außerbilanziell korrigiert, s. zur verdeckten Einlage *Watermeyer* in: *Herrmann/Heuer/Raupach u.a.*, EStG/KStG, § 8 KStG Rn. 336 ff.

439 S. für die Entnahme *Musil* in: *Herrmann/Heuer/Raupach u.a.*, EStG/KStG, § 4 EStG Rn. 175 und 20, für die offene Gewinnausschüttung *Schallmoser* in: *Herrmann/Heuer/Raupach u.a.*, EStG/KStG, § 8 KStG Rn. 96 sowie für die verdeckte Gewinnausschüttung *ders.* in: *Herrmann/Heuer/Raupach u.a.*, EStG/KStG, § 8 KStG Rn. 204.

440 Zur notwendigen Abgrenzung von Betriebsausgaben und Gewinnausschüttungen im Körperschaftsteuerrecht und zur Berechtigung des Begriffs der Einkommensverwendung auch dort s. *Tipke/Lang,* Steuerrecht, § 11 Rn. 45.

441 *Tipke/Lang,* Steuerrecht, § 9 Rn. 360.

hindert Verzerrungen des steuerlichen Gewinns durch außerbetriebliche Vorgänge.[442] Dieser Grundsatz der Neutralität außerbetrieblicher Vorgänge würde bei Implementierung des Gruppenbeitragsmodells partiell, namentlich für die Gruppenbeitragsleistungen, aufgehoben. Die steuerliche Wirkung des Gruppenbeitragsmodells beruht somit letztlich auf der – prinzipiell systemwidrigen – steuerlichen Anerkennung von Einlagen und Gewinnausschüttungen in Gestalt von Gruppenbeiträgen.

Die steuerliche Anerkennung der Gruppenbeiträge wirkt sich auf das Vermögen der Beteiligten gegenläufig zur Vermögenswirkung der Beitragsleistung selbst aus. Denn ihretwegen stellen Gruppenbeiträge beim Empfänger – wie andere Betriebseinnahmen auch – steuerbare Einkünfte dar und führen beim ihm daher zu einer Steuerlast bzw. zur Minderung steuerlicher Verluste. Der ihm letztlich verbleibende Vermögensvorteil besteht daher (nur) in der Differenz aus dem Gruppenbeitrag und der auf diesen entfallenden Steuern. Diesen Betrag kann man als »netto Gruppenbeitrag« bezeichnen. Für den Leistenden stellt der Gruppenbeitrag eine Betriebsausgabe dar und führt zu einer Minderung der körperschaftsteuerlichen Bemessungsgrundlage und damit zu einer Befreiung von einer Steuerverbindlichkeit.[443] Der Vermögensabfluss durch die Beitragsleistung wird also durch die damit einhergehende Steuererleichterung reduziert und entspricht der Höhe nach ebenfalls dem »netto Gruppenbeitrag«. Bei isolierter Betrachtung der Körperschaftssteuer mit ihrem Einheitstarif in Höhe von 15 % (§ 23 Abs. 1 KStG) fallen die Vermögenswirkungen somit jeweils ca. 15 % geringer aus, als dies nominell der Fall ist.[444] Insofern kommt der steuerlichen Berücksichtigung der Gruppenbeiträge zwar eine Vermögensrelevanz zu, die ihrer Wirkung nach jedoch gegenläufig zu der Vermögensverschiebung durch den Gruppenbeitrag selbst ist und

---

442 Zur sog. Neutralisierungsfunktion von Entnahmen und Einlagen s. *Musil* in: *Herrmann/Heuer/Raupach u.a.*, EStG/KStG, § 4 EStG Rn. 136.

443 Zu einem steuerlichen Verlust kann er hingegen nach der Konzeption des Gruppenbeitragsmodells nicht führen, weil Gruppenbeiträge danach das zu versteuernde Einkommen des leistenden Gruppenmitliedes nicht übersteigen dürfen, Bericht der Facharbeitsgruppe *»Verlustverrechnung und Gruppenbesteuerung«* vom 15.09.2011, Anlage 7 Ziffer 2.4.

444 Außer Betracht gelassen wird hier aus Vereinfachungsgründen der Solidaritätszuschlag i. H. v. 5,5 % der festgesetzten Körperschaftsteuer (§ 4 Satz 1 i. V. m. § 5 Abs. 1 Nr. 1 SolZG) und die Gewerbesteuerbelastung i. H. v. ca. 14 % (bei einem angenommenen Gewerbesteuerhebesatz gem. § 16 GewStG von 400 %). Bezieht man diese mit ein, beträgt der Steuertarif einer Körperschaft ca. 30 %.

daher keine zusätzliche bzw. eigenständige Vermögensverschiebung bewirkt. Im Gegenteil, sie ist geeignet, die Vermögensrelevanz der Gruppenbeitragszahlung auf den »netto Gruppenbeitrag« zu mindern.

2. Die Bedeutung von Kapitalerhaltung, Vermögensbindung und Außenseiterschutz im Kapitalgesellschaftsrecht

Nach dem geltenden Organschaftsrecht kommen nur Kapitalgesellschaften als Organgesellschaften in Betracht.[445] Grund für diese Einschränkung ist, dass nur Kapitalgesellschaften steuerlich intransparent sind, während die Ergebniszurechnung an die Gesellschafter bei Personengesellschaften von Gesetzes wegen erfolgt.[446] Dementsprechend besteht nur bei Kapitalgesellschaften das Bedürfnis für ein Instrument zur Durchbrechung der steuerlichen Intransparenz und zur Ermöglichung einer personenübergreifenden Ergebnisverrechnung.[447] Auch die Reformmodelle sehen folglich als Gruppengesellschaften nur Kapitalgesellschaften vor.[448]

Doch Kapitalgesellschaften sind nicht nur steuerrechtlich intransparent. Auch gesellschaftsrechtlich gilt für Kapitalgesellschaften das sog. Trennungsprinzip, welches besagt, dass sie eine eigene Rechts- und Vermögenssphäre haben, die von derjenigen ihrer Gesellschafter strikt getrennt ist. Vermögensverschiebungen zwischen den Vermögenssphären von Gesellschaft und Gesellschaftern, wie sie nach den Feststellungen unter Ziffer D. I. 1. auch im Rahmen von Gruppenbesteuerungssystemen eintreten würden, sind im Kapitalgesellschaftsrecht nur eingeschränkt zulässig. Diese Restriktionen wären auch bei der Umsetzung eines Reformmodells zu

445 S. §§ 14 Abs. 1 Satz 1, 17 Satz 1 KStG.

446 Anders als die Kapitalgesellschaften im KStG (s. § 1 Abs. 1 Nr. 1 KStG) zählen die Personengesellschaften nicht zu den Steuersubjekten des EStG. Nach § 1 EStG besteht eine Einkommensteuerpflicht nur für natürliche Personen, *Rauch* in: *Blümich*, EStG/KStG/GewStG, § 1 EStG Rn. 66. Auf Ebene der Personengesellschaft werden allerdings die Einkünfte, die den Personengesellschaftern zugerechnet werden, einheitlich und gesondert festgestellt und qualifiziert, um eine gleichmäßig Besteuerung der Personengesellschafter zu erreichen, s. hierzu *Arnhold/Rohner* in: *Gummert*, Münchener Anwalts-Handbuch Personengesellschaftsrecht, § 17 Rn. 77 ff.

447 S. dazu bereits oben Ziffer B. II. 1.

448 S. insofern die Übersicht im Bericht der Facharbeitsgruppe *»Verlustverrechnung und Gruppenbesteuerung«* vom 15.09.2011, Anlage 4, S. 1.

berücksichtigen und sollen daher nachfolgend in ihren Grundzügen dargestellt werden.

a) Kapitalerhaltung nach den §§ 30 und 31 GmbHG

Wegen der Trennung der Vermögenssphäre einer Kapitalgesellschaft von der ihrer Gesellschafter haftet den Gläubigern der Kapitalgesellschaft grundsätzlich nur das Gesellschaftsvermögen, während eine persönliche Haftung der Gesellschafter für die Gesellschaftsschulden ausgeschlossen ist.[449] Notwendiges Gegenstück der Haftungsbegrenzung sind die für das Kapitalgesellschaftsrecht prägenden Grundsätze der Kapitalaufbringung und Kapitalerhaltung, also die Verpflichtung der Gesellschafter ein bestimmtes Grund- oder Stammkapital bei Gründung der Kapitalgesellschaft in diese einzulegen sowie das Verbot dieses Kapital (offen oder verdeckt) an die Gesellschafter zurückfließen zu lassen.[450] § 30 Abs. 1 Satz 1 GmbHG bestimmt insofern: *»Das zur Erhaltung des Stammkapitals erforderliche Vermögen der Gesellschaft darf an die Gesellschafter nicht ausgezahlt werden.«* Flankiert wird die Regelung durch § 31 Abs. 1 GmbHG, welcher klarstellt: *»Zahlungen, welche den Vorschriften des § 30 zuwider geleistet sind, müssen der Gesellschaft erstattet werden.«*

---

449 Sog. Trennungsprinzip, *Hirte,* Kapitalgesellschaftsrecht, Rn. 1.7; einschränkend mit Blick auf die persönliche Haftung der Komplementäre in der KGaA, *Raiser/Veil,* Recht der Kapitalgesellschaften, § 3 Rn. 12. Dennoch entspricht die Haftungsbeschränkung auf das Gesellschaftsvermögen bei Kapitalgesellschaften dem Grundsatz, während sie bei Personengesellschaften die Ausnahme ist, *Bitter* in: *Scholz*, GmbHG, § 13 Rn. 55; *Wilhelm,* Kapitalgesellschaftsrecht, S. 7.

450 BGH, Beschluss vom 16.03.1992 – II ZB 17/91, NJW 1992, 1824 [1825] (für die Kapitalaufbringung); BGH, Urteil vom 24.06.2002 – II ZR 300/00, NJW 2002, 3024 [3025] (für die GmbH); *Bezzenberger,* Das Kapital der Aktiengesellschaft, S. 16 f.; *Hirte,* Kapitalgesellschaftsrecht, Rn. 5.17 und 5.19; *Verse in: Scholz, GmbHG*, § 30 Rn. 2; ebenso mit Verweis auf die Insolvenzantragspflicht der Geschäftsleitung als weiteren notwendigen Ausgleich für die Haftungsbeschränkung BGH, Beschluss vom 20.09.1993 – II ZR 292/91, NJW 1993, 2931 [2933]; BGH, Urteil vom 06.06.1994 – II ZR 292/91, NJW 1994, 2220 [2223]; *Michalski/Funke* in: *Michalski*, GmbHG, § 13 Rn. 306; *Merkt* in: MüKo GmbHG, § 13 Rn. 332; zum ökonomisch notwendigen Ausgleich der Haftungsbeschränkung durch Eigenkapitaleinsatz *Bitter* in: *Scholz*, GmbHG, § 13 Rn. 67; *Bayer in: MüKo AktG*, § 57 Rn. 1; auch das europäische Recht erkennt die Kapitalerhaltung als essentiellen Bestandteil der Verfassung von Aktiengesellschaften an, s. Art. 17 Kapitalrichtlinie, RL 2012/30 EU.

(1) Schutz des zur Erhaltung des Stammkapitals erforderlichen Vermögens

Der in § 30 Abs. 1 Satz 1 GmbHG niedergelegte Grundsatz der Kapitalerhaltung schützt das Vermögen der Gesellschaft, indem er dessen Ausschüttung an die Gesellschafter untersagt, soweit es *»zur Erhaltung des Stammkapitals erforderlich«* ist. Inwieweit das Gesellschaftsvermögen in diesem Sinne *»erforderlich«* ist, wird durch eine Gegenüberstellung der bilanziellen Aktiva und Passiva der Gesellschaft unter Berücksichtigung der für Jahresabschlüsse geltenden Ansatz- und Bewertungsvorschriften des Handelsbilanzrechts ermittelt.[451] Auszahlungen an Gesellschafter sind unzulässig, wenn sich im Ergebnis dieser Gegenüberstellung ergibt, dass durch die jeweilige Auszahlung eine Unterbilanz entstehen oder vertieft würde,[452] wenn also das bilanzielle Reinvermögen der Gesellschaft (ihr Eigenkapital) nicht zur Deckung der satzungsmäßigen Stammkapitalziffer ausreichen würde.[453] Soweit hingegen das Reinvermögen die Stammkapitalziffer übersteigt, ergeben sich aus § 30 und den weiteren Vorschriften des GmbHG keine Ausschüttungsrestriktionen, insbesondere kennt das GmbHG keine formale Vermögensbindung nach aktienrechtlichem Vorbild und kein generelles Verbot »verdeckter Gewinnausschüttungen«.[454]

---

451 *Altmeppen* in: *Altmeppen/Roth*, GmbHG, § 30 Rn. 8 ff.; *Fastrich* in: *Baumbach/Hueck*, GmbHG, § 30 Rn. 13 ff.; *Heidinger* in: *Michalski*, GmbHG, § 30 Rn. 27.

452 *Fastrich* in: *Baumbach/Hueck*, GmbHG, § 30 Rn. 13 und 19; *Römermann*, Münchener Anwaltshandbuch GmbH-Recht, § 6 Rn. 26 f.; mit dem Hinweis darauf, dass eine Vertiefung der Unterbilanz nicht erforderlich ist, sondern dass vielmehr jede Auszahlung bei Bestehen einer Unterbilanz unter das Verbot des § 30 GmbHG fällt; *Verse* in: *Scholz*, GmbHG, § 30 Rn. 52.

453 *Altmeppen* in: *Altmeppen/Roth*, GmbHG, § 30 Rn. 9; *Fastrich* in: *Baumbach/Hueck*, GmbHG, § 30 Rn. 19.

454 *Ekkenga* in: MüKo GmbHG, § 30 Rn. 1 und 82 sowie § 29 Rn. 261. »Verdecke Gewinnausschüttungen«, bspw. in Form unausgewogener Austauschgeschäfte zwischen der GmbH und einzelnen Gesellschaftern, können in einer mehrgliedrigen GmbH jedoch gegen den Gleichbehandlungsgrundsatz verstoßen sowie gegen die Kompetenzordnung des GmbHG, wenn sie entgegen §§ 46 Nr. 1 und 29 GmbHG durch die Geschäftsführung vorgenommen werden, *Ekkenga* in: MüKo GmbHG, § 29 Rn. 262 und 264; *Fastrich* in: *Baumbach/Hueck*, GmbHG, § 29 Rn. 73 und 75; *Heidinger* in: *Michalski*, GmbHG, § 29 Rn. 104; *Hommelhoff* in: *Lutter/Hommelhoff*, GmbHG, § 29 Rn. 48; *Pentz* in: *Rowedder/Schmidt-Leithoff*, GmbHG, § 29 Rn. 164; *Roth* in: *Altmeppen/Roth*, GmbHG, § 29 Rn. 61; *Verse* in: *Scholz*, GmbHG, § 29 Rn. 119 f.

(2) Auszahlung an Gesellschafter

§ 30 Abs. 1 Satz 1 GmbHG begrenzt jedoch nicht jedweden Vermögensabfluss an die Gesellschafter, sondern regelt nur, wann Vermögen an die Gesellschafter *»ausgezahlt«* werden darf. Voraussetzung einer Auszahlung in diesem Sinne ist stets, dass die Leistung von der Gesellschaft (wenn auch infolge einer Einflussnahme durch Gesellschafter) veranlasst worden ist. Eingriffe in das Gesellschaftsvermögen von außen, bspw. durch eine Unterschlagung oder einen Diebstahl, stellen hingegen keine Auszahlung i. S. v. § 30 Abs. 1 Satz 1 GmbHG dar.[455]

Was die möglichen Gegenstände einer Auszahlung angeht, umfasst der Begriff der Auszahlung – obgleich der Wortlaut dies nahelegt – nicht nur Geldzahlungen. Vielmehr kommt als Auszahlung i. S. v. § 30 Abs. 1 Satz 1 GmbHG jede Leistung in Betracht, die bei wirtschaftlicher Betrachtung das Vermögen der Gesellschaft mindert.[456] Neben Geldleistungen sind bspw. auch Vorgänge relevant, in denen die Gesellschaft Sachen oder Rechte überträgt oder Dienst- oder anderweitige Leistungen erbringt.[457] Dabei hängt die Frage, ob das Vermögen der Gesellschaft gemindert wurde, nicht davon ab, ob die Auszahlung zu Veränderungen in der Handelsbilanz der Gesellschaft führt. Insbesondere kann auch die Übertragung von stillen Reserven (bspw. durch die Veräußerung von Vermögensgegenständen zum unter dem Marktwert liegenden Buchwert) eine Auszahlung sein, obwohl sie ohne Auswirkungen auf die bilanzielle Vermögenslage der Gesellschaft bleibt.[458] Die »bilanzielle Betrachtung« kommt erst zum

---

455 *Ekkenga* in: MüKo GmbHG, § 30 Rn. 142; *Habersack* in: *Ulmer/Habersack/Löbbe*, GmbHG, § 30 Rn. 56; *Heidinger* in: *Michalski*, GmbHG, § 30 Rn. 63; *Verse* in: *Scholz*, GmbHG, § 30 Rn. 24; a. A. *Fastrich* in: *Baumbach/Hueck*, GmbHG, § 30 Rn. 64.

456 *Fastrich* in: *Baumbach/Hueck*, GmbHG, § 30 Rn. 33; *Habersack* in: *Ulmer/Habersack/Löbbe*, GmbHG, § 30 Rn. 47; *Heidinger* in: *Michalski*, GmbHG, § 30 Rn. 59; *Römermann,* Münchener Anwaltshandbuch GmbH-Recht, § 6 Rn. 7; *Verse in: Scholz, GmbHG*, § 30 Rn. 18.

457 *Ekkenga* in: MüKo GmbHG, § 30 Rn. 127; *Heidinger* in: *Michalski*, GmbHG, § 30 Rn. 59; *Verse* in: *Scholz*, GmbHG, § 30 Rn. 18.

458 *Altmeppen* in: *Altmeppen/Roth*, GmbHG, § 30 Rn. 13; *Fastrich* in: *Baumbach/Hueck*, GmbHG, § 30 Rn. 37 f.; *Verse* in: *Scholz*, GmbHG, § 30 Rn. 18 und 81; *Vetter* in: *Goette/Habersack*, Das MoMiG in Wissenschaft und Praxis, Rn. 4.16; vgl. insofern auch die Begründung zum RegE des MoMiG, BT-Drucks. 16/6140, S. 41.

Tragen, wenn zu klären ist, ob durch die Auszahlung das Stammkapital der Gesellschaft beeinträchtigt wird.[459]

Empfängerseitig setzt § 30 GmbHG voraus, dass die Leistung – jedenfalls mittelbar[460] – einem Gesellschafter zufließt.[461] Als mittelbarer Zufluss beim Gesellschafter gelten insbesondere Auszahlungen an mit dem Gesellschafter verbundene Unternehmen,[462] wenn der Gesellschafter die Auszahlung veranlasst hat oder einen bestimmenden Einfluss auf das die Auszahlung erhaltende Unternehmen ausüben und dort auf die Leistung zugreifen kann.[463] Zahlungen, die an unternehmensfremde Dritte fließen, sind demgegenüber auch dann nicht kategorisch untersagt, wenn dadurch eine Unterbilanz herbeigeführt oder vertieft wird.[464]

---

459 *Ekkenga* in: MüKo GmbHG, § 30 Rn. 198; *Verse* in: *Scholz*, GmbHG, § 30 Rn. 18.

460 Im Einzelnen umstritten ist, wie weit der Kreis der mittelbaren Zuwendungen an Gesellschafter zu ziehen ist, insbesondere unter welchen Voraussetzungen auch Leistungen an Dritte unter § 30 GmbHG fallen können, s. zu den Fallgruppen und dem Meinungsstand im Einzelnen: *Ekkenga* in: MüKo GmbHG, § 30 Rn. 150 ff.; *Verse* in: *Scholz*, GmbHG, § 30 Rn. 35 ff.

461 *Altmeppen* in: *Altmeppen/Roth*, GmbHG, § 30 Rn. 24 und 30; *Fastrich* in: *Baumbach/Hueck*, GmbHG, § 30 Rn. 23 und 25; *Heidinger* in: *Michalski*, GmbHG, § 30 Rn. 109; *Verse* in: *Scholz*, GmbHG, § 30 Rn. 28; für die Feststellung, ob der Empfänger ein Gesellschafter ist, kommt es – anders als für die Feststellung einer Unterbilanz – nicht auf den Zeitpunkt der eigentlichen Leistungserbringung an, sondern auf den Zeitpunkt, in welchem verbindlich über die Leistung entschieden worden ist, *Altmeppen* in: *Altmeppen/Roth*, GmbHG, § 30 Rn. 25; *Fastrich* in: *Baumbach/Hueck*, GmbHG, § 30 Rn. 23; *Heidinger* in: *Michalski*, GmbHG, § 30 Rn. 112.

462 BGH, Urteil vom 20.03.1986 – II ZR 114/85, NJW-RR 1986, 1293; BGH, Urteil vom 24.09.1990 – II ZR 174/89, NJW 1991, 357 [358]; *Fastrich* in: *Baumbach/Hueck*, GmbHG, § 30 Rn. 26a; *Habersack* in: *Emmerich/Habersack*, Konzernrecht, Anh. § 318 Rn. 26; *Heidinger* in: *Michalski*, GmbHG, § 30 Rn. 174 f.

463 BGH, Urteil vom 31.05.2011 – II ZR 141/09 (*»Dritter Börsengang«*), NJW 2011, 2719 [2723] (für die AG); *Ekkenga* in: MüKo GmbHG, § 30 Rn. 182; *Verse* in: *Scholz*, GmbHG, § 30 Rn. 45 f.

464 *Verse* in: *Scholz*, GmbHG, § 30 Rn. 4; in diesem Verhältnis sind grundsätzlich auch unausgewogene Rechtsgeschäfte zulässig, bspw. Schenkungen.

(3) Auszahlung causa societatis

Dass stets eine Auszahlung an einen Gesellschafter gefordert ist, bedeutet jedoch nicht zugleich, dass jede Zuwendung der GmbH an ihre Gesellschafter verboten wäre, die trotz Unterbilanz erfolgt. Auch die GmbH-Gesellschafter können – wie Dritte – zulässigerweise Leistungen von der Gesellschaft erhalten, selbst wenn hierdurch das gebundene Vermögen der Gesellschaft angegriffen wird. Dies setzt allerdings voraus, dass der Gesellschafter der Gesellschaft im Rahmen dieses Vorganges auch »wie ein Dritter« begegnet. Erfolgt die Zuwendung hingegen aufgrund des Gesellschaftsverhältnisses, also gerade wegen der Gesellschafterstellung des Auszahlungsempfängers (causa societatis), so ist sie verboten.[465] Zur Abgrenzung von Leistungen auf Grund des Gesellschaftsverhältnisses und zulässigen, betrieblich veranlassten Auszahlungen an Gesellschafter wird spätestens seit den Änderungen des § 30 GmbHG durch das MoMiG[466] darauf abgestellt, ob Art und Ausgestaltung des Vorganges so sind, dass er auch zwischen der Gesellschaft und einem fremden Dritten hätte stattfinden können (sog. marktübliches Drittgeschäft).[467] Ist das nicht der Fall, liegt eine Zuwendung »causa societatis« vor, die den Schranken der Kaitalerhaltung unterliegt.[468]

(4) Rechtsfolgen von Verstößen gegen die GmbH-rechtliche Kapitalerhaltung

Wirft man einen Blick auf die Rechtsfolgen von Verstößen gegen die Regeln von Kapitalerhaltung, so wird die Bedeutung einer eingehenden Überprüfung der Reformmodelle auf Kompatibilität mit diesen Regelungen deutlich: Verstöße gegen § 30 Abs. 1 Satz 1 GmbHG führen für die Gesellschaft zu dem Verbot, die betreffende Auszahlung vorzunehmen; im

---

465 *Fastrich* in: *Baumbach/Hueck*, GmbHG, § 30 Rn. 29; *Heidinger* in: *Michalski*, GmbHG, § 30 Rn. 66 ff.

466 Gesetz zur Modernisierung des GmbH-Rechts und zur Bekämpfung von Missbräuchen vom 23.10.2008, BGBl. 2008 I, S. 2026 ff..

467 BGH, Urteil vom 13.11.1995 – II ZR 113/94, NJW 1996, 589 [590]; *Fastrich* in: *Baumbach/Hueck*, GmbHG, § 30 Rn. 29; *Habersack* in: *Ulmer/Habersack/Löbbe*, GmbHG, § 30 Rn. 58; *Verse* in: *Scholz*, GmbHG, § 30 Rn. 19 und 30.

468 *Habersack* in: *Ulmer/Habersack/Löbbe*, GmbHG, § 30 Rn. 58; *Verse* in: *Scholz*, GmbHG, § 30 Rn. 30.

Prozess führen sie zu einer von Amts wegen zu berücksichtigenden Einwendung der Gesellschaft gegen den Auszahlungsanspruch.[469] Sollte die verbotswidrige Auszahlung entgegen dieses Gebotes erfolgen, entstehen Rückerstattungsansprüche der Gesellschaft nach § 31 Abs. 1 GmbHG gegen den oder die Gesellschafter, welche die Auszahlung erhalten haben.[470] Aber auch die anderen Gesellschafter haften nach § 31 Abs. 3 GmbHG, sollte der Auszahlungsempfänger zur Rückgewähr nicht imstande sein. Und schlussendlich haften neben den Gesellschaftern auch die Geschäftsführer nach § 43 Abs. 3 GmbHG gesamtschuldnerisch auf Ersatz der verbotswidrigen Leistung.[471] Sollten einzelne Vorgänge bei der Implementierung oder dem Vollzug eines der vorgeschlagenen Gruppenbesteuerungsmodelle also verbotene Auszahlungen i. S. v. § 30 Abs. 1 Satz 1 GmbHG darstellen, so würde diese Vorschrift im Interesse der Gesellschaftsgläubiger einen Vollzug dieses Vorganges verbieten und der Gesellschaft Ansprüche auf Rückerstattung der ausgezahlten Vermögenswerte gegen die Gesellschafter und ggfs. Ersatzansprüche gegen die Geschäftsführer einräumen.

b) Rechtslage in der Aktiengesellschaft

Die Rechtslage nach dem AktG ist insofern mit derjenigen in der GmbH vergleichbar, als auch die AG eine Kapitalgesellschaft und juristische Person mit eigener Rechts- und Vermögenssphäre ist (§ 1 Abs. 1 Satz 1 AktG), für die das Trennungsprinzip gilt. Ihre Aktionäre haften – wie auch Gesellschafter der GmbH – nicht für die Verbindlichkeiten »ihrer« Gesellschaft (§ 1 Abs. 1 Satz 2 AktG) und auch die AG verfügt über eine feste Grundkapitalziffer, der eine Garantiefunktion für die Gesellschaftsgläubiger zukommt. Dieses Grundkapital ist von den Aktionären real aufzubrin-

---

469 Dementsprechend sind die verbotswidrigen Leistungen – zumindest während des Bestehens einer Unterbilanz der GmbH – nicht durchsetzbar, *Verse* in: *Scholz*, GmbHG, § 30 Rn. 117 ff.; *Altmeppen* in: *Altmeppen/Roth*, GmbHG, § 30 Rn. 153; *Ekkenga* in: MüKo GmbHG, § 30 Rn. 282; *Fastrich* in: *Baumbach/Hueck*, GmbHG, § 30 Rn. 67.

470 § 31 Abs. 1 GmbHG. Neben dem/n Auszahlungsempfängern/n haften die weiteren Gesellschafter nach Maßgabe von § 31 Abs. 3 GmbHG.

471 S. hierzu *Verse* in: *Scholz*, GmbHG, § 30 Rn. 117 ff.; *Haas/Ziemons in: Michalski, GmbHG,* § 43 Rn. 216 ff.; *Zöllner/Noack* in: *Baumbach/Hueck*, GmbHG, § 43 Rn. 49 ff.

gen (Kapitalaufbringung) und darf nicht an diese zurückfließen (Kapitalerhaltung).[472] Über diese Gemeinsamkeiten hinaus bestehen allerdings maßgebliche Unterschiede gegenüber dem GmbH-Recht, insbesondere beim Umfang des gebundenen Gesellschaftsvermögens (dazu nachfolgend Ziffer D. I. 2. b) (1)) sowie bei der Rechtslage in Konzernkonstellationen (dazu nachfolgend Ziffer D. I. 2. b) (2)).

(1) Kapitalerhaltung und Vermögensbindung als Ausgangspunkt

Wenngleich dies im aktienrechtlichen Schrifttum zumeist keine gesonderte Erwähnung findet, gilt auch im Aktienrecht der Grundsatz der materiellen Kapitalerhaltung, der das Grundkapital gegen Ausschüttungen an die Aktionäre sperrt.[473] Er ist in § 57 Abs. 1 Satz 1 AktG niedergelegt, wo es heißt: *»Den Aktionären dürfen die Einlagen nicht zurückgewährt werden.«*

Insofern besteht weitgehend ein Gleichlauf zum GmbH-Recht. Allerdings bindet die aktienrechtliche Kapitalerhaltung nicht nur das Grundkapital der AG. Dieses stellt lediglich den »harten Kern« des gebundenen Reservefonds der AG dar, der darüber hinaus auch die gebundenen Rücklagen, namentlich die Kapitalrücklagen i. S. v. § 272 Abs. 2 Nr. 1 bis 3 HGB und die gesetzliche Rücklage nach § 150 Abs. 1 und Abs. 2 AktG umfasst.[474]

Ein weiterer wesentlicher Unterschied gegenüber dem GmbH-Recht besteht darin, dass im AktG über die materielle Kapitalerhaltung hinaus der Grundsatz umfassender Vermögensbindung gilt, nach dem auch freies Vermögen, d. h. Vermögen, dass nach den Grundsätzen der Kapitalerhaltung ausschüttungsfähig ist, nicht an die Gesellschafter ausgezahlt werden darf, solange es nicht als Bilanzgewinn festgestellt und durch Beschluss

---

472 S. hierzu den Überblick über die Regelungen und Instrumente zur Gewährleistung von Kaitalaufbringung und Kapitalerhaltung bei *Heider* in: MüKo AktG, § 1 Rn. 97 sowie *Hüffer/Koch,* Aktiengesetz, § 1 Rn. 10 ff.; zur Einordnung der Kapitalaufbringung und Kapitalerhaltung als unverzichtbares Wesensmerkmal und Gegenstück zur Beschränkung der Haftung auf das Gesellschaftsvermögen s. *Bayer* in: MüKo AktG, § 57 Rn. 1. Die Kapitalerhaltung ist inzwischen auch in Art. 17 Abs. 1 der Kapitalrichtlinie (RL 2012/30 EU) europarechtlich festgeschrieben.

473 S. hierzu ausführlich *Bezzenberger,* Das Kapital der Aktiengesellschaft; S. 16 ff.

474 *Bezzenberger,* Das Kapital der Aktiengesellschaft; S. 20 ff.

der Hauptversammlung zur Ausschüttung bestimmt worden ist.[475] § 57 Abs. 3 AktG regelt insofern: *»Vor Auflösung der Gesellschaft darf unter die Aktionäre nur der Bilanzgewinn verteilt werden.«*

Damit schützt die Norm die Gewinnverwendungskompetenz der Hauptversammlung, stellt die Gleichbehandlung der Aktionäre sicher[476] und untersagt jeden Vermögenstransfer aus dem Gesellschaftsvermögen an die Aktionäre, der außerhalb der ordnungsgemäßen Gewinnverteilung erfolgt und nicht ausnahmsweise gesetzlich zugelassen ist.[477] Im Aktienrecht gilt demnach ein grundsätzliches Verbot von – der steuerrechtlichen Terminologie folgend häufig als »verdeckte Gewinnausschüttungen« bezeichneten –Vermögenszuwendungen der Gesellschaft an die Aktionäre.

(2) Überlagerung durch die §§ 311 ff. AktG

Das Aktienrecht hält in den §§ 311 ff. AktG allerdings Sonderregelungen für den Fall bereit, dass eine Aktiengesellschaft von einem herrschenden Unternehmen abhängig ist, ohne dass diese Abhängigkeit durch einen Beherrschungsvertrag oder eine Eingliederung vermittelt wird. In diesen Fällen sog. faktischer Konzernierung[478] kommen die Regelungen des AktG,

---

475 § 57 Abs. 3 AktG; s. zu dem Begriff und dessen Bedeutung unter Abgrenzung zur Kapitalerhaltung ausführlich *Bezzenberger,* Das Kapital der Aktiengesellschaft, S. 201 ff.; s. hierzu auch *Wiesner* in: MHdG, Band IV, § 16 Rn. 42.

476 *Bezzenberger,* Das Kapital der Aktiengesellschaft, S. 204 f.; *Bayer* in: MüKo AktG, § 57 Rn. 2;*Verse* in: *Scholz*, GmbHG, § 30 Rn. 7.

477 BGH, Urteil vom 31.05.2011 – II ZR 141/09 (*»Dritter Börsengang«*), NJW 2011, 2719 [2720]; BGH, Urteil vom 13.11.2007 – XI ZR 294/07, NZG 2008, 106 [107]; *Bayer* in: MüKo AktG, § 57 Rn. 8; *Cahn/v. Spannenberg* in: *Spindler/Stilz*, AktG, § 57 Rn. 14; *Drygala* in: *Zöllner/Noack*, Köln Komm AktG, § 57 Rn. 18; *Fleischer* in: *Schmidt/Lutter*, AktG, § 57 Rn. 9; *Henze* in: *Hopt/Wiedemann*, Großkommentar AktG, § 57 Rn. 9.

478 Das Gesetz nennt im Rahmen des § 311 AktG lediglich die *»Abhängigkeit«* von einem anderen Unternehmen als Tatbestandsvoraussetzung. Die Abhängigkeit einer AG zieht nach § 18 Abs. 1 Satz 3 AktG allerdings die gesetzliche Vermutung nach sich, dass die AG mit dem herrschenden Unternehmen unter dessen einheitlicher Leitung zusammengefasst ist und daher mit diesem gem. § 18 Abs. 1 Satz 1 AktG einen Konzern bildet, s. zu dieser Vermutungskette *Emmerich* in: *Emmerich/Habersack*, Konzernrecht, § 17 Rn. 5. In Abgrenzung zum Vertragskonzern hat sich für solche, im Wesentlichen durch Beteiligungsverhältnisse vermittelte Unternehmensverbindungen der Begriff des faktischen Konzerns etabliert, vgl. *Emmerich* in: *Emmerich/Habersack*, Konzernrecht,

die ansonsten die Grenzen der Einflussnahme von Aktionären auf die Willensbildung der Gesellschaft sowie die Grenzen ihres Zugriffes auf das Gesellschaftsvermögen festlegen (insbesondere die §§ 57, 62 und 117 AktG sowie die aktienrechtliche Treuepflicht) allenfalls subsidiär zur Anwendung. Sie werden von den §§ 311 ff. AktG als lex specialis verdrängt,[479] welche dem besonderen Schutz des abhängigen Unternehmens, seiner Minderheitsgesellschafter und seiner Gläubiger vor schädlichen Einflussnahmen durch das herrschende Unternehmen dient.[480]

(a) Abhängigkeit als Voraussetzungen für die Anwendung der §§ 311 ff. AktG

Die §§ 311 ff. AktG bilden den Abschnitt des AktG, der mit dem Titel *»Leitungsmacht und Verantwortlichkeit bei Abhängigkeit von einem Unternehmen«* überschrieben ist, ein Titel, der bereits das maßgebliche Tatbestandsmerkmal für die Anwendbarkeit der §§ 311 ff. AktG nennt: die Abhängigkeit einer AG i. S. v. § 17 Abs. 1 AktG.[481]

Der Begriff der Abhängigkeit ist in § 17 AktG rechtsformübergreifend (d. h. auch für die GmbH und andere Kapitalgesellschaften)[482] legaldefiniert. Nach § 17 Abs. 1 AktG liegt Abhängigkeit vor, wenn ein anderes Unternehmen auf ein rechtlich selbständiges Unternehmen einen beherrschenden Einfluss ausüben kann. Diese Abhängigkeit wird gem. § 17

---

§ 18 Rn. 3; *Hüffer/Koch,* Aktiengesetz, § 18 Rn. 3; *Schall* in: *Spindler/Stilz,* AktG, § 18 Rn. 2.

479 BGH, Urteil vom 01.12.2008 – II ZR 102/07, NZG 2009, 107 [108]; *Bezzenberger,* Das Kapital der Aktiengesellschaft, S.326 ff.; *H.F. Müller* in: *Spindler/Stilz,* AktG, § 311 Rn. 63, 64 und 66 f.; *Habersack in: Emmerich/ Habersack, Konzernrecht,* § 311 Rn. 82 ff.; *Hüffer/Koch,* Aktiengesetz, § 311 Rn. 51 f.; *Koppensteiner* in: *Zöllner/Noack*, Köln Komm AktG, § 311 Rn. 161, 164 und 167 ff.

480 S. zum Zweck der Regelung: *Habersack* in: *Emmerich/Habersack*, Konzernrecht, § 311 Rn. 1; *H. F. Müller* in: *Spindler/Stilz*, AktG, § 311 Rn. 1 f.; *Koppensteiner* in: *Zöllner/Noack*, Köln Komm AktG, Vorb. § 311 Rn. 9 ff.

481 *Habersack* in: *Emmerich/Habersack*, Konzernrecht, § 311 Rn. 13; *Koppensteiner* in: *Zöllner/Noack*, Köln Komm AktG, Vorb. § 311 Rn. 25; *Vetter* in: *Schmidt/Lutter*, AktG,§ 311 Rn. 13.

482 S. zum Anwendungsbereich der §§ 15-18 AktG, *Emmerich* in: *Emmerich/ Habersack*, Konzernrecht, § 15 Rn. 5; *Hirschmann* in: *Hölters*, AktG, § 15 Rn. 1; *Koppensteiner* in: *Zöllner/Noack*, Köln Komm AktG, Vorb. § 15 Rn. 11; *Servatius* in: *Michalski*, GmbHG, Konzernrecht Rn. 9.

Abs. 2 AktG widerleglich[483] vermutet, wenn ein Unternehmen im Mehrheitsbesitz eines anderen Unternehmens steht. Damit knüpft das Gesetz an den Befund an, dass der Mehrheitsgesellschafter typischerweise maßgeblichen Einfluss auf das unternehmerische Handeln der Gesellschaft hat. Dies gilt auch für eine AG, obgleich hier – anders als bei einer GmbH[484] – kein unmittelbarer Einfluss des herrschenden Gesellschafters auf Geschäftsführungsentscheidungen des Vorstandes besteht, weil der Vorstand gem. § 76 Abs. 1 AktG die Gesellschaft *»unter eigener Verantwortung [...] zu leiten«* hat und weder gegenüber der Hauptversammlung noch gegenüber dem Aufsichtsrat weisungsgebunden ist.[485] Da jedoch die Hauptversammlung regelmäßig über die Besetzung des Aufsichtsrates beschließt,[486] der wiederum durch eigenen Beschluss den Vorstand bestellt und abberuft,[487] hat der Mehrheitsaktionär einen durch die Aufsichtsratsmitglieder vermittelten Einfluss auf die Auswahl der Vorstandsmitglieder. Und weil sowohl Aufsichtsrats- als auch Vorstandsmitglieder in aller Re-

483 Die Widerlegbarkeit der Vermutung hat zur Folge, dass es sich bei § 17 Abs. 2 AktG letztlich um eine Beweislastregelung handelt. Die Beweislast für die Widerlegung der Abhängigkeitsvermutung trägt, wer die Unabhängigkeit der in Mehrheitsbesitz stehenden Gesellschaft behauptet. Zu Einzelheiten der Abhängigkeitsvermutung und ihrer Widerlegung, *Bayer* in: MüKo AktG, § 17 Rn. 90 ff.

484 Bei Gesellschaften mbH ist es der Gesellschafterversammlung im Zuge ihrer Allzuständigkeit von gesetzes wegen gestattet, der Geschäftsführung unmittelbar bindende Weisungen zu erteilen. Diese Weisungen können sich auch auf die Führung der laufenden Geschäfte, also den Kern des Kompetenzbereichs der Geschäftsführung beziehen, weil die Gesellschafterversammlung als oberstes Gesellschaftsorgan die Kompetenzen der Geschäftsführung an sich ziehen kann, *Liebscher* in: MüKo GmbHG, § 45 Rn. 37 f.; *Römermann* in: *Michalski*, GmbHG, § 46 Rn. 3; *Zöllner* in: *Baumbach/Hueck*, GmbHG, § 46 Rn. 89 und 91.

485 *Spindler* in: MüKo AktG, § 76 Rn. 22; *Fleischer* in: *Spindler/Stilz*, AktG, § 76 Rn. 57 f. Für die Hauptversammlung wird dies durch § 119 Abs. 2 AktG bekräftigt, der klarstellt, dass die Hauptversammlung nur auf Verlangen des Vorstandes über Geschäftsführungsfragen entscheiden kann, *Kubis* in: MüKo AktG, § 119 Rn. 1. Unmittelbare Weisungsbefugnisse bestehen nur im Falle einer durch Abschluss eines Beherrschungsvertrages vermittelten Beherrschung (§ 308 Abs. 1 Satz 1 AktG) oder im Falle der Eingliederung (§ 323 Abs. 1 Satz 1 AktG).

486 § 101 Abs. 1 Satz 1 AktG; Einschränkungen können sich aufgrund satzungsmäßiger Entsendungsrechte gem. § 101 Abs. 2 AktG oder aufgrund von Wahlrechten zugunsten der Arbeitnehmerschaft nach dem MitbestG, dem MontanMitbestGErgG oder dem DrittelbG ergeben.

487 §§ 84, 108 AktG.

gel an dem Erhalt ihrer persönlichen Stellung interessiert sind, besteht eine hohe Wahrscheinlichkeit dafür, dass sie im Rahmen ihrer Amtsausübung den Wünschen des Mehrheitsaktionärs nachkommen (sog. Wahrscheinlichkeit einflusskonformen Handelns).[488] Die Personalhoheit des Mehrheitsaktionärs ist daher ein wirksames Beherrschungsmittel[489] und stellt für die AG den maßgeblichen Anknüpfungspunkt für die Abhängigkeitsvermutung des § 17 Abs. 2 AktG dar.[490]

(b) Unternehmensqualität der Beteiligten

Voraussetzung für die Anwendung der §§ 15 ff. AktG und die dargestellte Vermutungskette ist weiter, dass sowohl die abhängige AG als auch der herrschende Gesellschafter »*Unternehmen*« im aktienrechtlichen Sinne sind. Die Unternehmenseigenschaft der Beteiligten ist gewissermaßen die »Eintrittskarte« in das Konzernrecht der §§ 15 ff. AktG: Nur Unternehmen können *»abhängig«, »herrschend«*, Teil eines *»Konzerns«* im aktienrechtlichen Sinne und Adressaten der Regelungen der §§ 20 f., 291 ff. und 311 ff. AktG sein.[491] Allerdings hat der Gesetzgeber den Begriff des *»Unternehmens«* trotz seiner zentralen Stellung nicht definiert, so dass er durch Rechtsprechung und Lehre konturiert werden musste. Dabei hat sich die Erkenntnis durchgesetzt, dass der Begriff zweckbezogen auszulegen ist.[492] Und da sein Zweck darin besteht, die Grenzen der Anwendbarkeit des Konzernrechts abzustecken, muss die Begriffsbestimmung gewährleisten, dass die konzernrechtlichen Regelungen dort Anwendung finden, wo

---

488 *Bayer* in: MüKo AktG, § 17 Rn. 26 f.; *Hüffer/Koch,* Aktiengesetz, § 17 Rn. 5 m. w. N.

489 *Emmerich* in: *Emmerich/Habersack*, Konzernrecht, § 17 Rn. 5 ff.; *Bayer* in: MüKo AktG, § 17 Rn. 26 f.; *Schall* in: *Spindler/Stilz*, AktG, § 17 Rn. 9 ff.; *Hirschmann* in: *Hölters*, AktG, § 17 Rn. 3; *Hüffer/Koch,* Aktiengesetz, § 17 Rn. 5.

490 *Bayer* in: MüKo AktG, § 17 Rn. 27; *Emmerich* in: *Emmerich/Habersack*, Konzernrecht, § 17 Rn. 6 f.; *Hüffer/Koch,* Aktiengesetz, § 17 Rn. 5.

491 *Bayer* in: MüKo AktG, § 15 Rn. 7; ähnlich auch *Emmerich* in: *Emmerich/ Habersack*, Konzernrecht, § 15 Rn. 4a; *Koppensteiner* in: *Zöllner/Noack*, Köln Komm AktG, § 15 Rn. 9.

492 Vgl. BGH, Urteil vom 13.10.1977 – II ZR 123/76 (*»VEBA/Gelsenberg«*), NJW 1978, 104; *Bayer* in: MüKo AktG, § 15 Rn. 10; *Hirschmann* in: *Hölters*, AktG, § 15 Rn. 4; *Hüffer/Koch, Aktiengesetz*, § 15 Rn. 9; *Schall* in: *Spindler/Stilz*, AktG, § 15 Rn. 10.

sie gebraucht werden, nämlich dann, wenn die Beteiligten einer sog. Konzerngefahr bzw. einem sog. Konzernkonflikt ausgesetzt sind.[493] Eine solche Konzerngefahr besteht immer dann, wenn der beherrschende Gesellschafter einer eigenen unternehmerischen Tätigkeit nachgeht, weil dann der Gleichlauf von Gesellschafter- und Gesellschaftsinteressen gefährdet ist, der bei einer unabhängigen Gesellschaft typischerweise gegeben ist.[494] Wenn nämlich der herrschende Gesellschafter eigene unternehmerische Interessen verfolgt, könnte er versucht sein, seinen Einfluss auf die abhängige Gesellschaft zu Gunsten seiner eigenunternehmerischen Interessen zu missbrauchen.[495] Für den aktienrechtlichen Unternehmensbegriff folgt daraus, dass der herrschende Gesellschafter dann als »Unternehmen« zu qualifizieren ist, wenn er außerhalb seiner Beteiligung an der abhängigen Gesellschaft noch einer anderweitigen unternehmerischen Interessenbindung unterliegt, die nach Art und Umfang die Sorge begründet, er könne ihretwegen seinen Einfluss auf das abhängige Unternehmen zu dessen Nachteil geltend machen.[496]

Während es also für die Unternehmensqualität des herrschenden Unternehmens darauf ankommt, ob ein Konzernkonflikt vorliegt oder nicht, kommt es für die Schutzbedürftigkeit der abhängigen Gesellschaft nicht auf das Vorliegen eines Interessenkonflikts an.[497] Vielmehr kann jede rechtlich verselbständigte Organisationsform ein abhängiges »Unterneh-

493 *Hirschmann* in: *Hölters*, AktG, § 15 Rn. 4; *Schall* in: *Spindler/Stilz*, AktG, § 15 Rn. 10.

494 *Habersack* in: *Emmerich/Habersack*, Konzernrecht, § 311 Rn. 1.

495 Begründung zum Regierungsentwurf des AktG 1965, BT-Drucks. IV/171, S. 229.

496 So die ständige höchstrichterliche Rechtsprechung, s. BGH, Urteil vom 13.10.1977 – II ZR 123/76 (*»VEBA/Gelsenberg«*), NJW 1978, 104 [104 f.]; BGH, Beschluss vom 08.05.1979 – KVR 1/78 (*»WAZ«*), NJW 1979, 2401 [2402]; BGH, Urteil vom 16.09.1985 – II ZR 275/84 (*»Autokran«*), NJW 1986, 188 [189]; BGH, Beschluss vom 17.03.1997 – II ZB 3/96 (*»VW AG«*), NJW 1997, 1855 [1856]; BGH, Urteil vom 18.06.2001 – II ZR 212/99 (*»MLP«*), NJW 2001, 2973 [2973]; *Bayer* in: MüKo AktG, § 15 Rn. 13; *Hüffer/Koch, Aktiengesetz*, § 15 Rn. 10; *Koppensteiner* in: *Zöllner/Noack*, Köln Komm AktG, § 15 Rn. 20; *Schall* in: *Spindler/Stilz*, AktG, § 15 Rn. 13; Einzelheiten sind umstritten, ohne dass hier darauf eingegangen werden müsste, s. zum Meinungsstand und den Einzelheiten *Bayer* in: MüKo AktG, § 15 Rn. 7 ff.; *Koppensteiner* in: *Zöllner/Noack*, Köln Komm AktG, § 15 Rn. 20 ff.

497 *Bayer* in: MüKo AktG, § 15 Rn. 47.

men« sein,[498] gleich ob sie einen Geschäftsbetrieb unterhält oder nicht.[499] Die Anforderungen an die Unternehmenseigenschaft des herrschenden Gesellschafters und der abhängigen Gesellschaft, sind insofern verschieden.[500]

(c) Vorliegen faktischer Konzernierung in Gruppenbesteuerungssystemen

Beleuchtet man nun die Tatbestandsvoraussetzungen der vorgeschlagenen Gruppenbesteuerungssysteme mit Blick auf die Qualität der gesellschaftsrechtlichen Verbundenheit der Beteiligten, so ergibt sich, dass Gruppengesellschaften und Gruppenträger in aller Regel durch ein Abhängigkeitsverhältnis im aktienrechtlichen Sinne verbunden sind. Die steuerliche Gruppe bildet somit einen faktischen Konzern. Denn ebenso wie im geltenden Recht der Organschaft kommt es auch nach den Reformmodellen darauf an, dass die Beteiligten trotz ihrer rechtlichen Selbständigkeit eine wirtschaftliche Einheit bilden.[501] Dabei stellen sowohl die Zurechnungsmodelle als auch das Gruppenbeitragsmodell für die Feststellung der wirtschaftlichen Einheit der Beteiligten – anders als das geltende Recht – nicht maßgeblich auf den Abschluss eines Gewinnabführungsvertrages ab. Sie richten den Fokus vielmehr auf die Beteiligungsstrukturen und sehen hohe Beteiligungsschwellen als maßgeblichen Indikator für die wirtschaftliche Einheit an. So fordern die Zurechnungsmodelle eine Mindestbeteiligungshöhe des Gruppenträgers an jeder Gruppengesellschaft von mindestens 75 %.[502] Im Gruppenbeitragsmodell sind es sogar 95 %.[503] In allen Re-

---

498 *Bayer* in: MüKo AktG, § 15 Rn. 48; *Hüffer/Koch, Aktiengesetz*, § 15 Rn. 19; *Emmerich* in: *Emmerich/Habersack*, Konzernrecht, § 15 Rn. 24.

499 *Bayer* in: MüKo AktG, § 15 Rn. 48; *Emmerich* in: *Emmerich/Habersack*, Konzernrecht, § 15 Rn. 25; *Hüffer/Koch, Aktiengesetz*, § 15 Rn. 19; *Koppensteiner* in: *Zöllner/Noack*, Köln Komm AktG, § 15 Rn. 86; so zumindest auch für Kapitalgesellschaften *Schall* in: *Spindler/Stilz*, AktG, § 15 Rn. 14.

500 *Bayer* in: MüKo AktG, § 15 Rn. 11; *Hüffer/Koch, Aktiengesetz*, § 15 Rn. 9; *Koppensteiner* in: *Zöllner/Noack*, Köln Komm AktG, § 15 Rn. 17; *Schall* in: *Spindler/Stilz*, AktG, § 15 Rn. 12.

501 S. zum Erfordernis der wirtschaftlichen Einheit bereits oben Ziffer B. I. 1.

502 S. zu den Beteiligungsschwellen und den jeweiligen Begründungen oben Ziffer C. III. 2.

503 S. zu der Beteiligungsschwelle im Gruppenbeitragsmodell sowie zu deren Begründung oben Ziffer C. III. 3. Die Beteiligungsquoten beziehen sich dabei

formmodellen halten die Gruppenträger folglich zwingend qualifizierte Mehrheitsbeteiligungen an den Gruppengesellschaften, was nach § 17 Abs. 2 AktG die Vermutung der Abhängigkeit der Gruppengesellschaften von den Gruppenträgern begründet.

Zudem stellen alle Gesellschaften, die als Gruppenmitglieder in Betracht kommen auch »Unternehmen« im aktienrechtlichen Sinne dar: Für die Gruppenträger folgt dies zwar nicht bereits aus ihrer Eigenschaft als »gewerbliche Unternehmen«,[504] weil sich der steuerliche Begriff des gewerblichen Unternehmens und der aktienrechtliche Unternehmensbegriff nicht decken.[505] Ihre Unternehmensstellung ergibt sich aber aus dem Ziel der Gruppenbesteuerung, eine phasengleiche Gewinn- und Verlustverrechnung zwischen Gruppenträger und Gruppengesellschaften zu ermöglichen.[506] Denn diese Möglichkeit ist für einen Gruppenträger nur von Interesse, wenn er neben den Erträgen aus der Beteiligung an der Gruppengesellschaft über mindestens eine weitere Einkommensquelle verfügt, deren Ergebnis er steuerwirksam mit dem Beteiligungsertrag aus der Gruppengesellschaft verrechnen will.[507] Es kann daher davon ausgegangen werden, dass der Gruppenträger entweder einer eigenen wirtschaftlichen Tätigkeit nachgeht oder Mehrheitsbeteiligungen an weiteren Gesellschaften hält, die er ebenfalls in die steuerliche Gruppe einbeziehen will (Holdinggesellschaft). In beiden Fällen wäre der Gruppenträger nach Maßgabe der o. g. Qualifikationsmerkmale ein (herrschendes) *»Unternehmen«* i. S. d.

---

sowohl beim Zurechnungs- als auch beim Gruppenbeitragsmodell jeweils sowohl auf das Nennkapital als auch die Stimmrechte, s. die Übersicht über die Tatbestandsmerkmale der Gruppenbesteuerungsmodelle, Bericht der Facharbeitsgruppe *»Verlustverrechnung und Gruppenbesteuerung«* vom 15.09.2011, Anlage 4.

504 S. zu der Voraussetzung einer gewerblichen Tätigkeit der Gruppenträger die Übersicht im Bericht der Facharbeitsgruppe *»Verlustverrechnung und Gruppenbesteuerung«* vom 15.09.2011, dort Anlage 4 S. 2. Zur Bedeutung des Begriffs des gewerblichen Unternehmens und dem Regelungszusammenhang s. oben Ziffer B. II. 1. b).

505 Insbesondere kennt das Steuerrecht Rechtsträger, die kraft ihrer Rechtsform stets gewerbliche Einkünfte generieren (s. für Kapitalgesellschaften § 8 Abs. 2 KStG, § 2 Abs. 2 GewStG sowie für die sog. gewerblich geprägten Personengesellschaften § 15 Abs. 3 Nr. 2 EStG), während die Rechtsform allein nichts über die Qualifikation als »herrschendes Unternehmen« aussagt.

506 S. dazu oben Ziffer B. I. 4.

507 S. zu der interpersonalen Gewinn- und Verlustverrechnung als zentrale Rechtsfolge der Organschaft bereits oben, Ziffer B. II. 3.

§§ 15 ff. AktG.[508] Und da die Gruppengesellschaften stets Kapitalgesellschaften[509] und juristische Personen sind, was für eine Qualifikation als abhängiges Unternehmen ausreicht (s. o.), stellen auch sie (abhängige) Unternehmen im aktienrechtlichen Sinne dar.

Folglich ist eine AG, die als Gruppengesellschaft in eines der vorgeschlagenen Gruppenbesteuerungsmodelle einbezogen werden soll, stets ein abhängiges Unternehmen im aktienrechtlichen Sinne. Und eine AG, die als Gruppenträger in einem der Reformmodelle fungiert, ist stets ein herrschendes Unternehmen. Der Anwendungsbereich der §§ 311 ff. AktG ist somit eröffnet.

Die Anwendbarkeit der §§ 311 ff. AktG wäre allenfalls ausgeschlossen, wenn es den Beteiligten gelänge, die Abhängigkeitsvermutung des § 17 Abs. 2 AktG zu widerlegen. Weil die Abhängigkeit i. S. v. § 17 AktG aber lediglich die Möglichkeit einer Einflussnahme durch das herrschende Unternehmen voraussetzt, nicht aber das Vorliegen tatsächlicher Beeinflussung,[510] kann die Vermutung des § 17 Abs. 2 AktG nicht allein dadurch widerlegt wird, dass der Mehrheitsaktionär (und Gruppenträger) seine Einflussmöglichkeiten nicht nutzt.[511] Er müsste vielmehr nachweisen, dass er sich seiner maßgeblichen Einflussnahmemöglichkeit, namentlich seiner Personalhoheit, begeben hat.[512] Eine solche Gestaltung ist aber – abgese-

508 Auch für Holdinggesellschaften ist anerkannt, dass diese Unternehmen im Sinne der §§ 15 ff. AktG darstellen, wenn sie mehr als eine (maßgebliche) Unternehmensbeteiligung halten *Bayer* in: MüKo AktG, § 15 Rn. 21; *Emmerich* in: *Scholz*, GmbHG, Anh. § 13, Rn. 16; *Schall* in: *Spindler/Stilz*, AktG, § 15 Rn. 39, jeweils mit Verweis auf die Entscheidung des BGH, Urteil vom 18.06.2001 – II ZR 212/99 (*»MLP«*), NJW 2001, 2973 [2974]; ferner *Emmerich* in: *Emmerich/Habersack*, Konzernrecht, § 15 Rn. 16; *Hüffer/Koch, Aktiengesetz*, § 15 Rn. 11; *Koppensteiner* in: *Zöllner/Noack*, Köln Komm AktG, § 15 Rn. 37 ff.; *Windbichler* in: *Hopt/Wiedemann*, Großkommentar AktG, § 15 Rn. 32 ff. Die von den Gruppenbesteuerungsmodellen vorausgesetzten Beteiligungsquoten von mind. 75 % bzw. 95 % an Kapital und Stimmrechten wären stets »maßgeblich« in diesem Sinne.

509 S. die Übersicht im Bericht der Facharbeitsgruppe *»Verlustverrechnung und Gruppenbesteuerung«* vom 15.09.2011, dort Anlage 4 S. 1.

510 *Schall* in: *Spindler/Stilz*, AktG, § 17 Rn. 8; *Emmerich* in: *Emmerich/Habersack*, Konzernrecht, § 17 Rn. 8; *Bayer* in: MüKo AktG, § 17 Rn. 11.

511 *Bayer* in: MüKo AktG, § 17 Rn. 93; *Emmerich* in: *Emmerich/Habersack*, Konzernrecht, § 17 Rn. 37.

512 *Barz* in: FS Bärmann, S. 185 [189 ff.]; *Emmerich* in: *Emmerich/Habersack*, Konzernrecht, § 17 Rn. 36; *Koppensteiner* in: *Zöllner/Noack*, Köln Komm AktG, § 17 Rn. 100; *Raiser/Veil,* Recht der Kapitalgesellschaften, § 51 Rn. 26;

hen davon, dass sie in der Praxis allgemein selten vorkommen dürfte – im Rahmen von Gruppenbesteuerungssystemen ausgeschlossen. Denn die hierfür erforderliche wirtschaftliche Einheit der Unternehmen setzt ein Mindestmaß an Einflussnahmemöglichkeit des Gruppenträgers auf die Gruppengesellschaften voraus.[513] Die Autoren des IFSt-Modells formulieren insofern:

> »Die steuerliche Ergebniszusammenfassung setzt allerdings voraus, dass die Gruppengesellschaften eine wirtschaftliche Einheit darstellen. Deshalb bedarf es einer finanziellen Eingliederung, die es dem Gruppenträger gesellschaftsrechtlich ermöglicht, die Geschäftspolitik der Gruppengesellschaften zu bestimmen.[171] Insofern muss die Abschaffung des Gewinnabführungsvertrags nach Meinung der Arbeitsgruppe mit einer Heraufsetzung der Beteiligungserfordernisse einhergehen (s. unten These 7), so dass der Gruppenträger seinen Willen bei den übrigen Gruppenmitgliedern, ggf. über den Umweg der Abberufung einer unabhängigen Geschäftsführung, durchsetzen kann.«[514]

Maßgebliche Einflussnahmemöglichkeiten auf die Gruppengesellschaften sind somit zwingende Voraussetzung für die Gruppenbesteuerung,[515] weil »einflusslose« Mehrheitsbeteiligungen als Indiz für die wirtschaftliche Verbundenheit untauglich sind. Die Gruppenbesteuerungsmodelle gehen daher – wie auch die Organschaft[516] – zwingend mit der »Abhängigkeit«

Schall in: *Spindler/Stilz*, AktG, § 17 Rn. 50; *Windbichler in: Hopt/Wiedemann, Großkommentar AktG*, § 17 Rn. 71.

513 Ausführlich zu den für eine Gruppenbesteuerung erforderlichen Beteiligungsquoten *Lampert/Grave*, DStZ 2012, 463 ff.

514 *IFSt-Arbeitsgruppe*, IFSt-Schrift Nr. 471 2011, S. 47. In der im obigen Zitat erwähnten »These 7« des Reformvorschlages heißt es u. a. weiter: *»Bereits eine qualifizierte Mehrheit von mindestens 75 % erlaubt die Durchsetzung von Satzungsänderungen, Beherrschungsverträgen etc. und bringt den Einheitsgedanken damit hinreichend zum Ausdruck«*. Auch hier kommt die Zielsetzung der Beteiligungsquoten zum Ausdruck, maßgebliche Einflussmöglichkeiten des Gruppenträgers auf die Gruppengesellschaften sicherzustellen.

515 Daher beziehen sich die vorausgesetzten Beteiligungsquoten auch jeweils auf die Kapital- und die Stimmrechtsmehrheit, vgl. die Übersicht im Bericht der Facharbeitsgruppe *»Verlustverrechnung und Gruppenbesteuerung«* vom 15.09.2011, dort Anlage 4, S. 4.

516 Die finanzielle Eingliederung gem. § 14 Abs. 1 Satz Nr. 1 KStG setzt voraus, dass der Organträger in der Lage ist, seinen Willen gegenüber der Organgesellschaft durchzusetzen, ständige Rechtsprechung des BFH, statt vieler BFH, Urteil vom 01.12.2010 – XI R 43/08, DStR 2011, 623 [624]; BFH, Urteil vom 22.04.2010 – V R 9/09, DStR 2010, 1277 [1278]; BFH, Urteil vom 22.11.2001 – V R 50/00, NZG 2002, 301; *Förster* in: *Herzig*, Organschaft, S. 89; *Frotscher* in: *Frotscher/Maas*, KStG/GewStG/UmwStG, § 14 KStG Rn. 210,

der Gruppengesellschaften einher und die §§ 311 AktG sind stets anwendbar, wenn eine AG als Gruppengesellschaft in die Gruppe einbezogen wird.

(d) Rechtslage nach den §§ 311 ff. AktG

Die §§ 311 ff. AktG enthalten die im Folgenden dargelegten wesentlichen Regelungen: Zunächst bestimmt § 311 Abs. 1 AktG, dass

> »... ein herrschendes Unternehmen seinen Einfluß nicht dazu benutzen [darf], eine abhängige Aktiengesellschaft oder Kommanditgesellschaft auf Aktien zu veranlassen, ein für sie nachteiliges Rechtsgeschäft vorzunehmen oder Maßnahmen zu ihrem Nachteil zu treffen oder zu unterlassen, es sei denn, daß die Nachteile ausgeglichen werden.«

§ 317 Abs. 1 Satz 1 AktG flankiert die Regelung und schreibt vor:

> »Veranlaßt ein herrschendes Unternehmen eine abhängige Gesellschaft [...] ein für sie nachteiliges Rechtsgeschäft vorzunehmen oder zu ihrem Nachteil eine Maßnahme zu treffen oder zu unterlassen, ohne daß es den Nachteil bis zum Ende des Geschäftsjahrs tatsächlich ausgleicht oder der abhängigen Gesellschaft einen Rechtsanspruch auf einen zum Ausgleich bestimmten Vorteil gewährt, so ist es der Gesellschaft zum Ersatz des ihr daraus entstehenden Schadens verpflichtet.«

Kern der Regelungen ist eine Schadensersatzhaftung des herrschenden Unternehmens für die Veranlassung des abhängigen Unternehmens zu nachteiligen Handlungen ohne Gewähr eines angemessenen Nachteilsausgleichs. Trotz dieses Regelungskerns wird den §§ 311 ff. AktG überwiegend eine Privilegierung des herrschenden Unternehmens entnommen. Dieses »Konzernprivileg« besteht in einer Besserstellung, die die §§ 311 ff. AktG gegenüber der allgemeinen aktienrechtlichen Vermögensbindung für das herrschenden Unternehmens bringen.[517] Denn wo die Vermögensbindung jedwede (auch temporäre) Vermögensverschiebung von der AG auf den Aktionär verbietet und unmittelbar durch Rückge-

---

Neumann in: *Gosch*, KStG, § 14 Rn. 131. Sie läge nicht vor, wenn sich der Gruppenträger in bindender Weise seiner Personalhoheit als maßgeblichem Instrument zur Einflussnahme auf die Gruppengesellschaft begeben hätte.

517 BGH, Urteil vom 26.06.2012 – II ZR 30/11, NZG 2012, 1030 [1032]; BGH, Urteil vom 31.05.2011 – II ZR 141/09 (*»Dritter Börsengang«*), NZG 2011, 829 [834]; BGH, Urteil vom 01.12.2008 – II ZR 102/07, NJW 2009, 850 [852].

währansprüche nach § 62 AktG sanktioniert,[518] lässt § 311 Abs. 1 AktG nachteilige Einflussnahmen zu, wenn nur der daraus resultierende Nachteil *»bis zum Ende des Geschäftsjahrs«* ausgeglichen wird. Zudem suspendiert die Regelung Haftungstatbestände, die sich andernfalls auf Grundlage von § 117 AktG und den aktienrechtlichen Treuepflichten aus einer Einflussnahme zum Nachteil der abhängigen Gesellschaft ergäben.[519] Das Privileg des herrschenden Unternehmens besteht somit in der Möglichkeit, von ihm veranlasste Nachteile zeitlich gestreckt ausgleichen zu können.[520] Dieses Privileg steht und fällt allerdings mit der Möglichkeit, den konkreten Nachteil durch eine Ausgleichsleistung zu kompensieren,[521] sowie mit der Leistung des erforderlichen Ausgleichs nach Maßgabe von § 311 Abs. 2 AktG. Kann der Nachteil per se nicht ausgeglichen werden[522] oder erfolgt der geforderte Ausgleich nicht bzw. nicht rechtzeitig, so ist die Nachteilszufügung rechtswidrig und das herrschende Unternehmen nach § 317 AktG zum Schadensersatz verpflichtet.[523] Indem das Gesetz nach-

---

518 S. dazu oben Ziffer D. I. 2. b) (1).

519 *Bezzenberger,* Das Kapital der Aktiengesellschaft, S. 333 ff.; *Habersack* in: *Emmerich/Habersack*, Konzernrecht, § 311 Rn. 5 und 89; *H. F. Müller* in: *Spindler/Stilz*, AktG, Vorb. § 311 Rn. 67; *Vetter* in: *Schmidt/Lutter*, AktG, § 311 Rn. 4 und 126.

520 *Hüffer/Koch,* Aktiengesetz, § 311 Rn. 4; *Leuering/Goertz* in: *Hölters*, AktG, § 311 Rn. 4; *Wimmer-Leonhardt,* Konzernhaftungsrecht, S. 70; trotz Kritik an dem Begriff des Konzernprivilegs im Ergebnis auch *Altmeppen* in: MüKo AktG, § 311 Rn. 31 f.; *H. F. Müller* sieht das Privileg nicht nur in der Verdrängung der Kapitalerhaltungsregelungen, sondern insbesondere auch in der Außerkraftsetzung allgemeiner Haftungstatbestände, *H. F. Müller* in: *Spindler/Stilz*, AktG, Vorb. § 311 Rn. 2.

521 Die Zufügung von Nachteilen, die mangels Quantifizierbarkeit nicht ausgleichsfähig sind, ist stets rechtswidrig und begründet Schadensersatzpflichten des herrschenden Unternehmens, *Altmeppen* in: MüKo AktG, § 311 Rn. 307; *H. F. Müller* in: *Spindler/Stilz*, AktG, § 311 Rn. 52; *Habersack* in: *Emmerich/Habersack*, Konzernrecht; § 311 Rn. 43; *Hüffer/Koch,* Aktiengesetz, § 311 Rn. 24 und 42.

522 Insbesondere, weil die nachteiligen Wirkungen der Maßnahme nicht vorhersehbar oder nicht quantifizierbar sind, OLG Köln AG 2009, 416 [419]; *Bezzenberger,* Das Kapital der Aktiengesellschaft, S. 343; *Habersack* in: *Emmerich/Habersack*, Konzernrecht, § 311 Rn. 43; *Koppensteiner* in: *Zöllner/Noack*, Köln Komm AktG, § 311 Rn. 56, 89; *H.F. Müller* in: *Spindler/Stilz*, AktG, § 311 Rn. 40.

523 *Bezzenberger,* Das Kapital der Aktiengesellschaft, S. 315 und 343; *Habersack* in: *Emmerich/Habersack*, Konzernrecht, § 317 Rn. 9; *Hüffer/Koch,* Aktiengesetz, § 317 Rn. 4; *Leuering/Goertz* in: *Hölters*, AktG, § 317 Rn. 7; ebenso *Altmeppen* in: MüKo AktG, § 317 Rn. 18 ff.

teilige Einflussnahme zulässt, soweit die Vermögensnachteile rechtzeitig ausgeglichen werden, akzeptiert es die Beeinflussung der abhängigen Gesellschaft im Interesse des herrschenden Unternehmens und erlaubt eine Überlagerung des Eigenwillens der abhängigen Gesellschaft durch den Willen des herrschenden Unternehmens. Voraussetzung hierfür ist aber, dass dies nicht zu Lasten der schützenswerten Interessen der außenstehenden Aktionäre und Gläubiger der abhängigen Gesellschaft geht.[524] Deren Interesse legen die §§ 311 ff. AktG auf die Erhaltung des Vermögens der abhängigen Gesellschaft fest, weswegen das herrschende Unternehmen etwaige Vermögensnachteile seiner Einflussnahmen vollständig zu kompensieren hat.

Neben ihrer privilegierenden Wirkung führen die §§ 311 ff. AktG jedoch auch zu einer Verschärfung der Haftung des herrschenden Unternehmens gegenüber den Regeln der Vermögensbindung.[525] Insbesondere ist der Begriff des Nachteils deutlich weiter gefasst ist, als derjenige der verbotenen Leistung i. S. v. §§ 57 Abs. 1 und Abs. 3, 62 Abs. 1 Satz 1 AktG.[526] Denn während eine aktienrechtlich verbotene Vermögenszuwendung einen Vermögenstransfer von der AG an den Aktionär erfordert,[527] gelten als Nachteilszufügung i. S. v. § 311 Abs. 1 AktG auch Verhaltensweisen, die sich nachteilig auf die AG auswirken ohne jedoch eine Übertragung von Vermögensgegenständen zu beinhalten.[528] Die §§ 311 ff.

524 Eingehend zur Überlagerung des Eigenwillens der abhängigen Gesellschaft und zum Umfang deren geschützten Eigeninteresses *Mülbert,* Aktiengesellschaft, Unternehmensgruppe und Kapitalmarkt, S. 271 ff; s. ferner: *Habersack* in: *Emmerich/Habersack*, Konzernrecht, § 311 Rn. 5; *Hogh,* Die Nachteilsermittlung im Rahmen des § 311 I AktG, S. 9 ff.; *Koppensteiner* in: *Zöllner/Noack*, Köln Komm AktG, Vorb. § 311 Rn. 6.

525 Neben der Haftung wird auch die Kontrolle des herrschenden Unternehmens durch die Regelungen zum Abhängigkeitsbericht verschärft, *Kropff,* NJW 2009, 814 [816].

526 S. dazu oben Ziffer D. I. 2. b) (1).

527 *Bezzenberger,* Das Kapital der Aktiengesellschaft, S. 215; als Vermögenstransfer in diesem Sinne gilt auch die Übernahme einer (Haftungs-) Schuld seitens der AG für ihren Aktionär, obgleich dadurch kein positives Gesellschaftsvermögen an den Aktionär abfließt, vgl. BGH, Urteil vom 31.05.2011 – II ZR 141/09 (*»Dritter Börsengang«*), NJW 2011, 2719 [2720].

528 Zu nennen sind hier insbesondere der Abzug von Geschäftschancen, Personal-, Marktaufteilungs- oder ähnliche Maßnahmen zwischen den beteiligten Unternehmen, vgl. *Bezzenberger,* Das Kapital der Aktiengesellschaft, S. 324 f.; *Habersack* in: *Emmerich/Habersack*, Konzernrecht, § 311 Rn. 51; *ders.* ein-

AktG erfassen daher auch Handlungen, die keinen Einschränkungen durch die Vermögensbindung unterliegen. Zudem wird die Haftung durch weitgehende Beweiserleichterungen zu Lasten des herrschenden Unternehmens verschärft.[529] Und auch rechtsfolgenseitig geht die Schadensersatzpflicht nach § 317 AktG über die Rückgewährpflicht nach § 62 AktG hinaus, da sie der abhängigen Gesellschaft auch Ansprüche auf entgangenen Gewinn und andere Folgeschäden einräumt.[530] Bei nicht ausgleichsfähigen Maßnahmen oder anderen Fällen, in denen die Rechtswidrigkeit der Veranlassung von Vornherein feststeht, kommen sogar Unterlassungsansprüche gegen das herrschende Unternehmen in Betracht.[531]

Soweit das herrschende Unternehmen nach § 317 Abs. 1 AktG zum Schadensersatz verpflichtet ist, haften seine gesetzlichen Vertreter gesamtschuldnerisch neben ihm für den Schaden, § 317 Abs. 3 AktG. Und auch die gesetzlichen Vertreter der abhängigen Gesellschaft können haftbar gemacht werden, wenn sie es unterlassen haben, die Aktionäre der abhängigen Gesellschaft im Rahmen der Erstellung des Abhängigkeitsberichts über die Maßnahme, ihre Nachteiligkeit oder das Fehlen eines angemessenen Ausgleichs zu informieren, § 318 Abs. 1 AktG. Gleiches gilt für die Mitglieder ihres Aufsichtsrates, wenn sie ihre Prüfungspflichten nach § 314 AktG verletzen, § 318 Abs. 2 AktG. Insofern führen nachteilige Maßnahmen ohne angemessenen und fristgemäßen Ausgleich auch zu einer weitgehenden Haftung der Organe der beteiligten Gesellschaften, die unmittelbar von den Aktionären oder Gläubigern der abhängigen Gesellschaft geltend gemacht werden kann.[532]

---

schränkend hinsichtlich Geschäftschancen in: FS Hoffmann-Becking, S. 421 ff.

529 *Kropff*, NJW 2009, 814 [816].

530 *Bezzenberger,* Das Kapital der Aktiengesellschaft, S. 324 f., vgl. auch *Koppensteiner* in: *Zöllner/Noack*, Köln Komm AktG, Vorb. § 311 Rn. 5.

531 S. zu den Voraussetzungen und der Geltendmachung von Unterlassungsansprüchen nach § 317 AktG, *Habersack* in: *Emmerich/Habersack*, Konzernrecht, § 317 Rn. 19 f.; *Altmeppen* in: MüKo AktG, § 317 Rn. 46 ff.

532 § 309 Abs. 4 AktG gilt sowohl bei einer Haftung nach § 317 als auch einer nach § 318 AktG entsprechend und begründet eine Aktivlegitimation der Aktionäre und Gesellschaftsgläubiger, wobei erstere – wenn kein Eigenschaden nach § 317 Abs. 1 Satz 2 AktG vorliegt – nur Prozessstandschafter der Gesellschaft sind und Leistung an diese fordern müssen, § 309 Abs. 4 Sätze 1 und 2 AktG.

(e) Rückausnahme zu Gunsten der allgemeinen Regelungen bei fehlender Veranlassung durch das herrschende Unternehmen

Nach dem Vorstehenden ist in Gruppenbesteuerungskonstellationen somit das Ausgleichsregime der §§ 311 ff. AktG berufen, den Schutz des abhängigen Unternehmens, seiner Aktionäre und seiner Gläubiger zu gewährleisten. Allerdings sind auch Fälle denkbar, in denen das nicht gilt. Denn die §§ 311 ff. AktG schützen nur vor nachteiligen Einflussnamen des herrschenden Unternehmens. Sie setzten also voraus, dass die abhängige AG von dem herrschenden Unternehmen zu einer nachteiligen Maßnahme veranlasst wird.[533] Wenn hingegen Vermögensverschiebungen stattfinden, die nicht von dem herrschenden Unternehmen veranlasst sind, verbleibt es bei der Geltung der allgemeinen Vorschriften zur aktienrechtlichen Vermögensbindung.[534] Dies gilt z. B. bei von der Muttergesellschaft nicht veranlassten Vermögensverschiebungen zwischen Schwestergesellschaften, die eine Haftung der empfangenden Gesellschaft[535] nach den §§ 57, 62 AktG nach sich ziehen können,[536] oder wenn die abhängige Gesell-

533 S. zur Veranlassung, *Habersack* in: *Emmerich/Habersack*, Konzernrecht, § 311 Rn. 22 ff.; *Koppensteiner* in: *Zöllner/Noack*, Köln Komm AktG, § 311 Rn. 2 ff.

534 *Bezzenberger,* Das Kapital der Aktiengesellschaft, S. 329 f.; *Cahn,* Kapitalerhaltung im Konzern, S. 66; *Henze* in: *Hopt/Wiedemann*, Großkommentar AktG, § 57 Rn. 195; indirekt *Koppensteiner* in: *Zöllner/Noack*, Köln Komm AktG, § 311 Rn. 162.

535 Daneben besteht ein auch Rückgewähranspruch gegen die gemeinsame Muttergesellschaft. Aufgrund ihrer Mehrheitsbeteiligung und ihrer daraus resultierenden Zugriffsmöglichkeit auf das Vermögen der empfangenden Gesellschaft, muss sich das herrschende Unternehmen die Leistung an die empfangende Gesellschaft als Leistung an sich zurechnen lassen, BGH, Urteil vom 31.05.2011 – II ZR 141/09 (*»Dritter Börsengang«*), NJW 2011, 2719 [2723]; *Drygala* in: *Zöllner/Noack*, Köln Komm AktG, § 57 Rn. 124; *Fleischer* in: *Schmidt/Lutter*, AktG, § 57 Rn. 31; *Henze* in: *Hopt/Wiedemann*, Großkommentar AktG, § 62 Rn. 22; *Rieckers* in: MHdG, Band IV, § 16 Rn. 73 und 100; differenzierend *Bayer* in: MüKo AktG, § 57 Rn. 124 ff.

536 *Bayer* in: MüKo AktG, § 62 Rn. 23; *Hüffer/Koch,* Aktiengesetz, § 62 Rn. 5. Differenzierend *Cahn/v. Spannenberg* in: *Spindler/Stilz*, AktG, § 57 Rn. 80 sowie *Cahn*, Kapitalerhaltung im Konzern, S. 51 ff., nach denen die Schwestergesellschaft die Leistung nur dann nach §§ 57, 62 AktG zurückzugewähren hat, wenn – was zu vermuten ist – die Vermögenszuwendung durch die gesellschaftsrechtliche Verbindung der Gesellschaften über die gemeinsame Muttergesellschaft begründet ist. Wohl ebenfalls für die Schuldnerschaft der empfangenden Schwestergesellschaft LG München I, Urteil vom 20.11.2003 – 5 HK

schaft der Mutter von sich aus Vermögensvorteile zuwendet. Derartige Fälle dürften allerdings selten vorkommen. Dies gilt insbesondere deswegen, weil im Falle nachteiliger Maßnahmen zu Gunsten eines verbundenen Unternehmens eine tatsächliche Vermutung[537] bzw. der Beweis des ersten Anscheins[538] dafür spricht, dass das abhängige von dem herrschenden Unternehmen zu diesem Verhalten veranlasst wurde. Sollte sich ein reformiertes Gruppenbesteuerungsmodell somit als für eine Gruppengesellschaft nachteilig darstellen, wäre davon auszugehen, dass die entsprechende Gruppengesellschaft durch den (herrschenden) Gruppenträger zur Teilnahme an der steuerlichen Gruppe veranlasst wurde, was zur Anwendbarkeit der §§ 311 ff. AktG führt, sobald eine AG Gruppengesellschaft in einer steuerliche Gruppe nach einem der Reformmodelle ist.

c) Rechtslage im faktischen GmbH-Konzern

Werden Gesellschaften mbH als Gruppengesellschaften in die steuerliche Gruppe einbezogen, so sind auch sie in der Regel als abhängige Unternehmen und der Gruppenträger als herrschendes Unternehmen i. S. v. § 17 Abs. 1 und Abs. 2 AktG anzusehen (s. hierzu oben Ziffer D. I. 2. b) (2) (c)).[539] Diese Abhängigkeit der (Gruppen-) GmbH von ei-

---

O 16543/01; DB 2004, 923 (hier stand die Schwestergesellschaft im Alleineigentum der Mehrheitsaktionärin).

537 *Altmeppen* in: MüKo AktG, § 311 Rn. 90 ff.; *Wimmer-Leonhardt,* Konzernhaftungsrecht, S. 85 f.

538 *Habersack* in: *Emmerich/Habersack*, Konzernrecht, § 311 Rn. 33 ff; *Koppensteiner* in: *Zöllner/Noack*, Köln Komm AktG, § 311 Rn. 10; *H. F. Müller* in: *Spindler/Stilz*, AktG, § 311 Rn. 25; einschränkend mit Verweis auf weitere erforderliche Begleitumstände *Hüffer/Koch,* Aktiengesetz, § 311 Rn. 20.

539 Wegen der Weisungsbefugnis der Gesellschafterversammlung sind im GmbH-Recht besonders hohe Anforderungen an die Widerlegung der Abhängigkeitsvermutung des § 17 Abs. 2 AktG zu stellen. Das herrschende Unternehmen muss nicht nur nachweisen, keine Beschlüsse zu zentralen Gesellschaftsfragen einschließlich der Besetzung/Abberufung der Geschäftsführer herbeiführen zu können, sondern auch, dass es in rechtsverbindlicher Weise an der Ausübung seines Weisungsrechtes gehindert ist, *Casper* in: *Ulmer/Habersack/Löbbe*, GmbHG, Anh. § 77 Rn. 30; *Emmerich in: Scholz, GmbHG*, Anh. § 13 Rn. 19 und 29a; *Koppensteiner/Schnorbus* in: *Rowedder/Schmidt-Leithoff*, GmbHG, Anh. § 52 Rn. 13; *Koppensteiner* in: *Zöllner/Noack*, Köln Komm AktG, § 17 Rn. 124. Dieser Nachweis wird aus den oben in Ziffer D. I. 2. b) (2) (c) genannten Gründen in der steuerlichen Gruppe misslingen.

nem anderen Unternehmen begründet für sie, ebenso wie für eine abhängige AG, die Gefahr einer Einflussnahme des herrschenden Gesellschafters zu Gunsten seiner eigenunternehmerischen Interessen und zu Lasten der abhängigen GmbH und ihrer Gläubiger.[540]

(1) Keine (analoge) Geltung der §§ 311 ff. AktG

Allerdings enthält das GmbHG kein kodifiziertes Recht des faktischen Konzerns nach dem Vorbild der §§ 311 ff. AktG. Diese »Regelungslücke«[541] kann nach der Rechtsprechung[542] sowie der überwiegenden Ansicht in der Literatur[543] wegen der organisationsrechtlichen Unterschiede zwischen der GmbH und der AG auch nicht durch eine entsprechende Anwendung der §§ 311 ff. AktG geschlossen werden. Denn die Weisungsbefugnisse der Gesellschafterversammlung, die noch engere und unmittelbare Abhängigkeit der Geschäftsführung von den GmbH-

---

540 *Schmidt,* Gesellschaftsrecht, S. 1211; *Liebscher* in: MüKo GmbHG, Anh. § 13 Rn. 360. Bei Abhängigkeit einer GmbH ist eine intensive Einflussnahme sogar besonders naheliegend, da der Gesellschafter durch Weisungen unmittelbar Einfluss auf die Geschäftsführung ausüben kann. Die GmbH stellt gewissermaßen die ideale Rechtsform für Konzerntochtergesellschaften dar, *Schmidt,* Gesellschaftsrecht, S. 1210; vgl. auch *Habersack* in: *Emmerich/Habersack,* Konzernrecht, Anh. § 318 Rn. 4; *Liebscher* in: MüKo GmbHG, Anh. § 13 Rn. 362.

541 *Altmeppen* in: MüKo AktG, Vorb. §§ 311 ff. Rn. 78.

542 BGH, Urteil vom 16.09.1985 – II ZR 275/84 (*»Autokran«*), NJW 1986, 188 [190]; BGH, Urteil vom 17.09.2001 – II ZR 178/99 (*»Bremer Vulkan«*), NJW 2001, 3622 [3623]; OLG München, Urteil vom 24.11.2005 – 23 U 3480/05, NZG 2006, 195 [196].

543 *Casper* in: *Ulmer/Habersack/Löbbe*, GmbHG, Anh. § 77 Rn. 54; *Emmerich in: Scholz, GmbHG*, Anh. § 13 Rn. 68 und 75; *Hirte,* Kapitalgesellschaftsrecht, Rn. 8.147 f.; *Hüffer/Koch,* Aktiengesetz, § 311 Rn. 53; *Koppensteiner/Schnorbus* in: *Rowedder/Schmidt-Leithoff*, GmbHG, Anh. § 52 Rn. 57; *Liebscher* in: MüKo GmbHG, Anh. § 13 Rn. 368 ff.; *Maul* in: *Gehrlein/Ekkenga/Simon*, GmbHG, Anh. § 13 Rn. 7; *H. F. Müller* in: *Spindler/Stilz*, AktG, Vorb. §§ 311 ff. Rn. 21; *Habersack* in: *Emmerich/Habersack*, Konzernrecht; Anh. § 318 Rn. 6; *Zöllner/Beurskens* in: *Baumbach/Hueck*, GmbHG, Schlussanh. Rn. 127; einschränkend und für eine Anwendung der §§ 311, 317 AktG auf die Einmann-GmbH, *Servatius* in: *Michalski*, GmbHG, Konzernrecht Rn. 402 ff. für eine Analogie zu den §§ 311 ff. AktG: *Altmeppen* in: *Altmeppen/Roth*, GmbHG, Anh. § 13 Rn. 166 ff. sowie *ders.* in: MüKo AktG, Vorb. §§ 311 ff. Rn. 78 ff.

Gesellschaftern und das Fehlen eines obligatorischen Aufsichtsrates führen dazu, dass die GmbH kein Kontrollorgan hat, das zur Prüfung eines Abhängigkeitsberichtes entsprechend den §§ 312 ff. AktG berufen und geeignet wäre, und verbieten es, dem herrschenden GmbH-Gesellschafter das Privileg eines nachgelagerten Nachteilsausgleichs einzuräumen.[544]

(2) Schädigungsverbot auf Grundlage der Treuepflicht

Stattdessen wird die Lösung des Konzernkonfliktes bei Abhängigkeit einer GmbH in einem Rückgriff auf die – gesteigerte[545] – Treuepflicht des herrschenden Gesellschafters und einem hieraus abgeleiteten Schädigungsverbot gesucht.[546] Diese Treuepflichten des (herrschenden) Gesellschafters sowohl gegenüber der GmbH als auch gegenüber den Mitgesellschaftern erkennt die höchstrichterliche Rechtsprechung bereits seit geraumer Zeit an[547] und zieht sie zur Begründung eines umfassenden Schädigungsverbotes des Mehrheitsgesellschafters heran.[548] Das Schädigungs-

---

544 *Habersack* in: *Emmerich/Habersack*, Konzernrecht; Anh. § 318 Rn. 6; *Hüffer/Koch*, Aktiengesetz, § 311 Rn. 53; *Liebscher* in: MüKo GmbHG, Anh. § 13 Rn. 370 f.; *H. F. Müller* in: *Spindler/Stilz*, AktG, Vorb. §§ 311 ff. Rn. 21.

545 Auf die gesteigerten Einflussmöglichkeiten des herrschenden Gesellschafters folgt eine Erhöhung der von ihm gegenüber der Gesellschaft und den Mitgesellschaftern geschuldeten Treuepflicht, *Casper* in: *Ulmer/Habersack/Löbbe*, GmbHG, Anh. § 77 Rn. 81; Ausdruck dessen ist insbesondere das präventiv wirkende Wettbewerbsverbot des herrschenden Gesellschafters, *Habersack* in: *Emmerich/Habersack*, Konzernrecht, Anh. § 318 Rn. 24.

546 *Casper* in: *Ulmer/Habersack/Löbbe*, GmbHG, Anh. § 77 Rn. 73 und 76 f.; *Emmerich* in: *Scholz*, GmbHG, Anh. § 13 Rn. 68; *Koppensteiner/Schnorbus* in: *Rowedder/Schmidt-Leithoff*, GmbHG, Anh. § 52 Rn. 56; auch die Haftung des herrschenden Gesellschafters für existenzvernichtende Eingriffe ist Teil des Schutzsystems im faktischen GmbH-Konzern, *Maul* in: *Gehrlein/Ekkenga/Simon*, GmbHG, Anh. § 13 Rn. 7, 51; gegen die Annahme eines allgemeinen Schädigungsverbotes hingegen *Hommelhoff*, ZGR 2012, 535 [562 f.].

547 Grundlegend BGH, Urteil vom 05.06.1975 – II ZR 23/74 (*»ITT«*), NJW 1976, 191 [191]; BGH, Urteil vom 16.09.1985 – II ZR 275/84 (*»Autokran«*), NJW 1986, 188 [190]; zur Anerkennung von Treuepflichten gegenüber Mitgesellschaftern ferner BGH, Urteil vom 30.09.1991 – II ZR 208/90, NJW 1992, 368 [369]; BGH, Urteil vom 11.12.2006 – II ZR 166/05, NJW 2007, 917 [917].

548 BGH, Urteil vom 05.06.1975 – II ZR 23/74 (*»ITT«*), NJW 1976, 191 [191]; BGH, Urteil vom 16.09.1985 – II ZR 275/84 (*»Autokran«*), NJW 1986, 188 [190]. Da die Treuepflicht jeden GmbH-Gesellschafter bindet, auch wenn er seine Beteiligung lediglich zu privaten Zwecken bzw. vermögensverwaltend

verbot verbietet dem herrschenden Gesellschafter jedwede Ausnutzung seiner Einflussmöglichkeiten zum Nachteil der Gesellschaft,[549] wobei es keine Rolle spielt, in welcher Form die Einflussnahme stattfindet.[550] Nachteilige Weisungen sind ebenso unzulässig wie nachteilige Gesellschafterbeschlüsse,[551] die Überführung von Geschäftschancen[552] oder die tatsächliche Inanspruchnahme von Sachen oder Rechten der abhängigen Gesellschaft.[553]

Als Maßstab dafür, wann eine Maßnahme als schädlich anzusehen ist, wird die Sorgfalt eines ordentlichen Geschäftsführers herangezogen: eine Maßnahme ist somit schädlich, wenn die Geschäftsführung einer unabhängigen GmbH sie in dieser Form nicht vorgenommen hätte.[554]

---

hält, ist die Unternehmenseigenschaft des herrschenden Gesellschafters keine Voraussetzung für die Geltung des Schädigungsverbotes und dieses ist – anders als die §§ 311 ff. AktG – kein konzernrechtliches Rechtsinstitut, vgl. *Casper* in: *Ulmer/Habersack/Löbbe*, GmbHG, Anh. § 77 Rn. 32; *Maul* in: *Gehrlein/Ekkenga/Simon*, GmbHG, Anh. § 13 Rn. 61; für die Existenzvernichtungshaftung *Dauner-Lieb*, DStR 2006, 2034 [2036 f.].

549 *Decher/Kiefner* in: MHdG, Band III, § 68 Rn. 18; *Emmerich* in: *Scholz*, GmbHG, Anh. § 13 Rn. 71; *Koppensteiner/Schnorbus* in: *Rowedder/Schmidt-Leithoff*, GmbHG, Anh. § 52 Rn. 56; *Maul* in: *Gehrlein/Ekkenga/Simon*, GmbHG, Anh. § 13 Rn. 61.

550 *Liebscher* in: MüKo GmbHG, Anh. § 13 Rn. 417; *Vogt* in: *Prinz/Winkeljohann*, Beck'sches Handbuch der GmbH, § 17 Rn. 310.

551 *Emmerich* in: *Scholz*, GmbHG, Anh. § 13 Rn. 72; *Koppensteiner/Schnorbus* in: *Rowedder/Schmidt-Leithoff*, GmbHG, Anh. § 52 Rn. 56; *Liebscher* in: MüKo GmbHG, Anh. § 13 Rn. 417; *Maul* in: *Gehrlein/Ekkenga/Simon*, GmbHG, Anh. § 13 Rn. 63; zur fehlenden Geltung des Schädigungsverbotes bei Zustimmung aller Gesellschafter zu der konkreten Maßnahme s. u. Ziffer D. I. 2. c) (3).

552 *Casper* in: *Ulmer/Habersack/Löbbe*, GmbHG, Anh. § 77 Rn. 80; *Decher/Kiefner* in: MHdG, Band III, § 68 Rn. 25; *Liebscher* in: MüKo GmbHG, Anh. § 13 Rn. 417; *Lutter/Hommelhoff* in: *Lutter/Hommelhoff*, GmbHG, Anh. § 13 Rn. 39; s. für beispielhafte Fallkonstellationen BGH, Urteil vom 23.09.1985 – II ZR 246/84, NJW 1965, 585 (zur Treuepflicht des Geschäftsführers); BGH, Urteil vom 23.09.1985 – II ZR 257/84, NJW 1965, 584 (zur Treuepflicht des OHG-Gesellschafters).

553 S. weitere Beispiele bei *Casper* in: *Ulmer/Habersack/Löbbe*, GmbHG, Anh. § 77 Rn. 78 ff., bei *Emmerich* in: *Scholz*, GmbHG, Anh. § 13 Rn. 80 ff. sowie bei *Liebscher* in: MüKo GmbHG, Anh.§ 13 Rn. 421 f.

554 Zur Begründung dieses Maßstabes wird zum Teil § 43 Abs. 1 GmbHG herangezogen, s. *Koppensteiner/Schnorbus* in: *Rowedder/Schmidt-Leithoff*, GmbHG, Anh. § 52 Rn. 56; *Lutter/Hommelhoff* in: *Lutter/Hommelhoff*, GmbHG; Anh. § 13 Rn. 39; *Vogt* in: *Prinz/Winkeljohann*, Beck'sches Handbuch der GmbH, § 17 Rn. 313; zum Teil wird auf den Nachteilsbegriff des § 311 AktG abge-

Liegt nach diesen Maßstäben eine schädliche Maßnahme vor, so begründet diese Unterlassungs- und Schadensersatzansprüche der abhängigen Gesellschaft,[555] die von den Minderheitsgesellschaftern im Wege der actio pro socio für die Gesellschaft geltend gemacht werden können.[556] § 249 Abs. 1 BGB ermöglicht unter dem Gesichtspunkt der Naturalrestitution auch die Geltendmachung eines auf Beseitigung oder Rückgängigmachung der schädigenden Maßnahme gerichteten Schadensersatzanspruches.[557] Die Möglichkeit eines nachgelagerten Nachteilsausgleichs, wie nach § 311 Abs. 2 AktG, besteht für den herrschenden GmbH-Gesellschafter nicht.[558] Ob neben der Haftung des herrschenden Gesellschafters selbst eine Haftung seiner Organe (soweit vorhanden) besteht, ist nicht geklärt,[559] allerdings haften die Geschäftsführer der abhängigen Gesellschaft dieser gegenüber, wenn sie Weisungen des beherrschenden Ge-

---

stellt, s. *Emmerich* in: *Scholz*, GmbHG, Anh. § 13 Rn. 73; *Habersack* in: *Emmerich/Habersack*, Konzernrecht, Anh. § 318 Rn. 29; *Liebscher* in: MüKo GmbHG, Anh. § 13 Rn. 418; *Maul* in: *Gehrlein/Ekkenga/Simon*, GmbHG, Anh. § 13 Rn. 63). Aus den unterschiedlichen Ansätzen dürften sich im Ergebnis allerdings keine wesentlichen Unterschiede ergeben, *Liebscher* in: MüKo GmbHG, Anh. § 13 Rn. 419.

555 *Emmerich* in: *Scholz*, GmbHG, Anh. § 13 Rn. 85 ff; *Habersack* in: *Emmerich/Habersack*, Konzernrecht, Anh. § 318 Rn. 30; *Maul* in: *Gehrlein/Ekkenga/Simon*, GmbHG, Anh. § 13 Rn. 64; *Servatius* in: *Michalski*, GmbHG, Konzernrecht Rn. 410 f.; *Vogt* in: *Prinz/Winkeljohann*, Beck'sches Handbuch der GmbH, § 17 Rn. 314.

556 *Decher/Kiefner* in: MHdG, Band III, § 68 Rn. 20; *Emmerich* in: *Scholz*, GmbHG, Anh. § 13 Rn. 87; *Liebscher* in: MüKo GmbHG, Anh. § 13 Rn. 476 ff.; *Raiser/Veil,* Recht der Kapitalgesellschaften, § 61 Rn. 16; ebenso *Habersack* in: *Emmerich/Habersack*, Konzernrecht, Anh. § 318 Rn. 31; *Maul* in: *Gehrlein/Ekkenga/Simon*, GmbHG, Anh. § 13 Rn. 64, die daneben unter bestimmten Voraussetzungen auch das Bestehen eigener Ansprüche der Gesellschafter annehmen. Den Gläubigern der abhängigen Gesellschaft stehen hingegen grds. keine eigenen Ansprüche zu, da sie nicht Adressat der Treuepflicht sind. Allerdings wird z. T. vertreten, dass sie – neben der Möglichkeit, die Ersatzansprüche der abhängigen GmbH zu pfänden und sich überweisen zu lassen – in analoger Anwendung von §§ 317 Abs. 4, 309 Abs. 4 Satz 3 AktG unter den dort genannten Voraussetzungen eigene Ansprüche gegen die Gesellschaft geltend machen können, *Emmerich* in: *Scholz*, GmbHG, Anh. § 13 Rn. 87; *Liebscher* in: MüKo GmbHG, Anh. § 13 Rn. 480.

557 *Emmerich* in: *Scholz*, GmbHG, Anh. § 13 Rn. 86; *Liebscher* in: MüKo GmbHG, Anh. § 13 Rn. 465.

558 *Emmerich* in: *Scholz*, GmbHG, Anh. § 13 Rn. 75 und 68 (m. w. N.).

559 *Liebscher* in: MüKo GmbHG, Anh. § 13 Rn. 469 ff.

sellschafters befolgen, die im Widerspruch zum Schädigungsverbot stehen.[560]

(3) Rechtslage bei der Ein-Personen-GmbH und Verzicht auf die Treuepflicht

Allerdings versagt der Gesellschafts- und Gesellschafterschutz durch die Treuepflicht des Mehrheitsgesellschafters in Fällen der Ein-Personen-GmbH sowie dann, wenn die Mitgesellschafter des herrschenden Gesellschafters die schädigende Maßnahme billigen.

Bei der Ein-Personen-GmbH scheitert der Schutz der Gesellschaft am Fehlen einer Treuebindung des Alleingesellschafters gegenüber »seiner« Gesellschaft. Zwar sind die Rechts- und Vermögenssphären des Alleingesellschafters und »seiner« GmbH – wie auch bei mehrgliedrigen Gesellschaften – strikt zu trennen. Allerdings ist der Alleingesellschafter befugt, den Gegenstand und den Zweck der Gesellschaft jederzeit nach seinem Belieben zu ändern und diese sogar aufzulösen, weswegen die Interessenlage der Gesellschaft derjenigen ihres Alleingesellschafters zwingend nachfolgt.[561] Dieser Interessengleichlauf schließt divergierenden Interessen von GmbH und Alleingesellschafter aus, so dass der GmbH-Alleingesellschafter keiner Treuepflicht gegenüber »seiner« Gesellschaft unterliegt und zu einer Rücksichtnahme auf ihre Belange nicht verpflichtet ist.[562]

Bei schädigenden Maßnahmen, die mit der Zustimmung aller Gesellschafter ergehen, fällt die Treuepflicht deswegen als Regulativ aus, weil

560 *Liebscher* in: MüKo GmbHG, Anh. § 13 Rn. 472 m. w. N.

561 *Merkt* in: MüKo GmbHG, § 13 Rn. 106.

562 BGH, Urteil vom 10.05.1993 – II ZR 74/92, NJW 1993, 1922; BGH, Urteil vom 28.09.1992 – II ZR 299/91, NJW 1993, 193 [194]; *Bayer* in: *Lutter/Hommelhoff*, GmbHG, § 14 Rn. 20 und 29; *Emmerich* in: *Scholz*, GmbHG, § 13 Rn. 38b; *Maul* in: *Gehrlein/Ekkenga/Simon*, GmbHG, § 13 Rn. 38; *Merkt* in: MüKo GmbHG, § 13 Rn. 106; *Pentz* in: *Rowedder/Schmidt-Leithoff*, GmbHG, § 13 Rn. 38; *Raiser/Veil,* Recht der Kapitalgesellschaften, § 61 Rn. 16; *Zöllner/Beurskens* in: *Baumbach/Hueck*, GmbHG, Schlussanh. Rn. 111. Ausführlich zur Abdingbarkeit der Treuepflicht des GmbH-Gesellschafters gegenüber der GmbH, *Winter,* Mitgliedschaftliche Treuebindungen im GmbH-Recht, S. 190 ff. Für die Anerkennung einer eigenständigen Treuepflicht auch des Alleingesellschafters gegenüber der GmbH, *Wimmer-Leonhardt,* Konzernhaftungsrecht, S. 266 ff.

sie zur Disposition der Gesellschafter steht.[563] Die Billigung der jeweiligen Maßnahme durch alle Gesellschafter bewirkt somit eine wirksame Freistellung von ihren gegenseitigen Treuepflichten, die eine Überprüfung der jeweiligen Handlung unter Treuegesichtspunkten ausschließt.

Auch wenn die Treuepflicht als Korrektiv für das Handeln der GmbH-Gesellschafter ausfällt, können der Alleingesellschafter bzw. die einmütig agierenden Gesellschafter einer GmbH dennoch nicht frei mit »ihrer« GmbH verfahren. Denn ihr Handeln unterliegt weiterhin den durch die Kapitalerhaltung gesteckten Grenzen und sie haben zudem ein allgemeines, von den Interessen der Gesellschafter losgelöstes Bestandsinteresses der Gesellschaft zu respektieren. Insofern erkennt der BGH heute in gefestigter Rechtsprechung eine Haftung aus § 826 BGB

> »für missbräuchliche, zur Insolvenz der Gesellschaft führende oder diese vertiefende »kompensationslose" Eingriffe in deren der Zweckbindung zur vorrangigen Befriedigung der Gesellschaftsgläubiger dienendes Gesellschaftsvermögen«[564]

an (sog. »Existenzvernichtungshaftung"), bei der es sich der Sache nach um einen Gläubigerschutz jenseits der Grenzen der Kapitalerhaltung handelt.[565] Allerdings bleibt die Existenzvernichtungshaftung weit hinter dem Schutzniveau des Schädigungsverbots zurück, weil sie erst bei Maßnahmen eingreift, die zur Insolvenzreife der Gesellschaft führen oder eine bereits bestehende Insolvenzreife vertiefen.[566] Eine tiefere Relevanz dieses Rechtsinstituts für die hier zu untersuchenden Gruppenbesteuerungsmodelle ist insofern nicht ersichtlich.

---

563 *Casper* in: *Ulmer/Habersack/Löbbe*, GmbHG, Anh. § 77 Rn. 77; *Koppensteiner/Schnorbus* in: *Rowedder/Schmidt-Leithoff*, GmbHG, Anh. § 52 Rn. 60; *Liebscher* in: MüKo GmbHG, Anh. § 13 Rn. 398 und 405; *Maul* in: *Gehrlein/Ekkenga/Simon*, GmbHG, Anh. § 13 Rn. 61; *Vogt* in: *Prinz/Winkeljohann*, Beck'sches Handbuch der GmbH, § 17 Rn. 312.

564 BGH, Urteil vom 16.07.2007 – II ZR 3/04 (*»Trihotel«*), NJW 2007, 2689 [2690]; BGH, Urteil vom 28.04.2008 – II ZR 264/06 (*»Gamma«*), NJW 2008, 2437 [2438]; BGH, Urteil vom 09.02.2009 - II ZR 292/07 (*»Sanitary«*), NJW 2009, 2127 [2129].

565 *Dauner-Lieb*, DStR 2006, 2034 [2035] mit Verweis auf die Entscheidung BGH, Urteil vom 17.09.2001 – II ZR 178/99 (*»Bremer Vulkan«*), NJW 2001, 3622; vgl. auch *Emmerich* in: *Scholz*, GmbHG, § 13 Rn. 153 ff.; *Raiser* in: *Ulmer/Habersack/Löbbe*, GmbHG, § 13 Rn. 184 ff.

566 *Casper* in: *Ulmer/Habersack/Löbbe*, GmbHG, Anh. § 77 Rn. 131 f.; *Koppensteiner/Schnorbus* in: *Rowedder/Schmidt-Leithoff*, GmbHG, Anh. § 52 Rn. 74; *Lutter/Bayer* in: *Lutter/Hommelhoff*, GmbHG, § 13 Rn. 38; *Maul* in: *Gehrlein/Ekkenga/Simon*, GmbHG, Anh. § 13 Rn. 73.

(4) Keine Überlagerung der Kapitalerhaltungsregeln

Während also das Aktienrecht mit den §§ 311 ff. AktG ein Sonderrecht für den faktischen Konzern vorhält, das die allgemein-aktienrechtlichen Regelungen zu schädigenden Einflussnahmen auf die Gesellschaft und zur Vermögensbindung im Wege der Spezialität verdrängt,[567] gibt es im Recht der GmbH keine solche Spezialität, sondern der Schutz der Gesellschaft, der Minderheitsgesellschafter und der Gläubiger wird durch das allgemeine GmbH-Recht, namentlich die Treuepflicht, realisiert. Dieses Fehlen eines im Rang vorgehenden Rechts des faktischen GmbH-Konzerns führt dazu, dass auch die allgemeinen Regelungen des GmbHG zum Schutz des Stammkapitals in Fällen faktischer Konzernierung uneingeschränkt fortgelten. Wo ein Verstoß gegen die Treuepflicht zugleich einen Verstoß gegen die Kapitalerhaltung darstellt, treten Ansprüche aus §§ 30, 31 Abs. 1 GmbHG somit neben die Ansprüche aufgrund der Treuepflichtverletzung.[568] Diese Konkurrenz ist unproblematisch, weil das GmbH-rechtliche Schädigungsverbot keinen nachgelagerten Ausgleich i. S. v. § 311 Abs. 2 AktG kennt,[569] so dass zwischen Kapitalerhaltung und Schädigungsverbot nicht die Wertungswidersprüche auftauchen, die im Aktienrecht ein Nebeneinander von Vermögensbindung und §§ 311 ff. AktG verbieten.[570]

d) Zwischenergebnis

Der Blick auf die gesellschaftsrechtlichen Rahmenbedingungen hat im Wesentlichen folgende Ergebnisse geliefert:

Da es sich bei den Gruppengesellschaften stets um Kapitalgesellschaften und bei den Gruppenträgern stets um deren Gesellschafter handelt, bilden die gesetzlichen Regelungen zur Kapitalerhaltung und der aktienrecht-

---

567 S. oben Ziffer D. I. 2. b) (2).

568 *Casper* in: *Ulmer/Habersack/Löbbe*, GmbHG, Anh. § 77 Rn. 90; *Emmerich* in: *Scholz*, GmbHG, Anh. § 13 Rn. 83; für Gewinnausschüttungen unter Verstoß gegen Gleichbehandlungs- und Treuepflichten *Pentz* in: *Rowedder/Schmidt-Leithoff*, GmbHG, Anh. § 29 Rn. 164 f. sowie *Hommelhoff* in: *Lutter/Hommelhoff*, GmbHG, § 29 Rn. 48.

569 S. oben Ziffer D. I. 2. b) (2) (d).

570 Hierzu ausführlich *Bezzenberger*, Das Kapital der Aktiengesellschaft, S. 326 ff.

lichen Vermögensbindung für alle Gruppengesellschaften den Ausgangspunkt für die Bestimmung der Grenzen zulässiger Vermögensverschiebungen von den Gruppengesellschaften auf die Gruppenträger.

Modifikationen der durch Kapitalerhaltung und Vermögensbindung vorgezeichneten Grenzen ergeben sich aus dem Umstand, dass die Gruppenmitglieder aufgrund der tatbestandlichen Anforderungen der Reformmodelle und deren steuerrechtlicher Zielsetzung einen faktischen Konzern bilden. Bei Gruppengesellschaften, die als AG oder Kommanditgesellschaft auf Aktien konstituiert sind, führt dies zu einer weitgehenden Überlagerung der aktienrechtlichen Vermögensbindung durch die Regelungen in den §§ 311 ff. AktG.

Für Gesellschaften mbH als Gruppengesellschaften führt die gesellschaftsrechtliche Qualifikation der steuerlichen Gruppe als faktischer Konzern zu keinem Dispens der Kapitalerhaltung nach den §§ 30, 31 GmbHG. Zudem unterliegt der Gruppenträger als Mehrheitsgesellschafter der Gruppengesellschaften mbH einer gesteigerten Treuepflicht gegenüber etwaigen Mitgesellschaftern, die ihn – soweit außenstehende Gesellschafter existieren – einem strikten Schädigungsverbot unterwirft.

3. Zusammenfassende Betrachtung der Vorüberlegungen

Die Analyse zu den Auswirkungen von steuerpflichtigen Gewinnen und steuerlichen Verlusten bzw. Verlustvorträgen auf die Vermögenslage der Steuerpflichtigen unter Ziffer D. I. 1. oben hat gezeigt, dass es in Gruppenbesteuerungskonstellationen zu Vermögensverlagerungen zwischen den Gruppengesellschaften und den Gruppenträgern, aber auch zwischen verschiedenen Gruppengesellschaften kommt. Diese Vermögensverlagerungen erfolgen im Gruppenbeitragsmodell durch die vorgesehenen Gruppenbeiträge. In den Zurechnungsmodellen erfolgen sie durch die Zurechnung der steuerlichen Gewinne bzw. Verluste der Gruppengesellschaften an den Gruppenträger, die zu einer veränderten Allokation von Steuerschulden und Steuerminderungspotentialen führt.

Die Betrachtung der gesellschaftsrechtlichen Rahmenbedingungen unter Berücksichtigung der maßgeblichen Tatbestandsmerkmale der Reformmodelle unter Ziffer D. I. 2. hat gezeigt, dass die Durchführung eines Gruppenbesteuerungssystems möglich sein dürfte, wenn dabei die Grenzen der §§ 311 ff. AktG, der GmbH-rechtlichen Kapitalerhaltung und des GmbH-rechtlichen Schädigungsverbotes nicht überschritten werden, weil andernfalls nicht nur Leistungsverweigerungsrechte und Auszahlungsverbote, sondern auch Unterlassungs- bzw. Beseitigungsansprüche der Beteiligten die Implementierung und Durchführung der Gruppenbesteuerung verhindern könnten.

II. Gesellschaftsrechtliche Maßgaben für die Zurechnungsmodelle

Auf Grundlage der vorstehend herausgearbeiteten Ergebnisse ist im Folgenden zu ermitteln, inwiefern die Durchführung der verschiedenen Reformmodelle mit dem gesellschaftsrechtlichen Rechtsrahmen vereinbar ist. Dabei ist im Ausgangspunkt an den Befund anzuknüpfen, dass nicht nur die Leistung eines Gruppenbeitrags (s. insofern oben Ziffer D. I. 1. e)), sondern auch die Zurechnung eines positiven oder negativen steuerlichen Einkommens an den Gruppenträger in der Regel Auswirkungen auf das Vermögen der Beteiligten hat (s. oben Ziffer D. I. 1. d)). Für die Gruppengesellschaft ist die Zurechnung eines Gewinns im Regelfall wirtschaftlich vorteilhaft, weil der Gewinn dann beim Zurechnungsempfänger (dem Gruppenträger) und nicht bei ihr als steuerpflichtiges Einkommen anfällt. Für den Gruppenträger hingegen ist die Zurechnung eines steuerlichen Verlusts grundsätzlich von Vorteil, weil mit dem Verlust das diesem innewohnende Gewinnverrechnungs- und Steuerminderungspotential auf ihn übergeht. In beiden Fallkonstellationen steht dem Vermögensnachteil bzw. Vermögensabfluss des einen Beteiligten in der Regel ein Vermögensvorteil bzw. Vermögenszuwachs des anderen Beteiligten gegenüber. Es kommt mithin zu einem Vermögenstransfer zwischen Gruppengesellschaft und Gruppenträger. Dieser Transfer erfolgt bei der Verlustzurechnung von der Tochter an die Mutter (»nach oben«) und bei der Gewinnzurechnung von der Mutter an die Tochter (»nach unten«).

Beim Zurechnungsmodell sind allerdings auch Konstellationen denkbar, in denen die Zurechnung für einzelne Beteiligte wirtschaftlich neutral ist:

Im Falle der Verlustzurechnung sind das namentlich die Fälle, in denen

- die Gruppengesellschaft den Verlust mangels positiver Ertragsaussichten auch künftig nicht hätte nutzen können. Hier ist der Vorgang für die Gruppengesellschaft vermögensneutral (Fall 1a).
- der Gruppenträger weder aktuell über verrechenbare Gewinne verfügt, noch in absehbarer Zukunft über solche verfügen wird. Hier bleibt die Zurechnung für den Gruppenträger ohne wirtschaftlichen Effekt (Fall 1b).

Fälle der Gewinnzurechnung bleiben

- für den Gruppenträger ohne (bilanziell) messbaren Vermögenseffekt, wenn er den zugerechneten Gewinn vollständig mit Verlusten/Verlustvorträgen verrechnen kann, die er andernfalls nicht hätte nutzen können (Fall 2a).
- für die Gruppengesellschaft ohne Entlastungswirkung, wenn sie den Gewinn ohne Zurechnung vollständig mit eigenen Verlusten hätte verrechnen können, für die mittelfristig keine anderweitige Verlustnutzungsmöglichkeit absehbar gewesen wäre (Fall 2b).

Die Übersicht zeigt, dass die wirtschaftlich neutralen Fallgestaltungen in der Praxis eine eher untergeordnete Rolle spielen. Fall 2b würde voraussetzen, dass die Gruppengesellschaft einen »außerordentlichen« und singulär bleibenden Gewinn erzielt, obgleich sie in der Vergangenheit defizitär war und auch in der Zukunft (voraussichtlich) keine Gewinne erzielen wird, eine Ausnahmesituation. Im Fall 1b dürfte der Gruppenträger weder aktuell, noch in absehbarer Zukunft Gewinne erwirtschaften, müsste also ohne wirtschaftlichen Erfolg und ohne konkrete Erfolgsaussicht sein. Und in den Fällen 1a und 2a müssten die jeweiligen Gesellschaften sogar in der Vergangenheit einen Verlustüberhang erwirtschaftet haben und zugleich für die Zukunft ohne positive Ertragsprognose bleiben. Solche Konstellationen sind zwar durchaus denkbar. Da jedoch zumindest die dauerhafte Fortführung von Verlustunternehmen der wirtschaftlichen Vernunft widerspricht und ohne Nachschüsse seitens der Gesellschafter zwangsläufig in die Insolvenz führt, können diese Fallgestaltungen als ungewöhnlich betrachtet und daher im Rahmen der nachfolgenden Analyse ausgeklammert werden. Den Regelfall nachhaltiger wirtschaftlicher Betätigung stellen Unternehmen dar, denen – auch wenn sie über Verlustvorträge verfügen oder aktuell defizitär arbeiten – mittelfristig eine positive Ertragsprognose zu bescheinigen ist. Hier aber führt sowohl die Zurechnung eines Gewinns als auch die Zurechnung eines Verlusts für alle Beteiligten zu korrespondierenden Vermögensveränderungen. Nur dieser Regelfall soll den folgenden Betrachtungen zu den Zurechnungsmodellen (s. zu dem Gruppenbeitragsmodell nachfolgende Ziffer D. III.) zu Grunde gelegt werden. Zudem ist die Betrachtung auf die Fälle eines Vermögenstransfers »nach oben« einzugrenzen, weil nur dieser den unter Ziffer D. I. 2. dargestellten gesellschaftsrechtlichen Schranken unterliegt.

Innerhalb der Prüfung der Zurechnungsmodelle auf ihre Vereinbarkeit mit den gesellschaftsrechtlichen Rahmenbedingungen soll zunächst die

Konstellation beleuchtet werden, in der eine AG als Gruppengesellschaft in die steuerliche Gruppe eingebunden wird (nachfolgend Ziffer D. II. 1.), bevor die Rechtslage bei Einbindung einer GmbH als Gruppengesellschaft dargestellt wird (nachfolgend Ziffer D. II. 2.).[571]

1. AG als Gruppengesellschaft

Soll eine Gruppengesellschaft in eines der Zurechnungsmodelle eingebunden werden, so setzen beide Zurechnungsmodelle, sowohl der bayerische Entwurf als auch der des IFSt, einen gemeinsamen Gruppenantrag des Gruppenträgers und der jeweiligen Gruppengesellschaft voraus. Inhaltlich ist der Antrag auf die Begründung einer steuerlichen Gruppe gerichtet, wobei beide Modelle in Anlehnung an die geltende Rechtslage im Organschaftsrecht[572] den fünfjährigen Mindestzeitraum beibehalten wollen. Dementsprechend ist der Antrag für die Beteiligten Gesellschaften insofern bindend, als eine Beendigung der steuerlichen Gruppe innerhalb der ersten fünf Jahre zwar möglich, aber mit dem rückwirkenden Wegfall der Gruppenbesteuerung und entsprechenden Steuerfolgen verbunden ist.[573] Ist ein Antrag gestellt und liegen alle weiteren Tatbestandsmerkmale des jeweiligen Reformmodells vor, insbesondere die entsprechenden Beteiligungsverhältnisse, treten die Rechtsfolgen der Gruppenbesteuerung, allen voran die Ergebniszurechnung von den Gruppengesellschaften an den Gruppenträger, in den darauffolgenden Veranlagungszeiträumen nach

571 Die weiteren denkbaren Gruppengesellschaften SE und KGaA sowie Kapitalgesellschaften, die nach dem Recht eines anderen Mitgliedsstaates der europäischen Union gegründet wurden, werden aufgrund ihrer geringeren wirtschaftlichen Bedeutung nicht gesondert behandelt. Im Falle der KGaA erscheint eine gesonderte Behandlung auch deswegen entbehrlich, weil sie hinsichtlich der Aufbringung und Erhaltung des Grundkapitals (Vermögensbindung) aufgrund der Verweisung in § 278 Abs. 3 AktG den gleichen Regeln unterliegt wie die AG. Gleiches gilt für die §§ 311 ff. AktG, *Bachmann* in: *Spindler/Stilz*, AktG, § 278 Rn. 26; *Hüffer/Koch,* Aktiengesetz, § 278 Rn. 20.

572 S. § 14 Abs. 1 Satz 1 Nr. 3 KStG.

573 S. zu der Mindestvertragslaufzeit des Gewinnabführungsvertrages und den Folgen einer vorzeitigen Beendigung bereits oben Ziffer B. II. 2. b) (3). Der Reformvorschlag des IFSt sieht – wie nach geltendem Recht (§ 14 Abs. 1 Satz 1 Nr. 3 Satz 3 KStG) – die Möglichkeit einer steuerlich unschädlichen vorzeitigen Beendigung vor, wenn hierfür ein »wichtiger Grund« vorliegt, *IFSt-Arbeitsgruppe*, IFSt-Schrift Nr. 471 2011, S. 55. Es ist anzunehmen, dass dies auch unter dem hessischen Zurechnungsmodell gelten soll.

Maßgabe des jeweiligen lex ferenda ein. Im Folgenden ist nun zunächst für als Aktiengesellschaften konstituierte Gruppengesellschaften zu prüfen, inwiefern die Veranlassung zum Gruppenbeitritt durch Stellung des notwendigen Gruppenantrages gesellschaftsrechtlichen Restriktionen unterliegt, wobei die §§ 311 ff. AktG den Prüfungsmaßstab bilden. Abschließend erfolgt eine entsprechende Prüfung auch für die Veranlassung einer Gruppen-AG zum Abschluss eines sogenannten Steuerumlagevertrages, mit dem die Vermögenseffekte der Gruppenbesteuerung auf die Gruppenmitglieder verteilt werden.

a) Begründung der steuerlichen Gruppe als nachteilige Maßnahme nach § 311 Abs. 1 AktG

Die Begründung der steuerlichen Gruppen erfolgt durch die Stellung des Gruppenantrages durch die Gruppengesellschaft und den Gruppenträger und damit durch die Abgabe übereinstimmender Willenserklärungen[574] der Beteiligten, was deren koordiniertes Handeln erfordert. Der gemeinsamen Antragstellung wird daher in aller Regel eine verbindliche zivilrechtliche Vereinbarung zu Grunde liegen. Sowohl diese Vereinbarung als auch die Antragstellung selbst kommen als ein für die Gruppengesellschaft *»nachteiliges Rechtsgeschäft«* bzw. als *»Maßnahme zu ihrem Nachteil«* i. S. v. § 311 Abs. 1 AktG in Betracht.[575]

(1) Maßnahme

§ 311 Abs. 1 AktG erfordert die Vornahme eines Rechtsgeschäfts oder eine Maßnahme des abhängigen Unternehmen, in welchem sich die Veran-

---

574 Die Rechtsnatur von Anträgen im verwaltungsrechtlichen Sinne ist dahingehend geklärt, dass diese als Willenserklärungen des öffentlichen Rechts gelten, *Schmitz* in: *Stelkens/Bonk/Neumann*, VwVfG, § 22 Rn. 15. Auf diese sind die zivilrechtlichen Regelungen über Willenserklärungen entsprechend anwendbar, *Kluth*, Neue Zeitschrift für Verwaltungsrecht 1990, 608 ff.

575 Eine Festlegung, ob der gemeinsame Antrag als Rechtsgeschäft oder als Maßnahme i. S. d. §§ 311 ff. AktG zu werten ist, kann in Ermangelung abweichender Rechtsfolgen (s. dazu nachfolgende Ziffer D. II. 1. a) (1)) dahinstehen. So auch für das IFSt-Modell, *IFSt-Arbeitsgruppe*, IFSt-Schrift Nr. 471 2011, S. 115.

lassung durch das herrschende Unternehmen manifestiert.[576] Dabei differenzieren die §§ 311 ff. AktG hinsichtlich der weiteren Tatbestandsmerkmale und Rechtsfolgen nicht weiter zwischen Rechtsgeschäften und Maßnahmen[577] und der Begriff der Maßnahme kann als Überbegriff angesehen werden.[578] Als Maßnahme i. S. v. § 311 Abs. 1 AktG kommt nach allgemeiner Ansicht jede Geschäftsführungshandlung in Betracht, die Auswirkungen auf die Vermögens- oder Ertragssituation der abhängigen Gesellschaft haben kann.[579]

Hinsichtlich der Auswirkungen auf die Vermögens- oder Ertragssituation des Gruppenbeitritts ist bereits herausgearbeitet worden, dass die steuerliche Ergebniszurechnung als maßgebliche Rechtsfolge der Zurechnungsmodelle Auswirkungen auf das gegenwärtige Vermögen und auf die künftigen Steuerbelastungen der Gesellschaft haben kann. Sie wirkt sich somit auf deren Ertragslage[580] aus. Weitere Vermögensfolgen sind denkbar, wenn die Regelungen der AO zur Haftung der Organgesellschaft für die *»Steuern des Organträgers, für welche die Organschaft zwischen ihnen steuerlich von Bedeutung ist«* (§ 73 Satz 1 AO) beibehalten bzw. auf Gruppengesellschaften übertragen werden.[581] Denn dann kann es zu einer Inanspruchnahme der Gruppengesellschaft für Steuern kommen, die nicht

576 *Habersack* in: *Emmerich/Habersack*, Konzernrecht, § 311 Rn. 37; *H. F. Müller* in: *Spindler/Stilz*, AktG, § 311 Rn. 22.

577 Lediglich für den Inhalt des Abhängigkeitsberichts nach § 312 Abs. 1 AktG ist die Unterscheidung von Bedeutung. S. zu den Anforderungen an die Berichterstattung für Rechtsgeschäfte einer- und sonstige Maßnahmen andererseits *Habersack* in: *Emmerich/Habersack*, Konzernrecht, § 312 AktG Rn. 37 ff.

578 *Leuering/Goertz* in: *Hölters*, AktG, § 311 Rn. 49; *Wimmer-Leonhardt,* Konzernhaftungsrecht, S. 86.

579 *Habersack* in: *Emmerich/Habersack*, Konzernrecht, § 311 Rn. 37; *H. F. Müller* in: *Spindler/Stilz*, AktG, § 311 Rn. 22; *Hüffer/Koch,* Aktiengesetz, § 311 Rn. 23; *Krieger* in: MHdG, Band IV, § 70 Rn. 76; *Leuering/Goertz* in: *Hölters*, AktG, § 311 Rn. 49; *Koppensteiner* in: *Zöllner/Noack*, Köln Komm AktG, § 311 Rn. 14; *Pfeuffer,* Verschmelzungen und Spaltungen als nachteilige Rechtsgeschäfte im Sinne von § 311 Abs. 1 AktG?, S. 69; so i. E. wohl auch *Altmeppen* in: MüKo AktG, § 311 Rn. 82.

580 Der betriebswirtschaftliche Ertragsbegriff umfasst nur die Einnahmeseite eines Unternehmens. Betrachtet man als Ertragslage jedoch die Gegenüberstellung von Erträgen und Aufwendungen, wie sie in der GuV vorgenommen wird, so finden dort auch Steuerbelastungen ihren Niederschlag, vgl. § 275 Abs. 2 und Abs. 3 HGB.

581 S. zur Haftung der Organgesellschaft nach § 73 AO bereits oben Ziffer B. II. 3.

von ihr selbst, sondern von anderen Gruppengesellschaften oder dem Gruppenträger wirtschaftlich verursacht worden sind.[582]

Auch ist die Stellung des Gruppenantrages oder der Abschluss einer Vereinbarung zur Stellung eines solchen Antrages mit dem Gruppenträger eine Geschäftsführungshandlung der Gruppengesellschaft i. S. v. § 311 Abs. 1 AktG. Denn das Erfordernis einer Geschäftsführungshandlung ist nicht dahingehend zu verstehen, dass die jeweilige Maßnahme in Abgrenzung zu Führungs- oder Leitungsaufgaben[583] eine »alltägliche« oder »übliche« Handlung sein müsste.[584] Der Begriff dient auch nicht der Ausgrenzung solcher Maßnahmen aus dem Kreis tauglicher Veranlassungserfolge, für die das Gesetz ein Zustimmungserfordernis der Hauptversammlung vorsieht.[585] Das Erfordernis einer Geschäftsführungshandlung verdeutlicht

---

582 Das geltende Recht sieht keine tatbestandliche Einschränkung dahingehend vor, dass die Organgesellschaft nur für solche Steuern haftet, die sie selbst wirtschaftlich verursacht hat. Ob eine Inanspruchnahme der Organgesellschaft für von anderen Organmitgliedern wirtschaftlich verursachte Steuern ermessensfehlerhaft wäre, ist umstritten. Während die Autoren des IFSt-Modells sich insofern für eine tatbestandliche Beschränkung der Haftung der Gruppengesellschaft auf von ihr verursachte Steuerlasten ausgesprochen haben (*IFSt-Arbeitsgruppe*, IFSt-Schrift Nr. 471 2011, S. 75 f.), sieht das bayerische Zurechnungsmodell diesbezüglich keine Änderungen vor. Für bei der Beendigung der Gruppe anfallende Steuern sieht das bayerische Modell eine gesamtschuldnerische Haftung von Gruppengesellschaft und Gruppenträger vor (s. hierzu den Bericht der Facharbeitsgruppe »Verlustverrechnung und Gruppenbesteuerung«, Anlage 6, S. 8).

583 S. zur Abgrenzung der Leitungsaufgaben von den sonstigen Geschäftsführungsmaßnahmen als besonderer, herausgehobener Teilbereich und zur rechtlichen Bedeutung der Differenzierung für die Delegationsfähigkeit von Aufgaben der Geschäftsleitung *Spindler* in: MüKo AktG, § 76 Rn. 14 ff.

584 S. zur Anwendbarkeit der §§ 311 ff. AktG auch auf Rechtsakte mit organisationsrechtlichem Gehalt *Pfeuffer,* Verschmelzungen und Spaltungen als nachteilige Rechtsgeschäfte im Sinne von § 311 Abs. 1 AktG?.

585 Bspw. kann der Abschluss eines sonstigen Unternehmensvertrages i. S. v. § 292 AktG trotz § 293 Abs. 1 AktG eine Maßnahme i. S. d. § 311 Abs. 1 AktG sein, ebenso wie Geschäftsführungsmaßnahmen, über welche die HV nach § 119 Abs. 2 AktG entscheidet, BGH, Urteil vom 26.06.2012 – II ZR 30/11, NZG 2012, 1030 [1032] (zu § 119 Abs. 2 AktG); *Altmeppen* in: MüKo AktG, § 311 Rn. 119; *H. F Müller* in: *Spindler/Stilz*, AktG, § 311 Rn. 21; *Habersack* in: *Emmerich/Habersack*, Konzernrecht, § 311 Rn. 29; *Wimmer-Leonhardt,* Konzernhaftungsrecht, S. 81; streitig ist hingegen die Einbeziehung von Handlungen zur Umsetzung von Umwandlungen, und zur Vorbereitung von Gewinnverwendungsbeschlüssen oder Auflösungsbeschlüssen in den Kreis tauglicher Maßnahmen, s. zum Streitstand *Altmeppen* in: MüKo AktG, § 311 Rn. 121 ff.; *Hüffer/Koch,* Aktiengesetz, § 311 Rn. 15.

lediglich, dass sich die Veranlassung des herrschenden Unternehmens in einem Verhalten des abhängigen Unternehmens bzw. seiner Vertreter[586] niederschlagen muss und dass die Veranlassungshandlung des herrschenden Aktionärs, insbesondere dessen Stimmabgabe in der Hauptversammlung, für sich genommen noch nicht den Tatbestand § 311 Abs. 1 AktG erfüllt.[587] Der Begriff der Geschäftsführungshandlung ist letztlich so weit gefasst, dass er nur solche Maßnahmen aus dem Schutzbereich der §§ 311 ff. AktG ausgrenzt, bei deren Vornahme gesetzliche Sonderregeln zum Schutz der Gesellschaft, ihrer außenstehenden Aktionäre und ihrer Gläubiger eingreifen, die bei paralleler Anwendung der §§ 311 ff. AktG zu Wertungswidersprüchen führen würden. Das ist insbesondere beim Abschluss eines Beherrschungs- oder Gewinnabführungsvertrages oder bei Eingliederungen der Fall,[588] weil die dann anwendbaren §§ 302 und 322 AktG eine globale Verantwortung der Obergesellschaft für die Verpflichtungen der Untergesellschaft vorsehen, die nicht mit dem System des Einzelausgleichs nach §§ 311 ff. AktG kompatibel ist. Solche gesellschaftsrechtlichen Sonderregelungen werden von den Autoren der Reformmodelle jedoch gerade nicht vorgesehen, weil es ja das erklärte Ziel der Reformbestrebungen ist, isoliert steuerrechtliche Regelungen zu schaffen und die derzeitigen Verschränkungen von Steuer- und Gesellschaftsrecht aufzulösen.[589] Daher fallen Maßnahmen zur Begründung einer steuerlichen Gruppe in den Anwendungsbereich der §§ 311 ff. AktG und die Stellung des

586 *Altmeppen* in: MüKo AktG, § 311 Rn. 86.

587 Insofern unterfallen Hauptversammlungsbeschlüsse, die keiner Umsetzung bedürfen – bspw. die Entlastung des Vorstandes – grundsätzlich nicht dem Ausgleichssystem der §§ 311 ff. AktG, *Habersack* in: *Emmerich/Habersack*, Konzernrecht, § 311 Rn. 30 und 37; *Vetter* in: *Schmidt/Lutter*, AktG, § 311 Rn. 35; str. ist dies für Gewinnverwendungs-, Auflösungs- und Beschlüsse zur Änderung des Unternehmensgegenstandes.

588 H. M.: *Altmeppen* in: MüKo AktG, § 311 Rn. 128; *Habersack* in: *Emmerich/Habersack*, Konzernrecht, § 311 Rn. 29; *Hüffer/Koch,* Aktiengesetz, § 311 Rn. 15; *Koppensteiner* in: *Zöllner/Noack*, Köln Komm AktG, § 311 Rn. 25; *Vetter* in: *Schmidt/Lutter*, AktG, § 311 Rn. 80; *Wimmer-Leonhardt,* Konzernhaftungsrecht, S. 81. Einschränkend *H. F Müller* in: *Spindler/Stilz*, AktG, § 311 Rn. 21 sowie *ders.* in: FS Stilz, S. 433. Zur Anwendbarkeit auf umwandlungsrechtliche Maßnahmen s. *Pfeuffer,* Verschmelzungen und Spaltungen als nachteilige Rechtsgeschäfte im Sinne von § 311 Abs. 1 AktG?, S. 69 ff.

589 S. Bericht der Facharbeitsgruppe *»Verlustverrechnung und Gruppenbesteuerung«* vom 15.09.2011, Anlage 6 Ziffer 2.c), und *IFSt-Arbeitsgruppe*, IFSt-Schrift Nr. 471 2011, S. 38 f.

Gruppenantrages bzw. der Abschluss einer auf die gemeinsame Antragstellung gerichteten Vereinbarung ist eine taugliche *»Maßnahme«* i. S. v. § 311 Abs. 1 AktG.[590]

Dies gälte selbst dann, wenn die Hauptversammlung auf Grund einer Vorstandsvorlage über diese Maßnahme beschließen sollte oder man annehmen wollte, es gäbe eine ungeschriebene Hauptversammlungskompetenz zur Entscheidung über den Gruppenbeitritt.[591] Eine solche ungeschriebene Hauptversammlungskompetenz für die Entscheidung über den Gruppenbeitritt dürfte mit Blick auf die Voraussetzungen, die von der höchstrichterlichen Rechtsprechung hierfür gefordert werden, jedoch nicht vorliegen. Denn ein solcher Übergang der Entscheidungskompetenz von dem Vorstand auf die Hauptversammlung stellt nach der Rechtsprechung des BGH einen Ausnahmefall dar, der nur eintritt, wenn durch die betreffende Handlung ein Zustand herbeigeführt würde, der grundsätzlich einer Satzungsänderung bedarf und zudem wesentliche Eingriffe in die (Vermögens-) Rechte der Aktionäre befürchten lässt.[592] Zwar setzen solche Ausnahmefälle nicht zwingend eine Mediatisierung von Aktionärsrechten voraus, wie sie in den Sachverhalten drohte, die den Leitentscheidungen

590 Hier liegt ein Unterschied in der steuerrechtlichen Ausgangslage gegenüber den Fällen der »Zwangsorganschaft«, zu denen sich der BGH geäußert hat, s. BGH, Urteil vom 01.03.1999 – II ZR 312–97, NJW 1999, 1706; BGH, Urteil vom 22.10.1992 – IX ZR 244/91, NJW 1993, 585. In diesen Fällen, in denen die Organschaft von Gesetzes wegen begründet wurde, fehlte es an einem Handeln der abhängigen Organgesellschaften, das nach den § 311 ff. AktG hätte beurteilt werden können. Die Begründung der Organschaft war dort ein passiver Konzerneffekt, vgl. *Hüttemann*, ZHR 2007, 451 [469]. Die zivil- und konzernrechtliche Bewertung des BGH bezog sich daher nicht auf die Begründung der Organschaft, sondern ausschließlich auf die vereinbarten/veranlassten Umlagezahlungen.

591 In diesem Sinne äußert sich der Bericht der Facharbeitsgruppe *»Verlustverrechnung und Gruppenbesteuerung«* vom 15.09.2011, S. 127; demgegenüber wird für das österreichische Recht die Verpflichtung der Geschäftsleitung zur Einholung einer zustimmenden Entscheidung der Aktionäre verneint, weil sich durch den Gruppenbeitritt zwar die Höhe des Bilanzgewinns ändern kann, der Gewinn als solcher – anders als bei Abschluss eines Gewinnabführungsvertrages – aber bei der Gesellschaft verbleibt und auch das Gewinnbezugsrecht der Aktionäre dem Grunde nach nicht tangiert wird, *Artmann/Lux* in: *Quantschnigg*, Gruppenbesteuerung, S. 299 f.; ebenso *Reich-Rohrwig* in: *Wiesner/Kirchmayr/Mayr*, Die neue Gruppenbesteuerung, S. 304 ff.

592 BGH, Urteil vom 26.04.2004 – II ZR 155/02 (»*Gelatine*«), NJW 2004, 1860 ff.; BGH, Urteil vom 25.02.1982 – II ZR 174/80 (»*Holzmüller*«), NJW 1982, 1703 ff.

des BGH zu den ungeschriebenen Hauptversammlungskompetenzen zu Grunde lagen.[593] Dennoch erfüllt der Beitritt zu einer steuerlichen Gruppe nach dem Zurechnungsmodell diese Anforderungen nicht. Denn die Zurechnung des steuerlichen Einkommens ist zwar vermögensrelevant, betrifft aber nicht die Grundlagen, welche die Gesellschaft für die Verfolgung ihres Gesellschaftszwecks und ihren wirtschaftlichen Erfolg benötigt. Sie führt zudem nicht zu einer Verschiebung von Organkompetenzen, weswegen dem Gruppenbeitritt die (organisationsrechtliche) Tragweite fehlt, die für die Annahme einer ungeschriebenen Hauptversammlungskompetenz erforderlich wäre.

(2) Auf Veranlassung des herrschenden Unternehmens

Einen Zusammenhang zwischen dem Einfluss des herrschenden Unternehmens und einer Maßnahme der abhängigen Gesellschaft kann es nur geben, wenn das herrschende Unternehmen seinen Einfluss dazu benutzt, die abhängige Gesellschaft zu dieser Maßnahme *»zu veranlassen«*. Dabei ist in Rechtsprechung und Schrifttum anerkannt, dass an die Form der Veranlassung keine hohen Anforderungen gestellt werden dürfen. Allgemein wird dahingehend formuliert, dass *jede Form der Einflussnahme ausreiche, unerheblich davon, ob sie in Gestalt* eines Ratschlags, einer Anregung, einer Weisung oder anderweitig erfolgt.[594] Es kommt weder darauf an, ob die Veranlassung einzelfallbezogen oder abstrakt-generell in Art einer Richtlinie ausgestaltet ist,[595] noch darauf, ob sie formell oder informell erfolgt.[596] Diesem weiten Verständnis der Veranlassung ist zuzustimmen. Eine Forderung nach einer »verbindlichen« Veranlassungshand-

---

593 S. hierzu *Hoffmann* in: *Spindler/Stilz*, AktG, § 119 Rn. 29.

594 LG Köln, AG 2008, 327 [331]; LG Bonn, AG 2005, 542 [543]; *Altmeppen* in: MüKo AktG, § 311 Rn. 76; *Habersack* in: *Emmerich/Habersack*, Konzernrecht, § 311 Rn. 23; *Hüffer/Koch,* Aktiengesetz, § 311 Rn. 13; *Koppensteiner* in: *Zöllner/Noack*, Köln Komm AktG, § 311 Rn. 3; *Krieger* in: MHdG, Band IV, § 70 Rn. 77; *Leuering/Goertz* in: *Hölters*, AktG, § 311 Rn. 40; *H. F. Müller* in: *Spindler/Stilz*, AktG, § 311 Rn. 12.

595 LG Köln AG 2008, 327 [331]; *H. F. Müller* in: *Spindler/Stilz*, AktG, § 311 Rn. 12; *Hüffer/Koch,* Aktiengesetz, § 311 Rn. 13;

596 Als formelle Einflussnahme kommt insbesondere die Ausübung des Stimmrechts durch das herrschende Unternehmen in der Hauptversammlung in Betracht, *Paul,* Informelle und formelle Einflussnahmen des faktisch herrschenden Unternehmens auf die faktisch abhängige AG, S. 62 f.

lung kommt schon deswegen nicht in Betracht, weil das Gesetz keine Weisungsbefugnis der Hauptversammlung gegenüber dem Vorstand vorsieht.[597] Zu Recht setzt das Gesetz in § 311 Abs. 1 AktG daher eine Veranlassung voraus und nicht nachteilige *»Weisungen«*, wie in § 308 Abs. 1 Satz 2 AktG. Mangels Weisungsbefugnis der Hauptversammlung gegenüber dem Vorstand regelt das AktG auch kein Verfahren für Einflussnahmen der Hauptversammlung auf die Geschäftsleitung. Verbindliche oder förmliche Beeinflussungen kann es daher nicht geben. Das herrschende Unternehmen kann allenfalls durch Hauptversammlungsbeschlüsse[598] im Rahmen der gesetzlichen Hauptversammlungszuständigkeiten sowie im Einzelfalls auf Wunsch des Vorstandes (§ 119 Abs. 2 AktG) in rechtsverbindlicher Weise auf die abhängige Gesellschaft Einfluss nehmen. Da solche Hauptversammlungsbeschlüsse jedoch die Ausnahme sind und sich Einflussnahmen in der Regel anders vollziehen, ist es notwendig und richtig, jede Form der Einflussnahme – unter Einschluss von Hauptversammlungsbeschlüssen[599] – als Veranlassung i. S. v. § 311 Abs. 1 AktG zu qualifizieren. Dafür spricht auch, dass die rechtliche Grundlage des beherrschenden Einflusses der Obergesellschaft deren Personalhoheit ist, und dass ihr gesamter Einfluss – weil auch der Aufsichtsrat keinem Weisungsrecht gegenüber der Hauptversammlung unterliegt[600] – im Kern auf der sog. Wahrscheinlichkeit des einflusskonformen Handelns der Organe der

---

597 S. zur Weisungsfreiheit des Vorstandes der AG: *Fleischer* in: *Spindler/Stilz*, AktG, § 76 Rn. 57 f.; *Hüffer/Koch,* Aktiengesetz, § 76 Rn. 25; *Spindler* in: MüKo AktG, § 76 Rn. 22.

598 Soweit die Hauptversammlung im Rahmen ihrer Zuständigkeiten Beschlüsse fasst, ist der Vorstand rechtlich verpflichtet, die beschlossenen Maßnahmen umzusetzen, § 83 Abs. 2 AktG.

599 *Altmeppen* in: MüKo AktG, § 311 Rn. 117; *Habersack* in: *Emmerich/ Habersack*, Konzernrecht, § 311 Rn. 29; *H. F. Müller* in: *Spindler/Stilz*, AktG, § 311 Rn. 21; *ders.* in: FS Stilz; S. 427 f.; *Hüffer/Koch,* Aktiengesetz, § 311 Rn. 15; *Krieger* in: MHdG, Band IV, § 70 Rn. 78; *Vetter* in: *Schmidt/Lutter*, AktG, § 311 Rn. 35; a. A. *Paul,* Informelle und formelle Einflussnahmen des faktisch herrschenden Unternehmens auf die faktisch abhängige AG, S. 125 ff.

600 Vgl. § 111 Abs. 6 AktG. Es entspricht der ständigen Rspr. des BGH, dass die Aufsichtsratsmitglieder ihre Aufgaben höchstpersönlich und weisungsfrei ausüben müssen und allein dem Unternehmensinteresse verpflichtet sind, s. statt vieler BGH, Urteil vom 18.09.2006 – II ZR 137/05, NZG 2006, 945 [947] m. w. N.; aus der Kommentarliteratur statt vieler *Habersack* in: MüKo AktG, § 111 Rn. 136 ff.

abhängigen Gesellschaft beruht,[601] und nicht auf formal-rechtlichen Herrschaftsmitteln. Wenn aber das maßgebliche Herrschaftsmittel nicht den Kategorien von Rechtsverbindlichkeit und Formalität unterliegt, können diese Kategorien auch für Veranlassungshandlungen nicht maßgeblich sein.

Im Kern geht es bei der »Veranlassung« durch das herrschende Unternehmen darum sicherzustellen, dass dessen Verhalten – in Verbindung mit dessen Stellung als herrschendes Unternehmen[602] – zumindest mitursächlich für die jeweilige Maßnahme des abhängigen Unternehmens geworden ist.[603] Erforderlich (aber auch ausreichend) ist daher, dass sich das Verhalten des herrschenden Unternehmens aus der Perspektive des Adressaten objektiv als Veranlassung bzw. Einflussnahme darstellt.[604] Eine Veranlassung fehlt nur dort, wo das abhängige Unternehmen die jeweilige Maßnahme auch ohne die Veranlassung des herrschenden Unternehmens vorgenommen hätte.[605] Allerdings dürften solche Fälle bei nachteiligen Maßnahmen nicht nur selten, sondern – wenn sie doch einmal vorliegen sollten – zudem schwierig darzulegen sein. Denn es entspricht allgemeiner Ansicht, die Veranlassung durch das herrschende Unternehmen bei nachteiligen Maßnahmen zu vermuten bzw. im Streitfalle einen dahingehenden Anscheinsbeweis anzunehmen, weil der positive Beweis der Veranlassung von der abhängigen Gesellschaft nur schwer erbracht werden kann.[606]

---

601 *Bayer* in: MüKo AktG, § 17 Rn. 26 f.; *Hüffer/Koch,* Aktiengesetz, § 17 Rn. 5. S. dazu ferner oben Ziffer D. I. 2. b) (2) (a).

602 Diesen Aspekt betont *Hogh,* Die Nachteilsermittlung im Rahmen des § 311 I AktG, S. 26 ff.

603 *Habersack* in: *Emmerich/Habersack*, Konzernrecht, § 311 Rn. 38; *H. F. Müller* in: *Spindler/Stilz*, AktG, § 311 Rn. 12; *Hüffer/Koch,* Aktiengesetz, § 311 Rn. 13.

604 *Habersack* in: *Emmerich/Habersack*, Konzernrecht, § 311 Rn. 24; *H. F. Müller* in: *Spindler/Stilz*, AktG, § 311 Rn. 14; *Hüffer/Koch,* Aktiengesetz, § 311 Rn. 13.

605 Das gleiche gilt in Fällen, in denen das abhängige Unternehmung der »Veranlassungshandlung« des herrschenden Unternehmens auch dann Folge geleistet hätte, wenn dieses keinen herrschenden Einfluss auf es gehabt hätte, insbesondere also dann, wenn das herrschende Unternehmen eine Handlungsmöglichkeit aufzeigt, der das abhängige Unternehmen aus eigener Überzeugung folgt, nicht jedoch aufgrund seiner Abhängigkeit, s. hierzu *Hogh,* Die Nachteilsermittlung im Rahmen des § 311 I AktG, S. 26 ff.

606 Ausführlich zum gesicherten Meinungsstand sowie den bestehenden Streitpunkten : *Habersack* in: *Emmerich/Habersack*, Konzernrecht, § 311 Rn. 32 ff. sowie : *Altmeppen* in: MüKo AktG, § 311 Rn. 88 ff.

Beim Beitritt einer abhängigen AG in eine steuerliche Gruppe ist daher in den relevanten Fällen – nämlich dann, wenn sich dieser Beitritt als nachteilig i. S. v. § 311 Abs. 1 AktG darstellen sollte – davon auszugehen, dass dieser auf eine Veranlassung durch das herrschende Unternehmen zurückgeht.

(3) Nachteiligkeit – Eckpunkte der Nachteilsfeststellung

Das von dem herrschenden Unternehmen veranlasste Handeln der abhängigen AG löst nur dann Ausgleichspflichten nach § 311 Abs. 1 AktG aus, wenn es *»zu ihrem Nachteil«* ist. Als Nachteil in diesem Sinne gilt nach Maßgabe der höchstrichterlichen Rechtsprechung und der allgemeinen Literaturmeinung jede Minderung oder konkrete Gefährdung der Vermögens- und Ertragslage der Gesellschaft ohne Rücksicht auf ihre Quantifizierbarkeit, die sich als Folge der Abhängigkeit von dem herrschenden Unternehmen darstellt.[607] Diese Definition hat zwei Kernkomponenten:

(a) Vermögensnachteil

Zum einen muss ein Vermögensnachteil des abhängigen Unternehmens vorliegen. Das Verständnis des Nachteils als Vermögensnachteil wiederspiegelt den Umstand, dass die §§ 311 ff. AktG auf den Schutz der Vermögensinteressen der abhängigen Gesellschaft beschränkt sind und nicht auf den Erhalt ihrer unabhängigen Willensbildung abzielen.[608] Die Veranlassung zu einer Maßnahme, die von der abhängigen Gesellschaft nicht

---

607 BGH, Urteil vom 31.05.2011 – II ZR 141/09 (*»Dritter Börsengang«*), NJW 2011, 2719 [2722]; BGH, Urteil vom 01.12.2008 – II ZR 102/07 (*»MPS«*), NJW 2009, 850 [851]; BGH, Urteil vom 01.03.1999 – II ZR 312/97, NJW 1999, 1706 [1707]; *Habersack* in: *Emmerich/Habersack*, Konzernrecht, § 311 Rn. 39; *H. F. Müller* in: *Spindler/Stilz*, AktG, § 311 Rn. 27; *ders.* in: FS Stilz, S. 429; *Hüffer/Koch,* Aktiengesetz, § 311 Rn. 24; *Krieger* in: MHdG, Band IV, § 70 Rn. 82; i. E. ebenso: *Altmeppen* in: MüKo AktG, § 311 Rn. 156.

608 *Habersack* in: *Emmerich/Habersack*, Konzernrecht, § 311 Rn. 39; *Hogh,* Die Nachteilsermittlung im Rahmen des § 311 I AktG, S. 40 f.; *H. F. Müller* in: *Spindler/Stilz*, AktG, § 311 Rn. 27; *Koppensteiner* in: *Zöllner/Noack*, Köln Komm AktG, Vorb. § 311 Rn. 6. S. zur Ausrichtung der §§ 311 ff. AktG auf die Vermögensinteressen der abhängigen Gesellschaft bereits oben Ziffer D. I. 2. b) (2) (d).

gewollt ist, aber ohne nachteilige Auswirkungen auf deren Vermögen hat, ist daher nicht nachteilig im Sinne des § 311 Abs. 1 AktG.

(b) Abhängigkeitsfolge

Zum anderen muss sich der Vermögensnachteil als eine Abhängigkeitsfolge darstellen, wobei der BGH in gefestigter Rechtsprechung eine Abhängigkeitsfolge annimmt, wenn das in Rede stehende Rechtsgeschäft dem Vergleich mit einem Drittgeschäft nicht standhält bzw. wenn ein ordentlicher und gewissenhafter Geschäftsleiter einer unabhängigen Gesellschaft die Maßnahme unter gleichen Umständen bzw. zu gleichen Konditionen nicht vorgenommen hätte.[609] Der BGH ermittelt die Nachteiligkeit somit durch einen Vergleich der tatsächlichen Vermögens- und Ertragslage der abhängigen Gesellschaft mit der fiktiven Vermögens- und Ertragslage der Gesellschaft, wäre sie unabhängig geleitet worden.

Dieser Vergleichsmaßstab der unabhängigen Gesellschaft ergibt sich aus § 311 Abs. 1 AktG allerdings nicht ausdrücklich. Zwar ist dem Begriff des Nachteils immanent, dass ein wertender Vergleich verschiedener Zustände vorgenommen werden muss. Die Regelung lässt aber offen, welcher Vergleichsgröße die tatsächliche Vermögenssituation der Gesellschaft gegenüberzustellen ist. Hier läge es mit Blick auf das allgemeine Schuldrecht nahe, den Status quo ante heranzuziehen. Denn § 249 Abs. 1 BGB regelt für den sinnverwandten Begriff des Schadens, dass ein Schädiger *»den Zustand herzustellen [hat], der bestehen würde, wenn der zum Ersatz verpflichtende Umstand nicht eingetreten wäre«*. Vorliegen und Höhe eines Schadens bestimmen sich dementsprechend nach der sog. Differenzhypothese durch einen Vergleich des Gesamtvermögens vor und nach dem schädigenden Ereignis.[610] Eine Betrachtung dieses Vergleichspaares im Rahmen von § 311 Abs. 1 AktG würde allerdings dazu führen, dass alle Maßnahmen eine Ausgleichspflicht des herrschenden Unternehmens nach sich zögen, die sich im Ergebnis – also im Rahmen einer ex post Betrachtung all ihrer Vermögenswirkungen – negativ auf das Vermö-

---

609 BGH, Urteil vom 31.05.2011 – II ZR 141/09 (*»Dritter Börsengang«*), NJW 2011, 2719 [2723]; BGH, Urteil vom 01.12.2008 – II ZR 102/07 (*»MPS«*), NJW 2009, 850 [851]; BGH, Urteil vom 03.03.2008 – II ZR 124/06 (*»UMTS-Lizenzen«*), NJW 2008, 1583 [1583 f.].

610 *Oetker* in: MüKo BGB, § 249 Rn. 18; *Schubert* in: *Bamberger/Roth*, Beck OK BGB, § 249 Rn. 12 f. S. zur Differenzhypothese bereits oben Ziffer D. I. 1. b).

gen der abhängigen Gesellschaft ausgewirkt haben. Das herrschende Unternehmen wäre somit verpflichtet, das volle wirtschaftliche Risiko aller Maßnahmen zu übernehmen, zu denen es die abhängige Gesellschaft veranlasst hat. Diese Rechtsfolge schießt über den von den §§ 311 ff. AktG bezweckten Schutz der Außenseiter vor den Gefahren faktischer Konzernierung ersichtlich hinaus, weil die außenstehenden Aktionäre und Gläubiger der Gesellschaft das allgemeine unternehmerische Risiko der abhängigen Gesellschaft auch dann tragen müssten, wenn diese nicht abhängig wäre.[611] Das allgemeine Unternehmensrisiko ist kein konzernspezifisches Risiko, weswegen ein Vergleich der Vermögens- und Ertragslage der Gesellschaft mit dem Status quo ante im Rahmen der §§ 311 ff. AktG abzulehnen ist.[612]

Eine Besinnung auf den Schutzzweck der § 311 ff. AktG belegt vielmehr die Richtigkeit des von der Rechtsprechung herangezogenen Vergleiches: Beschränkt sich der Zweck der Normen auf den Schutz der Außenseiter vor den Gefahren der faktischen Konzernierung, so kann ein Nachteil nur in Vermögensminderungen der abhängigen AG liegen, die im Falle ihrer Unabhängigkeit nicht eingetreten wären. Der deutliche Hinweis auf die Richtigkeit dieses Ergebnis findet sich in § 317 Abs. 2 AktG, der die Schadensersatzpflicht des herrschenden Unternehmens ausschließt, *»wenn auch ein ordentlicher und gewissenhafter Geschäftsleiter einer unabhängigen Gesellschaft das Rechtsgeschäft vorgenommen oder die Maßnahme getroffen oder unterlassen hätte.«* Wenn das herrschende Unternehmen nicht für Nachteile von Maßnahmen haftet, die ein Geschäftsleiter einer unabhängigen Gesellschaft ebenfalls vorgenommen hätte, dann kann für solche Maßnahmen auch kein Ausgleich geschuldet sein. Sonst wäre die Ausgleichspflicht eine Schuld ohne Haftung, und damit ohne Wert für die außenstehenden Aktionäre und Gläubiger der abhängigen Gesellschaft.[613] Insofern ist es folgerichtig, als Vergleichsmaßstab die Vermögenslage der Gesellschaft bei unterstellter Unabhängigkeit heranzuziehen.

---

611 *Habersack* in: *Emmerich/Habersack*, Konzernrecht, § 311 Rn. 40.

612 *Hogh,* Die Nachteilsermittlung im Rahmen des § 311 I AktG, S. 41 ff.; *Pfeuffer,* Verschmelzungen und Spaltungen als nachteilige Rechtsgeschäfte im Sinne von § 311 Abs. 1 AktG?, S. 100 f.

613 Vgl. *Hogh,* Die Nachteilsermittlung im Rahmen des § 311 I AktG, S. 43; *Pfeuffer,* Verschmelzungen und Spaltungen als nachteilige Rechtsgeschäfte im Sinne von § 311 Abs. 1 AktG?, S. 103; *Koppensteiner* in: *Zöllner/Noack*, Köln Komm AktG, § 311 Rn. 37.

Für den Beitritt einer abhängigen AG zu einer steuerlichen Gruppe nach einem der Zurechnungsmodelle ist der Nachteil somit anhand der Kontrollfrage zu ermitteln, ob ein ordentlicher und gewissenhafter Geschäftsleiter einer unabhängigen Gesellschaft der Gruppe ebenfalls beigetreten wäre und, wenn nein, wie sich die Vermögenslage der Gesellschaft bei einer fiktiven, unabhängigen Führung darstellen würde.

(c) Bestimmung der mutmaßlichen Vermögenslage der abhängigen Gesellschaft bei Unabhängigkeit

Zur Bestimmung der Vermögenslage des abhängigen Unternehmens bei unterstellter Unabhängigkeit muss jedoch ermittelt werden, wie sich das abhängige Unternehmen im Falle seiner Unabhängigkeit verhalten hätte. Insbesondere ist zu klären, ob der Vorstand einer unabhängigen Gesellschaft die in Rede stehende Maßnahme ebenfalls vorgenommen hätte oder nicht.

Dabei kann es auf die mutmaßliche Entscheidung der konkret-individuellen Geschäftsleitung aus verschiedenen Gründen nicht ankommen. Zum einen ist die Feststellung eines solchen konkret-individuellen Alternativverhaltens mit erheblichen Beweisproblemen behaftet. Aber auch mit Blick auf den Schutzzweck der Norm erschiene ein solcher individuell-subjektiver Maßstab unangemessen. Denn weder soll das herrschende Unternehmen besonders streng haften, wenn der Vorstand der abhängigen Gesellschaft nachweist, er hätte ohne die Einflussnahme – aus welchen Gründen auch immer – eine besonders günstige Entscheidung getroffen, obgleich objektive Erwägungen gegen diese gesprochen haben. Noch soll das herrschende Unternehmen entlastet werden, wenn es nachweisen kann, dass der Vorstand auch ohne die Veranlassung unter Verstoß gegen seine Sorgfaltspflichten zum Nachteil der Gesellschaft gehandelt hätte. Sinnvollerweise muss daher ein objektivierter Verhaltensmaßstab zur Bestimmung des mutmaßlichen Verhaltens der abhängigen Gesellschaft herangezogen werden. Dieser Maßstab ist die dem Vorstand der AG nach § 93 Abs. 1 Satz 1 AktG obliegende *»Sorgfalt eines ordentlichen und gewissenhaften Geschäftsleiters«*. Sie markiert die normativen Grenzen zulässiger Handlungsmöglichkeiten des Vorstandes, weswegen ein Nachteil i. S. v. § 311 Abs. 1 AktG nur vorliegt, wenn sich das konkrete Verhalten, zu dem das herrschende Unternehmen die abhängige Gesellschaft veranlasst hat, nach diesem Maßstab als sorgfaltswidrig darstellt.[614] Dabei ist zu berücksichtigen, dass dem Vorstand nach der gefestigten höchstrichterlichen Rechtsprechung hinsichtlich der *»Leitung der Geschäfte der AG ein weiter Handlungsspielraum zugebilligt werden muß, ohne den unternehmerisches Handeln schlechterdings nicht denkbar ist.«*[615] Dieser weite Handlungsspielraum des Vorstandes ist seit dem Jahr 2005 in § 93 Abs. 1 Satz 2 AktG gesetzlich verankert,[616] der bestimmt, dass keine Pflichtverletzung eines Vorstandsmitgliedes vorliegt,

> »wenn das Vorstandsmitglied bei einer unternehmerischen Entscheidung vernünftigerweise annehmen durfte, auf der Grundlage angemessener Information zum Wohle der Gesellschaft zu handeln«

(sog. Business Judgement Rule). Für § 311 Abs. 1 AktG bedeutet dies, dass ein Nachteil im Sinne der Vorschrift nur vorliegt, wenn die konkrete Maßnahme außerhalb des durch die Business Judgement Rule abgesteckten Entscheidungsspielraums des Vorstandes liegt und ihrer Vornahme daher ein Sorgfaltspflichtverstoß innewohnt.[617] Folglich ist als Vergleichsgröße im Rahmen der Nachteilsfeststellung die Vermögenslage heranzuziehen, in der sich die abhängige AG befände, wäre sie nach Maßgabe der Business Judgement Rule ordnungsgemäß geleitet worden.

---

614 H.M.: BGH, Urteil vom 31.05.2011 – II ZR 141/09 (*»Dritter Börsengang«*), NJW, 2011, 2719 [2723]; BGH, Urteil vom 03.03.2008 – II ZR 124/06 (*»UMTS-Lizenzen«*), NJW 2008, 1583 [1583]; *Habersack* in: *Emmerich/Habersack*, Konzernrecht, § 311 Rn. 40; *H. F. Müller* in: *Spindler/Stilz*, AktG, § 311 Rn. 28; *Hüffer/Koch,* Aktiengesetz, § 311 Rn. 25; *Koppensteiner* in: *Zöllner/Noack*, Köln Komm AktG, § 311 Rn. 36; *Vetter* in: *Schmidt/Lutter*, AktG, § 311 Rn. 40.

615 BGH, Urteil vom 21.04.1997 – II ZR 175/95 (*»ARAG./.Garmenbeck«*), NJW 1997, 1926 [1927]; BGH, Urteil vom 03.12.2001 – II ZR 308/99, NZG 2002, 195 [196] (für die Genossenschaft).

616 Die Regelung wurde durch das UMAG vom 22.9.2005 eingeführt, BGBl. 2005 I, S. 2802. Die Regierungsbegründung zum Referentenentwurf des UMAG nahm auf die vorgenannte Rspr. des BGH im Fall *»ARAG ./. Garmenbeck«* ausdrücklich Bezug, BT-Drucks. 15/5092, S. 11.

617 *Fleischer*, NZG 2008, 371 [372 f.]; *Habersack* in: *Emmerich/Habersack*, Konzernrecht, § 311 Rn. 40; *Hüffer/Koch,* Aktiengesetz, § 311 Rn. 25; *Krieger* in: MHdG, Band IV, § 70 Rn. 82; *Lutter* in: FS Peltzer, S. 245 f.; *Pfeuffer,* Verschmelzungen und Spaltungen als nachteilige Rechtsgeschäfte im Sinne von § 311 Abs. 1 AktG?, S. 102.

(d) Ex ante Betrachtung unter Berücksichtigung der konkreten Verhältnisse der Gesellschaft

Für die Ermittlung der Nachteiligkeit von Maßnahmen i. S. v. § 311 Abs. 1 AktG ergeben sich aus der Anknüpfung der Nachteilsfeststellung an den Sorgfaltsmaßstab des § 93 Abs. 1 AktG jedoch noch weitere Eckpunkte: Denn weil eine Sorgfaltspflichtverletzung voraussetzt, dass die handelnden Personen bei Anwendung der nötigen Sorgfalt anders und besser gehandelt hätten, und weil ein Vorstand bei einer Entscheidung nur die Umstände berücksichtigen kann, die ihm zum Zeitpunkt der Entscheidungsfindung bekannt waren oder hätten sein können, finden Umstände, die erst nach der Vornahme einer Maßnahme eingetreten sind, bei der Nachteilsfeststellung keine Berücksichtigung. Insofern ist bei der Klärung der Frage nach dem Ob und nach der Höhe eines Nachteils zwingend die ex ante Perspektive einzunehmen[618] und auf die Entwicklung abzustellen, mit der seitens der Vorstandsmitglieder zur Zeit ihres Handelns gerechnet werden durfte. Richtigerweise wird auch allein dieser Zeitpunkt im Rahmen der Regelungen zum Abhängigkeitsbericht in § 312 Abs. 3 Satz 1 AktG in Bezug genommen.

Zum anderen hat jeder Vorstand im Rahmen seiner sorgfältigen und gewissenhaften Aufgabenwahrnehmung die konkreten Verhältnisse der von ihm geleiteten Gesellschaft zu berücksichtigen. Dementsprechend sind auch im Rahmen der Nachteilsfeststellung, genauer gesagt bei der Feststellung der Vermögenslage, in der sich die abhängige Gesellschaft im Falle ihrer Unabhängigkeit befände, die konkreten Verhältnisse der betroffenen Gesellschaft zu berücksichtigen. Fiktiv ist die Betrachtung nur insofern, als sie die Unabhängigkeit der Gesellschaft unterstellt. Deswegen ist im Rahmen der Vergleichsbetrachtung auch nur die rechtliche Abhängigkeit der Gesellschaft hinwegzudenken,[619] während die weiteren Verhältnisse der Gesellschaft, insbesondere ihr Unternehmensgegenstand,

---

618 BGH, Urteil vom 01.12.2008 – II ZR 102/07 (*»MPS«*), NJW 2009, 850 [852]; *Boedecker* in: *Henssler/Strohn*, Gesellschaftsrecht, § 311 AktG Rn. 18; *Habersack* in: *Emmerich/Habersack*, Konzernrecht, § 311 Rn. 40; *H. F. Müller* in: *Spindler/Stilz*, AktG, § 311 Rn. 29; *Hüffer/Koch,* Aktiengesetz, § 311 Rn. 26; *Koppensteiner* in: *Zöllner/Noack*, Köln Komm AktG, § 311 Rn. 39; *Wimmer-Leonhardt,* Konzernhaftungsrecht, S. 87 f.; *Hogh,* Die Nachteilsermittlung im Rahmen des § 311 I AktG, S. 35 ff.; i. E. ebenso *Altmeppen* in: MüKo AktG, § 311 Rn. 174 ff.

619 *Koppensteiner* in: *Zöllner/Noack*, Köln Komm AktG, § 311 Rn. 46.

ihre wirtschaftlichen Verhältnisse und auch ihre Einbindung in bestehende Liefer- und sonstige Leistungsverhältnisse (auch mit verbundenen Unternehmen) maßgeblich bleiben.[620]

(e) Sonderfall abweichender rechtlicher Rahmenbedingungen bei Unabhängigkeit der Gesellschaft

Ein Sonderfall besteht allerdings dann, wenn das Hinwegdenken der Abhängigkeit dazu führt, dass sich der rechtliche Rahmen für das Handeln der abhängigen Gesellschaft ändert. Das ist insbesondere der Fall, wenn der Gesetzgeber bestimmte Handlungen nur unter der Voraussetzung zulässt, dass die Beteiligten herrschende und abhängige Unternehmen sind. Denkt man sich in diesem Fällen die Abhängigkeit und damit die Mehrheitsbeteiligung weg, so ändern sich die Handlungsmöglichkeiten für die Beteiligten, was zu Verzerrungen bei der Beantwortung der Kontrollfrage führt, ob ein ordentlicher und gewissenhafter Geschäftsleiter einer unabhängigen Gesellschaft die Maßnahme ebenfalls vorgenommen hätte. Um derartige Verzerrungen zu verhindern, müssen in den entsprechenden Fällen die Besonderheiten der Abhängigkeitssituation angemessen berücksichtigt werden.[621]

Ein solcher Fall wurde vom BGH 1999 in der Sache *»Buderus AG ./. Metallgesellschaft«*[622] entschieden. Darin ging es um eine abhängige Gesellschaft, die mit dem herrschenden Unternehmen aufgrund finanzieller, wirtschaftlicher und organisatorischer Eingliederung eine gewerbesteuerliche Organschaft bildete.[623] Nach dem Ende dieser Organschaft stellte sich die Frage, ob es einen Nachteil der abhängigen Organgesellschaft darstellte, dass diese von ihrer Muttergesellschaft, dem Organträger, zur

---

620 *Habersack* in: *Emmerich/Habersack*, Konzernrecht, § 311 Rn. 41; *Hogh,* Die Nachteilsermittlung im Rahmen des § 311 I AktG, S. 46 f.; *H. F. Müller* in: *Spindler/Stilz*, AktG, § 311 Rn. 30 ff.; *Pfeuffer,* Verschmelzungen und Spaltungen als nachteilige Rechtsgeschäfte im Sinne von § 311 Abs. 1 AktG?, S. 106; *Wimmer-Leonhardt,* Konzernhaftungsrecht, S. 87; *Vetter* in: *Schmidt/ Lutter*, AktG, § 311 Rn. 41; abweichend hinsichtlich der wirtschaftlichen Verhältnisse *Koppensteiner* in: *Zöllner/Noack*, Köln Komm AktG, § 311 Rn. 46 ff.

621 *Wimmer-Leonhardt,* Konzernhaftungsrecht, S. 88.

622 BGH, Urteil vom 01.03.1999 – II ZR 312–97, NJW 1999, 1706.

623 Der Entscheidung lag § 2 Abs. 2 GewStG a. F. zu Grunde, wonach die Gewerbesteuerorganschaft im Sinne einer »Zwangsorganschaft« beim Vorliegen ihrer Tatbestandsmerkmale zwingend vorlag. S. hierzu bereits oben Ziffer C. III. 2.

Zahlung einer Steuerumlage nach der sog. Belastungsmethode herangezogen wurde. Nach dieser Umlagemethode musste die Organgesellschaft an den Organträger zum Ausgleich der von diesem im Außenverhältnis übernommenen Steuerlasten jährlich den Geldbetrag zahlen, den sie als Gewerbesteuerlast an das Finanzamt hätte abführen müssen, wenn sie nicht in den Organkreis einbezogen gewesen wäre (sog. stand-alone Betrachtung). Hätte man hinsichtlich der Nachteiligkeit der Umlagezahlung nach der Belastungsmethode nun darauf abgestellt, ob sich die Vermögenslage der Gesellschaft besser dargestellt hätte, wenn sie als unabhängige Gesellschaft von ihrem Vorstand sorgfältig und gewissenhaft geführt worden wäre, so wäre kein Nachteil feststellbar gewesen. Denn ein Wegdenken der Abhängigkeit hätte zugleich den Wegfall der Tatbestandsvoraussetzungen der Gewerbesteuerorganschaft – namentlich der finanziellen Eingliederung – zur Folge gehabt hätte und die Gesellschaft hätte in ihrer fiktiven Unabhängigkeit (stand-alone Situation) exakt den Betrag als Steuer an das Finanzamt abführen müssen, den sie als Umlage an den Organträger gezahlt hat.

Der BGH erteilte dieser Betrachtung jedoch eine Absage und führte stattdessen Im Rahmen der Nachteilsfeststellung aus:

> »Anders als das BerGer. meint, ist die besondere Situation der Kl. als Organgesellschaft im Rahmen einer gewerbesteuerlichen Organschaft mit ihrer hypothetischen Lage als unabhängige Gesellschaft schon deshalb nicht vergleichbar, weil die Organgesellschaft nicht selbst Steuerschuldnerin ist und der etwa verteilungsfähige Steueraufwand des Organkreises sich in der Regel nicht mit der Summe der hypothetischen Steuerschulden der Einzelorgane deckt. Die Frage der Nachteiligkeit des hier konkret von der Bekl. veranlaßten Umlageverfahrens ist daher allein aus der kraft Gesetzes gemäß §§ 2 II 2 GewStG, 14 Nrn. 1, 2 KStG vorgegebenen Situation der gewerbesteuerlichen Organschaft heraus zu ermitteln. Hiernach war die [...] auferlegte Gewerbesteuerumlage nach der reinen Belastungsmethode mit unterstellter selbständiger Steuerpflicht schon im Ansatz nachteilig [...]«.[624]

Der BGH modifizierte die von ihm allgemein angewandte Vergleichsbetrachtung also dahingehend, dass er auf das hypothetische Verhalten einer unbeeinflussten, aber finanziell eingegliederten und damit i. S. v. § 17 Abs. 2 AktG abhängigen Gesellschaft abstellte. Und in Anwendung dieser modifizierten Vergleichsbetrachtung kam er zu dem Ergebnis, dass die

624 BGH, Urteil vom 01.03.1999 – II ZR 312–97, NJW 1999, 1706 [1707].

Zahlung einer Umlage nach der Belastungsmethode nachteilig i. S. v. § 311 Abs. 1 AktG war.[625]

Eine vergleichbare Situation ergäbe sich in den vorliegenden Fällen: Da beide Zurechnungsmodelle eine qualifizierte Mehrheitsbeteiligung des Gruppenträgers voraussetzen, würde ein Hinwegdenken der Abhängigkeit dazu führen, dass der Eintritt in die Gruppenbesteuerung für den Vorstand der Gesellschaft mangels Mehrheitsbeteiligung keine Handlungsoption darstellte. Die Frage, ob der Vorstand einer unabhängigen Gesellschaft der steuerlichen Gruppe ebenfalls hätte beitreten können, ließe sich folglich nur verneinen. Diese Antwort wäre allerdings ohne Aussagekraft für die eigentliche Kernfrage nach der Übereinstimmung der Entscheidung mit dem Maßstab der Sorgfalt eines ordentlichen Geschäftsleiters. Insofern muss auch in dem vorliegenden Fall als maßgeblicher Vergleichspunkt das hypothetische Verhalten einer unbeeinflussten Geschäftsleitung der im qualifizierten Mehrheitsbesitz stehenden und damit i. S. v. § 17 Abs. 2 AktG abhängigen Gesellschaft dienen.[626]

---

625 Maßgeblich für diese Wertung war für den BGH der Umstand, dass die Umlage nach der Belastungsmethode zu höheren Zahlungen an den Organträger führte, als dieser aufgrund gesetzlicher Ansprüche hätte fordern können. Als maßgebliche gesetzliche Ansprüche legte der BGH seinerzeit – mit Verweis auf die Entscheidung BGH, Urteil vom 22.10.1992 – IX ZR 244/91, NJW 1993, 585 – allein Ansprüche aus dem Gesamtschuldnerausgleich nach § 426 Abs. 1 Satz 1 BGB (analog) zu Grunde. Auf dieser Annahme aufbauend befand er, dass allenfalls die im Organkreis tatsächlich anfallende Steuerlast im Wege einer Umlage auf die Organmitglieder verteilt werden könne. Da die tatsächliche Steuerlast im Streitfall geringer war, als die Summe der Umlagen nach der Belastungsmethode, war die vereinbarte Methode nachteilig und aktienrechtlich unzulässig. S. zur Belastungsmethode weiterführen noch nachfolgend Ziffer D. II. 1. a) (6) (c).

626 *Hogh* führt insofern zutreffend aus, dass die steuerrechtlichen Normen fiskalisch motiviert sind und keine Aussage darüber treffen, wie die Verhältnisse einer abhängigen Gesellschaft zu dem herrschenden Unternehmen sachgerecht und im Einklang mit den Außenseiterinteressen zu regeln sind. Sie müssen daher für die Frage nach der Nachteiligkeit ausgeblendet werden, indem man den Vergleichsmaßstab des § 317 Abs. 2 AktG so modifiziert, dass an seine Stelle diejenigen (steuer-) rechtlichen Rahmenbedingungen treten, wie sie auch bei der abhängigen Gesellschaft vorliegen, *Hogh,* Die Nachteilsermittlung im Rahmen des § 311 I AktG, S. 61 f.; ebenso *Kleindiek*, DStR 2000, 559 [561 f.]. So bereits *Strohn,* Die Verfassung der Aktiengesellschaft im faktischen Konzern, S. 74 f., der ausführt, dass im Rahmen der Nachteilsfeststellung *»lediglich die innerorganisatorischen Beherrschungsmöglichkeiten«* hinwegzudenken sind, nicht jedoch die sonstigen äußeren Umstände, so dass es darauf ankäme, ob *»ein ordentlicher und gewissenhafter Geschäftsleiter in der Stellung*

(4) Nachteiligkeit – Beurteilung für den Beitritt zu einer steuerlichen Gruppe

Ob der Beitritt zu der steuerlichen Gruppe in einem Zurechnungsmodell für die Gruppengesellschaft eine nachteilige Maßnahme i. S. v. § 311 Abs. 1 AktG ist, lässt sich nach dem Vorstehenden anhand folgender Kontrollfrage klären:

> »Hätte die Geschäftsleitung der Gruppengesellschaft, unter Berücksichtigung des ihr zustehenden Ermessensspielraumes zum Zeitpunkt der maßgeblichen Handlung (Stellung des Gruppenantrages bzw. Abschluss einer rechtsverbindlichen Vereinbarung mit dem Gruppenträger zur gemeinsamen Antragstellung) bei Betrachtung der seinerzeit gegebenen rechtlichen und tatsächlichen Rahmenbedingungen, aber ohne Einflussnahme durch den Gruppenträger, ohne Sorgfaltspflichtverstoß der steuerlichen Gruppe beitreten dürfen?«

(a) Gesamtbetrachtung der Vor- und Nachteile über mehrere Geschäftsjahre

Diese Frage ist nicht generell-abstrakt zu beantworten, weil sich die Gruppenbesteuerung nach den Zurechnungsmodellen auf einen längeren, mindestens fünfjährigen, Zeitraum erstreckt[627] und weil die vermögensmäßigen Auswirkungen des Gruppenbeitritts für die Gruppengesellschaft von ihrer Ertragssituation und Ertragsaussicht während dieses Zeitraums abhängen.[628] Die Frage nach dem nachteiligen Charakter des Gruppenbeitritts ist vielmehr im Einzelfalls auf Grundlage einer im Zeitpunkt des Gruppenbeitritts angestellten (ex ante) Prognose über die Vermögensfolgen der steuerlichen Einkommenszurechnung für den Zeitraum der voraussichtlichen Mitgliedschaft in der steuerlichen Gruppe, mindestens jedoch den fünfjährigen Mindestbindungszeitraum,[629] zu beantworten.

---

und mit dem Erkenntnishorizont des abhängigen Vorstands, allerdings ohne innerorganisatorische Willensbeeinflussung durch das herrschende Unternehmen, diesen Geschäftakt nicht vorgenommen hätte«.

627 s. oben Ziffer C. III. 2.

628 s. oben Ziffer D. I. 1. d).

629 Zu den Auswirkungen auf die Nachteilsfeststellung, die sich daraus ergeben, dass die Gruppenbesteuerung *»verunglücken«* kann, insbesondere weil der Gruppenträger – worauf die Gruppengesellschaft keinen Einfluss hat – seine Beteiligung während des Mindestbindungszeitraumes (teilweise) verkauft, s. unten Ziffer D. II. 1. b) (2).

Dabei kann die Frage nach der Nachteiligkeit trotz der Unsicherheiten einer derartig weitreichenden Prognose nicht auf den einzelnen, namentlich den ersten Veranlagungszeitraum, für den die Gruppenbesteuerung Wirksamkeit erlangt, beschränkt werden. Denn im Rahmen der Nachteilsfeststellung sind alle unmittelbar mit der in Rede stehenden Maßnahme zusammenhängenden Folgen zu berücksichtigen,[630] auch wenn sie erst zeitlich verzögert eintreten. Die für den Nachteils*ausgleich* nach § 311 Abs. 2 AktG geltenden zeitlichen Grenzen gelten im Rahmen der Nachteils*feststellung* nicht. § 311 Abs. 2 AktG regelt nur Zulässigkeit und Grenzen der zeitlichen Streckung des Nachteilsausgleichs und setzt das Bestehen eines Nachteils i. S. v. § 311 Abs. 1 AktG bereits voraus. Über den Zeitraum, der im Rahmen der Nachteilsfeststellung zu betrachten ist, sagt die Vorschrift nichts aus. Der von den §§ 311 ff. AktG bezweckte Schutz der Außenseiter streitet vielmehr für eine zeitlich umfassende Folgenbetrachtung der jeweiligen Maßnahmen, weil nur eine umfassende Folgenbetrachtung unter Einschluss mittel- und langfristiger Nachteile die Vermögensinteressen der Gesellschaft und der Außenseiter umfassend schützen kann. Spiegelbildlich hierzu gibt es keinen Anlass, mittel- und langfristige Vorteile aus der Folgenbetrachtung auszuschließen.[631] Schließlich soll die Gesellschaft nur vor der Veranlassung zu Maßnahmen geschützt werden, die sich bei einer unabhängigen Geschäftsleitung als Sorgfaltsverletzung darstellen würden. Es ist jedoch anerkannt, dass auch solche Leitungsentscheidungen pflichtgemäß sein können, die sofortige Nachteile zugunsten erst zukünftig eintretender Vorteile in Kauf nehmen.[632] Insofern ist auch im Rahmen der Nachteilsfeststellung eine ge-

630 Die Betrachtung ist zwar umfassend, aber auf die konkrete Maßnahme beschränkt. Daher sind Kompensationsgeschäfte oder -Maßnahmen, also gesondert vorzunehmende Rechtsgeschäfte oder Maßnahmen, aus der Folgenbetrachtung auszuklammern. Sie sind allein im Rahmen des Nachteilsausgleichs zu berücksichtigen, *Habersack* in: *Emmerich/Habersack*, Konzernrecht, § 311 Rn. 42; *Koppensteiner* in: *Zöllner/Noack*, Köln Komm AktG, § 311 Rn. 70; *Vetter* in: *Schmidt/Lutter*, AktG, § 311 Rn. 51.

631 Vgl. *Wimmer-Leonhardt*, Konzernhaftungsrecht, S. 92 f.

632 *Fleischer* in: *Spindler/Stilz*, AktG, § 93 Rn. 74; Das Handeln *»zum Wohle der Gesellschaft«* i. S. v. § 93 Abs. 1 Satz 2 AktG liegt nach der Intention des Gesetzgebers *»jedenfalls vor, wenn es der langfristigen Ertragsstärkung und Wettbewerbsfähigkeit des Unternehmens [...] dient«*, BT-Drucks. 15/5092, S. 11. S. zur dem Maßstab eines *»nachhaltig renditeorientierten Verwaltungshandelns«* auch *Seibt* in: *Schmidt/Lutter*, AktG, § 76 Rn. 23.

schäftsjahresübergreifende Gesamtbetrachtung vorzunehmen,[633] deren zeitliche Grenzen erst dort erreicht sind, wo sich eine seriöse Prognose nicht mehr anstellen lässt. Sich hierbei etwaig ergebende Vorteile sind selbst dann zu berücksichtigen, wenn ihr Eintritt nicht mit der gleichen Wahrscheinlichkeit zu erwarten ist wie der Eintritt gewisser Nachteile, weil es nicht zwingend einen Nachteil darstellt, wenn ein Geschäft sicher zu Nachteilen führt, während die (größeren) Vorteile lediglich mit Wahrscheinlichkeit zu erwarten sind.[634] Voraussetzung ist lediglich, dass die Vorteile im maßgeblichen Zeitpunkt absehbar sind und von einem pflichtgemäß handelnden Geschäftsleiter als Ausgleich für die Inkaufnahme der zu erwartenden Nachteile akzeptiert worden wären.[635]

Für den Gruppenbeitritt ist insofern zu beachten, dass der Gruppenantrag die Beteiligten für einen Mindestzeitraum von fünf Jahren binden soll.[636] Innerhalb dieses Zeitraums soll eine Beendigung der Gruppe nur in Ausnahmefällen möglich sein, bspw. beim Wegfall der finanziellen Eingliederung, während die Fortsetzung der Gruppe über diesen Mindestzeitraum hinaus im freien Ermessen der Beteiligten steht. Eine willkürliche Beendigung der Gruppe in diesem Zeitraum führt hingegen – wie bei der Organschaft[637] – zur rückwirkenden Aberkennung der konsolidierten Besteuerung ex tunc.[638] Insofern ist im Rahmen der Nachteilsfeststellung von einem mindestens fünfjährigen Bestehen der steuerlichen Gruppe auszugehen und es sind die Vermögensfolgen des Gruppenbeitritts jedenfalls über diesen Zeitraum hinweg zu berücksichtigen. Darüber hinausgehende Zeiträume wären nur beachtlich, wenn sich die Beteiligten entsprechend langfristig vertraglich gebunden hätten. Allerdings dürfte auch dann eine

---

633 Am Beispiel von Steuerumlagen aber explizit verallgemeinernd *Simon*, ZGR 2007, 71 [96]; In diesem Sinne am Beispiel einer konzernorientierten Ausrichtung der Produktion *Bezzenberger,* Das Kapital der Aktiengesellschaft, S. 341 f.; ebenso am Beispiel der unmittelbaren Kosten für die Einrichtung einer Compliance-Abteilung zu langfristigen Minimierung von Risiken *Vetter* in: *Schmidt/Lutter*, AktG, § 311 Rn. 50. Im Ergebnis ebenso *Habersack*, BB 2007, 1397 [1401 f.], der allerdings – zu Unrecht – meint, dass diese eine Besonderheit bei der Beurteilung der Nachteiligkeit von Organschaftssachverhalten sei.

634 *Vetter* in: *Schmidt/Lutter*, AktG, § 311 Rn. 50; *Raiser/Veil* formulieren, dass eine Maßnahme dann nachteilig ist, wenn sie mit erheblichen Risiken behaftet ist, denen keine gleichwertigen Ertragschancen gegenüberstehen, *Raiser/Veil,* Recht der Kapitalgesellschaften, § 61 Rn. 26.

635 *Wimmer-Leonhardt,* Konzernhaftungsrecht, S. 92.

636 S. dazu oben Ziffer C. III. 2.

637 *Rödder/Liekenbrock* in: *Rödder/Herlinghaus/Neumann*, KStG, § 14 Rn. 779.

638 S. dazu oben Ziffer C. III. 2. a. E.

Einbeziehung längerer Zeiträume regelmäßig ausscheiden, weil mit zunehmender Länge die Verlässlichkeit der anzustellenden Folgenabschätzung abnimmt und weil über einen sehr viel längeren Zeitraum kaum verlässlich ausgeschlossen werden kann, dass der Gruppenträger seine Beteiligung ganz oder teilweise veräußert, so dass die Gruppengesellschaft zwangsweise aus der steuerlichen Gruppe ausscheidet.[639]

(b) Nachteilsermittlung anhand der steuerlichen Folgen

Nach den oben genannten Maßstäben stellt sich der Eintritt in die steuerliche Gruppe somit als Nachteil dar, wenn der Gruppenbeitritt ex ante nach Saldierung seiner positiven wie negativen Vermögenswirkungen in dem zu betrachtenden fünfjährigen Mindestzeitraum die überwiegende Gefahr einer Vermögensminderung für die Gruppengesellschaft begründet. Und weil die Vermögenswirkungen der Gruppenbesteuerung für die Gruppengesellschaft davon abhängen, inwiefern eigene Verluste, deren Verrechnungspotential sie hätte nutzen können, dem Gruppenträger zugerechnet werden (s. oben Ziffer D. I. 1. d)) ist der Gruppenbeitritt für sie nachteilig, wenn sie während des fünfjährigen Mindestbindungszeitraums mit der überwiegenden Generierung steuerlicher Verluste rechnet, obgleich sie mittelfristig eine positive Ertragsprognose hat. Denn dann muss sie sicher mit dem Verlust von mittelfristig nutzbarem Steuerminderungspotential rechnen, wohingegen ein Fortbestand der steuerlichen Gruppe in ihrer voraussichtlichen Gewinnphase nicht sicher absehbar ist. Diese Situation kann sich insbesondere bei jungen Gesellschaften ergeben sowie bei Unternehmen, die ein neues Produkt entwickeln und auf dem Markt platzieren (Startups) oder mit einem erfolgreichen Produkt auf einen neuen Markt expandieren wollen. Ein mit der Sorgfalt eines ordentlichen Geschäftsleiters agierender Vorstand würde eine solche Gesellschaft nicht in die steuerliche Gruppe führen. Für Gewinngesellschaften mit nachhaltig positiver Ertragsprognose ist der Beitritt zu der steuerlichen Gruppe bei

639 Die Beendigung der Gruppenbesteuerung durch Reduzierung der Beteiligungsquote unter den erforderlichen Grenzwert stellt – auch während des Mindestbindungszeitraums – ein Risiko dar, dem sich die Gruppengesellschaft nicht entziehen kann. Die mit einem zwangsweisen Austritt verbundenen Vermögensrisiken sind dementsprechend auch bei der Ausgestaltung von Umlagevereinbarungen durch entsprechende Sicherungsmaßnahmen zu berücksichtigen, s. dazu unten Ziffer D. II. 1. b) (2).

Betrachtung der steuerlichen Folgen über den Mindestbindungszeitraum hingegen von wirtschaftlichem Vorteil, da sie durch die Zurechnung ihres positiven steuerpflichtigen Einkommens zum Gruppenträger von den entsprechenden Steuerverbindlichkeiten befreit werden. Insoweit entspräche es in dieser Situation den Grundsätzen einer ordnungsgemäßen Geschäftsführung, der steuerlichen Gruppe beizutreten.[640]

Fraglich ist jedoch, wie die gesamtschuldnerische Mithaftung der Gruppengesellschaften für die Steuerlast des Gruppenträgers nach §§ 73, 44 Abs. 1 AO[641] im Rahmen der Nachteilsfeststellung zu bewerten ist. Nach diesen Vorschriften haftet die Organ- bzw. die Gruppengesellschaft steuerartspezifisch – d. h. soweit für die jeweilige Steuerart eine steuerliche Gruppe begründet wurde – für die Steuerverbindlichkeiten des Gruppenträgers und kann für diese Steuern durch einen Haftungsbescheid nach § 191 Abs. 1 AO in Anspruch genommen werden. Diese Haftung ist nach überwiegender Ansicht nicht auf die Beträge beschränkt, die auf die wirtschaftliche Betätigung der haftenden Organ- bzw. Gruppengesellschaft zurückzuführen sind, die von den Gruppengesellschaften also auch bei stand-alone Veranlagung hätten getragen werden müssen, sondern erstreckt sich auf alle Steuern im Organkreis, um den Fiskus wirksam vor Steuerausfällen aufgrund der Konzentration der steuerlichen Verantwortlichkeit auf den Organ- bzw. Gruppenträger zu schützen.[642] Folglich begründet der Gruppenbeitritt dem Grunde nach eine Haftung der Gruppengesellschaft für Steuerforderungen, für welche sie ohne Gruppenbeitritt keinesfalls in Anspruch genommen werden könnte, was zunächst für die Nachteiligkeit des Gruppenbeitritts aus Sicht der Gruppengesellschaft spricht.

---

640 Zu der hiervon getrennten Fragestellung, inwiefern in dieser Situation der Abschluss eines Steuerumlagevertrages eine nachteilige Maßnahme i. S. v. § 311 AktG darstellen kann, s. unten Ziffer D. II. 1. b) (2).

641 Für die Zurechnungsmodelle ist davon auszugehen, dass § 73 AO in bestehender bzw. modifizierter Form auf die steuerliche Gruppe anzuwenden wäre. Die Autoren des IFSt-Modells haben eine Fortgeltung unter Beschränkung der Haftung auf die von der Organgesellschaft wirtschaftlich verursachten Steuern ausdrücklich in ihr Konzept aufgenommen, *IFSt-Arbeitsgruppe*, IFSt-Schrift Nr. 471 2011, S. 75 f. (*»These 19«*). Das Zurechnungsmodell sieht zumindest keine Änderung/Abschaffung der Vorschrift und der allgemeinen Regelungen der AO zur Veranlagung vor.

642 *Intemann* in: *Koenig*, AO, § 73 Rn. 13; *Rüsken* in: *Klein*, Abgabenordnung, § 73 Rn. 7 jeweils m. w. N.; a. A. Lüdicke in FS. Herzig S. 259.

Allerdings setzt die Inanspruchnahme einer Organ- bzw. Gruppengesellschaft einen Haftungsbescheid nach § 191 AO voraus, dessen Erlass im Ermessen des zuständigen Finanzamtes steht.[643] Dabei ist die Ermessenausübung im Rahmen des sog. Entschließungsermessens, d. h. hinsichtlich der Frage, ob der Haftungsschuldner überhaupt in Anspruch genommen werden soll, durch den Grundsatz der Subsidiarität geprägt. Eine Inanspruchnahme kommt danach nicht in Betracht, wenn die Steuerschuld beim Steuerschuldner (hier dem Gruppenträger) ohne weiteres geltend gemacht und realisiert werden kann.[644] Soweit unter dem Gesichtspunkt der Subsidiarität eine Inanspruchnahme des Haftungsschuldners möglich ist, muss im Rahmen der weiteren Ermessensausübung berücksichtigt werden, inwiefern die jeweilige Steuer der Organgesellschaft wirtschaftlich zuzurechnen ist. Nach der finanzgerichtlichen Rechtsprechung kommt eine Inanspruchnahme der Organgesellschaft daher nur in Betracht kommt, soweit die Steuerlast auf deren wirtschaftliche Tätigkeit zurückgeht bzw. soweit sie durch den Empfang vermögenswerter Leistungen seitens des Organträgers zu dessen Unfähigkeit zum Ausgleich der Steuerlast beigetragen hat.[645] Diese Auffassung wird – mit Unterschieden hinsichtlich der Berücksichtigungsfähigkeit von Vermögensverschiebungen im Organkreis und hinsichtlich der dogmatischen Einordnung – auch von der Literatur gestützt.[646] Infolgedessen ist bei Gruppengesellschaften, die überwiegend Verluste in die steuerliche Gruppe einbringen, regelmäßig nicht mit einer Haftungsinanspruchnahme zu rechnen und auch bei gewinnträchtigen Gesellschaften wird sich eine etwaige Inanspruchnahme, so sie nach dem Grundsatz der Subsidiarität überhaupt möglich ist, auf die Beträge beschränken, die sie ohne Gruppenzugehörigkeit selbst als Steuer-

---

643 S. hierzu auch oben Ziffer B. II. 3.

644 Ständige Rspr. des BFH. S. zuletzt BFH, Urteil vom 23.09.2009 – VII R 43/08, DStR 2009, 2670 [2672 f.] m. w. N.; *Intemann* in: *Koenig*, AO, § 73 Rn. 40; *Rüsken* in: *Klein*, Abgabenordnung, § 73 Rn. 12.

645 FG Saarland, *Urteil* vom 19.03.2002 – 2 K 206/98; FG Nürnberg, Urteil vom 11.12.1990 – II 238/86 (beide zur USt); FG Düsseldorf, Urteil vom 19.02.2015 – 16 K 932/12 H K, GmbHR 2015, 1116 (Revision zum BFH anhängig, Az.: I R 54/15); höchstrichterliche Rechtsprechung liegt zu dieser Frage soweit ersichtlich nicht vor.

646 Für Berücksichtigung im Rahmen der Ermessensausübung: *Intemann* in: *Koenig*, AO, § 73 Rn. 18; *Rüsken* in: *Klein*, Abgabenordnung, § 73 Rn. 12 jeweils m. w. N.; ebenso aber mit strengerem Maßstab: *Tipke* in: *Tipke/Kruse*, AO/FGO, § 73 AO Rn. 6; für Einschränkung auf Tatbestandsebene: *Lüdicke* in: FS Herzig, S. 259.

last zu tragen gehabt hätte. Eine signifikante Haftungserweiterung gegenüber der stand-alone Situation liegt somit nicht vor. Die Haftungsfolgen führen daher nicht zu einer Einschränkung des unternehmerischen Ermessens der Geschäftsleitung dahingehend, dass ein Gruppenbeitritt zwingend sorgfaltswidrig und daher nachteilig wäre.

(c) Nachteilsermittlung unter Berücksichtigung gesetzlicher Ausgleichsansprüche

Fraglich ist jedoch, ob es bei der Betrachtung der steuerrechtlichen Folgen sein Bewenden haben kann. Denn die rein steuerrechtliche Folgenbetrachtung ist möglicherweise unzureichend, wenn die Einkommenszurechnung neben den steuerrechtlichen auch zivilrechtliche Folgen hat, welche die nachteiligen Steuerfolgen neutralisieren. In Betracht kommt hier insbesondere das Entstehen gesetzlicher Ansprüche zwischen den Gruppenmitgliedern infolge der steuerlichen Ergebniszurechnung. Solche gesetzlichen Ansprüche kommen zum einen unter dem Gesichtspunkt in Betracht, dass der Gruppenträger aufgrund der Einkommenszurechnung steuerpflichtiges Einkommen anstelle der Gruppengesellschaft versteuert bzw. deren abzugsfähigen Verluste an ihrer statt nutzt. Zum anderen können sie aus den Vorschriften der AO folgen, die eine Haftung der Organgesellschaft für die Steuern des Organträgers vorsehen (§ 73 AO) und Steuer- und Haftungsschuldner zu Gesamtschuldnern erklären (§ 44 Abs. 1 AO). Insbesondere mit Blick auf den letzten Aspekt, die gesamtschuldnerische Haftung der Organ- bzw. Gruppenmitglieder im Außenverhältnis, hat der der BGH für die gewerbesteuerliche Organschaft unter dem bis zum Jahre 2001 geltenden Recht[647] befunden, dass die Organgesellschaft dem Organträger nach § 426 Abs. 1 BGB einen Ausgleich dafür schulde, dass dieser die Gewerbesteuerlast aller Organgesellschaften begleiche. Hierzu führte er unter anderem aus:

> »Ist die Rechtsbeziehung mehrerer Schuldner zum Gläubiger privatrechtlich gestaltet und besteht nach den getroffenen Abreden ein Rangverhältnis zwischen den

647 Mit dem Gesetz zur Fortsetzung der Unternehmenssteuerreform vom 02.12.2001, BStBl. I 2001, S. 3858, wurden die Voraussetzungen für die gewerbesteuerliche Organschaft an diejenigen der körperschaftsteuerlichen Organschaft angepasst, so dass nunmehr der Abschluss eines Gewinnabführungsvertrages erforderlich war. Zuvor war eine gewerbesteuerliche Organschaft auch im faktischen Konzern möglich.

> Verpflichteten, so folgt daraus zugleich, daß § 426 I BGB auf die Abwicklung im Innenverhältnis keine Anwendung finden soll. Dagegen beruht die abgabenrechtliche Gesamthaftung mehrerer Schuldner häufig auf allein fiskalischen Erwägungen, die über die sachgerechte Regelung des zivilrechtlichen Innenverhältnisses der Steuerpflichtigen nichts besagen und daher auch nicht in das bürgerliche Recht ausstrahlen. [...] Die Erwägungen, die dazu geführt haben, daß der Organträger alleiniger Steuerschuldner wird, liefern keine Rechtfertigung dafür, die Organgesellschaft auch im Innenverhältnis von jeder gewerbesteuerrechtlichen Belastung freizustellen.«[648]

Der BGH vertrat in diesem Urteil somit die Auffassung, dass die steuerlichen Rechtsvorschriften, nach denen die Veranlagung der Gewerbesteuer allein beim Organträger erfolgt, während die Organgesellschaften lediglich subsidiär für etwaige Ausfälle haften,[649] nichts darüber besagen, wie der Ausgleich der Gesamtschuldner im Innenverhältnis zu erfolgen habe. Insbesondere stehe die Subsidiarität der Haftung der Organgesellschaften einem Innenausgleich nach Gesamtschuldgrundsätzen nicht entgegen.[650] Im Gegenteil: Ein Ausgleich sei sogar geboten, da die Gewerbesteuerbelastung des Organträgers letztlich aus entsprechenden Verursachungsbeiträgen der Organgesellschaften resultiere:

> »Für das Gegenteil spricht vielmehr der Umstand, daß Ertrag und Kapital der Kl. in gleicher Weise wie beim Organträger der Gewerbesteuerpflicht unterliegen, ein Teil der Steuerschuld, für den die Kl. gemäß §§ 73 S. 1, 44 I 1 AO mithaftet, also allein in ihrem gewerblichen Bereich entstanden ist. Demzufolge wird die betriebswirtschaftliche Berechtigung einer steuerlichen Umlage in Praxis und Schrifttum nahezu einhellig bejaht [...]. Die Finanzbehörden erkennen schon lange eine solche Umlage bei der Berücksichtigung der Betriebsausgaben in angemessenem Umfang an. All dies zeigt die Berechtigung, auf die Verteilung der Steuer im Innenverhältnis § 426 I 1 BGB analog anzuwenden.«[651]

Über weitere gesetzliche Anspruchsgrundlagen, die neben den Anspruch aus dem Gesamtschuldnerausgleich treten könnten, befand der BGH in

648 BGH, Urteil vom 22.10.1992 – IX ZR 244/91, NJW 1993, 585 [587].

649 S. zur Subsidiarität der Haftung bereits oben Ziffer B. II. 3.

650 Ein Gesamtschuldnerausgleich kommt grundsätzlich nur bei Gleichstufigkeit der Gesamtschuldner in Betracht, die wegen der vorrangigen Haftung des Organträgers nicht gegeben war. Der BGH hielt auf Grund der Interessenlage dennoch eine zumindest analoge Anwendung der Vorschrift für geboten. Letztlich maßgebend sei insofern der Umstand, dass der Gläubiger sich mit der Leistung eines der Schuldner zufrieden geben müsse, BGH, Urteil vom 22.10.1992 – IX ZR 244/91, NJW 1993, 585 [586].

651 BGH, Urteil vom 22.10.1992 – IX ZR 244/91, NJW 1993, 585 [587].

seinem Urteil nicht.[652] Solche Ansprüche schloss der BGH in dem bereits erwähnten Urteil in der Sache *»Buderus ./. Metallgesellschaft«*[653] aus, in dem er insbesondere bereicherungsrechtliche Ansprüche verlustträchtiger Organmitglieder auf Ersatz der bei den gewinnträchtigen Organmitgliedern durch die Nutzung ihrer Verluste eingetretenen Bereicherung (Steuerminderung) verneinte.[654] Diese Entscheidung löste ein sehr geteiltes Echo im steuer- und gesellschaftsrechtlichen Schrifttum aus. Während einige Autoren die Wertung des BGH grundsätzlich befürworteten,[655] lehnten andere diese ab und befürworteten umfassende Bereicherungsansprüche der Organschaftsmitglieder untereinander.[656] Die Kritiker warfen dem BGH Widersprüchlichkeit hinsichtlich seiner Ausführungen zum zivilrechtlichen Zuweisungsgehalt der steuerrechtlichen Vorschriften vor: Es sei inkonsequent, wenn der BGH hinsichtlich der vorrangigen Steuerpflicht des Organträger von einer rein fiskalisch motivierten Regelung ohne Ausstrahlung in das Zivilrecht ausging, während er in Bezug auf die steuerliche Ergebniszurechnung, insbesondere für den »Verbrauch von Verlusten« durch andere Mitglieder des Organkreises, davon ausgehe, dass die steuerliche Verlustzurechnung einen zivilrechtlichen Rechtsgrund für die hiermit einhergehenden Vermögensverschiebungen begründete.[657] Richtigerweise stelle die steuerlich angeordnete Ergebniszurechnung ebenso wenig einen Rechtsgrund für die hiermit verbundenen Vermögensverschiebungen zwischen den Beteiligten dar, wie die primäre steuerliche Inanspruchnahme des Organträgers einen zivilrechtlichen Innenaus-

652 Hierauf kam es im entscheidenden Fall auch nicht an, weil alle Organgesellschaften Gewinne erzielt hatten, *Hüttemann*, ZHR 2007, 451 [463].

653 BGH, Urteil vom 01.03.1999 – II ZR 312–97, NJW 1999, 1706; s. hierzu Ziffer D. II. 1. a) (3) (e) oben.

654 Dabei schloss der BGH bereicherungsrechtliche Ansprüche nicht ausdrücklich aus. Er tat dies implizit indem er befand, dass es einen nach § 317 Abs. 2 AktG zu entschädigenden Nachteil für die (abhängige) Organgesellschaft darstelle, dass der Organträger sie zur Zahlung einer höheren als der nach § 426 Abs. 1 BGB zu erstattenden Gewerbesteuerumlage veranlasst hatte (nämlich einer Umlage nach der sog. Belastungsmethode). Ausdrücklich ablehnend gegenüber bereicherungsrechtlichen Ansprüchen hingegen BFH, Beschluss vom 21.12.2004 – I R 107/03, DStR 2005, 592 [593].

655 *Habersack*, BB 2007, 1397; *Kleindiek*, DStR 2000, 559 [563 f.]; *Müller* in: FS Beisse, S. 368 f.; *Schauhoff*, StbJb. 2000/2001, 325 [330].

656 Ausführlich: *Hüttemann*, ZHR 2007, 451 [460 ff.]; *Simon*, ZGR 2007, 71 [104 f.]. Ebenso: *Herlinghaus*, GmbHR 2002, 989 [994]; *Pyszka*, GmbHR 1999, 646 [648]; *Schön*, ZHR 2004, 629 [634 f.].

657 *Hüttemann*, ZHR 2007, 451 [461 f.]; *Simon*, DStR 2000, 431 [434]

gleich ausschließe.[658] Deswegen müsse das Zivilrecht nicht nur für eine angemessene Verteilung der tatsächlich entstandenen Steuerlast sorgen, sondern auch dafür, dass ein Ersatz dafür gezahlt wird, dass die Gewinngesellschaften ihre Steuerlast auf Kosten der Verlustgesellschaften reduzieren, indem sie deren Verluste mit eigenen steuerlichen Gewinnen verrechnen. Dies gelte sowohl für Verluste, die eine Organgesellschaft in die Organschaft einbringt, als auch für die vom Organträger eingebrachten Verluste. Dem widersprachen die Unterstützer des BGH, die in der steuerrechtlich angeordneten Ergebnissaldierung bereicherungsrechtlich einen Rechtsgrund für den kompensationslosen Verlustverbrauch sahen und die Ergebniszurechnung konzernrechtlich als kompensationslos hinzunehmenden passiven Konzerneffekt einstuften.[659] Eine Bereicherung »auf Kosten« der Verlustgesellschaft setze voraus, dass der Verlustgesellschaft in Gestalt des vortragsfähigen Verlusts eine Vermögensposition zustehe. Daran fehle es aber, wenn das Steuerrecht die Verlustnutzungsmöglichkeit infolge der Ergebniszurechnung ausschließlich dem Organträger zuweise.[660]

Die Frage, ob der BGH die Sache richtig entschieden hat, und ob Bereicherungsrechtliche Ausgleichsansprüche, insbesondere für »verbrauchte Verluste«, bestehen, braucht an dieser Stelle nicht abschließend geklärt zu werden. Zwar wäre die Berücksichtigung solcher gesetzlicher Ausgleichsansprüche geeignet, die Vermögensfolgen des Gruppenbeitritts nachhaltig zu verändern. Allerdings muss eine Berücksichtigung der zivilrechtlichen Ausgleichsansprüche – gleich welcher Art und Höhe sie sein mögen – im Rahmen der Nachteilfeststellung gem. § 311 Abs. 1 AktG unterbleiben. Zwar ist zuzugeben, dass der Grundsatz einer umfassenden Folgenbetrachtung zunächst für die Berücksichtigung gesetzlicher Ausgleichsansprüche streitet, ebenso wie der Umstand, dass die Ausgleichsansprüche – im Gegensatz zu vertraglich vereinbarten Ausgleichsansprüchen im Rahmen einer Umlagevereinbarung – nicht als sog. Kompensationsgeschäfte[661] aus der Folgenbetrachtung auszuklammern wären. Ihre Berücksichtigung kann auch nicht deswegen außer Betracht gelassen werden, weil sie zwingend

658 *Feddersen*, ZGR 2000, 523 [528 f.]; *Hüttemann*, ZHR 2007, 451 [461 f.]; *Simon*, ZGR 2007, 71 [105].
659 *Habersack*, BB 2007, 1397 [1400 f.]; *Schauhoff*, StbJb. 2000/2001, 325 [330].
660 *Kleindiek*, DStR 2000, 559 [563].
661 S. hierzu oben Fn. 630.

durch vertragliche Ansprüche verdrängt würden.[662] Denn anders als das österreichische Organschaftsrecht (vgl. § 9 Abs. 8 Satz 2 ÖKStG),[663] soll die Begründung der steuerlichen Gruppe nach den Zurechnungsmodellen den Abschluss eines Steuerumlagevertrages nicht voraussetzen,[664] weswegen die Begründung der steuerlichen Gruppe und die Vereinbarung eines Steuerumlagesystems nicht rechtlich zwingend miteinander verknüpft sind. Entscheidend gegen die Berücksichtigung von gesetzlichen Ausgleichsansprüchen im Rahmen der Nachteilsfeststellung spricht jedoch, dass eine Berücksichtigung gesetzlicher Ausgleichs- oder Ersatzansprüche dem Zweck des Gesetzes zuwider laufen und verhindern würde, dass die §§ 311 ff. AktG die ihnen zugewiesene Schutz- und Privilegierungsfunktion erfüllen können. Denn würde im Rahmen der Nachteilsfeststellung eine Saldierung der nachteiligen Folgen einer Maßnahme mit den aus der Veranlassung bzw. der Maßnahme selbst resultierenden gesetzlichen Ausgleichsansprüchen erfolgen, so würden Ansprüche nach den §§ 311, 317 AktG nur noch in Fällen in Betracht kommen, in denen weder die Maßnahme selbst, noch die Veranlassung hierzu gesetzliche Ersatzansprüche auslöst. Die §§ 311 ff. AktG würden mithin hinter den allgemein-zivilrechtlichen Anspruchsgrundlagen, bspw. aus dem Deliktsrecht,[665] zurücktreten. Damit würde das herrschende Unternehmen zugleich der Möglichkeit des gestreckten Nachteilsausgleichs beraubt, weil die gesetzlichen Ansprüche im Zweifel mit der Erfüllung des jeweiligen Tatbestandes fällig werden.[666] Die von § 311 Abs. 2 Satz 1 AktG vorgesehene Möglichkeit, den Ausgleich bis zum Ende des Geschäftsjahrs hinauszuzögern wäre

---

662 S. zu dem Vorrang vertraglicher Ansprüche aus Steuerumlageverträgen vor den gesetzlichen Ausgleichsansprüchen *Hüttemann*, ZHR 2007, 451 [469 f.].

663 S. dazu *Artmann/Lux* in: *Quantschnigg*, Gruppenbesteuerung, S. 302 ff.

664 Die Autoren des IFSt-Modells lehnen eine steuerrechtliche Regelung zum Erfordernis eines Steuerumlagevertrages mit Blick auf die intendierte Entkopplung von Steuer- und Gesellschaftsrecht ausdrücklich ab, *IFSt-Arbeitsgruppe*, IFSt-Schrift Nr. 471 2011, S. 95 ff. (*»These 10«*). Ebenso mit Blick auf die Befreiung des steuerlichen Vollzugs von Fragen der ordnungsgemäßen Durchführung des zivilrechtlichen Steuerausgleichs die Autoren des Bayerischen Zurechnungsmodells, s. Bericht der Facharbeitsgruppe *»Verlustverrechnung und Gruppenbesteuerung«* vom 15.09.2011, Anlage 6, Ziffer 2. c).

665 S. zu möglichen Ansprüchen wegen vorsätzlicher sittenwidriger Schädigung bei nachteiligen Veranlassungen, *Hüffer/Koch,* Aktiengesetz, § 117 Rn. 14; *Schall* in: *Spindler/Stilz*, AktG, § 117 Rn. 12; *Spindler* in: MüKo AktG,§ 117 Rn. 88.

666 S. § 271 Abs. 1 BGB.

mithin verloren.[667] Dies würde der gesetzlichen Konzeption widersprechen, weswegen auch für das Verhältnis der §§ 311 ff. AktG zu § 117 AktG[668] sowie den Regelungen der aktienrechtlichen Vermögensbindung (§§ 57, 62 AktG)[669] anerkannt ist, dass Erstere Letztere im Wege der Spezialität verdrängen. Wenn die §§ 311 ff. AktG jedoch bereits den aktienrechtlichen Ersatzansprüchen aufgrund nachteiliger Veranlassungen und den aktienrechtlichen Rückgewähransprüchen wegen verbotener Vermögenszuwendungen vorgehen, so müssen sie erst recht die allgemein-zivilrechtlichen Vorschriften verdrängen und es darf keine (vorrangige) Berücksichtigung allgemein-zivilrechtlicher Ansprüche im Rahmen der Nachteilsfeststellung erfolgen.

Dieses Ergebnis wird aber nicht nur von der Privilegierungsfunktion der §§ 311 ff. AktG getragen, sondern auch von deren Schutzfunktion. Schließlich würden im Falle ihrer Subsidiarität wichtige Vorschriften der §§ 311 ff. AktG keine Anwendung finden, die den Schutz der abhängigen Gesellschaft und ihrer Aktionäre stärken: Die verschuldensunabhängige Veranlasserhaftung des § 317 AktG[670] stünde hinter verschuldensabhängigen Haftungstatbeständen des Deliktsrechts zurück, die anerkannten Beweiserleichterungen im Rahmen der Veranlassung durch das herrschende Unternehmen[671] fänden keine Anwendung und die Aktionäre der abhängigen Gesellschaft wären entgegen § 317 Abs. 1, Abs. 4 in Verbindung mit § 309 Abs. 4 Satz 1 AktG zu einer Geltendmachung der Ansprüche nicht berechtigt.[672] Gegen eine vorbehaltlos vollwertige Berücksichtigung ge-

667 Der Ausgleichsanspruch nach § 311 AktG ist *»während des Geschäftsjahrs«* für das abhängige Unternehmen nicht durchsetzbar, *Habersack* in: *Emmerich/Habersack*, Konzernrecht, § 311 Rn. 75; *Hüffer/Koch,* Aktiengesetz, § 311 Rn. 38; *Vetter* in: *Schmidt/Lutter*, AktG, § 311 Rn. 106.

668 *Spindler* in: MüKo AktG,§ 117 Rn. 90; *Vetter* in: *Schmidt/Lutter*, AktG, § 311 Rn. 124.

669 S. dazu bereits oben Ziffer D. I. 2. b) (2).

670 S. zu dieser dogmatischen Einordnung der Haftung nach § 317 Abs. 1 AktG durch die h. M. und deren Verständnis von § 317 Abs. 2 AktG als Regelung zur Bestimmung des Nachteilsbegriffs *Vetter* in: *Schmidt/Lutter*, AktG, § 317 Rn. 3 m. w. N.

671 S. dazu bereits oben Ziffer D. II. 1. a) (2).

672 Am Beispiel von Ansprüchen gegen das herrschende Unternehmen wegen einer Verletzung der Treuepflicht *Bezzenberger,* Das Kapital der Aktiengesellschaft, S. 344 f. S. zu der allgemeinen Unzulässigkeit einer actio pro socio im Aktienrecht außerhalb der gesetzlich angeordneten Fälle, *Casper* in: *Spindler/Stilz*, AktG, Vorb. §§ 241 ff. Rn. 29; *Hüffer/Koch,* Aktiengesetz, § 148 Rn. 2 jeweils m. w. N.

setzlicher Ausgleichsansprüche spricht ferner, dass der Austausch einer konkreten Vermögensposition gegen einen bloßen Ausgleichsanspruch unter Berücksichtigung von Risiken (z. B. Beweisschwierigkeiten) und Kosten der Rechtsdurchsetzung sowie dem Ausfallrisiko des Schuldners auch dann nachteilig sein kann, wenn der Ausgleichsanspruch den Nachteil seinem nominellen Wert nach kompensiert.[673]

Aus den genannten Gründen können etwaige Ausgleichsansprüche der abhängigen Gesellschaft nach § 426 oder § 812 BGB im Rahmen der Nachteilsfeststellung keine Berücksichtigung finden. Die Nachteiligkeit ist daher allein unter Betrachtung der steuerlichen Folgen des Gruppenbeitritts zu ermitteln, weswegen es bei der Nachteiligkeit des Gruppenbeitritts in Abhängigkeit von der wirtschaftlichen Lage und Aussicht der abhängigen Gesellschaft bleibt.[674]

(5) Ausgleichsfähigkeit

Wie bereits dargestellt, entfällt ein mit einer Maßnahme einhergehender Nachteil nicht bereits deswegen, weil sich der Nachteil nicht in Geld beziffern lässt. Der BGH formuliert insofern in ständiger Rechtsprechung, dass ein Nachteil unabhängig von seiner Quantifizierbarkeit vorliegen kann.[675] Auch ein nicht quantifizierbarer Nachteil fällt somit unter § 311 Abs. 1 AktG, kann mangels monetärer Bestimmbarkeit allerdings nicht nach § 311 Abs. 2 AktG ausgeglichen werden. Daher führt die Veranlassung zu einer Maßnahme mit nicht quantifizierbaren, nachteiligen Vermögensfolgen zur Rechtswidrigkeit der Veranlassung von Anfang an und zur Schadensersatzpflicht des herrschenden Unternehmens nach § 317 Abs. 1

---

673 Eine ähnliche Situation tritt bei aufsteigenden Gesellschafterdarlehen auf, wo die h. M. die Weggabe von Liquidität trotz eines bestehenden Rückgewähranspruches nach § 488 Abs. 1 Satz 2 BGB als nachteilig ansieht, wenn die Risiken des Schuldnerausfalls nicht durch einen angemessenen Zinssatz oder die Stellung von Sicherheiten kompensiert werden, s. hierzu *Koppensteiner* in: *Zöllner/Noack*, Köln Komm AktG, § 311 Rn. 79.

674 S. vorstehende Ziffer D. II. 1. a) (4) (b).

675 BGH, Urteil vom 31.05.2011 – II ZR 141/09 (*»Dritter Börsengang«*), NJW 2011, 2719 [2722]; BGH, Urteil vom 01.12.2008 – II ZR 102/07 (*»MPS«*), NJW 2009, 850 [851]; BGH, Urteil vom 01.03.1999 – II ZR 312/97, NJW 1999, 1706 [1707].

Satz 1 AktG,[676] wohingegen eine Legitimation der Maßnahme durch Gewährung eines (gestreckten) Nachteilsausgleichs nach § 311 Abs. 2 AktG die Ausgleichsfähigkeit der Nachteile voraussetzt. Für den hier relevanten Fall der Veranlassung der Gruppengesellschaft zu einem für sie nachteiligen Gruppenbeitritt kommt es somit entscheidend darauf an, ob der Verlust des Steuerminderungspotentials durch den Gruppenträger ausgeglichen werden kann.

Problematisch erscheint insofern, dass sich zwar das Steuerminderungspotential, das einem steuerlichen Verlust innewohnt (vorbehaltlich etwaiger Änderungen des materiellen Steuerrechts, insbesondere des Steuertarifs) rechnerisch bestimmen lässt, dass es aber von Annahmen und von auf diesen Annahmen beruhenden Zukunftsprognosen abhängt, ob und in welcher Höhe es im maßgeblichen Zeitraum zu steuerlichen Verlusten bei der Gruppengesellschaft kommen wird. Auch die Ertragsaussichten der Gruppengesellschaft, die darüber entscheiden, ob und wann sie voraussichtlich wieder Gewinne erwirtschaftet, können nur prognostiziert werden. Diese Prognosen sind mit Unsicherheiten behaftet und ihre Ergebnisse können sich in Abhängigkeit von der tatsächlichen Entwicklung der Gesellschaft und des Marktumfeldes schnell ändern.[677] Daher lässt sich die Höhe des Vermögensnachteils der abhängigen Gesellschaft – die maßgeblich von ihren Verlusten im Mindestbindungszeitraum und ihren Ertragsaussichten abhängt[678] – jedenfalls nicht im Sinne einer mathematisch-exakten Berechnung aus der maßgeblichen ex ante Sicht quantifizieren.

Fraglich ist jedoch ob eine exakte Nachteilsberechnung überhaupt erforderlich ist. Zwar verlangt § 311 Abs. 1 AktG, dass die Nachteile *»ausgeglichen werden«*, was im Grundsatz eine vollständige Kompensation al-

676 OLG Jena, Urteil vom 25.04.2007 – 6 U 947/05, NZG 2008, 275 [277]; *Habersack* in: *Emmerich/Habersack*, Konzernrecht, § 311 Rn. 43; *H. F. Müller* in: *Spindler/Stilz*, AktG, § 311 Rn. 40; *Altmeppen* in: MüKo AktG, § 311 Rn. 307, die jeweils darauf hinweisen, dass eine Pflicht des herrschenden Unternehmens zum Ausgleich des gesamten Verlustes der abhängigen Gesellschaft (analog § 302 AktG bzw. im Wege der Schadenspauschalierung) bestehen kann, wenn sich auch der Schaden der Gesellschaft nicht beziffern lässt.

677 Daher sind auch aktive Steuerlatenzen bilanziell stetig zu überprüfen und ggfs. entsprechend der aktuellen Lage der Gesellschaft zu berichtigen, s. *Risse* in: FS Herzig, S 670 f.

678 S. o. Ziffer D. I. 1.

ler Vermögensbeeinträchtigungen erfordert[679], wozu bei strenger Betrachtung wiederum eine exakte Berechnung der Nachteile notwendig ist. Diese Sichtweise würde jedoch die Besonderheiten des Regelungssystems der §§ 311 Abs. 1 AktG mit seiner Nachteilsermittlung durch einen ex ante Vergleich mit einem hypothetischen Geschehensablauf nicht ausreichend berücksichtigen.[680] Solch einem System sind Bewertungsunschärfen immanent,[681] weshalb eine mathematisch-exakte Berechnung nicht gefordert ist, sondern es ausreicht, wenn sich der erforderliche Nachteilsausgleich auf Grundlage der vorhandenen Informationen durch Rückgriff auf anerkannte betriebswirtschaftliche Bewertungsmethoden hinreichend genau ermitteln lässt.[682] Nur wo auch anerkannte Bewertungsmethoden überfordert sind und sich eine seriöse Prognose der Vermögensfolgen nicht mehr vornehmen lässt, kann von einem nicht quantifizierbaren Nachteil gesprochen werden.[683]

Dieses Ergebnis wird auch durch das Zusammenspiel von § 311 Abs. 1 und § 317 Abs. 2 AktG gestützt. Danach liegt ein Nachteil nur vor, wenn die betreffende Maßnahme von der Geschäftsleitung einer unabhängig entscheidenden Gesellschaft unter Beachtung der ihr obliegenden Sorgfalt nicht getroffen worden wäre.[684] Anders gewendet bedeutet dies, dass eine Maßnahme, die sich unter Berücksichtigung seines unternehmerischen

679 *Grigoleit* in: *Grigoleit*, AktG, § 311 Rn. 46; *Hüffer/Koch,* Aktiengesetz, § 311 Rn. 40; *Koppensteiner* in: *Zöllner/Noack*, Köln Komm AktG, § 311 Rn. 106; *Lutter* in: FS Peltzer, S. 251 f.

680 S. zur den Eckpunkten der Nachteilsfeststellung oben Ziffer D. II. 1. a) (3).

681 Vgl. *Habersack* in: *Emmerich/Habersack*, Konzernrecht, § 311 Rn. 58. Bereits *Strohn* führt aus, dass gerade bei sonstigen Maßnahmen Nachteile innerhalb eines sehr breiten Bewertungsspielraums quantifiziert werden können, *Strohn,* Die Verfassung der Aktiengesellschaft im faktischen Konzern, S. 88.

682 In diesem Sinne auch *Altmeppen* in: MüKo AktG, § 311 Rn. 198 sowie – am Beispiel der Übernahme von Mannesmann durch Vodafone und mit Verweis auf andere aktienrechtliche Bestimmungen, die vergleichbare Bewertungsvorgänge erfordern - *Bezzenberger,* Das Kapital der Aktiengesellschaft, S. 340 ff.; im Grds. ebenso, wenngleich zur Zurückhaltung mahnend: *Hüffer/Koch,* Aktiengesetz, § 311 Rn. 39.

683 *Lutter* in: FS Peltzer, S. 251 f., der für den Fall des Mannesmann-Vodafone-Takeover zu dem Ergebnis kommt, dass ein nicht quantifizierbarer Nachteil vorliege, weil in diesem Fall eine seriöse Bewertung des Nachteils mit den Methoden der Unternehmensbewertung nicht möglich gewesen sei; vgl. auch *Strohn,* Die Verfassung der Aktiengesellschaft im faktischen Konzern, S. 88 (*»Maßnahmen [...], deren Nachteiligkeit sich nicht einmal annähernd beziffern läßt«*).

684 S. o. Ziffer D. II. 1. a) (1) (c).

Ermessensspielraumes noch mit der Sorgfalt eines ordentlichen Vorstandes deckt, nicht nachteilig ist. Wenn aber die Sorgfalt eines ordentlichen Geschäftsleiters der Maßstab für die Nachteilsfeststellung ist, so muss sie auch den Maßstab dafür bilden, ob ein Nachteilsausgleich möglich ist und, wenn ja, welche Höhe der Ausgleich haben muss. Insofern wird richtigerweise auch für die Bewertung des notwendigen Nachteilsausgleichs der Maßstab des § 93 Abs. 1 Satz 1 AktG herangezogen.[685] Ein Nachteil muss somit nicht mathematisch-exakt bestimmbar sein, um ausgleichsfähig zu sein, sondern ist bereits dann ausgleichsfähig, wenn ein Vorteil denkbar ist, der im Falle seiner Gewährung dazu führt, dass ein sorgfältig agierender Vorstand die Maßnahme ohne Sorgfaltsverstoß vornehmen darf.[686]

Einige Autoren erzielen das gleiche Ergebnis, indem sie die Frage nach der Ausgleichsfähigkeit des Nachteils mit der Nachteilsfeststellung zusammenführen. Sie kommen dabei – zumeist am Beispiel der Gewährung eines nicht quantifizierbaren Vorteils als Ausgleich für einen nicht quantifizierbaren Nachteil – zu dem Ergebnis, dass eine Maßnahme schon nicht nachteilig ist, wenn ein ordentlicher und gewissenhafter Geschäftsleiter die Maßnahme bei Betrachtung sowohl ihrer Nachteile als auch des hierfür angebotenen Ausgleichs hätte vornehmen, also einem entsprechenden Nachteils-Vorteils-Austausch hätte zustimmen dürfen.[687] Zwar ist insofern einzuwenden, dass es zweifelhaft erscheint, die Ausgleichsfähigkeit von Nachteilen anzunehmen, die tatsächlich nicht quantifizierbar sind, weil es stets und unabhängig von dem Bestehen und der Höhe etwaiger Gewinnchancen dem Sorgfaltsmaßstab des § 93 Abs. 1 Satz 1 AktG widerspricht, gänzlich unabsehbare Risiken für die abhängige Gesellschaft einzugehen.[688] Dennoch kommt auch diese Ansicht insofern zu einem zutreffenden Ergebnis, als es danach für die Ausgleichsfähigkeit auf die Frage ankommt, ob aus der Sicht eines sorgfältigen und ordentlichen Geschäftslei-

---

685 *Grigoleit* in: *Grigoleit*, AktG, § 311 Rn. 46; vgl. auch *Vetter* in: *Schmidt/Lutter*, AktG, § 311 Rn. 86.

686 *H.F. Müller* in: *Spindler/Stilz*, AktG, § 311 Rn. 51; vgl. *Koppensteiner* in: *Zöllner/Noack*, Köln Komm AktG, § 311 Rn. 106 und auch Rn. 134 ff. Vgl. am Beispiel des Mannesmann-Vodafone Takeovers im Jahre 2000 *Bezzenberger,* Das Kapital der Aktiengesellschaft, S. 339 f.

687 *Habersack* in: *Emmerich/Habersack*, Konzernrecht, § 311 Rn. 64; vgl. auch *Koppensteiner* in: *Zöllner/Noack*, Köln Komm AktG, § 311 Rn. 110.

688 *Altmeppen* in: MüKo AktG, § 311 Rn. 197; *Hommelhoff,* Die Konzernleitungspflicht, S. 127; daher ablehnend gegenüber einem Ausgleich quantifizierbarer Nachteile durch nicht quantifizierbare Vorteile *Lutter* in: FS Peltzer, S. 254 f.

ters einer unabhängigen Gesellschaft ein Ausgleich denkbar ist, der geeignet ist, die Nachteile der Maßnahme vollständig zu kompensieren.

Nicht quantifizierbar und daher auch nicht ausgleichsfähig sind nach alledem nur solche Nachteile, die durch anerkannte Bewertungsverfahren nicht belastbar prognostiziert werden können und die für die abhängige Gesellschaft daher unabsehbare Risiken darstellen, die unter Beachtung des Sorgfaltsmaßstabes des § 93 Abs. 1 Satz 1 AktG nicht eingegangen werden dürfen. Dieser Fall ist beim Beitritt der Gruppengesellschaft in eine steuerliche Gruppe unter einem Zurechnungsmodell jedoch nicht gegeben. Denn wie die Praxis der handelsbilanziellen Bewertung von aktiven Steuerlatenzen aufgrund von vortragsfähigen Verlusten zeigt,[689] ist das Steuerentlastungspotential und damit der Vermögenswert von steuerlichen Verlusten bewertbar. Das Handelsbilanzrecht erfordert hierfür eine fundierte steuerliche Planungsrechnung auf deren Grundlage eine Bewertung des Steuerminderungspotentials über einen Zeitraum von bis zu fünf Jahren möglich sein soll.[690] Damit steht eine Bewertungsmethode zur Verfügung, anhand derer sich ex ante die Vermögens- und Ertragsbeeinträchtigungen aufgrund des Gruppenbeitritts beziffern lassen.[691] Anhand einer Gegenüberstellung mit dem durch eine steuerliche Planungsrechnung ermittelten Barwert der durch Zurechnung zum Gruppenträger über die Mindestlaufzeit verlorenen steuerlichen Verluste, kann für jeden Zeitpunkt ermittelt werden, ob ein etwaig gewährter Nachteilsausgleich unter Heranziehung des Maßstabes der Sorgfalt eines ordentlichen Geschäftsleiters als angemessen anzusehen ist. Jedenfalls lässt sich durch die Anwendung anerkannter Bewertungsmethoden mit hinreichender Sicherheit eine Bandbreite ermitteln, in der sich die Vermögensnachteile des Gruppenbeitritts bewegen werden. Auch wenn sich die genaue Höhe des Nachteils also nicht mit absoluter Sicherheit vorhersagen lassen sollte, so doch zumindest der Rahmen, in dem er liegen wird. Dementsprechend wird jedenfalls

---

689 S. oben Ziffer D. I. 1. c).

690 Vgl. § 274 Abs. 1 Satz 4 HGB sowie *Küting/Seel* in: FS Herzig, S. 681 ff.

691 Im Detail sind für die Zwecke des § 311 AktG Abweichungen von der bilanzrechtlichen Bewertung erforderlich. So ist bspw. das handelsbilanziell aus vereinfachungsgründen vorgeschriebene Abzinsungsverbot hier nicht zu befolgen, weil im Rahmen des Nachteilsausgleichs auch die Vermögenswirkungen einzupreisen sind, die sich aus einem verzögerten oder vorzeitigen Nachteilsausgleich ergeben. Vgl. zu der erforderlichen Auf- bzw. Abwertung des Ausgleichs, *Koppensteiner* in: *Zöllner/Noack*, Köln Komm AktG, § 311 Rn. 106 sowie *Vetter* in: *Schmidt/Lutter*, AktG, § 311 Rn. 94.

kein der Höhe nach unabsehbares Risiko eingegangen. Und den verbleibenden Unsicherheiten bei der Nachteilsberechnung ist dadurch zu begegnen, dass der Nachteilsausgleich im Zweifel einen Betrag erreichen muss, der vernünftige Zweifel an der geschuldeten Vollkompensation ausschließt.[692] Die grundsätzliche Ausgleichsfähigkeit der mit dem Gruppenbeitritt einhergehenden Nachteile ist somit gegeben.

(6) Gegenstand, Art und Höhe des Ausgleichs

Wenn nun die Frage nach der Ausgleichsfähigkeit des Nachteils im positiven Sinne beantwortet wurde, so schließt sich dieser Antwort unmittelbar die Frage nach der Art und der Höhe des zu gewährenden Ausgleichs an.

(a) Gegenstand der Ausgleichsleistung

Was Gegenstand der Ausgleichsleistung ist oder sein kann, schreibt das Gesetz nicht vor. Dem Schutzzweck der Vorschriften entsprechend ist jede Ausgleichsleistung zulässig, die ihrer Art nach geeignet ist, den im Einzelfall eingetretenen oder drohenden Vermögensnachteil der abhängigen Gesellschaft zu kompensieren.[693] Hierfür kommen Geldleistungen ebenso in Betracht, wie die (verbilligte) Überlassung von Sachen, Rechten oder Dienstleistungen.[694] Voraussetzung ist lediglich, dass die Vorteile hinreichend konkret und wertmäßig bestimmbar sind, damit ihre Äquivalenz zum jeweiligen Nachteil überprüft werden kann.[695] Ferner ist anerkannt, dass positive passive Konzerneffekte nicht als Nachteilsausgleich

---

692 Vgl. *Bezzenberger,* Das Kapital der Aktiengesellschaft, S. 341.

693 *Altmeppen* in: MüKo AktG, § 311 Rn. 338 mit Verweis auf das wirtschaftliche Interesse der abhängigen Gesellschaft.

694 *H. F. Müller* in: *Spindler/Stilz*, AktG, § 311 Rn. 50; *Krieger* in: MHdG, Band IV, § 70 Rn. 90; *Koppensteiner* in: *Zöllner/Noack*, Köln Komm AktG, § 311 Rn. 108.

695 *Altmeppen* in: MüKo AktG, § 311 Rn. 338; *Habersack* in: *Emmerich/Habersack*, Konzernrecht, § 311 Rn. 63; *Koppensteiner* in: *Zöllner/Noack*, Köln Komm AktG, § 311 Rn. 109.

berücksichtigt werden können, da sie auch bei der Nachteilsermittlung außer Betracht bleiben.[696]

Für den Ausgleich der steuerlichen Vermögenswirkungen bietet sich insofern naturgemäß der Ausgleich in Geld an. Denn zum einen können die verrechenbaren Verluste der abhängigen Gesellschaft nicht in »gleicher Währung« zurückgewährt werden, weil die Zurechnungsmodelle eine steuerliche Zurechnung nur in Richtung auf den Gruppenträger vorsehen. Zum anderen bietet der monetäre Ausgleich Flexibilität bei der Wahl der Art des Nachteilsausgleiches. Letztlich stehen jedoch auch andere Ausgleichsleistungen zur Verfügung, soweit sie eine wertmäßig volle Nachteilskompensation gewährleisten und im Interesse der Gruppengesellschaft sind.

(b) Art des Ausgleichs

§ 311 Abs. 2 AktG bietet dem herrschenden Unternehmen zwei gleichwertige Arten des Nachteilsausgleichs an: Möglich ist zum einen, dass der Ausgleich *»während des Geschäftsjahres tatsächlich erfolgt«*. Alternativ ist spätestens am Ende des Geschäftsjahrs zu bestimmen, *»wann und durch welche Vorteile der Nachteil ausgeglichen werden soll.«* Dabei ist der abhängigen Gesellschaft *»ein Rechtsanspruch«* auf die zum Ausgleich bestimmten Vorteile zu gewähren.

Welche Art des Ausgleichs das herrschende Unternehmen auch wählt, der Ausgleich muss bis zum Ende des Geschäftsjahres erfolgen. Für den tatsächlichen Nachteilsausgleich bedeutet dies, dass der zur Kompensation bestimmte Vorteil vor dem jeweiligen Bilanzstichtag in das Vermögen der abhängigen Gesellschaft übergegangen sein muss.[697] Im Falle der Gewährung eines Rechtsanspruchs auf den Ausgleich muss spätestens am Bilanzstichtag ein Vertrag zwischen abhängiger Gesellschaft und herrschendem Unternehmen zustande gekommen sein, welcher einen unbedingten An-

696 *Habersack* in: *Emmerich/Habersack*, Konzernrecht, § 311 Rn. 62; *Hüffer/Koch,* Aktiengesetz, § 311 Rn. 39; *Koppensteiner* in: *Zöllner/Noack*, Köln Komm AktG, § 311 Rn. 116.

697 *Habersack* in: *Emmerich/Habersack*, Konzernrecht, § 311 Rn. 70; *H. F. Müller* in: *Spindler/Stilz*, AktG, § 311 Rn. 55.

spruch der abhängigen Gesellschaft auf eine nach Art, Umfang und Leistungszeit konkret festgelegte Leistung begründet.[698]

Gem. § 311 Abs. 2 Satz 1, 1. Alt. AktG kann der Ausgleich für sich abzeichnende Nachteile aus dem Beitritt zu einer Gruppenbesteuerung grundsätzlich dadurch geleistet werden, dass der Gruppenträger der Gruppengesellschaft im laufenden Geschäftsjahr den monetären Gegenwert des Steuerminderungspotentials auszahlt, der bei Anwendung einer anerkannten Bewertungsmethode im Zeitpunkt der Stellung des Gruppenantrages den Verlustvorträgen zuzuweisen ist, die im maßgeblichen Prognosezeitraum (Mindestbindungszeit des Gruppenantrages) voraussichtlich durch Zurechnung auf den Gruppenträger übergehen. Hierfür kann sicherlich auf die Bewertung von Verlustvorträgen im Rahmen der Bilanzierung nach § 274 Abs. 1 Satz 4, Abs. 2 HGB zurückgegriffen werden, wobei das dort aus bilanztechnischen Gründen[699] niedergelegte Abzinsungsverbot hier nicht anzuwenden, sondern eine Abzinsung auf den prognostizierten Zeitpunkt einer möglichen Verrechnung vorzunehmen wäre.[700] Ebenfalls zulässig wäre die fristgerechte Einräumung eines Rechtsanspruches auf eine entsprechende Leistung, wobei dann auch die weiteren, durch die verzögerte Auszahlung des Ausgleichs entstehenden Nachteile ausgeglichen werden müssten.

Mit Blick auf die mehrjährige Dauer der Gruppenbesteuerung und die Prognoseschwierigkeiten bezüglich der letztlich eintretenden Vermögensfolgen, ließe sich allerdings mit guten Argumenten vertreten, dass ein Ausgleich durch eine einmalige Ausgleichzahlung nach § 311 Abs. 2 Satz 1, 1. Alt. AktG ohne weitere Sicherungsinstrumente oder Regelungen zur nachgelagerten Anpassung der Ausgleichsleistung, den Forderungen nach einem vollständigen Nachteilsausgleich nicht gerecht würde.[701] Je-

---

698 *Habersack* in: *Emmerich/Habersack*, Konzernrecht, § 311 Rn. 72 ff.; *H. F. Müller* in: *Spindler/Stilz*, AktG, § 311 Rn. 57 ff.; *Hüffer/Koch*, Aktiengesetz, § 311 Rn. 46 f.

699 S. zu den Gründen für das Abzinsungsverbot bei der Bewertung *Reiner* in: MüKo HGB, § 274 Rn. 51.

700 Im Rahmen des Nachteilsausgleichs nach § 311 Abs. 2 AktG sind nämlich sowohl Nachteile aus einem etwaig verzögerten Ausgleich als auch Vorteile eines verfrühten Ausgleichs durch Auf- oder Abzinsung zu berücksichtigen, *Vetter* in: *Schmidt/Lutter*, AktG, § 311 Rn. 92. Zugleich wäre der abhängigen Gesellschaft ein Gewinnaufschlag auf den Barwert der prognostizierten Verlustvorträge zuzugestehen, s. dazu nachfolgend Ziffer D. II. 1. a) (6) (c).

701 S. zu der Nachteiligkeit langfristiger Vertragsbeziehungen ohne ausreichende Sicherheitsinstrumente *Altmeppen* in: MüKo AktG, § 311 Rn. 301; *Habersack*

denfalls müssten die bestehenden Prognoseunsicherheiten in Anwendung des Sorgfaltsmaßstabes des § 317 Abs. 2 AktG durch so großzügige Sicherheitsaufschläge zu Gunsten des abhängigen Unternehmens abgefangen werden, dass die Prognoseunsicherheiten letztlich den Gruppenträger treffen. Insofern werden alle Beteiligten regelmäßig ein Interesse daran haben, eine flexiblere und zugleich genauere Methode des Nachteilsausgleichs zu finden.

Eine solche Möglichkeit bieten sog. Steuerumlageverträge, in denen sich die Parteien auf einen bestimmten Algorithmus einigen, nach dem für jeden Veranlagungszeitraum während des Bestehens der steuerlichen Gruppe die Ausgleichszahlungen für die Vermögensverschiebungen infolge der Gruppenbesteuerung berechnet werden. Es stellt sich jedoch die Frage, ob der Abschluss eines solchen Steuerumlagevertrages einen zulässigen Nachteilsausgleich i. S. v. § 311 Abs. 2 Satz 1, 2. Alt. AktG darstellt.[702] Dies erscheint insofern fraglich, als sich einem Steuerumlagevertrag keine konkrete Ausgleichsleistung entnehmen lässt. Ein bezifferter Ausgleichsanspruch ergibt sich hier erst aus der Anwendung des vereinbarten Berechnungsschlüssels auf die steuerlichen Ergebnisse in den jeweiligen Veranlagungszeiträumen.[703] Es werden somit nicht die ex ante

---

in: *Emmerich/Habersack*, Konzernrecht, § 311 Rn. 51b; ebenso bereits *Kropff*, DB 1967, 2204 ff.

702 Das Urteil des BGH, Urteil vom 01.03.1999 – II ZR 312–97, NJW 1999, 1706 zur Nachteiligkeit von Gewerbesteuerumlagen spricht dabei weder für noch gegen die Möglichkeit eines Nachteilsausgleichs durch Steuerumlageverträge. Denn seinerzeit traten die steuerlichen Folgen von Gesetzes wegen ein und waren als passive Konzerneffekte unter dem Gesichtspunkt des Konzernrechts neutral. Daher befasste sich das Urteil nur mit der Frage, ob der zum Ausgleich der ex lege eintretenden Steuerfolgen geschlossene Umlagevertrag selbst ein nachteiliges Rechtsgeschäft war. Für (oder wider) die Tauglichkeit eines Steuerumlagevertrages als Maßnahme des Nachteilsausgleichs, ergibt sich aus dem Urteil hingegen nichts.

703 Der Umstand, dass auch die Leistungszeit in einem solchen Vertrag regelmäßig nicht kalendarisch bestimmt sein wird, sondern sich nach dem Zustellungsdatum des KSt-Bescheides richtet (vgl. Ziffer V. des Mustervertrages der österreichischen Finanzverwaltung, abgedruckt bei *Fuchs,* Gruppenbesteuerung, S. 113 ff.) ist unschädlich. Denn hinsichtlich der Leistungszeit reicht es nach allg. Meinung aus, dass diese hinreichend genau bestimmbar ist, s. bereits *Linsmann,* Der Ausgleichsanspruch nach § 311 Abs. 2 des Aktiengesetzes, S. 98, *Neuhaus*, DB 1971, 1193 [1194]; aus der aktuellen Kommentarliteratur statt vieler *Vetter in: Schmidt/Lutter, AktG*, § 311 Rn. 97 m. w. N. Dies ist bei der vorgenannten oder einer vergleichbaren Regelung der Fall. Notfalls kann

prognostizierten, sondern die später tatsächlich eingetretenen Nachteile ausgeglichen.

In einer Entscheidung vom 26.06.2012 hat der BGH insoweit geäußert, dass der Anspruch der abhängigen Gesellschaft, insbesondere dann, wenn er auf eine Geldzahlung gerichtet ist, in dem Ausgleichsvertrag konkret beziffert sein müsse. Der Ausgleichsvertrag müsse Art, Umfang und Leistungszeit der Vorteile festlegen. Insbesondere dürfe er den Anspruch nicht von einer späteren Feststellung des Nachteils abhängig machen, damit der Ausgleich nicht auf die lange Bank geschoben werde und die Grenzen zum Schadensersatzanspruch nach § 317 AktG nicht verwischten.[704] Bei wortgetreuer Lesart dieser Aussagen, die von der Kommentarliteratur überwiegend kritiklos wiederholt werden,[705] wäre ein Nachteilsausgleich durch Abschluss eines Steuerumlagevertrages unzulässig, weil er die Gewährung eines unbezifferten Geldausgleiches vorsieht, der zudem von der späteren Feststellung eines Nachteils in Abhängigkeit von den steuerlichen Gewinnen oder Verlusten der Beteiligten abhängt. Bei genauerer Betrachtung erscheint es allerdings zweifelhaft, ob die Aussagen des BGH in dieser Strenge über die konkret entschiedene Fallkonstellation hinaus gelten.

Für die Allgemeingültigkeit der Aussage spricht zunächst, dass der Gesetzgeber des AktG 1965 die Frage, wann und wie der Nachteilsausgleich zu leisten ist, erst nach ausgiebigen und kontroversen Debatten im Sinne der geltenden Regelung entschieden hat Frühere Regelungsentwürfe sahen noch strengere zeitliche Grenzen für den Nachteilsausgleich vor,[706] so dass davon auszugehen ist, dass die von § 311 Abs. 2 AktG gezogene zeitliche Grenze des Nachteilsausgleichs nicht weiter ausgedehnt werden darf, sondern das Äußerste der Freiheit markiert, die der Gesetzgeber dem herrschenden Unternehmen einräumen wollte. Mit dem BGH ist somit davon auszugehen, dass zu diesem Zeitpunkt eindeutig feststehen muss, welche

---

ergänzend ein Datum bestimmt werden, wann die Umlageleistung für jeden Veranlagungszeitraum spätestens fällig wird.

704 BGH, Urteil vom 26.02.2012 – II ZR 30/11, NZG 2012, 1030 [1032].

705 Vgl. *Habersack* in: *Emmerich/Habersack*, Konzernrecht, § 311 Rn. 74; *H. F. Müller* in: *Spindler/Stilz*, AktG, § 311 Rn. 60; *Hüffer/Koch,* Aktiengesetz, § 311 Rn. 47; *Krieger* in: MHdG, Band IV, § 70 Rn. 94.

706 § 300 Abs. 2 des Regierungsentwurfes zum AktG 1965 sah für den Nachteilsausgleich noch vor, dass dieser aus einem Vertrag resultieren müsse, *»der mit dem nachteiligen Rechtsgeschäft oder der nachteiligen Maßnahme so eng zusammenhängt, daß sie wirtschaftlich als ein einheitliches Geschäft anzusehen sind«*, RegE AktG 1965, BT-Drucks. IV/171, S. 70.

Ausgleichsleistung die abhängige Gesellschaft erhält. Ebenfalls für eine allgemeine Geltung des Urteils spricht das Verhältnis des Nachteilsausgleichs zum Schadensersatzanspruch nach § 317 AktG. Es entspricht allgemeiner Auffassung, dass sich Nachteil und Schaden maßgeblich durch den Bewertungszeitpunkt unterscheiden – ex ante beim Nachteil und Nachteilsausgleich und ex post beim Schaden[707] – und dass diese unterschiedlichen Bewertungszeitpunkte prägend für die Risikozuordnung zwischen abhängiger Gesellschaft und herrschendem Unternehmen sind.[708] Diese Risikoverteilung würde sich verschieben, ließe man eine Nachteilsausgleichsregelungen zu, die – wie ein Steuerumlagevertrag – nur die tatsächlich eintretenden Nachteile ausgleicht.

Auf der anderen Seite ist anerkannt, dass es Konstellationen gibt, in denen die gesetzlichen Regelungen und darin vorgegebene Risikoallokation der Interessenlage der Beteiligten nicht gerecht werden. Insbesondere für den Fall, dass sich die tatsächlichen Vermögensfolgen einer Maßnahme nur unter Inkaufnahme größerer Prognoseunsicherheiten bewerten lassen (die meisten Autoren sprechen insofern entgegen der hier vertretenen Auffassung von nicht quantifizierbaren Nachteilen), werden Ausnahmen für zulässig erachtet. Hier soll es zulässig sein, die Nachteile durch das bindende Versprechen zu kompensieren, man werde die später tatsächlich eintretenden Nachteile ausgleichen,[709] vorausgesetzt der Nachteil und der erforderliche Ausgleich lassen sich nachträglich konkretisieren[710] und die Leistungsfähigkeit des herrschenden Unternehmens ist hinreichend sichergestellt.[711] Als Anwendungsfälle werden die Übernahme von Risiken

---

707 *Habersack* in: *Emmerich/Habersack*, Konzernrecht, § 311 Rn. 45; *H. F. Müller* in: *Spindler/Stilz*, AktG, § 311 Rn. 28 f. und § 317 Rn. 10; *Hüffer/Koch,* Aktiengesetz, § 311 Rn. 26; *Krieger* in: MHdG, Band IV, § 70 Rn. 83 *Vetter* in: *Schmidt/Lutter*, AktG, § 311 Rn. 45; *Koppensteiner* in: *Zöllner/Noack*, Köln Komm AktG, § 311 Rn. 53; *Strohn,* Die Verfassung der Aktiengesellschaft im faktischen Konzern, S. 85.

708 So trägt beim Nachteilsausgleich das herrschende Unternehmen das Risiko, dass sich trotz ex Ante Nachteiligkeit letztlich kein Nachteil ergibt, während die abhängige Gesellschaft das Risiko trägt, dass sich die (größeren) Nachteile der Maßnahme erst ex-post herausstellen, *Hogh,* Die Nachteilsermittlung im Rahmen des § 311 I AktG, S. 57.

709 *Koppensteiner* in: *Zöllner/Noack*, Köln Komm AktG, § 311 Rn. 134 ff.; *Vetter* in: *Schmidt/Lutter*, AktG, § 311 Rn. 100 a. E. und Rn. 87.

710 *Habersack* in: *Emmerich/Habersack*, Konzernrecht, § 311 Rn. 66; *Krieger* in: MHdG, Band IV, § 70 Rn. 91.

711 *Raiser/Veil,* Recht der Kapitalgesellschaften, § 61 Rn. 34; *Grigoleit* in: *Grigoleit*, AktG, § 311 Rn. 47.

durch die abhängige Gesellschaft (Haftungsübernahmeerklärungen, Bürgschaften etc.) oder langfristige Austauschverträge genannt. Derartige Rechtsgeschäfte oder Maßnahmen sollen insbesondere durch umfassende Freistellungserklärungen oder Garantien des herrschenden Unternehmens ausgeglichen werden können.[712] Auch der BGH hat in seinem Urteil vom 31.05.2011 (*»Dritter Börsengang«*), in dem es um die Nachteiligkeit der Übernahme von Prospekthaftungsrisiken nach US-amerikanischem Recht ging, angedeutet, dass der in einer Haftungsübernahme liegende Nachteil durch die Abgabe einer Freistellungerklärung durch das herrschende Unternehmen hätte aufgewogen werden können.[713] Auch im Zusammenhang mit der Gruppenbesteuerung – diese stellt letztlich einen langfristigen Kooperationsvertrag auf steuerlichem Gebiet dar – sprechen die besseren Argumente dafür, den Ausgleich der Nachteile durch einen Steuerumlagevertrag zuzulassen:

Bedenken bezüglich einer etwaigen Verschiebung des Beurteilungszeitpunktes für den Nachteil und Nachteilsausgleich ist entgegenzuhalten, dass nicht ersichtlich ist, dass es dem Gesetzgeber final auf die ex ante Betrachtung für die Nachteilsermittlung ankam. Die ex ante Bewertung ergibt sich vielmehr zwingend aus dem systematischen Zusammenhang zwischen § 311 und § 317 Abs. 2 AktG und aus der Anknüpfung des Nachteilsbegriffs an einen Sorgfaltspflichtverstoß. Denn es versteht sich von selbst, dass für die Feststellung eines Sorgfaltsverstoßes auf die ex ante Perspektive abgestellt werden muss.[714] Die unterschiedlichen Beurteilungszeitpunkte für das Vorliegen eines Nachteils auf der einen und die Feststellung eines Schadens auf der anderen Seite sind somit ein Reflex der Regelungssystematik und besagen in keiner Weise, dass die Nachteiligkeit einer Maßnahme nur durch die Verpflichtung des herrschenden Unternehmens zum Ausgleich der ex ante prognostizierten Nachteile ausgeglichen werden könne. Im Gegenteil: Für die abhängige Gesellschaft bedeutet eine am tatsächlichen Nachteil ausgerichtete Regelung – die Leistungsfähigkeit des herrschenden Unternehmens und die Angemessenheit

712 *Altmeppen* in: MüKo AktG, § 311 Rn. 348; *H. F. Müller* in: *Spindler/Stilz*, AktG, § 311 Rn. 52; *Krieger* in: MHdG, Band IV, § 70 Rn. 91; *Raiser/Veil,* Recht der Kapitalgesellschaften, § 61 Rn. 34; *Vetter* in: *Schmidt/Lutter*, AktG, § 311 Rn. 87.

713 BGH, Urteil vom 31.05.2011 – II ZR 141/09 (*»Dritter Börsengang«*), NJW 2011, 2719 [2722].

714 S. dazu bereits oben Ziffer D. II. 1. a) (3) (d).

des Umlageschlüssels vorausgesetzt[715] – größtmögliche Minimierung ihres Risikos. Diese Risikominimierung führt unter Beachtung des anwendbaren Sorgfaltsmaßstabes des § 93 Abs. 1 AktG dazu, dass die Leitung der abhängigen Gesellschaft die Maßnahme ohne Pflichtverstoß vornehmen kann und gewährt mithin einen adäquaten Nachteilsausgleich. Die hiermit eintretende Verschiebung der gesetzlichen Risikoverteilung steht folglich mit dem Schutzzweck der §§ 311 ff. AktG – dem Schutz der Außenseiter – in Einklang,[716] weswegen die vertragliche Verpflichtung des herrschenden Unternehmens zum Ausgleich der später tatsächlich eintretenden Nachteile ein tauglicher Nachteilsausgleich i. S. v. § 311 Abs. 2 Satz 1, 2. Alt. AktG sein kann.[717]

Darüber hinaus ist zu bedenken, dass das Urteil des BGH vom 26.06.2012[718] zu einem speziell gelagerten Sachverhalt ergangen ist. Dort hatte das herrschende Unternehmen nämlich weder die Nachteiligkeit der Maßnahme an sich anerkannt, noch überhaupt irgendeinen bestimmbaren Ausgleich versprochen. Es hatte vielmehr seine Ausgleichspflicht dem Grunde nach davon abhängig gemacht, dass ein Gericht die Nachteiligkeit der in Rede stehenden Maßnahme rechtskräftig feststellt.[719] Dem BGH ist sicher darin zuzustimmen, dass eine solche Regelung die Anforderungen des § 311 Abs. 2 Satz 1, 2. Alt. AktG nicht erfüllt. Wenn die Ausgleichsvereinbarung aber – wie dies bei einem Steuerumlagevertrag der Fall ist – die (potentielle) Nachteiligkeit der Maßnahme und die Pflicht des herrschenden Unternehmens zum Nachteilsausgleich anerkennt und zugleich verbindlich regelt, worin die (möglichen) ausgleichspflichtigen Nachteile bestehen und wann diese durch welche Leistung auszugleichen sind, so ist dies dem vom BGH beurteilten Sachverhalt in keiner Weise vergleichbar.

---

715 Sollte das herrschende Unternehmen nicht beste Bonität versprechen, müsste dem durch zusätzliche Sicherheiten Rechnung getragen werden.

716 So bereits *Linsmann,* Der Ausgleichsanspruch nach § 311 Abs. 2 des Aktiengesetzes, S. 124 f. für den Fall einer durch den Eintritt der Vermögensminderung aufschiebend bedingten Ausgleichsverpflichtung. Grundsätzlich kritisch gegenüber der gesetzlichen Risikoverteilung im Falle unvorhergesehen negativer Entwicklungen *Strohn,* Die Verfassung der Aktiengesellschaft im faktischen Konzern, S. 68 f.

717 In diesem Sinne auch *Koppensteiner* in: *Zöllner/Noack*, Köln Komm AktG, § 311 Rn. 136; *Kropff*, DB 1967, 2204 [2207]; *Müller*, ZGR 1977, 1 [16 f.]; *Neuhaus*, DB 1971, 1193 [1194].

718 BGH, Urteil vom 26.06.2012 – II ZR 30/11, NZG 2012, 1030.

719 Der Wortlaut der getroffenen Vereinbarung ist in Auszügen abgedruckt bei *Heidel* in: FS Meilicke, S. 129 f.

Sondern dann liegt in Übereinstimmung mit § 311 Abs. 2 AktG ein bindendes Versprechen des herrschenden Unternehmens vor, dass und wodurch es die Nachteile der Maßnahme ausgleichen wird. Dass der Ausgleich bei einem Steuerumlagevertrag durch eine Rechenfunktion »beziffert« wird, rechtfertigt es nicht, dem Ausgleichsversprechen die Anerkennung zu verweigern,[720] insbesondere da sich die Variablen dieser Funktion spätestens anhand der Steuerbescheide der Finanzverwaltung feststellen lassen. Zudem sind die Ansprüche der Gruppengesellschaft aus einem Steuerumlagevertrag nicht lediglich aufschiebend bedingt, sondern die Vereinbarung und der vereinbarte Umlageschlüssel sind von Anfang an wirksam, unabhängig davon, welche Ergebnisse die Beteiligten später erwirtschaften.[721] Insofern ist nicht davon auszugehen, dass der BGH einem Steuerumlagevertrag die Tauglichkeit als Nachteilsausgleich abgesprochen hätte.

Mit Blick auf den Maßstab der §§ 317 Abs. 2, 93 Abs. 1 AktG entscheidend ist letztlich, dass die abhängige Gesellschaft, ihre Minderheitsaktionäre und ihre Gläubiger durch einen Steuerumlagevertrag als Ausgleichsvereinbarung nicht benachteiligt werden: Vor dem Gruppenbeitritt verfügte die abhängige Gesellschaft über einen vortragsfähigen Steuerverlust und damit über ein Steuerminderungspotential bzw. die Chance auf eine künftige Vermögensmehrung,[722] nicht jedoch über einen konkreten Steuervergütungs- oder Steuererstattungsanspruch. Insofern ist es unter dem Gesichtspunkt ihres Vermögensschutzes ausreichend, wenn sie zum Ausgleich des verlorenen Potentials eine »Anwartschaft« auf einen Nachteilsausgleich erhält.[723] Und auch gegenüber der Ausgleichsvariante des § 311 Abs. 2 Satz 1, 1. Alt. AktG, der Zahlung eines konkret bezifferten (abgezinsten) Ausgleichs für die sich ex ante mutmaßlich ergebenden Steuermehrbelastungen, stellt sich der Steuerumlagevertrag als gleichwertig dar, weil eine am tatsächlich eingetretenen Nachteil ausgerichtete Ausgleichsvereinbarung auf Grundlage eines sachgerechten Umlageschlüssels

720 In diesem Sinne am Beispiel eines Unternehmenskaufs und mit Hinweis auf die Möglichkeit zur Erzielung ähnlicher Effekte bei einer Kauvertragsgestaltung durch sog. Earn-Out-Klauseln, *Wilhelm*, NZG 2012, 1287 [1291 f.].

721 S. zur Unzulässigkeit eines aufschiebend bedingten Anspruches unter dem Gesichtspunkt des § 311 Abs. 2 AktG, *Heidel* in: FS Meilicke, S. 135.

722 S. zu der Bewertung von Verlustvorträgen als Chance bereits oben Ziffer D. I. 1. b) (3).

723 In diesem Sinne auch *Müller*, ZGR 1977, 1 [16].

den Nachteil der abhängigen Gesellschaft kongruent abdeckt,[724] während eine einmalige Ausgleichsleistung mit Prognoseunsicherheiten behaftet ist, die zu Vor- oder Nachteilen für die abhängige Gesellschaft führen können. Indem die abhängige Gesellschaft mit dem Steuerumlagevertrag eine genauere Methode zum Ausgleich der ihr drohenden Vermögensnachteile wählt, tauscht sie Prognosechancen und -risiken gegen einen verlässlich-vollständigen Nachteilsausgleich. Dies stellt eine gleichwertige Alternative dar, weswegen ein Ausgleich der mit dem Gruppenbeitritt verbundenen Nachteile durch Vereinbarung eines Steuerumlagevertrages vor dem Ende des Geschäftsjahres nach § 311 Abs. 2 AktG zulässig ist.

(c) Höhe der Ausgleichsleistung

Für die Bestimmung der notwendigen Höhe der Ausgleichsleistung gilt der Grundsatz, dass § 311 AktG einen vollständigen Nachteilsausgleich verlangt. Die zum Ausgleich geleisteten Vorteile müssen den Nachteil also zumindest aufwiegen.[725] Um die Ausgewogenheit von Nachteilen und Ausgleichsleistungen feststellen zu können, muss die Ausgleichsleistungen mit dem gleichen Maß gemessen werden, das auch für die Nachteilsfeststellung und -quantifizierung gilt.[726] Der Systematik der §§ 311 ff. AktG folgend, ist über die Vollständigkeit des Ausgleichs somit mit der Sorgfalt eines ordentlichen und gewissenhaften Geschäftsleiters zu entscheiden, § 93 Abs. 1 AktG. Mit anderen Worten: der Ausgleich hat dann die erforderliche Höhe, wenn er dazu führt, dass ein ordentlicher und gewissenhafter Geschäftsleiter die Maßnahme bei Betrachtung sowohl der Nachteile als auch der Ausgleichsleistung vornehmen dürfte.[727] Angesichts dieses Maßstabes und der »Relativität« des Wertes steuerlicher Verluste kann eine (Mindest-) Höhe für eine Ausgleichsleistung nicht allge-

---

724 So am Beispiel eines Sukzessivlieferungsvertrages bereits *Kropff*, DB 1967, 2204 [2207].

725 *Boedecker* in: *Henssler/Strohn*, Gesellschaftsrecht, § 311 AktG Rn. 29; *Hüffer/Koch*, Aktiengesetz, § 311 Rn. 40.

726 *Habersack* in: *Emmerich/Habersack*, Konzernrecht, § 311 Rn. 67; *H. F. Müller* in: *Spindler/Stilz*, AktG, § 311 Rn. 51. S. hierzu auch im Rahmen der Ausführungen zur Ausgleichsfähigkeit der Nachteile aus der Gruppenbesteuerung oben Ziffer D. II. 1. a) (5).

727 *Altmeppen* in: MüKo AktG, § 311 Rn. 321. S. dazu auch die Ausführungen und Nachweise oben bei Ziffer D. II. 1. a) (5).

meinverbindlich bestimmt werden. Vielmehr hängt es von den Umständen des Einzelfalles ab, in welcher Höhe ein Ausgleich für die drohenden Nachteile aus dem Beitritt zu der steuerlichen Gruppe erforderlich ist. Dabei kommt es erneut entscheidend auf die Ertragssituation und die Entwicklungsprognose der Gruppengesellschaft an, die darüber entscheiden, mit welchem Verlustvolumen bei der Gruppengesellschaft zu rechnen ist, und mit welcher Wahrscheinlichkeit, wann und in welcher Höhe diese Verluste mit steuerpflichtigen Gewinnen verrechnet werden können.

Soll der Ausgleich durch eine Einmalzahlung geleistet werden,[728] so muss auf Grundlage der Entwicklungsprognose der Gruppengesellschaft der Barwert der Verlustvorträge durch die Geschäftsleitung der Gruppengesellschaft ermittelt werden. Dies erfolgt durch eine Steuerplanungsrechnung bei der das in den kommenden (mindestens) fünf Jahren entstehende Verlustvolumen ermittelt und unter Berücksichtigung der jeweils geltenden Steuersätze und sonstigen steuerrechtlichen Rahmendbedingungen (z. B. Nichtabziehbarkeit von Verlusten nach § 8b Abs. 5 Satz 1 KStG,[729] Grenzen des Verlustrücktrags und -abzugs nach § 10d Abs. 1 und 2 EStG[730]) bewertet wird. Bei der Bewertung sind alle üblichen kaufmännischen Bewertungsmethoden anzuwenden, so dass der Barwert eines Verlustes bspw. auf den prognostizierten Zeitpunkt der Verrechnung abzuzinsen[731] und ggfs. mit einem angemessenen Risikoabschlag zu bewerten ist. Gleichzeitig ist dem Vorstand im Rahmen der Ermittlung und Wägung der einzelnen Bewertungsfaktoren der für Geschäftsführungsmaßnahmen allgemein geltende Ermessensspielraum zuzugestehen. Ist diese Bewertung erfolgt, so hat der Vorstand sicherzustellen, dass die Ausgleichsleistung dergestalt ausfällt, dass sie den Barwert der Verluste zumindest ausgleicht.

Damit die Maßnahme letztendlich *»zum Wohle der Gesellschaft«*[732] ist, wird darüber hinaus zu fordern sein, dass der Nachteilsausgleich nicht nur den abgezinsten und um Risikoabschläge geminderten Barwert ausgleicht, sondern der Gruppengesellschaft auch die Teilhabe an den Zins- und Li-

---

728 S. zu den Unwägbarkeiten einer solchen Ausgleichsleistung oben Ziffer D. II. 1. a) (6) (b).

729 S. zu dieser Vorschrift bereits oben Ziffer B. I. 4.

730 S. zur Anwendbarkeit des § 10d EStG für die Körperschaftsteuer R 32 Abs. 1 Nr. 1 KStR 2004.

731 S. zur handelsbilanziellen Abzinsung von Forderungen im Allgemeinen, *Winnefeld,* Bilanz-Handbuch, Kapitel M Rn. 894 ff. S. dazu ferner vorstehende Ziffer D. II. 1. a) (6) (b).

732 Vgl. § 93 Abs. 1 Satz 2 AktG.

quiditätsvorteilen sichert, die durch die Gruppenbesteuerung erzielt werden. Denn sowohl bei Austauschverträgen,[733] als auch bei sonstigen Maßnahmen, bspw. der Teilnahme an einem Cash Pooling System,[734] ist eine Nachteiligkeit i. S. v. § 311 Abs. 1 AktG auch dann anzunehmen, wenn der abhängigen Gesellschaft aus dem Vorgang kein angemessener Vorteil erwächst. Diese Maßstäbe gelten auch für die Teilnahme an einem Gruppenbesteuerungssystem.[735]

Keine Hilfestellung bei der Ermittlung der richtigen Höhe einer einmaligen Ausgleichszahlung bietet hingegen die Diskussion um das Bestehen oder Nichtbestehen bereicherungsrechtlicher Ausgleichsansprüche im Falle einer (organschaftlichen) Verlustverrechnung. Hinsichtlich dieser Frage ist nach dem Urteil des BGH vom 01.03.1999[736] eine kontroverse Diskus-

---

733 Bei Rechtsgeschäften wird die Nachteiligkeit nach allg. Auffassung vornehmlich durch einen Vergleich mit Drittgeschäften oder Marktpreisen festgestellt, vgl. statt vieler: *H. F. Müller* in: *Spindler/Stilz*, AktG, § 311 Rn. 34 f. sowie *Vetter* in: *Schmidt/Lutter*, AktG, § 311 Rn. 52. Fehlen – wie im vorliegenden Fall – Marktpreise und Drittgeschäfte, dann werden Hilfsrechnungen zur Bestimmung der Vergleichskonditionen herangezogen (Absatzpreis- und Kostenabschlagsmethode), im Rahmen derer auch ein angemessener Gewinnaufschlag der abhängigen Gesellschaft zu berücksichtigen ist, vgl. *H. F. Müller* in: *Spindler/Stilz*, AktG, § 311 Rn. 36 f.; *Hüffer/Koch,* Aktiengesetz, § 311 Rn. 33; *Vetter* in: *Schmidt/Lutter*, AktG, § 311 Rn. 53.

734 So ist der abhängigen Gesellschaft sowohl bei konzerninternen Darlehen als auch bei Darlehensgewährungen innerhalb eines Cash Pools ein angemessener Zins zu gewähren. Bei Cash Pooling Systemen kann der Vorteil auch aus einer Beteiligung an dessen Synergieeffekten folgen, bspw. durch einen eigenen Anspruch auf günstige Darlehen aus dem Pool, *Habersack* in: *Emmerich/ Habersack*, Konzernrecht, § 311 Rn. 47a und 48; *Vetter* in: *Schmidt/Lutter*, AktG, § 311 Rn. 60; ebenso *H. F. Müller* in: *Spindler/Stilz*, AktG, § 311 Rn. 42 f; *Krieger* in: MHdG, Band IV, § 79 Rn. 61 und 64; zur Erforderlichkeit einer Verzinsung und ggfs. Besicherung von Darlehen s. auch OLG Jena, Urteil vom 25.04.2007 – 6 U 947/05, NZG 2008, 275 [277] und nachfolgend BGH, Urteil vom 01.12.2008 – II ZR 102/07, NZG 2009, 107 [109]; differenzierend und gegen die Notwendigkeit einer Verzinsung bei kurzfristigen Darlehensgewährungen i. R. e. Cash Pools *Altmeppen*, § 311 Rn. 254 ff.

735 So auch für die an eine Steuerumlagevereinbarung anzulegenden Maßstäbe *Hüttemann*, ZHR 2007, 451 [471 f.] sowie *Schauhoff*, StbJb. 2000/2001, 325 [334]; Ebenso für das österreichische Recht *Artmann/Lux* in: *Quantschnigg*, Gruppenbesteuerung, S. 309 und *Reich-Rohrwig* in: *Wiesner/Kirchmayr/Mayr*, Die neue Gruppenbesteuerung, Rn. K 670. Ausführlich zu der Forderung nach einer Teilhabe der abhängigen Gesellschaft an den Synergievorteilen des Konzerns unten Ziffer D. II. 1. b) (1). S. zu den daraus folgenden Eckpunkten der Ausgestaltung eines Steuerumlagesystems sogleich in dieser Ziffer.

736 BGH, Urteil vom 01.03.1999 – II ZR 312–97, NJW 1999, 1706.

sion geführt worden,[737] die aber hier aus verschiedenen Gründen nicht fruchtbar gemacht werden kann: Zum einen wären die seinerzeit diskutierten Anspruchsgrundlagen bei einer Gruppenbesteuerung überhaupt nicht anwendbar. Denn die gewerbesteuerliche Organschaft, zu der das erwähnte Urteil ergangen ist, entstand bei Vorliegen ihrer Tatbestandsvoraussetzungen von Gesetzes wegen und ohne Zutun der Beteiligten, weswegen die Begründung der Organschaft als passiver Konzerneffekt nicht den §§ 311 ff. AktG unterfiel.[738] Demgemäß untersuchte der BGH lediglich, ob und, wenn ja, in welcher Höhe die Organgesellschaft von Gesetzes wegen zur Zahlung einer Gewerbesteuerumlage verpflichtet gewesen wäre.[739] Und als Grundlage einer solchen Zahlungspflicht kamen – mangels Anwendbarkeit der §§ 311 ff. AktG – allein die allgemein-zivilrechtlichen Anspruchsgrundlagen in Betracht. Im vorliegenden Fall stellt aber schon die Begründung der Gruppenbesteuerung eine vom Gruppenträger (vermutungsweise) veranlasste Maßnahme i. S. v. § 311 Abs. 1 AktG dar, weil sie der Mitwirkung der Gruppengesellschaft bedarf.[740] Daher finden die Ausgleichsansprüche nach § 311 AktG Anwendung und verdrängen die allgemein-zivilrechtlichen Anspruchsgrundlagen als lex specialis.[741] Darüber hinaus kämen bereicherungsrechtliche Ansprüche schon deswegen nicht in Betracht, weil die gemeinsame Antragstellung der Gruppenmitglieder bei ihrem Gruppenbeitritt deren koordiniertes Zusammenwirken erfordert, welches zugleich eine (konkludente) Vereinbarung über die Bildung einer steuerlichen Gruppe beinhaltet. Diese bildet einen rechtlichen

---

737 S. zu dem Streit um das Bestehen weiterer, insbesondere bereicherungsrechtlicher Ausgleichsansprüche für eingebrachte Verluste die Nachweise und Fundstellen in Ziffer D. II. 1. a) (4) (c).

738 Vgl. *Altmeppen* in: MüKo AktG, § 311 Rn. 284; *Habersack*, BB 2007, 1397 [1400 f.]; *Hüttemann*, ZHR 2007, 451 [469].

739 Die Zahlung einer sog. negativen Steuerumlage von dem Organträger an die Organgesellschaft stand seinerzeit nicht zur Debatte, weil die klagende Organgesellschaft während der Organschaft fortwährend Gewinne erzielt hatte, die der Organträger mit eigenen Verlusten verrechnete. Auch in dem Verfahren aus dem Jahr 1992 (BGH, Urteil vom 22.10.1992 – IX ZR 244/91, NJW 1993, 585) stand kein Ausgleich für Verluste der Organgesellschaft in Streit. S. hierzu *Hüttemann*, ZHR 2007, 451 [463].

740 S. zum Vorliegen einer »Maßnahme« i. S. v. § 311 AktG bereits oben Ziffer D. II. 1. a) (1).

741 S. zu den Wertungswidersprüchen, die entstünden, wollte man gesetzliche Ausgleichsansprüche neben dem konzernrechtlichen Ausgleichsanspruch heranziehen bereits oben Ziffer D. II. 1. a) (4) (c). Anders aber wohl *Simon*, ZGR 2007, 71 [104].

Grund für die Vermögensverschiebungen infolge der Gruppenbesteuerung,[742] der bereicherungsrechtliche Ansprüche ausschließt. Selbst wenn bereicherungsrechtliche Ausgleichsansprüche bestünden, könnten sie jedoch keine Antworten auf die Frage nach der notwendigen Höhe einer Ausgleichsleistung nach § 311 AktG beantworten. Denn Bereicherungsansprüche sind auf die Herausgabe der Bereicherung des Empfängers, hier des Gruppenträgers, gerichtet, nicht hingegen auf den Ausgleich der Entreicherung bei der Gruppengesellschaft.[743] Und da die Bereicherung beim Gruppenträger nicht mit den Nachteilen der Gruppengesellschaft übereinstimmen muss,[744] lässt sich aus der Höhe eines Bereicherungsausgleichs nicht auf die Höhe eines angemessenen Nachteilsausgleichs schließen.

Wie bereits herausgearbeitet wurde, bieten sich wegen der langfristigen Bindung der Gruppenmitglieder an die steuerliche Gruppe und wegen der damit verbundenen Bewertungsunsicherheiten ohnehin eher Steuerumlageverträge als Mittel zur Sicherstellung eines angemessenen Ausgleichs an. Denn indem diese für die Berechnung der Ausgleichsleistungen an die im jeweiligen Veranlagungszeitraum tatsächlich entstandenen steuerlichen Gewinne und Verluste der Gruppenmitglieder anknüpfen, eliminieren sie zumindest eine Unbekannte aus der Gleichung zur Ermittlung des »richtigen« Ausgleichs. Gleichwohl stellt sich auch bei einem Nachteilsausgleich

---

742 In diesem Sinne wird bei der Besteuerung von Ehegatten angenommen, dass ein bereicherungsrechtlicher Ausgleichsanspruch eines Ehegatten für den Verbrauch seiner Verluste im Rahmen der gemeinsamen Veranlagung ausscheidet, wenn er der Zusammenveranlagung vorbehaltlos zugestimmt hat, *Liebelt*, NJW 1993, 1741 [1744]. Insgesamt läge bei einer vorbehaltlosen Zustimmung zum Gruppenbeitritt wohl ohnehin eine Leistung der Gruppengesellschaft vor, während die Fälle zur Gewerbesteuer wegen des Zwangscharakters der früheren gewerbesteuerlichen Organschaft unter dem Gesichtspunkt einer »Bereicherung in sonstiger Weise aufgrund besonderer gesetzlicher Vorschrift« diskutiert wurden, vgl. *Simon*, ZGR 2007, 71 [105].

743 Vgl. *Lorenz* in: *Staudinger*, BGB, § 812 Rn. 24.

744 Bspw. könnte die Zurechnung eines Verlusts für einen Gruppenträger ohne eigene Gewinne und mit negativer Ertragsprognose ohne messbaren Vorteil sein (also ohne Bereicherung), obgleich derselbe Vorgang für die Gruppengesellschaft ein Nachteil sein kann, wenn sie eine positive Ertragsprognose hat. Hier bestünde keine herauszugebende Bereicherung, obwohl bei der Gruppengesellschaft ein Nachteil verbleibt, vgl. *Simon*, ZGR 2007, 71 [104 f.] mit weiteren Beispielen. Auch das dort genannte Beispiel, dass der Gruppenträger die zugerechneten Verluste nicht sofort verrechnen, sondern seinerseits nur vortragen kann, illustriert, dass ein Bereicherungsanspruch die Bewertungsschwierigkeiten nur verschieben, nicht aber klären würde.

durch eine Umlagevereinbarung die Frage nach der richtigen Umlagehöhe, wobei Ausgangspunkt auch hier die Forderung nach einem vollständigen Ausgleich unter Berücksichtigung kaufmännischer Bewertungsmethoden und dem Ermessensspielraum eines ordentlichen und gewissenhaften Vorstandes ist.

Zu denkbaren Umlageverfahren für den Ausgleich steuerlicher Folgen einer Konzernbesteuerung und deren sachgerechte Ausgestaltung – auch unter konzernrechtlichen Gesichtspunkten – existieren mehrere ausführliche Untersuchungen. Darin wird dargelegt, dass die etablierten Umlagemethoden, die (reine) Belastungsmethode einer- und die (reine) Verteilungsmethode andererseits[745], keinen vollständigen Vermögensausgleich gewähren. Insbesondere gewährleisten beide Methoden ohne entsprechende Modifikationen keinen Ausgleich für die von den Verlustgesellschaften in die Saldierung eingebrachten steuerlichen Verluste.[746] Bei der sog. Verteilungsmethode scheitert die Berücksichtigung eingebrachter Verluste daran, dass nach dieser allein die tatsächlich in der Gruppe angefallene Steuerlast auf die Gruppenmitglieder verteilt wird.[747] Steuerliche Verluste, welche die tatsächliche Steuerlast gemindert haben, finden bei der Umlageberechnung nach der reinen Verteilungsmethode keine Berücksichtigung durch Kompensationszahlungen oder Gutschriften, weswegen sie Verlustgesellschaften strukturell benachteiligt.[748] Bei der reinen Belastungsmethode haben die Gruppengesellschaften an den Gruppenträger eine Umlage zu zahlen, die der Steuerlast entspricht, welche sie zu tragen hätten, wenn sie der steuerlichen Gruppe nicht beigetreten wären (fiktive Steuerlast bei sog. stand-alone-Betrachtung). Erwirtschaftet eine Gruppengesellschaft Verluste, beträgt ihre fiktive Steuerlast null, weswegen sie keine positive Umlage an den Gruppenträger zahlen muss. Allerdings erhält sie für den von ihr eingebrachten Verlust keine negative Steuerumlage oder Gutschrift. Auch hier gehen die Verluste folglich kompensationslos auf den Gruppenträger über,[749] dem dann die Vorteile aus der konsolidier-

745 S. zu diesen Umlageverfahren bereits oben Ziffer D. II. 1. a) (3) (d).

746 *Hüttemann*, ZHR 2007, 451 ff.; *Simon*, ZGR 2007, 71 ff.; *Simon*, DStR 2000, 537 ff.

747 S. zur Verteilungsmethode und den möglichen Verfahren zur Verteilung der effektiven Steuerlast *Simon*, ZGR 2007, 71 [92 f.] sowie *Witt*, Die Konzernbesteuerung, S. 318.

748 *Hüttemann*, ZHR 2007, 451 [473 f.]; *Simon*, ZGR 2007, 71 [94.]; Ebenso: *Altmeppen* in: MüKo AktG, § 311 Rn. 292.

749 *Simon*, ZGR 2007, 71 [91 f.].

ten Besteuerung zukommen (sog. Konzernprämie).[750] Zentraler Mangel beider Systeme ist somit, dass sie nur positive Steuerumlagen kennen, aber keine Vergütungen für in die Gruppe eingebrachte Verluste. Insoweit ist eine Ergänzung der Umlagesysteme um negative Steuerumlagen zu fordern, die den Verlustgesellschaften in der steuerlichen Gruppe einen Ausgleich für die von ihnen eingebrachten Verluste sichert.[751] Methodisch stehen dabei im Wesentlichen drei Ansätze zur Verfügung:

- Die Vergütung der Verluste durch Gewährung eines gruppeninternen Verlustvortrages.
- Die Vergütung der Verluste durch jährliche Auszahlung einer negativen Steuerumlage in Höhe ihres Bar- oder Nominalwerts.
- Eine periodische Abgeltung der Verluste durch eine Pauschalzahlung, welche die verschiedenen Interessen der Gruppenmitglieder generalisierend zum Ausgleich bringt.

Allerdings beinhalten alle genannten Methoden spezifische Nachteile:

Bei der Gewährung eines gruppeninternen Verlustvortrags werden die eingebrachten Verluste nicht durch Zahlungen abgegolten, sondern es wird den Verlustgesellschaften die Möglichkeit eingeräumt, mit den eingebrachten Verlusten Gewinne zu neutralisieren, die sie zu einem späteren Zeitpunkt in die Gruppe einbringen, und so ihre positive Steuerumlage zu mindern. Das System entspricht somit einem gruppeninternen Verlustabzug nach § 10d EStG. Dieses System erfordert allerdings eine fortwährende Dokumentation der von den Gruppengesellschaften eingebrachten Verluste und deren Verbuchung auf entsprechenden Konten[752] sowie eine Endabrechnung, die gewährleistet, dass den Gruppenmitgliedern bei ihrem Ausscheiden aus der Gruppe etwaig noch unverbrauchte gruppeninterne Verlustvorträge vergütet werden.[753] Das System ist somit – gerade bei größeren steuerlichen Gruppen – mit einem erheblichen Aufwand verbun-

750 BGH, Urteil vom 01.03.1999 – II ZR 312–97, NJW 1999, 1706 [1707]; *Altmeppen* in: MüKo AktG, § 311 Rn. 291; *Hüttemann*, ZHR 2007, 451 [471]; *Marx*, DB 1996, 950 [954].

751 *Hüttemann*, ZHR 2007, 451 [474 f.]; *Simon*, ZGR 2007, 71 [103]; *Simon*, DStR 2000, 537 [540]; *Vetter* in: *Schmidt/Lutter*, AktG, § 311 Rn. 69; *Witt*, Die Konzernbesteuerung, S. 337 ff. Für die österreichische Gruppenbesteuerung: *Artmann/Lux*, in: *Quantschnigg*, Gruppenbesteuerung, S. 310.

752 *Simon*, DStR 2000, 537; *Simon*, ZGR 2007, 71 [107].

753 *Hüttemann*, ZHR 2007, 451 [476]; *Witt*, Die Konzernbesteuerung, S. 344.

den, der Zweifel an seiner Handhabbarkeit begründet.[754] Hinzu kommt, dass die Gewinngesellschaften der Gruppe durch die sofortige Verwertung des Verlusts einen Zins- und Liquiditätsvorteil erhalten, an dem die Verlustgesellschaften nicht teilhaben.[755] Für sie realisiert sich das Steuerminderungspotential erst zu dem Zeitpunkt, in dem es sich auch in der standalone Situation realisiert hätte. Mehr noch: Sie sind darauf angewiesen, dass der Gruppenträger bei ihrem Ausscheiden aus der Gruppe in der Lage ist, das ihnen zustehende Abrechnungsguthaben auszuzahlen und müssen daher das Bonitätsrisiko des Gruppenträgers tragen, was mit Blick auf die §§ 311 ff. AktG die Gewährung ausreichender Sicherheiten erforderlich machen kann.[756]

Bei der jährlichen Auszahlung einer negativen Steuerumlage an die Verlustgesellschaften bestehen derartige Schwierigkeiten nicht. Durch die jährliche endgültige Abrechnung über die eingebrachten Gewinne und Verluste müssen keine Konten geführt werden und die Verlustgesellschaften gehen nur kurzfristig in ungesicherte Vorleistung. Allerdings entsteht erneut die Problematik der zutreffenden Bewertung des eingebrachten Verlustes, wenn die Verlustgesellschaft als Ausgleich für den von ihr eingebrachten Verlust den Wert erhalten soll, den der Verlust für sie in ihrer konkreten Ertragssituation hatte (Barwert).[757] Wird hingegen der nominelle Steuerwert des Verlusts, also das Produkt aus dem zugerechneten Verlust und dem jeweiligen Körperschaftsteuersatz, als Ausgleich geleistet, erwirtschaftet die Gruppengesellschaft die gesamten Zins- und Liquiditätsvorteile aus der Gruppenbesteuerung.[758] Der Gruppenträger würde an diesen Vorteilen nicht beteiligt. Zudem kann dies zu Liquiditätsengpässen beim Gruppenträger führen, wenn dieser die zugerechneten Verluste nicht sofort durch Verrechnung mit eigenen oder von anderen Gruppengesellschaften zugerechneten steuerlichen Gewinnen verwerten, sondern seiner-

---

754 *Hüttemann*, ZHR 2007, 451 [476]; *Simon*, DStR 2000, 537; *Simon*, ZGR 2007, 71 [107].

755 *Simon*, DStR 2000, 537; *Simon*, ZGR 2007, 71 [106 f.].

756 S. zur Notwendigkeit einer Besicherung am Beispiel einer verunglückten Organschaft nach österreichischem Recht wegen Unterschreitung der Mindestbeteiligungsquote im Mindestbindungszeitraum *Reich-Rohrwig* in: *Wiesner/Kirchmayr/Mayr*, Die neue Gruppenbesteuerung, Rn. K 683.

757 *Hüttemann*, ZHR 2007, 451 [475].

758 *Simon*, DStR 2000, 537; *Simon*, ZGR 2007, 71 [106]; vgl. ferner *Artmann/Lux* in: *Quantschnigg*, Gruppenbesteuerung, S. 315. Kritisch gegenüber einer Vergütung in Höhe des Nominalwerts und für eine Orientierung am Drittvergleichsmaßstab *Schauhoff*, StbJb. 2000/2001, 325 [334 f.].

seits nur vortragen kann.[759] Er würde dann den Gruppengesellschaften ihre Verluste vergüten, ohne selbst einen Liquiditätsvorteil zu erlangen.

Bei der pauschalierten Abgeltung der eingebrachten Verluste können Schwierigkeiten bezüglich der richtigen Bewertung der eingebrachten Verluste vermieden werden, da der Ausgleich nicht dem Barwert der Verluste entspricht. Vielmehr wird im Umlagevertrag eine pauschale Abgeltung der Verluste mit einem bestimmten Prozentsatz ihres Nominalwertes vereinbart.[760] Dieser pauschale Abschlag auf den Nominalwert ist aus Sicht der Verlustgesellschaften der Preis für die Möglichkeit zur sofortigen Verwertung der Verluste und für die Eliminierung der Verwertungsrisiken. Aus Sicht der Gewinngesellschaften bildet er die verteilungsfähige Konzernprämie.[761] Durch diese Aufteilung der Vorteile können sowohl die Verlust- als auch die Gewinngesellschaften von der konsolidierten Besteuerung der Gruppe und der vorgezogenen Verlustverrechnung profitieren. Allerdings können die Vorstellungen der Gruppenmitglieder über die adäquate Höhe der Pauschale in Abhängigkeit von ihrer jeweiligen wirtschaftlichen Lage durchaus differieren,[762] was – gerade bei größeren Gruppen – zu Verhandlungsschwierigkeiten führen kann.[763] Für die Möglichkeit einer Einigung spricht allerdings, dass den Geschäftsleitern der Gruppenmitglieder bei der Entscheidung über eine adäquate Pauschale ein unternehmerischer Ermessensspielraum zusteht,[764] weswegen die einzelnen Gruppenmitglieder nicht zwingend auf ein einziges, richtiges Verhandlungsergebnis festgelegt sind. Die Liquiditätsbelastung des Gruppenträgers, wenn er die zugerechneten Verluste nicht sofort zur Minimierung der Steuerlast einsetzen kann, wird durch die pauschalierte Abrechnung der Verluste zwar nicht gänzlich eliminiert, aber zumindest reduziert, weil nicht der vollständige Nominalwert der Verluste vergütet wird. Zudem kann diesem Problem gegebenenfalls mit einer entsprechenden Sonderre-

759 *Hüttemann*, ZHR 2007, 451 [475].

760 Für eine Vergütung in Höhe des hälftigen Nominalwerts, *Simon*, DStR 2000, 537; *Simon*, ZGR 2007, 71 [110]; *Schauhoff*, StbJb. 2000/2001, 325 [336] sowie *Reich-Rohrwig* in: *Wiesner/Kirchmayr/Mayr*, Die neue Gruppenbesteuerung, Rn. K 664.

761 *Simon*, DStR 2000, 537; *Simon*, ZGR 2007, 71 [110 f.].

762 S. zu verschiedenen denkbaren Szenarien und den daraus folgenden Interessen der Beteiligten *Reich-Rohrwig* in: *Wiesner/Kirchmayr/Mayr*, Die neue Gruppenbesteuerung, Rn. K 674 ff.

763 *Hüttemann*, ZHR 2007, 451 [477].

764 *Hüttemann*, ZHR 2007, 451 [477].

gelung in der Umlagevereinbarung begegnet werden.[765] Mit der »Pauschalierungsmethode« können daher sowohl die Schwierigkeiten der Barwertermittlung der Verluste als auch der Aufwand eines gruppeninternen Verlustvortrages vermieden werden, weswegen Sie eine praktikable und zugleich sachgerechte Lösung für die Abgeltung eingebrachter Verluste darstellt.[766] Auch die österreichische Finanzverwaltung scheint diese Ansicht zu teilen, und hat dem von ihr herausgegebenen Muster-Umlagevertrag eine solche Pauschalierung zugrunde gelegt.[767] Insgesamt erscheint daher ein Umlagesystem mit einem periodischen, pauschalierten Verlustausgleich am besten geeignet, die Nachteile auszugleichen, die den Verlustgesellschaften durch den Gruppenbeitritt und die hiermit verbundenen Verrechnung ihrer steuerlichen Verluste mit den Gewinnen anderer Gruppenmitglieder entstehen. Insbesondere wäre es mit der Sorgfalt eines ordentlichen Geschäftsleiters vereinbar, wenn der Vorstand einer Gruppengesellschaft einen pauschalen Abschlag auf den Nominalwert ihrer Verluste als Gegenwert für die vorzeitige Verlustrealisierung in Kauf nähme. Schließlich werden ähnliche Abschläge auch außerhalb der Gruppenbesteuerung, bspw. beim echten Factoring (als Entgelt an den Factorer) oder bei Diskontgeschäften (als Diskontentgelt an die Bank), für eine höhere Liquidität und die Minimierung von Risiken gezahlt.

(7) Zwischenergebnis

Als Zwischenergebnis ist festzuhalten, dass der von dem herrschenden Unternehmen veranlasste Beitritt zu einem Gruppenbesteuerungssystem für die Gruppengesellschaft nachteilig ist, wenn sie in dem fünfjährigen Mindestbindungszeitraum voraussichtlich dazu führt, dass dem Gruppenträger überwiegend steuerliche Verluste zugerechnet werden und wenn die Gruppengesellschaft zugleich eine mittelfristig positive Ertragsprognose hat, so dass sie die zugerechneten Verluste andernfalls – d. h. in der standalone Situation – künftig mit eigenen Gewinnen hätte verrechnen und zur

---

765 Denkbar ist es bspw. in diesem Fall die Zahlung der negativen Umlage zu stunden, bis der Gruppenträger den Verlust seinerseits durch Verrechnung mit eigenen oder zugerechneten Gewinnen nutzen kann.

766 *Hüttemann*, ZHR 2007, 451 [476]; für die Pauschalierungsmethode auch *Simon*, DStR 2000, 537; *Simon*, ZGR 2007, 71 [110 f.] sowie *Vetter* in: *Schmidt/Lutter*, AktG, § 311 Rn. 69.

767 Abgedruckt bei *Fuchs*, Gruppenbesteuerung, S. 113 ff.

Minimierung ihrer Steuerlast hätte nutzen können. Zum Ausgleich dieser Nachteile ist der Gesellschaft ein Nachteilsausgleich zu gewähren, der entweder in der Vergütung des Barwerts der prognostizierten Verluste bestehen kann (§ 311 Abs. 2 Satz 1, 1. Alt. AktG), besser aber in dem Abschluss eines Steuerumlagevertrages im laufenden Geschäftsjahr (§ 311 Abs. 2 Satz 1, 2. Alt. AktG). Voraussetzung für Letzteres ist allerding die Vereinbarung eines Umlagealgorithmus, der einen angemessenen Ausgleich für die zugerechneten Verluste gewährleistet, bspw. durch Zahlung einer jährlichen Vergütung in Höhe des Nominalwertes der Verluste[768] abzüglich eines pauschalen Abschlages für die Vorteile der vorzeitigen Realisierung des Steuerminderungspotentials sowie die Eliminierung des Risikos einer späteren Unverwertbarkeit des Verlusts. Fehlt es an einem angemessenen Nachteilsausgleich, machen sich das herrschende Unternehmen und seine gesetzlichen Vertreter nach § 317 Abs. 2 und Abs. 3 AktG schadensersatzpflichtig.

b) Umlagevereinbarung als nachteiliges Rechtsgeschäft

In den Fällen, in denen die Gruppengesellschaft im maßgeblichen Betrachtungszeitraum mutmaßlich überwiegend oder ausschließlich steuerliche Gewinne erwirtschaften wird, für die dann der Gruppenträger anstelle der Gruppengesellschaft steuerpflichtig wird, erweist sich der Gruppenbeitritt nicht als nachteilige Maßnahme im Sinne des § 311 Abs. 1 AktG.[769] Allerdings kann auch dann der Anwendungsbereich der §§ 311 ff. AktG eröffnet sein, namentlich dann, wenn eine Umlagevereinbarung getroffen wird, die für die Gruppengesellschaft nachteilig ist. Eine solche Nachteiligkeit kommt zum einen bei Vereinbarung einer überhöhten Steuerumlage in Betracht und zum anderen dann, wenn die Umlagezahlungen nicht ausreichend besichert werden.

---

768 D. h. aus dem Produkt aus dem Verlust und den KSt-Tarif, s. o. in vorstehender Ziffer D. II. 1. a) (6) (c).

769 S. zu diesem Fall bereits oben Ziffer D. I. 1. d).

(1) Überhöhte Steuerumlagen

Zunächst können überhöhte Steuerumlagen zu einer Nachteiligkeit führen. Eine überhöhte Steuerumlage liegt zweifelsohne dann vor, wenn sie den Betrag übersteigt, welchen die Gruppengesellschaft im Falle ihrer steuerlichen Eigenständigkeit als Steuer hätte zahlen müssen. Denn eine Umlage oberhalb der fiktiven stand-alone Steuerlast lässt sich mit der Zurechnung des steuerpflichtigen Gewinnes an den Gruppenträger nicht rechtfertigen. Aber auch eine Umlage, welche die stand-alone Steuerbelastung nicht übersteigt, kann zu hoch sein, wenn der Gruppenträger durch die konsolidierte Besteuerung einen Steuervorteil generiert und die Summe der von ihm vereinnahmten Umlagen daher die von ihm abzuführenden Steuern übersteigt. Eine solche Differenz zwischen der Summe der Steuerumlagen und der tatsächlichen Steuerbelastung der Gruppe (die »Gruppenprämie«), kann sich daraus ergeben, dass der Gruppenträger zugerechnete Gewinne entweder mit eigenen[770] oder mit zugerechneten Verlusten anderer Gruppenmitglieder verrechnet.[771] Hier stellt sich die Frage, ob diese Gruppenprämie beim Gruppenträger verbleiben darf oder ob die gewinnträchtigen Gruppengesellschaften an ihr beteiligt werden müssen.

Diese Frage nach dem Anspruch auf die Teilhabe an der Gruppenprämie und allgemein an den Synergieeffekten aus der Konzernierung ist im Schrifttum höchst umstritten.[772] Sie ist auch durch die Entscheidungen des

770 Die Zurechnung der fremden Gewinne als eigenes Einkommen eröffnet dem Gruppenträger die Verrechnungsmöglichkeit häufig überhaupt erst. Denn andernfalls hätte die Steuerfreiheit seiner Bezüge aus der Beteiligungen an Gruppengesellschaften nach § 8b Abs. 1 KStG dazu geführt, dass er diese Gewinne nicht zur Verlustverrechnung heranziehen kann, während § 8b Abs. 1 KStG im Falle der Zurechnung der Gewinne nicht eingreift, s. bereits oben Ziffer B. I. 4.

771 Ein Belastungsvorteil resultiert für den Gruppenträger aus zugerechneten Verlusten freilich nur dann, wenn er diese den Verlustgesellschaften nicht mit dem Nominal- sondern nur mit einem darunter liegenden Betrag (Pauschale) vergütet.

772 Gegen einen Anspruch der abhängigen Gesellschaft auf Teilhabe an Synergieeffekten aus der Konzernierung: *Grigoleit* in: *Grigoleit*, AktG, § 311 Rn. 41; *Koppensteiner* in: *Zöllner/Noack*, Köln Komm AktG, § 311 Rn. 45; *Krieger* in: MHdG, Band IV, § 70 Rn. 86; *Strohn,* Die Verfassung der Aktiengesellschaft im faktischen Konzern, S. 58 f.; *Vetter* in: *Schmidt/Lutter*, AktG, § 311 Rn. 70; *Altmeppen* in: MüKo AktG, § 311 Rn. 283, der aber in Rn. 475 ff. im Zusammenhang mit der Verteilung positiver passiver Konzerneffekte ausführt, dass eine Abgeltung desto angemessener erscheint, je eindeutiger sie sich dem Beitrag eines konkreten Tochterunternehmens zuordnen lässt. Grds. für eine Teil-

BGH aus den 1990er Jahren zu den Gewerbesteuerumlagen nicht entschieden worden. Zwar hat der BGH in seinem Urteil vom 01.03.1999 die Belastungsmethode, nach der die Konzernprämie allein dem Organträger zukommt,[773] als konzernrechtlich unzulässig gewertet und eine Umlage auf Grundlage der Verteilungsmethode für geboten erachtet. Dieses Ergebnis streitet jedoch nur auf den ersten Blick für einen Anspruch der Gruppengesellschaften auf Teilhabe an der Gruppenprämie. Denn der BGH begründete sein Urteil maßgeblich mit dem Hinweis darauf, dass die seinerzeit zu beurteilende gewerbesteuerliche Organschaft als sog. Zwangsorganschaft von Gesetzes wegen eintrat, weswegen der Nachteiligkeit der Belastungsmethode nach Ansicht der Richter nicht mit dem Argument entgegengetreten werden könne, die Gesellschaft hätte in der stand-alone Situation ja ebenso hohe Zahllasten tragen müssen. Vielmehr sei die Nachteiligkeit *»allein aus der kraft Gesetzes gem. §§ 2 II 2 GewStG, 14 Nrn. 1, 2 KStG vorgegebenen Situation der gewerbesteuerlichen Organschaft heraus zu ermitteln«.*[774]

Und in dieser Situation habe die Organgesellschaft im Außenverhältnis gar keine Steuer zu tragen und sei im Innenverhältnis lediglich einem gesetzlichen Ausgleichsanspruch nach § 426 Abs. 1 BGB ausgesetzt, dessen Höhe dem Anteil an der tatsächlichen Steuerschuld entspreche, der von ihr wirtschaftlich verursacht wurde. Jede über diese Verbindlichkeit hinausgehende Umlage sei daher ein Nachteil. Die Argumentation des BGH baut somit ganz zentral auf dem seinerzeitigen Charakter der Gewerbesteuerorganschaft als Zwangsorganschaft auf und verfängt bei einer antragsabhängigen Gruppenbesteuerung nicht. Denn hier verbietet sich weder der Verweis auf die stand-alone Situation der Gruppengesellschaft, noch kann mit

---

habe der Tochtergesellschaften an der Konzernprämie hingegen: *Habersack* in: *Emmerich/Habersack*, Konzernrecht, § 311 Rn. 49; *Hogh,* Die Nachteilsermittlung im Rahmen des § 311 I AktG, S. 59 f.; *Hüttemann*, ZHR 2007, 451 [471 f.]; *H. F. Müller* in: *Spindler/Stilz*, AktG, § 311 Rn. 45; *Liebscher* in: *Müller/Rödder*, Beck'sches Handbuch der AG, § 15 Rn. 76; *Mülbert,* Aktiengesellschaft, Unternehmensgruppe und Kapitalmarkt, S. 470; *Wiedemann/Fleischer*, JZ 2000, 159 [160]; für das österreichische Recht s. *Reich-Rohrwig* in: *Wiesner/Kirchmayr/Mayr*, Die neue Gruppenbesteuerung, Rn. K 670.

773 S. dazu oben Ziffer D. II. 1. a) (6) (c).

774 BGH, Urteil vom 01.03.1999 – II ZR 312–97, NJW 1999, 1706 [1707], s. zu diesem Urteil bereits oben Ziffer D. II. 1. a) (3) (e).

gesetzlichen Ausgleichsansprüchen außerhalb der §§ 311 ff. AktG argumentiert werden.[775]

Ein Teil des Schrifttums lehnt einen Anspruch des abhängigen Unternehmens auf eine Teilhabe an etwaigen Synergieeffekten ab. Am Beispiel verschiedener Konstellationen, in denen ein Vergleich mit der stand-alone Situation der Gesellschaft möglich ist (bspw. die Zentralisierung der EDV, der Buchhaltung oder des Vertriebes) wird vertreten, dass die Höhe der Umlagen für konzernintegrative Maßnahmen nach oben allein durch die Kosten begrenzt sei, die das abhängige Unternehmen in der stand-alone Situation am Markt für eine entsprechende Leistung gezahlt hätte. Schließlich könne eine solche Umlage, auch wenn insgesamt mehr Kosten umgelegt würden, als tatsächlich anfallen, durchaus einem Drittvergleich standhalten.[776] Zudem sei es nicht geboten, die abhängige Gesellschaft an einer allein durch die Konzernierung gewonnenen zusätzlichen Gewinnerzielungsmöglichkeit zu beteiligen, wenn sie auch mit den Kosten und Risiken dieser zusätzlichen Gewinnquelle nicht belastet werde.[777] In Bezug auf Steuerumlagen nach der Belastungsmethode könne schon begrifflich nicht von einem Nachteil gesprochen werden, gehe es doch allein um die Vorenthaltung eines Vorteils (der Konzernprämie), die keinen gesetzlichen Einschränkungen unterliege.[778]

Die Befürworter eines Anspruchs auf Teilhabe an der Konzernprämie führen dagegen den Maßstab des Handelns eines ordentlichen und gewissenhaften Geschäftsleiters einer unabhängigen Gesellschaft ins Feld. Ein hiernach agierender Geschäftsleiter würde sich bei jedweder Form des Zusammenwirkens mit anderen, durch das Kostenvorteile generiert werden, um eine angemessene Teilhabe an diesen Vorteilen bemühen, weswegen eine Kooperation ohne Partizipation an den erzielten Synergieeffekten

---

775 S. hierzu oben Ziffer D. II. 1. a) (6) (c).

776 *Grigoleit* in: *Grigoleit*, AktG, § 311 Rn. 41; *Koppensteiner* in: *Zöllner/Noack*, Köln Komm AktG, § 311 Rn. 45; *Vetter* in: *Schmidt/Lutter*, AktG, § 311 Rn. 70; so auch *Altmeppen* in: MüKo AktG, § 311 Rn. 283, der allerdings in Rn. 475 ff. i. R. v. positiven passiven Konzerneffekten einräumt, dass deren (anteilige) Weitergabe an das abhängige Unternehmen geboten sein kann, wenn ein Konzernerfolg auf einen bestimmten Beitrag einer abhängigen Gesellschaft zurückgeführt werden kann.

777 *Strohn,* Die Verfassung der Aktiengesellschaft im faktischen Konzern, S. 58 f., allerdings auf passive Konzerneffekte abzielend, die der Konzeption der §§ 311 ff. AktG nach keinen Nachteil darstellen und dementsprechend auch keinen Nachteilsausgleich begründen können.

778 *Krieger* in: MHdG, Band IV, § 70 Rn. 86.

nachteilig i. S. v. § 311 Abs. 1 AktG sei.[779] Der Gegenmeinung, die eine Anwendung des Sorgfaltsmaßstabes des § 93 Abs. 1 AktG auf konzerninterne Maßnahmen mit dem Argument ablehnt, man könne die Untergesellschaft nicht als abhängig und als unabhängige zugleich betrachten,[780] werfen sie vor, dass sie sich der konsequenten Anwendung des Vergleichsmaßstabes des §§ 311 Abs. 1, 317 Abs. 2 AktG verweigere und gegen die unbestrittene Regel verstieße, dass die Gesellschaft im faktischen Konzern vermögens- und ertragsmäßig nicht schlechter gestellt werden darf, als sie im Falle ihrer Unabhängigkeit stünde.[781] Selbst an den positiven Wirkungen passiver Konzerneffekte sei die abhängige Gesellschaft zwingend zu beteiligten, weil diese Teilhabe die notwendige Kompensation dafür sei, dass sie im Falle negativer passiver Konzerneffekte keinen Anspruch auf einen Nachteilsausgleich habe.[782] Auch im Falle einer antragsabhängigen Gruppenbesteuerung bestünde nach Maßgabe der §§ 311 ff. AktG daher eine Pflicht des Gruppenträgers zur Beteiligung der Gruppengesellschaft an den Steuervorteilen der konsolidierten Besteuerung. Denn die Abhängigkeit der Gruppenbesteuerung von der Mitwirkung der Gruppengesellschaft räume der Gruppengesellschaft eine vermögenswerte Rechtsposition ein, die sie nach dem Maßstab eines ordentlichen Geschäftsleiters zum Wohle der Gesellschaft verwerten müsse.[783] Deswegen werde auch im österreichischen Recht eine Beteiligung der Gruppengesellschaften an den Zins- und Liquiditätsvorteilen gefordert.[784]

Insgesamt sprechen die besseren Argumente für eine Pflicht des Gruppenträgers, die Gruppengesellschaften an den Vorteilen aus der konsolidierten Gruppenbesteuerung zu beteiligen. Dies gebietet der im Gesetz angelegte Maßstab des ordentlichen und gewissenhaften Geschäftsleiters einer unabhängigen Gesellschaft. Ein nach diesem Maßstab handelnder Vorstand würde an keiner kooperativen Maßnahme mitwirken, die nur dem Kooperationspartner Vorteile bietet. Bei Maßnahmen wie der Grup-

---

779 *Habersack* in: *Emmerich/Habersack*, Konzernrecht, § 311 Rn. 49; *Hogh,* Die Nachteilsermittlung im Rahmen des § 311 I AktG, S. 60.

780 So *Koppensteiner* in: *Zöllner/Noack*, Köln Komm AktG, § 311 Rn. 45.

781 *Mülbert,* Aktiengesellschaft, Unternehmensgruppe und Kapitalmarkt, S. 470.

782 *Wiedemann/Fleischer*, JZ 2000, 159[160].

783 *Hüttemann*, ZHR 2007, 451 [471], vgl. aus steuerrechtlicher Sicht auch *Schauhoff*, StbJb. 2000/2001, 325 [334 ff].

784 Für das österreichische Recht insofern *Artmann/Lux* in: *Quantschnigg*, Gruppenbesteuerung, S. 309; *Reich-Rohrwig* in: *Wiesner/Kirchmayr/Mayr*, Die neue Gruppenbesteuerung, Rn. K 670.

penbesteuerung, die nur im Konzernverbund realisiert werden können, ließe sich zwar argumentieren, dass die abhängige Gesellschaft auch ohne Vorteilsteilhabe keinen Nachteil i. S. v. § 311 Abs. 1 AktG erleide, weil sie im Falle ihrer Unabhängigkeit überhaupt nicht die Möglichkeit gehabt hätte, eine Gruppenprämie zu generieren. Allerdings würde daraus ein gespaltener Beurteilungsmaßstab resultieren: Im Allgemeinen gälte die Sorgfalt eines ordentlichen und gewissenhaften Geschäftsleiters als Kontrollmaß, nach dem sich der Vorstand bestmöglich für die Gesellschaft einsetzen muss, während bei notwendigerweise konzerninternen Maßnahmen lediglich das Prinzip der Nachteilsvermeidung gälte, bei dem der Vorstand sich auch mit dem zweitbesten Verhandlungsergebnis abgegeben darf, solange die Gesellschaft nur nicht schlechter dasteht als sie es stand-alone täte. Ein derart gespaltener Maßstab ist im Gesetz jedoch nicht angelegt. Er würde darüber hinaus dazu führen, dass der Schutz der abhängigen Gesellschaft und ihrer Außenseiter immer weiter abnähme, je weiter die Konzernintegration zunimmt:[785] Wenn bspw. die Tätigkeit einer abhängigen Gesellschaft vollends auf den individuellen Bedarf der Muttergesellschaft zugeschnitten ist, so dass sie außerhalb des Konzerns keine Absatzmöglichkeit für ihre Leistungen mehr hat, so wäre der Verkauf ihrer Produkte aus tatsächlichen (nicht wie bei der Gruppenbesteuerung aus rechtlichen) Gründen eine zwingend konzerninterne Maßnahme, für die der Maßstab des ordentlichen und gewissenhaften Geschäftsleiters nicht gälte, und die Muttergesellschaft könnte gegenüber ihrer derart in den Konzern integrierten Tochter Selbstkostenpreise durchsetzen, ohne einen Ausgleich nach § 311 AktG zu schulden. Das aber schränkt den von den §§ 311 ff. AktG bezweckten Außenseiterschutz unzumutbar ein, so dass es bei einer einheitlichen und uneingeschränkten Anwendung des Sorgfaltsmaßstabes eines ordentlichen und gewissenhaften Geschäftsleiters bleiben muss. Hinzu kommt, dass bei der Etablierung einer steuerlichen Gruppe eindeutig identifizierbar ist, inwiefern die einzelnen Gruppengesellschaften zu der Gruppenprämie beitragen. Es ist daher nicht nur sachgerecht, sondern auch ohne weiteres möglich, die Konzernprämie zu bewerten und angemessen auf die Beteiligten zu verteilen. Insgesamt stellt daher die Veranlassung einer Gewinngesellschaft zur Zahlung einer Steuerumlage,

---

785 Vgl. zu den Auswirkungen der Konzernintegration auf den Umfang des Vermögensschutzes nach den §§ 311 ff. AktG auch *Mülbert,* Aktiengesellschaft, Unternehmensgruppe und Kapitalmarkt, S. 276 f.

die sie nicht an den vom Gruppenträger generierten positiven Steuereffekten beteiligt, eine nachteilige Maßnahme gem. § 311 Abs. 1 AktG dar.

(2) Fehlende Besicherung

Ein weiterer Nachteil kann sich daraus ergeben, dass in den Steuerumlagezahlungen der Gewinngesellschaften an den Gruppenträger eine Leistung liegt, die auf einen Zweck gerichtet ist, dessen Erreichen zum Zeitpunkt der Leistung noch ungewiss ist. Denn die Umlagezahlung soll den Aufwand des Gruppenträgers kompensieren, denn dieser hatte, um die Gruppengesellschaft von ihrer eigenen Steuerlast zu befreien. Bei Zahlung der Umlage durch die abhängige Gesellschaft ist allerdings oftmals noch nicht sicher, ob sie durch die Zahlungen des Gruppenträgers endgültig von ihrer eigenen Steuerlast befreit ist. Sollte die steuerliche Gruppe nämlich verunglücken – dies ist sowohl im geltenden Organschaftsrecht, als auch im österreichischen Gruppenbesteuerungsrecht dann der Fall, wenn die Voraussetzungen der Organschaft bzw. Gruppenbesteuerung während des Mindestbindungszeitraums wegfallen – so wird die Gruppengesellschaft rückwirkend auf den Beginn der verunglückten Organschaft für ihre eigenen Gewinne steuerpflichtig und zur Zahlung der Körperschaftsteuer auf diese in Anspruch genommen.[786] Zwar hätte sie dann einen Anspruch auf Rückzahlung der vergeblich gezahlten Steuerumlagen gegen den Gruppenträger, dieser Anspruch ist aber möglicherweise nicht vollwertig. Insofern kann die Stellung einer angemessenen Sicherheit durch den Gruppenträger geboten sein, auf welche die Gruppengesellschaft im Falle des Verunglückens der steuerlichen Gruppe zugreifen kann. Diese Sicherheit ist für die Gruppengesellschaften deshalb von besonderer Bedeutung, weil die größte Gefahr für den Bestand der steuerlichen Gruppe die Veräußerung der Beteiligung an der Gruppengesellschaft durch den Gruppenträger ist. Diesen Vorgang können die Gruppengesellschaften nicht beeinflussen, weswegen das Verunglücken der Gruppe für sie ein unbeherrschbares Risiko ist. Aus diesem Grund hat der Gruppenträger, der das maßgebliche

786 Für das deutsche Recht: *Rödder/Liekenbrock* in: *Rödder/Herlinghaus/Neumann*, KStG, § 14 Rn. 779. Für das österreichische Recht s. § 9 Abs. 10 KStG Österreich, der eine dreijährige Mindestdauer vorschreibt sowie im dritten Spiegelstrich den rückwirkenden Wegfall der Gruppenbesteuerung für den Fall anordnet, dass innerhalb der Mindestdauer eine Körperschaft aus der Gruppe ausscheidet.

Risiko für das Verunglücken der Gruppenbesteuerung allein beherrscht, der abhängigen Gesellschaft eine Sicherheit zu stellen, welche die Risiken einer Inanspruchnahme durch die Finanzverwaltung abdeckt.[787] Zwar ist – selbst nach dem Maßstab des § 57 Abs. 1 Satz 2 AktG – eine solche Sicherheit nicht zu fordern, solange die Bonität des Gruppenträgers nicht in Zweifel steht.[788] Dennoch muss der Umlagevertrag zumindest einen Anspruch der Gruppengesellschaft auf Gestellung einer Sicherheit für den Fall vorsehen, dass die Bonität des Gruppenträgers schwindet. Denn andernfalls wäre die Gruppengesellschaft später auf die freiwillige Gewährung einer Sicherheit durch den Gruppenträger angewiesen, was ihre Interessen nicht ausreichend schützt. Die erforderliche Anspruchsgrundlage müsste auch das im Verlauf der Zeit steigende Gesamtumlagevolumen durch eine entsprechende dynamische Gestaltung bzw. fortlaufende Anpassung der Sicherheit abbilden. Enthält ein Umlagevertrag keinen Anspruch der Gruppengesellschaft auf eine solche Sicherheit, so kann auch dies seine Nachteiligkeit begründen.

(3) Zwischenergebnis

Die vorstehenden Betrachtungen haben gezeigt, dass für Gruppengesellschaften mit einer aktuell und mittelfristig positiven Ertragsprognose, die von der Ergebniszurechnung aufgrund der Gruppenbesteuerung nach einem Zurechnungsmodell grundsätzlich profitieren, der Abschluss einer Umlagevereinbarung nachteilig im Sinne des § 311 Abs. 1 AktG sein kann, wenn die Steuerumlagen die stand-alone Steuerbelastung überschreiten oder wenn die erwirtschaftete Gruppenprämie nicht angemessen an die Gruppengesellschaften weitergereicht wird. Ebenfalls nachteilig sind Umlagevereinbarungen, die keine Besicherung der an den Gruppenträger gezahlten Steuerumlagen zur Absicherung der Risiken aus einem möglichen Verunglücken der steuerlichen Gruppe während des fünfjährigen Mindestbindungszeitraums vorsehen.

---

787 S. zu diesem Risiko für die österreichische Gruppenbesteuerung *Artmann/Lux* in: *Quantschnigg*, Gruppenbesteuerung, S. 315; *Reich-Rohrwig* in: *Wiesner/Kirchmayr/Mayr*, Die neue Gruppenbesteuerung, Rn. K 615 und K 683.

788 *Artmann/Lux* in: *Quantschnigg*, Gruppenbesteuerung, S. 315 fordern daher eine ständige Kontrolle der Liquidität des Gruppenträgers durch die Gruppengesellschaft.

2. GmbH als Gruppengesellschaft

Nachdem für Aktiengesellschaften geprüft und dargestellt worden ist, welche Grenzen für ihre Einbindung in ein Gruppenbesteuerungssystem nach dem Zurechnungsmodell gelten, ist im Weiteren zu betrachten, wie sich die Rechtslage für Gesellschaften mbH als Gruppengesellschaften darstellt. Die maßgeblichen Szenarien sind auch hier die Veranlassung der Gruppen-GmbH zum Gruppenbeitritt durch Stellung des erforderlichen Antrages sowie ihre Veranlassung zum Abschluss einer nachteiligen Umlagevereinbarung. Anders als bei der AG, wo die §§ 311 ff. AktG die Regeln des allgemeinen Aktienrechts als lex spezialis des faktischen Konzerns überlagern, gibt es für die GmbH keine entsprechenden Sondernormen. Vielmehr gelten hier die allgemeinen Grenzen für Vermögensverschiebungen zwischen der GmbH und ihren Gesellschaftern fort, auch wenn die GmbH in einen faktischen Konzern eingebunden ist. Sie treten neben die Treuebindungen, die das Verhalten des Mehrheitsgesellschafters gegenüber der abhängigen GmbH reglementieren. Wird eine GmbH als Gruppengesellschaft in die steuerliche Gruppe eingebunden, sind somit sowohl die Kapitalerhaltungsregelungen zu beachten (nachfolgend Ziffer D. II. 2. a)), als auch die Grenzen, die das Schädigungsverbot den Einflussnahmen des Gruppenträgers auf die Gruppengesellschaft mbH setzt (nachfolgend Ziffer D. II. 2. b)). Wie auch bei der AG beschränkt sich die Darstellung auf Fallkonstellationen, in denen die Gruppengesellschaften mbH jedenfalls mittelfristig eine positive Ertragsprognose aufweisen.[789]

a) Gruppenbesteuerung und GmbH-rechtliche Stammkapitalerhaltung

In der GmbH, ob abhängig oder nicht, setzt § 30 Abs. 1 GmbHG dem Zugriff der Gesellschafter auf das Vermögen der GmbH eine strikte Grenze, indem er jede Auszahlung von Gesellschaftsvermögen, das *»zur Erhaltung des Stammkapitals erforderlich«* ist, an Gesellschafter verbietet und verbotswidrige Auszahlungen dem Rückforderungsanspruch gem. § 31 GmbHG unterwirft. Wegen der Begrenzung der Kapitalerhaltung auf das satzungsgemäße Stammkapital besteht diese Rückzahlungspflicht allerdings nur für Auszahlungen, die eine Unterbilanz herbeiführen oder während Bestehens einer Unterbilanz erfolgen, die also ein Absinken des

789 S. insofern bereits oben Ziffer D. II.

Reinvermögens[790] der GmbH unter ihre Stammkapitalziffer[791] bewirken oder trotz fehlender Deckung des Stammkapitals durch das Reinvermögen vorgenommen werden. Oberhalb dieser Schwelle liefert die Kaptalerhaltung keinen Schutz. Insbesondere der Alleingesellschafter, der »seiner« GmbH gegenüber keiner Treuepflicht unterliegt, weil diese kein ihm gegenüber verselbständigtes Eigeninteresse hat,[792] ist daher zur weitgehend freien Verfügung über das Gesellschaftsvermögen berechtigt, soweit es das Stammkapital übersteigt. Dieses freie Vermögen kann er sich auch auszahlen.[793] Der Alleingesellschafter hat allenfalls ein grundlegendes Bestandsinteresse »seiner« Gesellschaft zu respektieren, welches er verletzt, wenn er ihr Vermögen entzieht, welches diese zu ihrem wirtschaftlichen Überleben benötigt.[794] Die Kapitalerhaltung bildet insofern den »harten Kern« der GmbH-rechtlichen Begrenzung von Vermögensverschiebungen zwischen der GmbH und ihren Gesellschaftern, der stets zu beachten ist, auch wenn eine GmbH als Gruppengesellschaft in eine steuerliche Gruppe einbezogen werden soll.

(1) Beitritt zur steuerlichen Gruppe als Auszahlung nach § 30 Abs. 1 GmbHG?

Wie bereits dargestellt,[795] ist der in § 30 Abs. 1 Satz 1 GmbHG verwendete Begriff der »Auszahlung« nicht im Wortsinne zu verstehen und verlangt keine Geldleistung der Gesellschaft an ihren Gesellschafter. Der Begriff bringt vielmehr zum Ausdruck, dass die Auszahlung von der Gesellschaft, namentlich von ihren organschaftlichen Vertretern oder Bevollmächtigten, veranlasst worden sein muss,[796] wobei Gegenstand einer Auszahlung jeder

---

790 Auch Netto- oder Nettoaktivvermögen genannt. Zur Ermittlung des Netto-/Reinvermögens ausführlich *Verse* in: *Scholz*, GmbHG, § 30 Rn. 58 ff.

791 Zur Ermittlung der allein maßgeblichen statuarischen Stammkapitalziffer s. *Verse* in: *Scholz*, GmbHG, § 30 Rn. 55 ff.

792 S. oben Ziffer D. I. 2. c) (3).

793 S. im Einzelnen oben Ziffer D. I. 2. c) (3).

794 Ein solcher Eingriff zieht die sog. Existenzvernichtungshaftung des Alleingesellschafters nach sich, s. oben Ziffer D. I. 2. c) (3).

795 S. oben Ziffer D. I. 2. a) (2).

796 *Heidinger* in: *Michalski*, GmbHG, § 30 Rn. 63; vgl. auch *Ekkenga* in: MüKo GmbHG, § 30 Rn. 143 ff.

Vermögenwert sein kann, unabhängig davon, ob er sich aus der Handelsbilanz der Gesellschaft ergibt.[797]

(a) Einkommenszurechnung als Auszahlung?

In Bezug auf die Vermögensverschiebungen in der steuerlichen Gruppe nach einem Zurechnungsmodell stellt sich insofern jedoch die Frage, ob in der Zurechnung steuerlicher Verluste eine Auszahlung in Sinne der Kapitalerhaltung liegen kann. Denn wenngleich die Teilnahme an dem Gruppenbesteuerungssystem aufgrund ihrer Antragsabhängigkeit zwingend der Mitwirkung der GmbH bedarf,[798] führt die Antragstellung selbst noch nicht zu Vermögensverschiebungen, die potentiell verbotswidrig sind. Die Vermögensminderung der GmbH erfolgt erst durch die Ergebniszurechnung, namentlich die Zurechnung von Verlusten der GmbH an den Gruppenträger, die jedoch erst nach der Begründung der Gruppe von Gesetzes wegen erfolgt und nicht mehr der Disposition der Gruppenmitglieder unterliegt. Dies spricht gegen die Qualifikation der Verlustzurechnung als »Auszahlung« i. S. v. § 30 Abs. 1 GmbHG.

Allerdings wird mit Blick auf den gläubigerschützenden Charakter der Vorschrift und ihren Zweck, das Stammkapital effektiv vor einem Zugriff durch die Gesellschafter zu schützen, allgemein eine extensive Auslegung des gesetzlichen Auszahlungsbegriffs befürwortet,[799] weswegen an den Wirkungszusammenhang zwischen der Handlung der GmbH und der Auszahlungswirkung keine überhöhten Anforderungen zu stellen sind. Der notwendige Zusammenhang ist bereits dann gegeben, wenn die Gesellschaft die Ursache für die Vermögensminderung gesetzt hat oder ihr diese zumindest zurechenbar ist. Die Tatbestandsgrenze ist erst erreicht, wenn die Gesellschaft in keiner Weise zu der Vermögensminderung beigetragen hat, sondern der Gesellschafter von außen in das Gesellschaftsvermögen eingreift, bspw. durch einen Diebstahl oder eine Unterschlagung.[800] Es ist

---

797 S. hierzu oben Ziffer D. I. 2. a) (2).

798 S. Ziffer C. III. 2. oben.

799 *Ekkenga* in: MüKo GmbHG, § 30 Rn. 127; *Habersack* in: *Ulmer/Habersack/Löbbe*, GmbHG, § 30 Rn. 47; *Verse* in: *Scholz*, GmbHG, § 30 Rn. 18; vgl. auch *Heidinger* in: *Michalski*, GmbHG, § 30 Rn. 60.

800 *Habersack* in: *Ulmer/Habersack/Löbbe*, GmbHG, § 30 Rn. 58; *Verse* in: *Scholz*, GmbHG, § 30 Rn. 24; vgl. auch *Altmeppen* in: *Altmeppen/Roth*,

somit ausreichend, dass die Gesellschaft den Vorgang willentlich auslöst. Darüber hinausgehende Kausalitätserfordernisse, insbesondere ein besonderer zeitlicher oder sachlicher Zusammenhang, bestehen nicht. Insoweit kann der Umstand, dass die steuerliche Verlustzurechnung erst zeitlich nach der Antragstellung erfolgt, am Vorliegen einer Auszahlung gem. § 30 Abs. 1 Satz 1 GmbHG nichts ändern. Denn indem die Gesellschaft den erforderlichen Gruppenantrag gestellt hat, hat sie die »Automatik« der Verlustzurechnung in Gang gesetzt und die späteren Vermögensverschiebungen in zurechenbarer Weise verursacht. Mehr noch: Da die steuerliche Ergebniszurechnung gerade das Ziel der Antragstellung ist, ist das Handeln der Gesellschaft final auf die dadurch verursachten Vermögensverschiebungen ausgerichtet. Die Gesellschaft hat die Vermögensverschiebung somit absichtlich in die Wege geleitet, was einer »Leistung« oder »Zahlung« gleichsteht.[801]

(b) Zeitpunkt der Auszahlung

Die von der Gruppengesellschaft mbH willentlich herbeigeführte Vermögensminderung besteht vorliegend in dem Übergang ihrer steuerlichen Verluste einschließlich ihres (handelsbilanziellen) Vermögenswertes[802] auf den Gruppenträger. Wie gesagt, erfolgt diese Vermögensminderung allerdings nicht zum Zeitpunkt der Stellung des Gruppenantrags, sondern erst mit der Einkommenszurechnung für die Veranlagungszeiträume während ihrer Gruppenzugehörigkeit.[803] Diese zeitliche Differenz zwischen der Stellung des Gruppenantrages und der Vermögensminderung ist zwar nicht geeignet, das Vorliegen eines Auszahlungsvorganges dem Grunde

GmbHG, § 30 Rn. 2; *Heidinger* in: *Michalski*, GmbHG, § 30 Rn. 63; *Pentz* in: *Rowedder/Schmidt-Leithoff*, GmbHG, § 30 Rn. 30.

801 Wegen der Entscheidungsfreiheit der GmbH und der zielgerichteten Ausübung dieser Freiheit durch die Antragstellung verbietet sich auch ein Vergleich mit der Erfüllung gesetzlicher (Schadensersatz-) Ansprüche ihres Gesellschafters durch die GmbH. Denn Letztere stellt nur deswegen keine Auszahlung dar, weil die Gesellschaft zu der Erfüllung verpflichtet ist und ihr – anders als im vorliegenden Fall – die Entscheidungsmöglichkeit, die für die Qualifikation eines Vorgangs als Auszahlung erforderlich ist, gerade fehlt, *Pentz* in: *Rowedder/Schmidt-Leithoff*, GmbHG, § 30 Rn. 32.

802 S. zur Vermögensrelevanz steuerlicher Verluste oben Ziffer D. I. 1.

803 S. zum Zeitpunkt der Zurechnung bei der Organschaft nach § 14 KStG, H 62 KStR 2004 sowie *Neumann* in: *Gosch*, KStG, § 14 Rn. 506.

nach in Frage zu stellen, sie wirft jedoch die Frage auf, wann die Auszahlung erfolgt. Und die Feststellung des Auszahlungszeitpunktes ist insofern bedeutsam, als dieser darüber entscheidet, für welchen Zeitpunkt die (Un-)Zulässigkeit des Vorganges unter dem Gesichtspunkt der Herbeiführung bzw. Vertiefung einer Unterbilanz zu prüfen ist:[804] mit Stellung des Gruppenantrages oder zum Zeitpunkt der Einkommenszurechnung?

Die Frage nach dem Auszahlungszeitpunkt spielt unter anderem bei dem Abschluss von Austauschgeschäften zwischen der GmbH und einem Gesellschafter eine Rolle, weil hier zu klären ist, ob auf den Zeitpunkt des Vertragsschlusses oder den Zeitpunkt der Erfüllungshandlung abzustellen ist. Für diese Fälle geht man allgemein davon aus, dass allein der Zeitpunkt der Erfüllungshandlung maßgeblich ist,[805] weil erst dann der tatsächliche Vermögensabfluss erfolgt. Eine Übertragung dieser Grundsätze auf den vorliegenden Fall spräche dafür, den Zeitpunkt einer jeden Einkommenszurechnung als maßgeblichen Auszahlungszeitpunkt anzusehen. Allerdings lassen sich die Gründe, die bei Austauschgeschäften dafür sprechen, allein auf die Bilanzsituation zum Zeitpunkt der Erfüllungshandlung abzustellen, nicht auf Gruppenbesteuerungskonstellationen übertragen: Denn der zentrale Grund für die Maßgeblichkeit der Erfüllungshandlung besteht darin, dass der Gesellschaft aus § 30 Abs. 1 GmbHG ein Leistungsverweigerungsrecht gegenüber dem schuldrechtlichen Leistungsanspruch des Gesellschafters zusteht, wenn und solange die Erfüllungsleistung gegen § 30 Abs. 1 GmbHG verstoßen würde.[806] Dieses Leistungsverweigerungsrecht verhindert, dass der schuldrechtliche Leistungsanspruch des Gesellschafters für sich genommen das Vermögen der GmbH belastet.[807] Bei der Gruppenbesteuerung unterliegt die Gruppengesellschaft jedoch keiner schuldrechtlichen Verpflichtung zur Einkommenszurechnung, der sie ein Leistungsverweigerungsrecht entgegen halten

---

804 *Verse* in: *Scholz*, GmbHG, § 30 Rn. 21.

805 BGH, Urteil vom 01.12.1986 – II ZR 306/85, NJW 1987, 1194 [1195]; *Fastrich* in: *Baumbach/Hueck*, GmbHG, § 30 Rn. 22; *Habersack* in: *Ulmer/Habersack/Löbbe*, GmbHG, § 30 Rn. 44; *Heidinger* in: *Michalski*, GmbHG, § 30 Rn. 63; *Fleischer* in: *Henssler/Strohn*, Gesellschaftsrecht, § 30 GmbHG Rn. 21; *Verse* in: *Scholz*, GmbHG, § 30 Rn. 21.

806 S. oben Ziffer D. I. 2. a) (4).

807 *Fastrich* in: *Baumbach/Hueck*, GmbHG, § 30 Rn. 22; *Habersack* in: *Ulmer/Habersack/Löbbe*, GmbHG, § 30 Rn. 44; *Verse* in: *Scholz*, GmbHG, § 30 Rn. 21.

könnte.[808] Die Einkommenszurechnung erfolgt nach Begründung der steuerlichen Gruppe vielmehr von Gesetzes wegen, und die einzig notwendige Mitwirkungshandlung der Gruppengesellschaft, die Antragstellung, wurde bereits erbracht. Der Gruppengesellschaft steht somit keine Einwendung aus § 30 Abs. 1 GmbHG gegen die steuerliche Einkommenszurechnung zu und diese erfolgt auch, wenn zu diesem Zeitpunkt eine Unterbilanz besteht oder wenn diese durch die Zurechnung entstehen würde.[809] Dies spricht dafür, die Unterbilanz-Prüfung zu einem früheren Zeitpunkt als dem der Einkommenszurechnung durchzuführen.

Ein weiterer praxisrelevanter Fall, für den eingehend und kontrovers über den maßgeblichen Zeitpunkt der Auszahlung diskutiert wird, ist die Bestellung von Sicherheiten für Verbindlichkeiten eines Gesellschafters durch die GmbH.[810] Die hierzu geführte Diskussion ist allerdings durch die Sonderregeln in § 251 HGB für den bilanziellen Ansatz von Haftungsverbindlichkeiten geprägt[811] sowie dadurch, dass solche Sicherheiten regelmäßig Dritten gewährt werden, die nicht Adressaten des Auszahlungsverbotes nach § 30 Abs. 1 GmbHG sind. Die Gründe, die für die differenzierte Behandlung verschiedener Fälle von Sicherungsgeschäften angeführt werden, lassen sich daher nicht auf den vorliegenden Fall übertragen. Allem voran unterscheidet sich der Beitritt zu einer Gruppenbesteuerung von demjenigen der Bestellung einer Sicherheit dadurch, dass bei Letzterem im Zeitpunkt der Bestellung der Sicherheit anhand der getroffenen Abreden festgestellt werden kann, welche konkreten Vermögensfolgen

---

808 Mit Blick auf die durch die Begründung der steuerlichen Gruppe ausgelöste »Automatik« der Ergebniszurechnung wäre ein zwischen Gruppengesellschaft und Gruppenträger vor oder bei der gemeinsamen Antragstellung (konkludent) geschlossener »Gruppenvertrag« (s. dazu bereits oben Ziffer D. II. 1. a)) wohl auch dahingehend auszulegen, dass die vertragliche Leistungspflicht der Gruppengesellschaft nicht in der Einkommenszurechnung besteht, sondern vielmehr in ihrer Mitwirkung bei der Begründung der Gruppe. Diese Pflicht hätte sie mit der Antragstellung bereits erfüllt.

809 Zur (Un-) Möglichkeit der Herbeiführung einer Unterbilanz durch die Verlustzurechnung s. unten Ziffer D. II. 2. a) (1) (c).

810 S. hierzu nur *Ekkenga* in: MüKo GmbHG, § 30 Rn. 137 ff.; *Fastrich* in: *Baumbach/Hueck*, GmbHG, § 30 Rn. 68 ff.; *Habersack* in: *Ulmer/Habersack/Löbbe*, GmbHG, § 30 Rn. 96 ff.; *Hommelhoff* in: *Lutter/Hommelhoff*, GmbHG, § 30 Rn. 34 ff.; *Verse* in: *Scholz*, GmbHG, § 30 Rn. 96 ff.

811 Nach § 251 HGB sind Haftungsverbindlichkeiten »unter dem Strich«, d. h. außerhalb der Bilanz zu vermerken, soweit eine Verwertung der Sicherheit durch den Gläubiger weder gewiss, noch wahrscheinlich ist, *Hennrichs* in: MüKo Bilanzrecht, § 251 Rn. 1 f.

sich für die abhängige GmbH ergeben, sollte die Sicherheit verwertet werden. Wenn also – wie dies für bestimmte Fallkonstellationen vertreten wird – der maßgebliche Beurteilungszeitpunkt für die Unterbilanz-Prüfung auf den Zeitpunkt der Sicherheitenbestellung (nicht erst den ihrer Verwertung) vorgezogen wird, so kann bereits zu diesem Zeitpunkt durch Betrachtung des »worst-case-Szenario« – dies ist die Verwertung der Sicherheit ohne Vorliegen eines werthaltigen Rückgriffsanspruches gegen den Gesellschafter – festgestellt werden, ob die Gesellschaft diese Belastung aus ihrem freien Vermögen bestreiten kann. Im vorliegenden Fall kann bei der Stellung des Gruppenantrages jedoch noch nicht sicher abgesehen werden, in welchem Umfang letztlich Verluste entstehen und dem Gruppenträger zugerechnet werden. Auch der genaue Zeitpunkt der Verlustentstehung und -zurechnung kann nur prognostiziert werden, ebenso wie die wirtschaftliche Entwicklung der Gesellschaft, die darüber entscheidet, ob sich für die Gesellschaft mittelfristig eine Verlustverrechnungsmöglichkeit und damit ein Steuersparpotential ergeben wird. Wegen dieser Unwägbarkeiten wäre ein Abstellen auf den Zeitpunkt des Gruppenantrages mit einem doppelten »Risiko« für die Gesellschaftsgläubiger behaftet: dem Risiko einer Verschlechterung der bilanziellen Vermögensverhältnisse der Gesellschaft nach der Antragstellung sowie dem Risiko einer falschen Prognose über die zurechenbaren steuerlichen Verluste. Die Vorverlagerung des Bilanztests auf den Zeitpunkt der Antragstellung ist insofern nicht mit dem Schutzzweck des § 30 GmbHG zu vereinbaren.

Um der normativen Zwecksetzung des § 30 Abs. 1 GmbHG, dem Gläubigerschutz, bestmöglich zur Geltung zu verhelfen, muss vielmehr für jeden der vorstehend genannten Zeitpunkte – die Stellung des Gruppenantrages und die jährlichen Einkommenszurechnungen – eine Unterbilanz-Prüfung vorgenommen werden. Für den Zeitpunkt der Antragstellung rechtfertigt sich dies dadurch, dass die Gruppengesellschaft zu diesem Zeitpunkt ihren Beitrag zur Begründung der steuerlichen Gruppe vollständig erbringt und sich ihrer Dispositionsbefugnis über die weiteren Rechts- und Vermögensfolgen der Gruppenbesteuerung begibt. Daher muss sie spätestens zu diesem Zeitpunkt prüfen, ob es während der Gruppenzugehörigkeit der GmbH voraussichtlich zu einer Verlustzurechnung kommen wird, obgleich die Gesellschaft bereits eine Unterbilanz aufweist oder ihr Entstehen sicher absehbar ist. Ist dies der Fall, verstößt die Antragstellung gegen § 30 Abs. 1 GmbHG und die Gesellschaft muss diese verweigern. Für die späteren Zeitpunkte der jährlichen Einkommenszurechnung ergibt sich die Pflicht zur Unterbilanz-Prüfung daraus, dass der Bilanztest zur Zeit der Antragstellung notwendigerweise auf Prognosen basiert, die sich als unzutreffend herausstellen können. Um diese Prognoseunsicherheiten zu eliminieren, ist die Prüfung zum Zeitpunkt jeder späteren Einkommenszurechnung unter Berücksichtigung der tatsächlichen wirtschaftlichen Entwicklung der Gesellschaft zu wiederholen.[812] Hiergegen kann nicht eingewandt werden, dass die GmbH die Einkommenszurechnung, sollte sie sich als verbotswidrig herausstellen, nun ohnehin nicht mehr verhindern kann. Denn immerhin stünde der Gesellschaft im Falle eines Verstoßes der Einkommenszurechnung gegen § 30 Abs. 1 GmbHG der Rückerstattungsanspruch nach § 31 Abs. 1 GmbHG gegen den Gruppenträger zu. Er hätte den zugerechneten Verlust somit zurückzugewähren[813] bzw. Wertersatz für diesen zu leisten, weil das Steuerrecht eine privatautonome »Verlustrückgewähr« nicht zulässt.[814] Der Gesellschaft stünde im Fall einer verbotswidrigen Verlustzurechnung somit ein Ersatzanspruch gegen den Gruppenträger nach § 31 Abs. 1 GmbH zu, der geeignet wäre, die Gläubigerinteressen zu befriedigen. Im Ergebnis ist es im Sinne des

812 *Habersack* formuliert insofern treffend, dass es nicht auf die Ursache der Auszahlung ankäme, sondern auf ihren Erfolg, weswegen jede Auszahlung unter dem Vorbehalt ihrer Vereinbarkeit mit § 30 Abs. 1 GmbHG stehe, auch wenn zum Zeitpunkt ihrer Ursache (zumeist ein Verpflichtungsgeschäft, hier die Antragstellung) kein Verstoß gegen § 30 Abs. 1 GmbHG vorliegen sollte, *Habersack* in: *Ulmer/Habersack/Löbbe*, GmbHG, § 30 Rn. 44.

813 Nach h. M. ist der Anspruch nach § 31 Abs. 1 GmbHG ebenso wenig auf Geldzahlungen beschränkt, wie das Auszahlungsverbot des § 30 Abs. 1 GmbHG. Bestand die Auszahlung nicht in einer Geldzahlung, sondern in der Zuwendung eines anderen Gegenstandes oder einer Dienst- oder sonstigen Leistung, so geht der Rückgewähranspruch nicht nur auf Wertersatz, sondern primär auf die Rückgewähr des Geleitsteten in natura, BGH, Urteil vom 17.03.2008 – II ZR 24/07, NZG 2008, 467 [468]; *Ekkenga* in: MüKo GmbHG, § 31 Rn. 6; *Fastrich* in: *Baumbach/Hueck*, GmbHG, § 31 Rn. 16; *Habersack* in: *Ulmer/Habersack/Löbbe*, GmbHG, § 31 Rn. 23; *Verse* in: *Scholz*, GmbHG, § 31 Rn. 17; a. A. *Heidinger* in: *Michalski*, GmbHG, § 31 Rn. 32.

814 Dem Gesellschafter stünde gegen einen auf Verlustrückgewähr gerichteten Anspruch der Einwand der Unmöglichkeit nach § 275 Abs. 1 BGB zu. In diesem Fall schuldet der Gesellschafter Wertersatz, wobei es – anders als im allgemeinen Schuldrecht nach §§ 275, 280, 283 BGB – nicht auf sein Vertretenmüssen hinsichtlich der Unmöglichkeit ankommt, BGH, Urteil vom 10.05.1993 – II ZR 74/92, NJW 1993, 1922 [1923]; *Habersack* in: *Ulmer/Habersack/Löbbe*, GmbHG, § 31 Rn. 24; *Verse* in: *Scholz*, GmbHG, § 31 Rn. 19. Dem Gesellschafter steht lediglich der Einwand offen, dass der Untergang des Gegenstandes auch bei der Gesellschaft eingetreten wäre (BGH, Urteil vom 17.03.2008 – II ZR 24/07, NZG 2008, 467 [468]; *Ekkenga* in: MüKo GmbHG, § 31 Rn. 12), ein Einwand der im vorliegenden Fall allerdings nicht verfängt.

von § 30 Abs. 1 GmbHG bezweckten Gläubigerschutzes somit geboten und zielführend, die Vereinbarkeit der Gruppenbesteuerung mit den Vorgaben der Kapitalerhaltung sowohl zum Zeitpunkt des Gruppenbeitritts der Gruppengesellschaft mbH als auch zum Zeitpunkt der jeweiligen Einkommenszurechnung zu prüfen.

(c) Verbotswidrigkeit der Zurechnung steuerlicher Verluste?

Steht nunmehr fest, zu welchen Zeitpunkten die Zulässigkeit der »Auszahlung« zu prüfen ist, führt dies zu der Frage, unter welchen Umständen die Zurechnung steuerlicher Verluste verbotswidrig sein kann. Ausgangspunkt der Überlegungen hierzu ist zweierlei: Zum einen ist spätestens seit dem MoMiG allgemein anerkannt, dass Auszahlungen der GmbH sich nicht bilanziell niederschlagen müssen, um unter § 30 Abs. 1 GmbHG zu fallen, sondern dass auch bilanzneutrale Vorgänge gegen diese Norm verstoßen können.[815] Zum anderen ist eine bilanzielle Betrachtung dennoch erforderlich, weil die Auszahlung nur dann gegen § 30 Abs. 1 GmbH verstößt, wenn sie eine Unterbilanz verursacht oder trotz einer Unterbilanz der GmbH erfolgt.[816] Aus dem Zusammenspiel dieser beiden Umstände ergibt sich, dass eine Auszahlung zwar immer und unabhängig von ihrer Bilanzwirksamkeit unzulässig ist, wenn die Gesellschaft zum Auszahlungszeitpunkt eine Unterbilanz aufweist, dass aber ansonsten, solange das bilanzielle Reinvermögen der Gesellschaft die Stammkapitalziffer übersteigt, nur solche Auszahlungen verbotswidrig sein können, die zu einem Abschmelzen aktivischer Bilanzposten führen (sich also bilanziell auswirken), weil nur sie eine Unterbilanz herbeiführen können.[817] Insofern ergeben sich durchaus unterschiedliche Schranken für bilanzwirksame und bilanzneutrale Auszahlungsvorgänge.

Die bilanziellen Auswirkungen eines zurechnungsbedingten Abflusses steuerlicher Verluste wurden bereits herausgearbeitet.[818] Die Verlustzurechnung an den Gruppenträger führt dazu, dass bei der Gruppengesellschaft keine steuerlichen Verlustvorträge entstehen können, für die aktive Steuerlatenzen nach § 274 Abs. 1 Satz 4 HGB gebildet werden könnten.

---

815 S. oben Ziffer D. I. 2. a) (2).

816 S. zum Umfang des geschützten Vermögens oben Ziffer D. I. 2. a) (1).

817 Vgl. *Habersack* in: *Ulmer/Habersack/Löbbe*, GmbHG, § 30 Rn. 51.

818 S. Ziffer D. I. 1. c) oben.

Im Vergleich zu der bilanziellen Situation ohne Verlustzurechnung ergibt sich insofern eine Minderung der Bilanzaktiva. Allerdings sind nicht alle Aktivposten im Rahmen der Unterbilanzrechnung nach § 30 Abs. 1 GmbHG zu berücksichtigen. Insbesondere sind solche Aktivposten außer Betracht zu lassen, die zwar dem Informationsinteresse der Bilanzleser dienen, die aber keine ausschüttungsfähigen Vermögenspositionen verkörpern.[819] Sie sind im Handelsbilanzrecht mit einer Ausschüttungssperre belegt, wodurch es möglich wird, sie im Sinne eines vollständigen Vermögensausweises zu aktivieren, zugleich aber die Ausschüttungsbemessungsfunktion der Handelsbilanz im Sinne des Gläubigerschutzes zu wahren.[820] Zu diesen ausschüttungsgesperrten Aktivposten gehören nach § 268 Abs. 8 Satz 2 HGB auch aktive Steuerlatenzen unter Einschluss angesetzter Verlustvorträge.[821] Selbst wenn die Gruppengesellschaft mbH also aktive Steuerlatenzen für ihre Verluste bilden könnte, würden diese bei der Unterbilanzrechnung nicht berücksichtigt. Ihr Wegfall kann folglich auch keine Unterbilanz hervorrufen. Genauer gesagt kann keine Situation entstehen, in der die GmbH nur wegen des fehlenden Bilanzansatzes der Verlustvorträge eine Unterbilanz aufweist. Im Ergebnis ist somit eine Verbotswidrigkeit der Verlustzurechnung denkbar, allerdings nur, wenn die Gruppengesellschaft mbH zum maßgeblichen Zeitpunkt[822] bereits eine Unterbilanz aufweist.

(d) Notwendigkeit einer Vermögensmehrung beim Gruppenträger?

Umstritten und nicht höchstrichterlich geklärt ist die Frage, ob die Auszahlung beim Gesellschafter auch zu einer Vermögensmehrung oder Bereicherung führen muss. Während ein Teil der Literatur dies verneint, weil ein solches Erfordernis eine Einschränkung des Kapitalschutzes bedeuten würde, die mit dem gläubigerschützenden Gesetzeszweck nicht vereinbar

---

819 *Ekkenga* in: MüKo GmbHG, § 30 Rn. 105.

820 S. hierzu *Hennrichs*, NZG 2009, 921 [923]; *Hommelhoff*, ZGR 2008, 250 [257 f.]; *Verse* in: *Scholz*, GmbHG, § 29 Rn. 48.

821 *Ekkenga* in: MüKo GmbHG, § 30 Rn. 107; *Fleischer* in: *Henssler/Strohn*, Gesellschaftsrecht, § 30 GmbHG Rn. 28; *Habersack* in: *Ulmer/Habersack/Löbbe*, GmbHG, § 30 Rn. 38; *Verse* in: *Scholz*, GmbHG, § 31 Rn. 57 und 66.

822 S. zu den maßgeblichen Zeitpunkten die vorstehende Ziffer D. II. 2. a) (1) (b).

wäre,[823] meinen andere, dass es als Kehrseite der Vermögensminderung bei der Gesellschaft auch zu einer *»Begünstigung«* des Gesellschafters[824] bzw. einem *»Zugewinn«* in dessen Vermögen[825] kommen müsse; ohne solch einen Zugewinn ließe sich der Schuldner des Rückgewähranspruches gar nicht bestimmen. Zudem müsse es schon deswegen einen Zugewinn beim Gesellschafter geben, weil auch Zahlungen der Gesellschaft an Dritte nach allgemeiner Ansicht nur dann als Auszahlung i. S. v. § 30 Abs. 1 GmbHG angesehen werden, wenn die Auszahlung dem Gesellschafter wenigstens mittelbar zugutekommt.[826] Es stellt sich daher die Frage, ob auch die Zurechnung steuerlicher Verluste nur dann eine Auszahlung sein kann, wenn der Gruppenträger durch diese »bereichert« ist.

Angesichts der uneinheitlichen und vagen Terminologie (*»Begünstigung«*, *»Zugewinn«*), die von den Befürwortern einer Vermögensmehrung beim Gesellschafter als Voraussetzung einer Auszahlung verwendet wird, fällt es schwer zu bestimmen, welche konkreten Anforderungen an die Vermögensmehrung des Gesellschafters zu stellen sein sollen. Vertretbar erschiene es zu fordern, dass der Gesellschafter (oder der von ihm bestimmte Dritte) den Gegenstand der Auszahlung (das Wirtschaftsgut, das Darlehen, die Geschäftschance, die Dienstleistung etc.) auch erhält, dass die Auszahlung also gewissermaßen »vollendet« wird. Denn bei einer Auszahlung, die – aus welchen Gründen auch immer – »scheitert«, erschiene der Rückforderungsanspruch gegen den Gesellschafter als Rechtsfolge unverhältnismäßig. Zu weitgehend und mit dem intendierten Gläubigerschutz nicht mehr vereinbar wäre hingegen die Forderung, dass der Gesellschafter durch die Auszahlung auch in dem Sinne bereichert sein muss, dass er den Gegenstand der Auszahlung für seine Zwecke nutzbar machen kann. Schließlich kann der Schutz der Gesellschaftsgläubiger nicht davon abhängen, ob die Auszahlung für den Gesellschafter »einen Sinn ergibt«. Eine solche »Bereicherung« ist auch nicht erforderlich, um den Empfänger der Auszahlung und Schuldner des Rückgewähranspru-

---

823 *Heidinger* in: *Michalski*, GmbHG, § 30 Rn. 60; *Schmolke, Kapitalerhaltung in der GmbH nach dem MoMiG,* § 30 Rn 144; *Ulmer* in: *Hachenburg*, GmbHG Großkommentar, § 30 Rn. 62.

824 *Habersack* in: *Ulmer/Habersack/Löbbe*, GmbHG, § 30 Rn. 57.

825 *Ekkenga* in: MüKo GmbHG, § 30 Rn. 194.

826 *Ekkenga* in: MüKo GmbHG, § 30 Rn. 194. Nicht erforderlich soll es hingegen sein, dass der Vorteil des Gesellschafters der Vermögensminderung auf Seiten der Gesellschaft entspricht oder dass der Vorteil dem Gesellschafter dauerhaft erhalten bleibt, *Habersack* in: *Ulmer/Habersack/Löbbe*, GmbHG, § 30 Rn. 57.

ches zu bestimmen. Hierfür reicht es aus, wenn ermittelt werden kann, wem die Auszahlung letztlich zu Gute kommen sollte. Und auch der Vergleich mit den Voraussetzungen, unter denen Auszahlungen an Dritte dem Gesellschafter zugerechnet werden, kann kein Argument für die Notwendigkeit einer »Bereicherung« des Gesellschafters liefern. Denn es liegt in der Natur der Sache, dass bei Auszahlungen an Dritte, die sich nicht wörtlich unter den Tatbestand des § 30 Abs. 1 GmbHG subsumieren lassen, weil dieser eine Auszahlung *»an die Gesellschafter«* fordert, ergänzende Kriterien herangezogen werden müssen, die eine Zurechnung der Leistung zum Gesellschafter erlauben. Diese Kriterien kompensieren die Erweiterung des gesetzlichen Tatbestandes über den unmittelbaren Wortsinn der Norm hinaus. Wo aber keine tatbestandliche Normausweitung erfolgt, sondern der gesetzlich normierte Tatbestand seinem Wortsinn nach erfüllt ist, beanspruchen die ergänzenden Kriterien gerade keine Geltung. Insofern ist bei Auszahlungen, die unmittelbar *»an die Gesellschafter«* fließen, keine Vermögensmehrung bei diesen erforderlich.

Für die Zurechnung von Verlusten in der steuerlichen Gruppe folgt aus dem Vorstehenden, dass die Qualifikation der Verlustzurechnung als Auszahlung i. S. v. § 30 Abs. 1 GmbHG nicht davon abhängt, ob der Gruppenträger die zugerechneten Verluste nutzen kann. Eine Auszahlung liegt daher auch dann vor, wenn der Gruppenträger den Verlust weder sofort, noch in absehbarer Zeit durch die Verrechnung mit (eigenen oder zugerechneten) Gewinnen liquidieren kann.

(e) Gruppenbesteuerung als marktübliches Drittgeschäft

Wie gesehen, kann die Einbeziehung einer GmbH in eine steuerliche Gruppe nach dem Zurechnungsmodell den Tatbestand einer verbotswidrigen Auszahlung erfüllen. Allerdings würden sämtliche Einschränkungen aufgrund der Kapitalerhaltung entfallen, wenn es sich bei der Einbeziehung der GmbH in die steuerliche Gruppe um ein sog. marktübliches Drittgeschäft handelte. Denn die Kapitalerhaltung verpflichtet die GmbH nicht zur stetigen und strikten Bevorratung von liquidem Kapital in Höhe der Stammkapitalziffer; die Gesellschaft kann auch das zur Erhaltung des Stammkapitals notwendige Vermögen im Rahmen von Austauschgeschäften aller Art einsetzen. Dabei steht es ihr grundsätzlich frei, solche Austauschgeschäfte statt mit Dritten auch mit Gesellschaftern abzuschließen,[827] wobei sich dann die Frage stellt, nach welchen Kriterien zulässige Austauschgeschäfte mit Gesellschaftern von unzulässigen Auszahlungen an diese unterschieden werden. Dabei hat sich allgemein die Ansicht durchgesetzt, dass der Unterschied im Anlass der Leistung der Gesellschaft liegt: Im Gegensatz zu marktüblichen Drittgeschäften haben Auszahlungen ihren maßgeblichen Rechtsgrund in der gesellschaftsrechtlichen Verbundenheit zwischen dem Gesellschafter und der GmbH. Sie erfolgen »causa societatis«.[828]

Die Abgrenzung zwischen einem marktüblichem Drittgeschäft und einer mitgliedschaftlich motivierten Auszahlung erfolgt im Einzelfall anhand der Kontrollfrage, ob ein gewissenhaft und nach kaufmännischen Grundsätzen handelnder Geschäftsführer das Geschäft (unter Beachtung eines ihm zuzubilligenden, unternehmerischen Entscheidungsspielraums) unter gleichen Umständen zu gleichen Konditionen abgeschlossen hätte (sog. Fremd- oder Drittvergleich).[829] Dies setzt insbesondere voraus, dass die Gesellschaft ihre Leistung nicht unter dem (hypothetischen) Marktpreis anbietet.[830] Dieser Drittvergleichsmaßstab spiegelt sich seit der Novellierung des GmbHG durch das MoMiG in dem Ausnahmetatbestand des § 30 Abs. 1 Satz 2, 2. Alt. GmbH wieder, der Leistungen der Gesellschaft vom Auszahlungsverbot ausnimmt, die durch einen vollwertigen Gegenleistungsanspruch gedeckt sind. Mit dem in diesem Ausnahmetatbestand verankerten sog. Deckungsgebot, welches inhaltlich eine Angemes-

---

827 *Verse* in: *Scholz*, GmbHG, § 30 Rn. 30; vgl. *Ekkenga* in: MüKo GmbHG, § 30 Rn. 2.

828 *Ekkenga* in: MüKo GmbHG, § 30 Rn. 2 und 146; *Habersack* in: *Ulmer/Habersack/Löbbe*, GmbHG, § 30 Rn. 58; *Heidinger* in: *Michalski*, GmbHG, § 30 Rn. 66; *Grigoleit,* Gesellschafterhaftung für interne Einflussnahme im Recht der GmbH, S. 86; *Pentz* in: *Ulmer/Habersack/Löbbe*, GmbHG, § 30 Rn. 31; *Verse* in: *Scholz*, GmbHG, § 30 Rn. 30.

829 Aus der Rspr. des BGH: BGH, Urteil vom 01.12.1986 – II ZR 306/85, NJW 1987, 1194; BGH, Urteil vom 13.11.1995 – II ZR 113/94, NJW 1996, 589 [590]. aus jüngerer Zeit ferner: OLG Düsseldorf, Urteil vom 02.12.2011 – 16 U 19/10, GmbHR 2012, 332. Aus der Literatur: *Fastrich* in: *Baumbach/Hueck*, GmbHG, § 30 Rn. 29 f.; *Habersack* in: *Ulmer/Habersack/Löbbe*, GmbHG, § 30 Rn. 58 und 62; *Hommelhoff* in: *Lutter/Hommelhoff*, GmbHG, § 29 Rn. 50; *Grigoleit,* Gesellschafterhaftung für interne Einflussnahme im Recht der GmbH, S. 86; *Verse* in: *Scholz*, GmbHG, § 30 Rn. 19.

830 *Verse* in: *Scholz*, GmbHG, § 30 Rn. 19.

senheit von Leistung und Gegenleistung unter Marktkriterien erfordert, hat der Gesetzgeber den Drittvergleichsmaßstab bestätigt.[831]

Zu eng formuliert ist hingegen die Kontrollfrage, ob die Gesellschaft die jeweilige Leistung auch an einen Dritten erbracht hätte. Und auch die Aussauge, dass stets eine Auszahlung causa societatis vorliege, wenn die Gesellschafterstellung Voraussetzung für das jeweilige Geschäft ist, trifft in dieser Allgemeinheit nicht zu.[832] Denn sonst gälten alle Geschäfte, die – aus welchen Gründen auch immer – nur mit Gesellschaftern abgeschlossen werden können, stets als mitgliedschaftlich veranlasst, auch wenn sie »betrieblich veranlasst«, d. h. ausschließlich auf die Förderung des Unternehmenszwecks der Gesellschaft ausgerichtet sind.[833] Demgegenüber folgt spätestens seit dem MoMiG aus § 30 Abs. 1 Satz 2 GmbHG zwingend, dass auch solche Geschäfte, die ausschließlich mit Gesellschaftern abgeschlossen werden können, nur dann verbotene Auszahlungen im Sinne der Kapitalerhaltung sind, wenn sie einem Drittvergleichsmaßstab unter Heranziehung der rein wirtschaftlich-bilanziellen Kriterien des Vollwertigkeits- und Deckungsgebots nicht genügen.[834] Für darüberhinausgehende Einschränkungen für Leistungsbeziehungen zwischen Gesellschaftern und Gesellschaft lässt das Gesetz keinen Raum mehr,[835]

Für die Einbeziehung einer GmbH als Gruppengesellschaft in eine steuerliche Gruppe folgt daraus, dass auch sie – genauer gesagt eine hierauf gerichtete Vereinbarung zwischen der Gruppengesellschaft mbH und dem Gruppenträger – ein marktübliches Drittgeschäft sein kann, wenn sie einem Drittvergleich standhält. Sind also die Konditionen dieser »Gruppenvereinbarung« so ausgestaltet, dass ein ordentlicher und gewissenhafter Geschäftsführer einer unabhängigen GmbH eine solche Steuerkooperation ebenfalls eingegangen wäre, so unterliegen die »Leistungen«, welche die

---

831 *Altmeppen* in: *Altmeppen/Roth*, GmbHG, § 30 Rn. 74; *Ekkenga* in: MüKo GmbHG, § 30 Rn. 238; *Vetter* in: *Goette/Habersack*, Das MoMiG in Wissenschaft und Praxis, Rn. 4.62. Andere wollen das in diesen Regelungen enthaltene Vollwertigkeits- und Deckungsgebot nicht für alle Austauschgeschäfte anwenden, sondern nur in Fällen, in denen die Gesellschaft dem Gesellschafter Kredit gewährt und daher einen zeitlich hinausgeschobenen Gegenleistungs- oder Rückgewähranspruch gegen ihn erlangt, *Verse* in: *Scholz*, GmbHG, § 30 Rn. 79; *Habersack* in: *Ulmer/Habersack/Löbbe*, GmbHG, § 30 Rn. 93 f.

832 So aber *Verse* in: *Scholz*, GmbHG, § 30 Rn. 31.

833 Vgl. *Pentz* in: *Ulmer/Habersack/Löbbe*, GmbHG, § 30 Rn. 32.

834 *Heidinger* in: *Michalski*, GmbHG, § 30 Rn. 71.

835 In diesem Sinne für das AktG *Vetter* in: *Goette/Habersack*, Das MoMiG in Wissenschaft und Praxis, Rn. 4.123 sowie *Winter*, DStR 2007, 1484 [1489].

Gesellschaft in ihrem Rahmen an den Gesellschafter erbringt, nicht den Bindungen der Kapitalerhaltung und die Gesellschaft muss weder zum Zeitpunkt der Antragstellung, noch zum Zeitpunkt der einzelnen Verlustzurechnungen ihre Bilanzsituation überprüfen.

Da die Kriterien des Drittvergleichs auch im Rahmen des GmbH-rechtlichen Schädigungsverbotes[836] und für die Nachteilsfeststellung nach § 311 Abs. 1 AktG[837] herangezogen werden, kann für die insoweit erforderliche Ausgestaltung der Gruppenvereinbarung, insbesondere für die hierbei zu vereinbarenden Steuerumlagen, auf die Ausführungen zur AG[838] und zur mehrgliedrigen GmbH[839] verwiesen werden. In Details ergeben sich allerdings Besonderheiten:

Zunächst ist zu beachten, dass – weil die Qualifikation der Gruppenbesteuerung als Vorgang im Rahmen eines marktüblichen Drittgeschäfts die Voraussetzung dafür ist, dass die strengen Maßstäbe des § 30 Abs. 1 GmbHG suspendiert werden – die Umlagevereinbarung bereits vor dem Zeitpunkt wirksam abgeschlossen worden sein muss, zu dem andernfalls erstmals eine Unterbilanzkontrollrechnung vorzunehmen gewesen wäre. Die Gruppenvereinbarung einschließlich der Steuerumlagevereinbarung muss mithin bereits vor der Stellung des Gruppenantrages vorliegen.[840]

Zum anderen ist zu bedenken, dass § 30 Abs. 1 Satz 2, 2. Alt. GmbHG mit dem Vollwertigkeitsgebot ein Kriterium aufstellt, das eigenständig neben dem Deckungsgebot steht und immer dann Geltung beansprucht, wenn zwischen GmbH und GmbH-Gesellschafter ein Rechtsgeschäft abgeschlossen wird, das ein Kreditierungselement enthält, bspw. ein Darlehensvertrag oder ein anderer Vertrag mit hinausgeschobener Gegenleistung.[841] Das Vollwertigkeitsgebot setzt voraus, dass der Gegenleistungsanspruch, den die GmbH für ihre »Vorleistung« erhält, nach handelsbilanziellen Grundsätzen werthaltig ist, dass also nach vorsichtiger kaufmännischer Bewertung davon auszugehen ist, dass der Schuldner die Verbind-

836 S. dazu oben Ziffer D. I. 2. c) (2).

837 S. oben Ziffern D. II. 1. a) (3) (b).

838 S. oben Ziffern D. II. 1. a) (6).

839 S. dazu unten Ziffern D. II. 2. b).

840 S. zu den maßgeblichen Zeitpunkten für die Unterbilanz-Prüfung oben Ziffer D. II. 2. a) (b).

841 *Ekkenga* in: MüKo GmbHG, § 30 Rn. 238; *Heidinger* in: *Michalski*, GmbHG, § 30 Rn. 185; *Vetter* in: *Goette/Habersack*, Das MoMiG in Wissenschaft und Praxis, Rn. 4.33.

lichkeit vollständig begleichen wird.[842] Diese Prüfung hat zu dem Zeitpunkt zu erfolgen, in dem die Gesellschaft ihre Vorleistung erbringt.[843] Wenngleich es im Rahmen eines Gruppenbesteuerungssystems außer der Antragstellung keine Erfüllungshandlung der Gesellschaft gibt, ist der Zeitpunkt der jährlichen steuerlichen Einkommenszurechnung dem Erfüllungszeitpunkt doch insofern vergleichbar, als dies der Zeitpunkt ist, in dem der Vermögenstransfer stattfindet. Die Gesellschaft hat also, soll die Einhaltung des Vollwertigkeitsgebotes sichergestellt werden, entweder die Umlagevereinbarung so auszugestalten, dass etwaig vom Gruppenträger zu zahlende negative Steuerumlagen spätestens zeitgleich mit der Einkommenszurechnung[844] fällig werden, oder sie ist verpflichtet, fortlaufend die Bonität des Gesellschafters zu prüfen und sich ihren Anspruch auf Zahlung negativer Steuerumlagen bei aufkommenden Bonitätszweifeln ausreichend besichern zu lassen.

Und auch bei eigenen (positiven) Umlageleistungen der Gruppengesellschaft mbH ist das Vollwertigkeitsgebot beachtlich. Es verbietet der Gruppengesellschaft mbH positive Umlagezahlungen an den Gruppenträger zu leisten, solange sie nicht endgültig von der Steuerlast für den zugerechneten Gewinn entlastet ist. Da dies wegen der Haftung der Gruppengesellschaft nach § 73 AO erst mit der Begleichung der Steuerlast durch den Gruppenträger der Fall ist, dürfen auch positive Steuerumlagen ent-

842 *Verse* in: *Scholz*, GmbHG, § 30 Rn. 84 f.; *Vetter* in: *Goette/Habersack*, Das MoMiG in Wissenschaft und Praxis, Rn. 4.37 f.; vgl. auch *Habersack* in: *Ulmer/Habersack/Löbbe*, GmbHG, § 30 Rn. 104 ff.; *Heidinger* in: *Michalski*, GmbHG, § 30 Rn. 191 ff.

843 *Ekkenga* in: MüKo GmbHG, § 30 Rn. 241; *Habersack* in: *Ulmer/Habersack/Löbbe*, GmbHG, § 30 Rn. 108; *Pentz* in: *Ulmer/Habersack/Löbbe*, GmbHG, § 30 Rn. 71; *Verse* in: *Scholz*, GmbHG, § 30 Rn. 88.

844 Für die Organschaft gilt hinsichtlich des Zeitpunktes der Einkommenszurechnung § 14 Abs. 1 Satz 2 KStG. Danach erfolgt die Einkommenszurechnung für den Veranlagungszeitraum, in dem das Wirtschaftsjahr der Organgesellschaft endet. Die Einkommenszurechnung erfolgt somit grds. unmittelbar mit dem Ende des Wirtschaftsjahres der Organgesellschaft. Dies zeigt sich deutlich am Beispiel gleichlaufender und mit dem Kalenderjahr identischer Wirtschaftsjahre von Organgesellschaft und -träger. Hier wird das Einkommen der Organgesellschaft dem Organträger am 31. Dezember zugerechnet, so dass es von ihm in dem am 31. Dezember endenden Veranlagungszeitraum zu versteuern ist. S. hierzu *Frotscher* in: *Frotscher/Maas*, KStG/GewStG/UmwStG, § 14 KStG Rn. 656 ff. Vgl. ferner *Herlinghaus* in: *Herzig*, Organschaft, S. 140.

weder erst dann oder bei unzweifelhafter Bonität des Gruppenträgers bzw. entsprechender Besicherung[845] gezahlt werden.

(f) Zwischenergebnis

Der Beitritt einer Ein-Personen-GmbH in eine steuerliche Gruppe ist uneingeschränkt möglich, solange die GmbH keine Unterbilanz aufweist. Auch ist das Entstehen einer Unterbilanz durch die Verlustzurechnung nicht zu befürchten, weil Aktivposten nach § 274 Abs. 1 Satz 4 HGB bei der Unterbilanzkontrollrechnung außer Betracht bleiben.[846]

Weist die GmbH aus anderen Gründen eine Unterbilanz auf, so verbietet § 30 Abs. 1 GmbHG der Gesellschaft die Stellung eines Gruppenantrages, soweit mit einer Verlustzurechnung an den Gruppenträger zu rechnen ist. Tritt die Unterbilanz erst nach dem Beitritt der GmbH zu der steuerlichen Gruppe auf, so kann die Gesellschaft die Verlustzurechnung zwar nicht verhindern, ist allerdings zur unverzüglichen Geltendmachung eines Wertersatzanspruches gem. § 31 Abs. 1 GmbHG gegen den Gesellschafter verpflichtet.

Keinen Einschränkungen nach § 30 Abs. 1 GmbHG unterliegt der Gruppenbeitritt der GmbH nur dann, wenn diese vor der Stellung des Gruppenantrages eine Gruppenvereinbarung zu fremdüblichen Konditionen abschließt, wobei seitens der Gruppengesellschaft mbH sicherzustellen ist, dass dem Gruppenträger keine unbesicherten »Vorleistungen« gewährt werden, solange dessen Bonität nicht gesichert und der Anspruch auf die »Gegenleistung« vollwertig ist.

Es zeigt sich somit, dass für die GmbH, selbst für die eingliedrige, der Beitritt in ein Gruppenbesteuerungssystem nach einem Zurechnungsmodell nicht voraussetzungslos möglich ist. Im Gegenteil: immer, wenn die Motivation für die Einbeziehung der Gruppengesellschaft mbH darin liegt, eine Verlustzurechnung »nach oben« zu ermöglichen, wird die Gruppengesellschaft häufig eine Unterbilanz aufweisen, und die Gruppenbesteue-

---

845 Für die Besicherung im Zusammenhang mit dem drohenden Verunglücken der Organschaft gilt zudem das oben unter Ziffer D. II. 1. b) (2) Gesagte entsprechend.

846 Eine echte »Entstehung« einer Unterbilanz kann es zudem schon deswegen nicht geben, weil infolge der Verlustzurechnung während des Bestandes der steuerlichen Gruppe ohnehin keine Verlustvorträge bei der Gruppengesellschaft mbH entstehen können.

rung kann nur bei Abschluss einer drittüblichen Steuerumlagevereinbarung ohne Haftungsrisiken für den Gruppenträger und die Geschäftsführer nach § 43 Abs. 3 GmbHG durchgeführt werden. Das Vollwertigkeitsgebot des § 30 Abs. 1 Satz 1, 2. Alt. GmbHG erfordert dabei besondere Beachtung und stellt erhöhte Anforderungen an die zeitliche Ausgestaltung der Leistungspflichten und die Bonität des Gruppenträgers, wenn der Vollzug nicht umfassend durch Sicherheiten zu Gunsten der Gruppengesellschaft abgesichert sein soll. Insofern bestehen auch hier erhebliche Rechtsunsicherheiten und Risiken für die Akteure, die eine gesetzliche Regelung über die Zulässigkeit und den notwendigen Inhalt einer fremdüblichen Gruppenvereinbarung sinnvoll erscheinen lassen.

(2) Abschluss eines Steuerumlagevertrages als Auszahlung nach § 30 Abs. 1 GmbHG?

Für die AG ist bereits herausgearbeitet worden, dass auch der Abschluss eines Steuerumlagevertrages nach der Einbeziehung der jeweiligen Gesellschaft in eine steuerliche Gruppe nach Maßgabe eines Zurechnungsmodells eine nachteilige bzw. schädliche Maßnahme darstellen kann, wenn die Gruppengesellschaft sich darin zur Zahlung von Steuerumlagen verpflichtet, die ihre stand-alone-Belastung übersteigen oder sie nicht angemessen an einer etwaig generierten Gruppenprämie beteiligen.[847] Dieser Befund leitet sich aus dem Maßstab der Sorgfalt eines ordentlichen und gewissenhaften Geschäftsleiters einer unabhängigen AG ab, der bei einer Gruppen-AG nach § 311 Abs. 1 AktG stets zu beachten ist und dem keine der vorgenannten Gestaltungen gerecht wird. Dieser Maßstab gilt in der GmbH allerdings nicht generell. Insbesondere muss der Alleingesellschafter Mangels Treuepflicht gegenüber »seiner« GmbH im Rahmen von Rechtsgeschäften mit oder bei sonstigen Maßnahmen gegenüber der GmbH nicht grundsätzlich auf eine fremdübliche Ausgestaltung achten.[848] Und auch die Kapitalerhaltung fordert keine Einhaltung des Drittvergleichsmaßstabes, wenn das Vermögen der GmbH das Stammkapital übersteigt. Eine drittübliche Ausgestaltung ist unter dem Gesichtspunkt der Kapitalerhaltung nur erforderlich, wenn es gilt die strengen Grenzen des § 30 Abs. 1 GmbHG bei Unterbilanz aufzulösen.

---

847 S. oben Ziffern D. II. 1. b) (1).
848 S. oben Ziffern D. I. 2. c) (3).

Soweit die GmbH also über freies Vermögen verfügt, dass nicht durch § 30 Abs. 1 GmbHG geschützt ist, bleibt die Leistung überhöhter Steuerumlagen durch den Alleingesellschafter und Gruppenträger ebenso sanktionslos, wie ein Umlagesystem, dass dem Gruppenträger die gesamten Liquiditäts- und Zinsvorteile aus der Gruppenbesteuerung zuweist (z. B. die »reine Belastungsmethode«[849]). Sobald das Nettoaktivvermögen der Gruppengesellschaft mbH aber durch die Zahlung einer Steuerumlage[850] oder aus sonstigen Gründen unter den Betrag ihres Stammkapitals absinkt, sind Auszahlungen unter Einschluss von Umlagezahlungen nur zulässig, soweit sie dem Drittvergleichsmaßstab (Vollwertigkeit und Deckung gem. § 30 Abs. 1 Satz 2, 2. Alt. GmbHG) standhalten. Ein Umlagevertrag, der also stets und unabhängig von der Vermögenssituation der Gruppengesellschaft mbH vollzogen werden können soll, darf weder überhöhte positive Steuerumlagen vorsehen, noch die Gruppenprämie vollständig dem Alleingesellschafter zuweisen. Er muss sich vielmehr an den zur AG herausgearbeiteten Maßstäben für eine drittübliche Ausgestaltung ausrichten und zudem die besonderen Anforderungen einhalten, die § 30 Abs. 1 Satz 2, 2. Alt. GmbHG unter dem Gesichtspunkt des Vollwertigkeitsgebotes aufstellt.

b) Gruppenbesteuerung und GmbH-rechtliches Schädigungsverbot

Neben den Kapitalerhaltungsregeln, die stets zu beachten sind, bilden in der mehrgliedrigen GmbH die gesellschaftsrechtlichen Treuepflichten der Gesellschafter gegenüber der GmbH und untereinander den Regelungsrahmen für Vermögensverschiebungen aufgrund einer Gruppenbesteuerung.

Inhalt und Umfang der Treuebindungen in einer Gruppenbesteuerung nach einem Zurechnungsmodell werden maßgeblich durch den Umstand vorgeprägt, dass die Zurechnungsmodelle eine Beteiligungsquote des Gruppenträgers von 75 % an Stammkapital und Stimmrechten der Gruppengesellschaften fordern.[851] Es ist allgemein anerkannt, dass ein derart an einer GmbH beteiligter Gesellschafter aufgrund seiner weitreichenden

849 S. hierzu oben Ziffer D. II. 1. a) (6) (c).

850 Anders als die Verlustzurechnung (s. oben Ziffer D. II. 2. a) (1) (c)) schlägt sich die Zahlung einer Steuerumlage auch in der Unterbilanzkontrollrechnung als Abfluss von Bilanzaktiva nieder.

851 S. oben Ziffer C. III. 1.

Einflussmöglichkeiten einer gesteigerten Treuepflicht gegenüber der von ihm beherrschten Gesellschaft und seinen Mitgesellschaftern unterliegt.[852] Aus dieser gesteigerten Treuepflicht erwächst für den herrschenden Gesellschafter ein umfassendes Schädigungsverbot gegenüber der abhängigen (Gruppen-) GmbH,[853] das es ihm untersagt, die Gesellschaft zu jedweder Art von schädlicher Maßnahme zu veranlassen, auch wenn diese in seinem Interesse oder dem anderer von ihm beherrschter Unternehmen (mithin im Konzerninteresse) liegen sollte.[854] Der herrschende Gesellschafter ist somit bei der Ausübung der uneigennützigen Gesellschafterrechte, insbesondere seinem Recht auf Mitwirkung an der Geschäftsführung der Gesellschaft, strikt auf das Gesellschaftsinteresse verpflichtet,[855] wodurch die GmbH selbst sowie reflexartig auch die Minderheitsgesellschafter und die Gläubiger vor Vermögenseinbußen durch eigennützige Einflussnahmen des herrschenden Gesellschafters geschützt werden.[856]

Was die Frage angeht, wann eine Maßnahme als schädlich anzusehen ist, bildet nach allgemeiner Auffassung die Sorgfalt eines ordentlichen und gewissenhaften Geschäftsführers einer unabhängigen Gesellschaft den Prüfungsmaßstab. Das Schädigungsverbot verbietet daher alle Maßnahmen, die der Geschäftsführer einer unabhängigen GmbH nicht ohne Sorgfaltspflichtverstoß hätte realisieren können.[857] Insofern gleicht der Maßstab demjenigen, der nach den §§ 311 Abs. 1, 317 Abs. 2 AktG für die

852 *Casper* in: *Ulmer/Habersack/Löbbe*, GmbHG, Anh. § 77 Rn. 81; *Emmerich* in: *Scholz*, GmbHG, Anh. § 13 Rn. 70; *Habersack* in: *Emmerich/Habersack*, Konzernrecht, Anh. § 318 Rn. 24; *Liebscher* in: MüKo GmbHG, Anh. § 13 Rn. 406 f. sowie oben Ziffer D. I. 2. c) (2).

853 S. oben Ziffer D. I. 2. c) (2).

854 *Liebscher* in: MüKo GmbHG, Anh. § 13 Rn. 416.

855 *Emmerich* in: *Scholz*, GmbHG, § 13 Rn. 41; *Raiser* in: *Ulmer/Habersack/Löbbe*, GmbHG, § 14 Rn. 87. Ausführlich: *Winter,* Mitgliedschaftliche Treuebindungen im GmbH-Recht, S. 95 ff., insbesondere S. 98 f.

856 Vgl. zum Zusammenhang zwischen der Treuepflicht und dem Außenseiter- und Gläubigerschutz *Emmerich* in: *Scholz*, GmbHG, Anh. § 13 Rn. 88; *Habersack* in: *Emmerich/Habersack*, Konzernrecht, Anh. § 318 Rn. 22 sowie *Liebscher* in: MüKo GmbHG, Anh. § 13 Rn. 402.

857 S. hierzu die Ausführungen sowie Nachweise oben bei Ziffer D. I. 2. c) (2). Differenzierend hingegen, *Winter,* Mitgliedschaftliche Treuebindungen im GmbH-Recht, S. 99. Dieser weist darauf hin, dass der Gesellschafter zwar die uneingeschränkte Rücksichtnahme schulde, ihn aber nicht die Kontroll- und Überwachungspflichten eines Geschäftsführers nach § 43 GmbHG träfen.

Feststellung eines Nachteils anzuwenden ist.[858] Wegen dieser Parallelität des Wertungsmaßstabes kann für die Frage, ob die Veranlassung einer abhängigen GmbH durch den Mehrheitsgesellschafter zum Beitritt in eine steuerliche Gruppe unter seiner Gruppenträgerschaft schädlich für die abhängige Gesellschaft ist, auf die Ergebnisse der Prüfung unter der vorstehenden Ziffer D. II. 1. a) (4) zurückgegriffen werden. Gleiches gilt für die Frage, unter welchen Voraussetzungen für gewinnträchtige Gesellschaften mbH, die in eine steuerliche Gruppe eingebunden sind, die Veranlassung zum Abschluss einer Steuerumlagevereinbarung nachteilig ist, s. oben Ziffer D. II. 1. b). Folglich ist für verlustträchtige Gruppengesellschaften mbH mit mittelfristig positiver Ertragsprognose der Beitritt zu einer steuerlichen Gruppe wegen des damit verbundenen kompensationslosen Übergangs ihrer steuerlichen Verluste einschließlich des diesen innewohnenden Steuerminderungspotentials auf den Gruppenträger nachteilig. Gleichfalls nachteilig ist es für erfolgreich operierende Gruppengesellschaften mbH, wenn sie nach ihrem Beitritt zu einer steuerlichen Gruppe zum Abschluss von Steuerumlagevereinbarungen veranlasst werden, die ihnen keine angemessene Beteiligung an der Gruppenprämie gewähren oder sie gar gegenüber ihrer stand-alone Situation benachteiligen. Zudem verlangt auch das Schädigungsverbot eine Stellung von Sicherheiten durch den Gruppenträger zu Gunsten der Gruppengesellschaft mbH, um die Vollwertigkeit ihrer Ansprüche auf Rückzahlung der an den Gruppenträger abgeführten Steuerumlagen im Fall eines Verunglückens der Gruppenbesteuerung sicherzustellen. Sollte sich im Einzelfall für eine Gruppengesellschaft mbH unter einem der vorgenannten Aspekte ein Nachteil ergeben, so wäre der Gruppenträger für diesen in der Regel auch haftbar. Denn wie auch im Aktienrecht, ist mit dem Vorliegen einer Schädigung, die dem Gruppenträger als herrschendem Unternehmen zu Gute kommt, die Vermutung verbunden, dass diese Schädigung auf einer Einflussnahme des herrschenden Unternehmens beruht und dass dieses die schädliche Einflussnahme

858 *Emmerich* in: *Scholz*, GmbHG, Anh. § 13 Rn. 73 f.; *Habersack* in: *Emmerich/Habersack*, Konzernrecht, Anh. § 318 Rn. 29; *Henssler/Strohn* in: *Henssler/Strohn*, Gesellschaftsrecht, Anh. § 13 GmbHG Rn. 50; *Koppensteiner/Schnorbus* in: *Rowedder/Schmidt-Leithoff*, GmbHG, Anh. § 52 Rn. 56 (widersprüchlich hierzu allerdings Rn. 59); *Liebscher* in: MüKo GmbHG, Anh. § 13 Rn. 418 f.; *Maul* in: *Gehrlein/Ekkenga/Simon*, GmbHG, Anh. § 13 Rn. 63.

zu vertreten hat.[859] Soweit diese Vermutung nicht im Einzelfall widerlegt werden kann,[860] liegen die tatbestandlichen Voraussetzungen eines Verstoßes gegen das Schädigungsverbot mithin vor.

Unterschiede zum Aktienrecht bestehen allerdings hinsichtlich der Rechtsfolgen. Zwar stehen einer GmbH bei Verstößen ihres Mehrheitsgesellschafters gegen das Schädigungsverbot auch Schadensersatz- und Unterlassungsansprüche zu, wie sie sich auch aus § 317 AktG für eine benachteiligte AG ergeben können.[861] Wie bereits ausgeführt,[862] gibt es im GmbH-Recht jedoch kein sog. Konzernprivileg des herrschenden Gesellschafters in Form des Nachteilsausgleichs nach § 311 Abs. 2 AktG.[863] Daher kann der herrschende GmbH-Gesellschafter die nachteilige Maßnahme nicht durch einen Ausgleich der finanziellen Nachteile oder die Gewährung eines Rechtsanspruches auf einen finanziellen Ausgleich während des laufenden Geschäftsjahres legitimieren. Insbesondere sind sich die höchstrichterliche Rechtsprechung und die h. M. in der Literatur einig,[864] dass dem herrschenden GmbH-Gesellschafter die Möglichkeit eines »gestreckten« oder »nachgelagerten« Ausgleichs für Verletzungen des Schädigungsverbotes nicht zustehen soll. Allerdings soll nach der h. M. nicht nur der gestreckte Nachteilsausgleich unzulässig sein, sondern jegliche Legitimation eines schädigenden Eingriffs durch Leistung eines Aus-

---

859 Vgl. BGH, Urteil vom 05.02.1979 – II ZR 210/76 (*»Gervais«*), NJW 1980, 231; *Emmerich* in: *Scholz*, GmbHG, Anh. § 13 Rn. 85; *Koppensteiner/Schnorbus* in: *Rowedder/Schmidt-Leithoff*, GmbHG, Anh. § 52 Rn. 61; *Liebscher* in: MüKo GmbHG, Anh. § 13 Rn. 456 (Anscheinsbeweis bezüglich Veranlassung) und 464 (Verschulden).

860 Wie auch die §§ 311 ff. AktG setzen Schadensersatzansprüche wegen einer Verletzung des Schädigungsverbotes voraus, dass der Mehrheitsgesellschafter aktiv auf die Gesellschaft Einfluss genommen hat. Wird die Gesellschaft hingegen von sich aus tätig, liegt keine Verletzung der Treuepflicht seitens des Gesellschafters vor und es bestehen keine Ersatzansprüche der GmbH.

861 S. zu den Rechtsfolgen aus § 317 AktG *Habersack* in: *Emmerich/Habersack*, Konzernrecht, § 317 Rn. 15 ff.

862 S. oben Ziffer D. I. 2. c) (1).

863 *Emmerich* in: *Scholz*, GmbHG, Anh. § 13 Rn. 75 und 68. *Henssler/Strohn* in: *Henssler/Strohn*, Gesellschaftsrecht, Anh. § 13 GmbHG Rn. 51.

864 S. hierzu die Nachweise oben bei Ziffer D. I. 2. c) (1). Anders sehen dies nur diejenigen, die entgegen der Rechtsprechung des BGH und entgegen der h. M. eine analoge Anwendung der §§ 311 ff. AktG auch im faktischen GmbH-Konzern befürworten, s. *Altmeppen* in: *Altmeppen/Roth*, GmbHG, Anh. § 13 Rn. 168 ff.; *Kropff* in: FS Kastner, 279 [296 ff.]; *Rowedder* in: Entwicklungen im GmbH-konzernrecht, S. 20 ff.; nur für die Ein-Personen-GmbH *Servatius* in: *Michalski*, GmbHG, Konzernrecht Rn. 405 ff.

gleichs, auch wenn dieser Ausgleich sofort, d. h. zeitgleich mit der Vornahme der schädigenden Handlung, geleistet wird.[865] Auch dann soll die Maßnahme rechtswidrig bleiben und die daraus folgende Schadensersatzpflicht fortbestehen, was insbesondere für Schäden relevant ist, die ex ante nicht absehbar waren und daher nicht ausgeglichen wurden.[866] Demgemäß stünden der abhängigen Gesellschaft trotz eines Nachteilsausgleichs Unterlassungs- bzw. Beseitigungsansprüche gegen die Maßnahme zu, wenn ihre unternehmerischen Interessen durch diese beeinträchtigt werden.[867] Für die Gruppenbesteuerung würde dies bedeuten, dass eine Legitimation der Veranlassung zum Gruppenbeitritt weder durch eine Auszahlung des Barwerts der im jeweiligen (gesetzlichen oder darüber hinausgehenden vertraglichen) Mindestbindungszeitraum voraussichtlich durch Zurechnung übergehenden Verluste, noch durch die Vereinbarung eines Steuerumlagevertrages möglich wäre. Notwendig wäre vielmehr die Zustimmung aller Gesellschafter, die den Dispens der Treuepflichten und des Schädigungsverbotes des herrschenden Unternehmens zur Folge hat.

Zur Begründung dieser strikten Ablehnung gegenüber einem Nachteilsausgleich im faktischen GmbH-Konzern wird auf dieselben Gründe verwiesen, die auch für die Nichtanwendbarkeit der §§ 311 ff. AktG im Wege einer Gesamtanalogie herangezogen werden, namentlich die strukturellen Unterschiede zwischen dem Organisationsrecht von AG und GmbH:[868] Wer mit diesen Argumenten eine Gesamtanalogie ablehne, der müsse auch die Ausgleichsmöglichkeit als zentrales Element des Regelungssystems der §§ 311 ff. AktG im faktischen GmbH-Konzern ablehnen, wenn er sich nicht zu seiner Grundentscheidung in Widerspruch setzen wolle.[869] Darüber hinaus wird eingewandt, dass den Minderheitsgesellschaftern der abhängigen GmbH eine unternehmerische Teilhabe an der Gesellschaft in

---

865 S. hierzu insbesondere *Lutter*, ZGR 1982, 244 [261]; *Lutter/Hommelhoff* in: *Lutter/Hommelhoff*, GmbHG, Anh. § 13 Rn. 39; *Winter,* Mitgliedschaftliche Treuebindungen im GmbH-Recht, S. 115 f.; *Fleck*, ZHR 1985, 387 [415 f.], a. A. *Schmidt,* Gesellschaftsrecht, S. 1221 f.; *Rehbinder*, ZGR 1977, 581 [638].

866 *Koppensteiner/Schnorbus* in: *Rowedder/Schmidt-Leithoff*, GmbHG, Anh. § 52 Rn. 57; ein etwaig geleisteter Nachteilsausgleich soll daher allenfalls als (teilweise) Erfüllung der Schadensersatzverbindlichkeit auf diese angerechnet werden, *Liebscher* in: MüKo GmbHG, Anh. § 13 Rn. 466 f.

867 *Koppensteiner/Schnorbus* in: *Rowedder/Schmidt-Leithoff*, GmbHG, Anh. § 52 Rn. 57.

868 *Koppensteiner/Schnorbus* in: *Rowedder/Schmidt-Leithoff*, GmbHG, Anh. § 52 Rn. 57; *Habersack* in: *Emmerich/Habersack*, Konzernrecht, Anh. § 318 Rn. 6.

869 *Liebscher* in: MüKo GmbHG, Anh. § 13 Rn. 466 f.

dem Sinne zustehe, dass sie das Recht hätten, gestaltend auf die unternehmerische Tätigkeit der GmbH einzuwirken und dass ihre Interessen nicht auf die bloße Wahrung der Vermögensintegrität der abhängigen GmbH reduziert werden dürften. Eine solche unzulässige Verkürzung ihrer Interessen erfolge aber, wenn nachteilige Einflussnahmen durch einen Ausgleichsleistung »erkauft« werden könnten, weshalb nachteilige Einflussnahmen auch gegen sofortigen und vollständigen Ausgleich der Vermögensnachteile nicht zugelassen werden dürften.[870]

Diese Argumente sind in ihrer Summe überzeugend: Die Unzulässigkeit eines gestreckten, d. h. eines zeitlich verzögerten Nachteilsausgleichs ergibt sich in der Tat bereits daraus, dass die Funktionsfähigkeit des Nachteilsausgleichssystems voraussetzt, dass die abhängige Gesellschaft eine weisungsunabhängige Geschäftsleitung hat, die eigenständig prüft, ob die drohenden Nachteile einer Maßnahme ausgleichsfähig sind und ob das herrschende Unternehmen zu einem Ausgleich in der Lage ist, und die (unter Androhung einer Haftung für Pflichtverstöße hierbei, s. § 318 Abs. 1 AktG) einen gesetzeskonformen Abhängigkeitsbericht aufstellt. Auch das obligatorische Bestehen eines Aufsichtsrates, der den Abhängigkeitsbericht (ebenfalls unter Androhung einer Haftung für Pflichtverstöße hierbei, s. § 318 Abs. 2 AktG) prüft und den Aktionären über das Ergebnis dieser Prüfung berichtet, ist von zentraler Wichtigkeit für die Wirksamkeit des Einzelausgleichssystems der §§ 311 ff. AktG und die Durchsetzbarkeit etwaiger Ersatzansprüche nach §§ 317 und 318 AktG. Diese Voraussetzungen sind in der GmbH nicht gegeben.[871] Gegen die Zulässigkeit eines jeden – auch des sofortigen – Nachteilsausgleichs spricht zudem das Argument der unternehmerischen und nicht nur vermögensmäßigen Teilhaberechte der Minderheitsgesellschafter. Denn das Ausgleichsmodell der §§ 311 ff. AktG billigt eine Überlagerung des Eigenwillens der abhängigen AG durch das Konzerninteresse[872] indem der Nachteilsausgleich nur die Vermögensinteressen der abhängigen Gesellschaft schützt, nicht jedoch ihre unabhängige Willensbildung.[873] Deswegen verändern die §§ 311 ff. AktG auch den Verbandszweck der abhängigen AG,

---

870 *Winter,* Mitgliedschaftliche Treuebindungen im GmbH-Recht, S. 116; in diese Richtung auch *Fleck*, ZHR 1985, 387 [415 f.].

871 Vgl. auch *Wimmer-Leonhardt,* Konzernhaftungsrecht, S. 149 f.

872 Kritisch hierzu: *Hommelhoff,* Die Konzernleitungspflicht, S. 128 f.

873 Aus der Kommentarliteratur statt vieler: *Habersack* in: *Emmerich/Habersack*, Konzernrecht, § 311 Rn. 2 und 77. S. hierzu auch die weiteren Nachweise oben bei den Ziffern D. I. 2. b) (2) (d) und D. II. 1. a) (3) (a).

der bei einer unabhängigen Gesellschaft auf unternehmerische Autonomie ausgerichtet ist.[874] Anders als die §§ 311 ff. AktG lässt die allgemeine GmbH-rechtliche Treueplicht diese Reduktion der Interessen der Minderheitsgesellschafter jedoch nicht zu[875] und für die GmbH existiert – anders als für die AG – gerade keine gesetzliche Sonderregel, welche die Treuepflichten gegen Zahlung einer Ausgleichsleistung dispensiert. Vielmehr besteht der Zweck einer jeden GmbH (soweit nichts Anderes in ihrem Gesellschaftsvertrag festgeschrieben ist) in der selbständigen Teilnahme der GmbH am Wirtschaftsverkehr durch den Betrieb eines Unternehmens.[876] Mit Rücksicht auf diesen Zweck und die Treuebindungen ist es dem herrschenden GmbH-Gesellschafter nicht gestattet, seine gesellschaftsfremden Partikularinteressen in der Geschäftsführung der abhängigen GmbH durchzusetzen.[877] Auch nicht gegen Leistung eines Vermögensausgleiches.

Trotz dieser überzeugenden Argumente lässt sich allerdings eine Einschränkung für den Grundsatz der Unzulässigkeit eines (zeitlich hinausgeschobenen) Nachteilsausgleichs rechtfertigen: Die unternehmerischen

---

874 *Mülbert,* Aktiengesellschaft, Unternehmensgruppe und Kapitalmarkt, S. 280 ff.

875 Vgl. *Servatius* in: *Michalski*, GmbHG, Konzernrecht Rn. 402 f. Selbst im Aktienrecht entspricht es der h. M., dass ein vermögensrechtlicher Ausgleich Verstöße gegen die Gleichbehandlung der Aktionäre nur ausnahmsweise und in den ausdrücklich vom Gesetzgeber vorgesehenen Fällen vollständig rechtfertigen kann, hierzu ausführlich und m. w. N.: *Verse,* Der Gleichbehandlungsgrundsatz im Recht der Kapitalgesellschaften, S. 308 ff.

876 *Martens* in: FS Fischer; in: FS Bärmann, S. 437 [456]; *Mülbert,* Aktiengesellschaft, Unternehmensgruppe und Kapitalmarkt, S. 157; *Winter,* Mitgliedschaftliche Treuebindungen im GmbH-Recht, S. 97 f.; *Bayer* in: *Lutter/Hommelhoff,* GmbHG, § 1 Rn. 4. Wegen dieses, im Grundsatz auf wirtschaftliche Selbständigkeit gerichteten Gesellschaftszwecks sind insbesondere auch Einflussnahmen eines Mehrheitsgesellschafters treuwidrig, die darauf zielen, die GmbH zu Lasten ihrer Eigenständigkeit wirtschaftlich in eine Konzernstrategie zu integrieren, *Zöllner/Beurskens* in: *Baumbach/Hueck*, GmbHG, Schlussanh. Rn. 77. Differenzierend bis ablehnend gegenüber einem eigenständigen Autonomieziel hingegen *Verse*, der betont, dass die Autonomie der Gesellschaft nur dann schützenswert ist, wenn sie erforderlich ist, um die Ziele der nachhaltigen Gewinnmaximierung durch Verwirklichung des Unternehmensgegenstandes zu erreichen, s. *Verse,* Der Gleichbehandlungsgrundsatz im Recht der Kapitalgesellschaften, S. 459 ff.

877 *Winter,* Mitgliedschaftliche Treuebindungen im GmbH-Recht, S. 105. S. ferner *Emmerich* in: *Scholz*, GmbHG, § 13 Rn. 41; *Fastrich* in: *Baumbach/Hueck*, GmbHG, § 13 Rn. 26; *Pentz* in: *Rowedder/Schmidt-Leithoff*, GmbHG, § 13 Rn. 48.

Teilhabeinteressen der Minderheitsgesellschafter sind nur betroffen, wenn die nachteilige Maßnahme den Unternehmenszweck, den Unternehmensgegenstand oder die Verwirklichung von Unternehmenszweck und -gegenstand der abhängigen GmbH durch die Geschäftsführung beeinflusst. Als Beispiele für derartige, die Unternehmenspolitik gestaltende Maßnahmen seien die Aufnahme oder Einstellung der Geschäftstätigkeit auf einem bestimmten Markt, die Ausrichtung der Produktion in die eine oder andere Richtung oder die Wahrnehmung von bzw. der Verzicht auf bestimmte Geschäftschancen genannt. Derartige Maßnahmen können, wenn sie nachteilig sind, nicht durch einen finanziellen Ausgleich legitimiert werden, weil dieser Ausgleich die den Maßnahmen innewohnende Verletzung des Rechts der Minderheit, die Geschäftspolitik der Gesellschaft mitzugestalten, nicht kompensieren kann. Anders sind hingegen die Fälle zu beurteilen, in denen die abhängige GmbH zu einer nachteiligen Maßnahme veranlasst wird, welche die unternehmerischen Aktivitäten der GmbH nicht erweitert, beschränkt oder sonst umgestaltet. Als Beispiel hierfür kann die Vornahme eines drittüblichen Austauschgeschäfts zwischen abhängiger GmbH und beherrschendem Gesellschafter genannt werden, also eines Geschäfts, welches die GmbH regelmäßig auch mit Dritten realisiert.[878] Wird ein solches Geschäft zu Konditionen abgeschlossen, die zum Nachteil der Gesellschaft sind, so wirkt sich dies ausschließlich auf die Vermögenslage der Gesellschaft aus, ohne gestaltenden Einfluss auf die Geschäftsführung oder die Geschäftspolitik der abhängigen Gesellschaft zu haben. Folglich sind die unternehmerischen Teilhabeinteressen der Minderheitsgesellschafter hiervon nicht betroffen. Tangiert sind nur die Vermögensinteressen der abhängigen Gesellschaft, so dass es sachgerecht erscheint, eine Rechtfertigung für die nachteilige Ausgestaltung solcher Vorgänge dadurch zuzulassen, dass der herrschende Gesellschafter die Vermögensnachteile aus dem Vorgang vollständig ausgleicht. Bei Lichte betrachtet lässt sich in einem solchen Fall des »stoffgleichen« Ausgleichs von reinen Vermögensnachteilen durch gleichwertige Vermögensvorteile überhaupt kein Nachteil mehr feststellen, wenn beide Maßnahmen nur rechtlich und zeitlich hinreichend eng miteinander verknüpft sind.[879]

---

878 S. hierzu *Winter,* Mitgliedschaftliche Treuebindungen im GmbH-Recht, S. 115 f.

879 Dementsprechend liegt bei einem drittüblichen Austauschgeschäft kein Nachteil der abhängigen Gesellschaft vor, wenn die Konditionen so sind, dass der

Insofern stellt sich die Frage, ob nicht auch im hier diskutierten Fall der Begrünung einer steuerlichen Gruppe ein Nachteilsausgleich möglich sein muss, wenn dieser zeitlich und rechtlich unmittelbar mit dem Gruppenbeitritt verknüpft wird. Rechtfertigen ließe sich dies mit der Überlegung, dass die Begründung einer steuerlichen Gruppe, obgleich sie kein übliches Austauschgeschäft ist und aus Rechtsgründen nur mit dem beherrschenden Unternehmen realisiert werden kann (also auch kein Drittgeschäft ist), letztlich nichts anderes darstellt, als eine Kooperation zweier Gesellschaften auf steuerlichem Gebiet,[880] mit dem Ziel der »Poolung« ihrer steuerlichen Gewinne und Verluste zur gemeinsam Erzielung von Liquiditäts- und Zinsvorteilen. Diese Steuerkooperation tangiert weder die unternehmerische Ausrichtung oder die Geschäftsführung der Gruppen-GmbH, noch greift sie in deren Organisationsstruktur ein. Auch hat sie keine nennenswerte konzernintegrative Wirkung, weil sie, anders als die Vergemeinschaftung bestimmter unternehmerischer Bereiche, wie bspw. der Buchhaltung oder der EDV, oder die Veräußerung betriebswichtiger Anlagegüter an das herrschende Unternehmen, nicht dazu führt, dass die abhängige Gesellschaft ihre Fähigkeit zur Eigenständigkeit verliert. Die Auswirkungen des Gruppenbeitritts sind vielmehr rein vermögensmäßiger Natur, weswegen sich nach dem Vorgesagten mit guten Argumenten vertreten ließe, dass die Veranlassung der Gruppengesellschaft zum Gruppenbeitritt durch den Gruppenträger zulässig ist, wenn der Gruppenträger die durch die Verlustzurechnung drohenden Vermögensnachteile sofort und vollständig ausgleicht.

Folgt man dieser Ansicht, so käme hinsichtlich der Art und Weise des Nachteilsausgleichs – wie auch im Aktienrecht[881] – die Auszahlung des Barwerts[882] der steuerlichen Verluste in Betracht, welche der Gruppen-GmbH während der voraussichtlichen Bestandsdauer der Gruppe zurechnungsbedingt verloren gehen werden. Die Stellung des Gruppenantrages

---

ordentliche Geschäftsführer einer unabhängigen GmbH das Geschäft ebenfalls abgeschlossen hätte, *Winter,* Mitgliedschaftliche Treuebindungen im GmbH-Recht, S. 116. Vgl. auch *Hommelhoff,* ZGR 2012, 535 [553 f.]. Auch Gegner eines Nachteilsausgleichs im Allgemeinen gestehen insofern zu, dass *»die Grenzen zwischen der Verneinung eines Treuepflichtverstoßes wegen einer positiven Gesamtbeurteilung der Entschließung und einer (nachträglichen) Nachteilskompensation durchaus fließend sind«, Liebscher* in: MüKo GmbHG, Anh. § 13 Rn. 409.

880 S. bereits oben Ziffer D. II. 1. a) (6) (b).

881 S. o. Ziffer D. II. 1. a) (6) (b).

882 S. zum Begriff des Barwerts oben Ziffer D. II. 1. a) (6) (c).

entspräche in diesem Fall wirtschaftlich einem Verkauf der in dem gesetzlichen/vereinbarten Bindungszeitraum voraussichtlich entstehenden steuerlichen Verluste durch die Gruppengesellschaft an den Gruppenträger. Hinsichtlich der Höhe des anzusetzenden Barwerts gälte – wie auch bei der AG[883] – der Maßstab des ordentlichen und gewissenhaften Geschäftsleiters. Der »Kaufpreis« müsste mithin so bemessen sein, dass ein sorgfältiger Geschäftsführer das Geschäft ohne Pflichtverstoß hätte abschließen können. In diesem Rahmen sind auch die Unsicherheiten zu berücksichtigen, die einem solchen zukunftsbezogenen Rechtsgeschäft innewohnen. Aus Sicht der abhängigen Gruppen-GmbH wäre insofern insbesondere das Risiko höher ausfallender steuerlicher Verluste preislich abzubilden. Der »Kaufpreis« müsste im Zweifel oberhalb der Schwelle liegen, ab der vernünftige Zweifel an seiner Angemessenheit ausgeschlossen sind.[884]

Aber auch der Nachteilsausgleich durch eine Steuerumlagevereinbarung nach Maßgabe der oben[885] für das Aktienrecht herausgearbeiteten Vorgaben, dürfte wohl als zulässiger Nachteilsausgleich in Betracht kommen, wenn die Umlagevereinbarung vor oder spätestens zeitgleich mit der Stellung des Gruppenantrages abgeschlossen wird. Denn eine solche Umlagevereinbarung beinhaltet einen klagbaren Anspruch auf Leistung einer negativen Steuerumlage für Verluste der Gruppen-GmbH, der lediglich der Höhe nach von der tatsächlichen wirtschaftlichen Entwicklung abhängt. Ist der Umlagealgorithmus richtig gewählt, so ist die Umlagevereinbarung geeignet, den Eintritt nachteiliger Vermögenswirkungen für die Gruppen-GmbH aus dem Gruppenbeitritt von vornherein auszuschließen.[886]

Für den Fall, dass aus der Veranlassung zum Gruppenbeitritt per se noch kein Nachteil resultiert (weil die Gruppengesellschaft aktuell und aller Voraussicht nach auch in der Zukunft gewinnträchtig ist), sondern der Nachteil darin liegt, dass eine gewinnträchtige GmbH nach ihrem Grup-

883 S. zu dieser Art des Nachteilsausgleichs bei einer AG oben Ziffer D. II. 1. a) (6) (b).

884 Vgl. insofern im Zusammenhang mit dem Nachteilsausgleich nach § 311 AktG, *Bezzenberger,* Das Kapital der Aktiengesellschaft, S. 341.

885 S. oben Ziffer D. II. 1. a) (6).

886 Vgl. für eine Ausnahme von der Ersatzpflicht des herrschenden Unternehmens in Fällen, in denen der Ausgleich die Schadensentstehung von vornherein verhindert, auch *Koppensteiner/Schnorbus* in: *Rowedder/Schmidt-Leithoff,* GmbHG, Anh. § 52 Rn. 57. In diesem Sinne auch *Emmerich* in: *Scholz,* GmbHG (9. Auflage), Anh. Konzernrecht Rn. 75.

penbeitritt zum Abschluss einer für sie nachteiligen Steuerumlagevereinbarung gedrängt wird, gilt im Grundsatz das Gleiche. Hier bestünde der notwendige sofortige und vollständige Nachteilsausgleich allerdings darin, dass der »Fehler« des Umlagealgorithmus korrigiert wird. Erforderlich wäre also, dass ein angemessener Umlageschlüssel vereinbart wird, der die Gruppengesellschaft mbH an der Konzernprämie beteiligt.[887] Da diese Korrektur nicht nachträglich, sondern sofort, d. h. zum Zeitpunkt des Abschlusses der Umlagevereinbarung, erfolgen müsste, wäre die spätere Korrektur einer zunächst abgeschlossenen nachteiligen Umlagevereinbarung kein tauglicher Nachteilsausgleich, der die Haftung entfallen ließe. Eine nachträgliche Korrektur eines nachteiligen Umlageschlüssels könnte allenfalls Teil der Erfüllung bereits entstandener Haftungsansprüche durch Beseitigung des Nachteils der GmbH darstellen.

Wie gesagt,[888] kann die nachteilige Ausgestaltung der Umlagevereinbarung allerdings auch darin bestehen, dass die positiven Gruppenbeiträge der Gruppengesellschaften an den Gruppenträger nicht besichert sind, so dass die Gruppengesellschaft im Falle eines Verunglückens der steuerlichen Gruppe Gefahr läuft, vom Fiskus auf Zahlung von Steuern auf ihr Einkommen in Anspruch genommen zu werden, gleichzeitig aber mit ihren Ansprüchen gegen den Gruppenträger auf Rückzahlung der zur Abgeltung dieser Steuerlast bereits an ihn gezahlten Steuerumlagen auszufallen. Dieser Nachteil kann nur durch die Stellung angemessener (dynamischer) Sicherheiten vermieden werden.[889] Auch insofern gilt, dass die nachträgliche Stellung der erforderlichen Sicherheiten kein tauglicher Nachteilsausgleich ist, sondern allenfalls Teil der Erfüllung bereits entstandener Ersatzansprüche.

Insgesamt ist die Frage nach der Möglichkeit und notwendigen Ausgestaltung eines Ausgleiches der Nachteile, die der Gruppenbeitritt für Verlustgesellschaften bedingt, mit erheblichen Rechtsunsicherheiten verbunden. Erachtet man mit der h. M. im Rahmen des GmbH-rechtlichen Schädigungsverbotes jedweden Nachteilsausgleich für unzulässig, so könnten allenfalls Gesellschaften mbH in die steuerliche Gruppe eingebunden werden, die während des Bestehens der Gruppe voraussichtlich nur Gewinne in die Gruppe einbringen, weil sich der Gruppenbeitritt für sie ex ante vorteilhaft darstellt. Eine Einbindung von verlustträchtigen Gruppen-

887 S. oben Ziffer D. II. 1. b) (1).
888 S. Ziffer D. II. 1. b) (2) oben.
889 S. oben Ziffer D. II. 1. b) (2).

gesellschaften mbH wäre demgegenüber nicht möglich ohne Schadensersatzpflichten des herrschenden Gesellschafters und der Geschäftsführer der Gruppengesellschafter auszulösen. Eine Verlustzurechnung von unten nach oben unter Beteiligung von Gruppengesellschaften mbH wäre folglich ausgeschlossen. Vor diesem Hintergrund und in Anbetracht der besonderen Bedeutung der GmbH in der deutschen Unternehmenslandschaft empfiehlt es sich für den Gesetzgeber, im Falle der Umsetzung eines der Zurechnungsmodelle gesetzlich zu regeln, dass es dem herrschenden GmbH-Gesellschafter zusteht, etwaige Vermögensnachteile einer abhängigen GmbH aus deren Einbindung in eine steuerliche Gruppe auszugleichen.[890] Um Folgefragen nach Art und Höhe des Ausgleichs und die hiermit verbundene Rechtsunsicherheit zu vermeiden, sollten auch diese Themen in der gesetzlichen Regelung aufgegriffen werden,[891] wobei sich nach den Feststellungen oben in Ziffer D. II. 1. a) (6) (c) insbesondere eine Regelung anbietet, die es den beteiligten Unternehmen erlaubt, eine Steuerumlagevereinbarung abzuschließen, nach der die Gruppengesellschaften für jeden Veranlagungszeitraum eine negative Steuerumlage in Höhe des um eine Pauschale verminderten Nominalwerts der von ihnen eingebrachten Verluste erhalten bzw. eine positive Umlagen zu zahlen haben, deren Höhe ihrem Anteil an der Gesamtzahllast des Gruppenträgers unter Einschluss der von ihm ausgezahlten negativen Steuerumlagen entspricht (modifizierte Verteilungsmethode mit negativen Steuerumlagen ohne internen Verlustvortrag). Offen bleibt und hier nicht zu vertiefen ist die Frage nach der »richtigen« Verortung einer entsprechenden Regelung. Der Regelungszusammenhang spricht eindeutig für eine Verortung im GmbHG, wobei für die steuerliche Behandlung der Umlagezahlungen eine ergänzende steuerrechtliche Regelung in Betracht kommt.

---

890 Vgl. auch *IFSt-Arbeitsgruppe*, IFSt-Schrift Nr. 471 2011, S. 117 mit der Forderung nach einer *»gesetzlichen Klarstellung im GmbH-Recht, dass die Einbeziehung einer abhängigen GmbH in eine Gruppenbesteuerung keinen Nachteil darstellt, dessen Eintritt etwaige außenstehende Gesellschafter widersprechen könnten.«* Ihr Schutz soll vielmehr retroaktiv nach dem Vorbild der §§ 311 ff. AktG erfolgen, wobei offenbleibt, ob auch der gestreckte Nachteilsausgleich möglich sein soll.

891 Die IFSt-Arbeitsgruppe sieht keine Notwendigkeit solcher Regelungen zum Inhalt eines Umlagevertrages, hält die Regelung einer möglichen Vertragsgestaltung i. S. e. *»safe harbor«* allerdings für sachdienlich, um Rechtsunsicherheiten insbesondere des GmbH-Rechts zu begegnen, *IFSt-Arbeitsgruppe*, IFSt-Schrift Nr. 471 2011, S. 118.

3. Zwischenergebnis

Die Untersuchung zu den Zurechnungsmodellen hat gezeigt, dass sowohl für Aktiengesellschaften als auch für Gesellschaften mbH eine Einbindung als Gruppengesellschaften in eine steuerliche Gruppe nach einem Zurechnungsmodell möglich ist, wenn Vorkehrungen getroffen werden, die Konflikte mit den §§ 311 ff. AktG bzw. den GmbH-rechtlichen Kapitalerhaltungsregelungen sowie dem GmbH-rechtlichen Schädigungsverbot verhindern.

Bei Einbindung einer Gruppen-AG in die steuerliche Gruppe sind Vorkehrungen zur Vermeidung einer Schadensersatzpflicht des Gruppenträgers und seiner gesetzlichen Vertreter nach §§ 311, 317 AktG zu treffen. Dazu muss der Gruppenträger jeder Gruppen-AG, der ein Nachteil im Sinne des § 311 Abs. 1 AktG infolge der Verlustzurechnung an den Gruppenträger droht, innerhalb der Frist des § 311 Abs. 2 AktG einen Nachteilsausgleich gewähren. Dieser kann in der Erstattung des Barwerts der Verluste bestehen, die sie während ihrer Gruppenmitgliedschaft voraussichtlich durch Zurechnung an den Gruppenträger verliert (§ 311 Abs. 2 Satz 1, 1. Alt. AktG), oder in dem Abschluss eines Steuerumlagevertrages (§ 311 Abs. 2 Satz 1, 2. Alt. AktG). Letzterer muss einen angemessenen Ausgleich für die zugerechneten Verluste durch Zahlung einer jährlichen Vergütung (negative Steuerumlage) gewährleisten, wobei die negative Steuerumlage nicht zwingend dem Nominalwert der Verluste[892] entsprechen muss. Pauschale Abzüge vom Nominalwert sind im Rahmen von § 311 AktG als »Preis« für die Vorteile der vorzeitigen Realisierung des Steuerminderungspotentials der zugerechneten Verluste sowie für die Eliminierung des Risikos ihrer späteren Unverwertbarkeit zulässig. Zudem muss die Umlagevereinbarung sicherstellen, dass die Gruppen-AG auch dann, wenn sie Gewinne in die steuerliche Gruppe einbringt, keine überhöhten positiven Steuerumlagen an den Gruppenträger zahlt. Auch bei angemessenen Steuerumlagen muss sichergestellt sein, dass die Gruppengesellschaft im Gegenzug endgültig von ihrer Steuerpflicht unter Einschluss der Haftungsrisiken aus § 73 AO befreit wird oder dass sie im Falle einer Inanspruchnahme durch die Finanzverwaltung zumindest einen vollwertigen Rückgriffsanspruch gegen den Gruppenträger hat. Gesetzgeberische Maßnahmen im Bereich des Kapitalgesellschaftsrechts wären zur Ermög-

892 D. h. aus dem Produkt aus dem Verlust und den KSt-Tarif, s. o. Ziffer D. II. 1. a) (6) (c).

lichung der Gruppenbesteuerung nicht erforderlich. Sie wären allenfalls in Bezug auf die Ausgestaltung der Umlagevereinbarung zur Vermeidung von Rechtsunsicherheiten wünschenswert.

Ähnlich ist die Rechtslage bei Einbindung von Gruppengesellschaften mbH: die Gruppenbesteuerung kann in das System der Kapitalerhaltungsregeln eingepasst und so ausgestaltet werden, dass eine Haftung des Gruppenträgers nicht eintritt. Voraussetzung dafür ist auch hier der Ausgleich der Nachteile, welche die Gruppengesellschaft mbH für die von ihr »geopferten« steuerlichen Verluste erleidet. Dieser Ausgleich kann erneut durch Auszahlung des Barwerts der zugerechneten Verluste oder durch den Abschluss einer drittüblichen Steuerumlagevereinbarung erfolgen, welche die Gruppengesellschaft mbH für die Zurechnung ihrer Verluste an den Gruppenträger entschädigt und sie angemessen an den Zins- und Liquiditätsvorteilen der Gruppenbesteuerung beteiligt. Ein solcher Ausgleich ist sowohl erforderlich, um Rückgewähransprüche der Gruppengesellschaft mbH nach §§ 30, 31 GmbHG gegen den Gruppenträger, dessen Mitgesellschafter (§ 31 Abs. 3 GmbHG) und gegen die Geschäftsführer der Gruppengesellschaft (§ 43 Abs. 3 GmbHG) bei Bestehen einer Unterbilanz auszuschließen, als auch um eine Inanspruchnahme des Gruppenträgers und der Geschäftsführer der Gruppengesellschaft[893] unter dem Gesichtspunkt des Schädigungsverbotes zu verhindern. Allerdings stellen sich bei der GmbH – anders als bei der AG – nicht nur Zweifelsfragen hinsichtlich der angemessenen Höhe und sonstigen Ausgestaltung der Umlagevereinbarung, sondern auch bezüglich der Zulässigkeit einer Steuerumlagevereinbarung per se. Insbesondere im Zusammenhang mit dem Schädigungsverbot gilt nämlich, dass ein (gestreckter) Nachteilsausgleich nach dem Vorbild von § 311 Abs. 2 AktG im GmbH-Recht nicht zulässig ist. Insofern wäre hier eine gesetzliche Regelung zur Zulässigkeit eines Nachteilsausgleichs durch Abschluss einer Steuerumlagevereinbarung und zur notwendigen bzw. ausreichenden Ausgestaltung des Umlagevertrages zur Vermeidung größerer Rechtsrisiken mehr als nur wünschenswert.

893 S. zu deren Haftung oben Ziffer D. I. 2. c) (2).

III. Gesellschaftsrechtliche Maßgaben für das Gruppenbeitragsmodell

Der in Ziffer C. III. 3. dargestellte Reformvorschlag des hessischen Ministeriums der Finanzen sieht eine steuerliche Einkommenskonsolidierung vor, die nicht durch eine Zurechnung der steuerlichen Gewinne und Verluste von der Gruppengesellschaft auf den Gruppenträger erfolgt, sondern durch die Leistung von Gruppenbeiträgen innerhalb der steuerlichen Gruppe.

Die Begründung der Gruppe setzt einen gemeinsamen Gruppenantrag von Gruppenträger und Gruppengesellschaft voraus, der Voraussetzung für die steuerliche Anerkennung der Gruppe ist. Der Gruppenantrag beinhaltet noch keine verbindliche Festlegung von Gruppenbeiträgen, bindet die Gruppenmitglieder aber für einen fünfjährigen Mindestbindungszeitraum an die steuerliche Gruppe.

Zivilrechtliche Grundlage der Gruppenbeitragsleistungen soll ein Gruppenvertrag sein, der die beteiligten Gesellschaften berechtigt, für jeden Veranlagungszeitraum individuell Gruppenbeiträge zu vereinbaren und zu leisten. Er soll zudem eine Ausgleichsdividende für etwaige außenstehende Gesellschafter vorsehen,[894] deren Art und Höhe in dem Reformvorschlag allerdings nicht weiter konkretisiert wird. Da eine solche Ausgleichsleistung derzeit zwingender Bestandteil[895] eines Gewinnabführungsvertrages als Tatbestandsvoraussetzung der steuerlichen Organschaft ist,[896] liegt es nahe, dass die Autoren eine Ausgleichsleistung nach dem Vorbild der Regelung in § 304 AktG im Sinn hatten. Für den Abschluss des Gruppenvertrages fordert der hessische Reformvorschlag die Zustimmung der Haupt- oder Gesellschafterversammlung der beteiligten Gesellschaften, wohingegen er nicht verlangt, dass auch die Vereinbarung oder Leistung von Gruppenbeiträgen der Zustimmung der Haupt- bzw. Gesellschafterversammlungen der Beteiligten bedürfte. Sie soll offensichtlich den Geschäftsleitungsorganen obliegen.

Wegen der notwendigen Beteiligungsquote von 95 % an allen Gruppengesellschaften stellt das Zustimmungserfordernis zum Gruppenvertrag

894 S. oben Ziffer C. III. 3 sowie den Bericht der Facharbeitsgruppe *»Verlustverrechnung und Gruppenbesteuerung«* vom 15.09.2011, Anlage 7, Ziffer 2.4.

895 Jedenfalls dann, wenn die zur Gewinnabführung verpflichtete Gesellschaft zur Zeit der Beschlussfassung über den Gewinnabführungsvertrag über außenstehende Gesellschafter verfügt, § 304 Abs. 1 Satz 3 AktG.

896 S. zur Bedeutung des Gewinnabführungsvertrages für die Organschaft oben Ziffer B. III.

jedenfalls für als AG konstituierte Gruppengesellschaften keine Hürde dar. Denn der Gruppenträger kann den zustimmenden Hauptversammlungsbeschluss jederzeit mit seinen eigenen Stimmen herbeiführen.[897] Für Gruppengesellschaften mbH kommt es insofern maßgeblich darauf an, ob der Gruppenträger nach § 47 Abs. 4 Satz 2, 2. Alt. GmbHG bei der Abstimmung über den Gruppenvertrag an der Ausübung seines Stimmrechts gehindert wäre. Die Antwort auf diese Frage hängt maßgeblich davon ab, ob man den Gruppenvertrag als Unternehmens- oder zumindest korporationsrechtlichen Vertrag einstuft, weil der Stimmrechtsausschluss bei solchen Verträgen nach Maßgabe der höchstrichterlichen Rechtsprechung nicht gilt.[898] Bejaht man einen solchen Stimmrechtsausschluss, könnte der Gruppenträger trotz seiner 95-prozentigen Beteiligung den Beschluss nicht gegen den Willen einer etwaigen Minderheit durchsetzen. Für den Gruppenträger selbst ist ohnehin nicht generell sichergestellt, dass seine Anteilseigner mit der erforderlichen Mehrheit für den Abschluss des Vertrages stimmen.

Bedeutung hat das Erfordernis eines Hauptversammlungs- bzw. Gesellschafterbeschlusses unter anderem für die Wahrung der Kompetenzord-

---

897 Der Reformvorschlag äußert sich nicht zu der erforderlichen Stimmenmehrheit, mit welcher der Gesellschafter- bzw. Hauptversammlungsbeschluss zu fassen ist. Es ist somit davon auszugehen, dass hierfür die für Beschlüsse allgemein geforderte einfache Stimmenmehrheit ausreicht (s. § 133 Abs. 1 AktG sowie § 47 Abs. 1 GmbHG). Selbst wenn man für den Abschluss des Gruppenvertrages, wie bei Unternehmensverträgen« i. S. d. §§ 291 ff. AktG, eine ¾ Kapitalmehrheit nach § 293 Abs. 1 AktG (analog) fordert, verfügt der Gruppenträger über die erforderlichen Stimmen. Insbesondere ist der Gruppenträger in der Hauptversammlung einer Gruppen-AG nach § 136 Abs. 1 AktG bei der Beschlussfassung über den Gruppenvertrag nicht an der Ausübung seines Stimmrechts gehindert, weil das AktG einen Stimmrechtsausschluss wie in § 47 Abs. 2 GmbHG nicht kennt und auch eine Ausdehnung der Norm auf die AG im Wege der Analogie nach der ganz h. M. abgelehnt wird, *Hüffer/Koch*, Aktiengesetz, § 136 Rn. 18; *Rieckers* in: *Spindler/Stilz*, AktG, § 136 Rn. 15; *Schröer* in: MüKo AktG, § 136 Rn. 21; auch eine Ausdehnung der Stimmrechtsverbote des § 136 AktG im Wege der Analogie wird abgelehnt, OLG Düsseldorf, Urteil vom 13.01.2006 – 16 U 137/04, AG 2006, 202 [206]. Zudem hat sich der Gesetzgeber des AktG im Rahmen der Unternehmensverträge bewusst für ein Stimmrecht des herrschenden Unternehmens entschieden, statt vieler; *Langenbucher* in: *Schmidt/Lutter*, AktG, § 293 Rn. 25.

898 BGH, Urteil vom 31.05.2011 – II ZR 109/10, NZG 2011, 902 [903]; *Emmerich* in: *Scholz*, GmbHG, Anh. § 13 Rn. 147; *Liebscher* in: MüKo GmbHG, Anh. § 13 Rn. 748, s. zur Einstufung des Gruppenvertrages als korporationsrechtlicher Vertrag unten Ziffer D. III. 2. b).

nung in den betroffenen Gesellschaften. Es verhindert insbesondere, dass die Geschäftsleitung ohne Ermächtigung seitens der Anteilsinhaber über die Verwendung von Gesellschaftsmitteln zur Leistung von Gruppenbeiträgen entscheidet. Für die Leitungsorgane von Gruppenträger und Gruppengesellschaften ist der Zustimmungsbeschluss zudem unter Haftungsgesichtspunkten von Bedeutung. Denn wenngleich der Gruppenvertrag noch keine konkreten Gruppenbeiträge festlegt, lässt sich dem Zustimmungsbeschluss doch entnehmen, dass die Anteilsinhaber die Leistung und den Empfang von Gruppenbeiträgen im Rahmen der durch die Steuergesetze gezogenen Grenzen befürworten. Dies kann einen Ausschluss der Haftung der Leitungsorgane gegenüber ihrer Anstellungskörperschaft für Maßnahmen im Zusammenhang mit der Gruppenbesteuerung bewirken (vgl. § 93 Abs. 4 Satz 1 AktG und § 43 Abs. 3 Satz 3 GmbHG).

Eine weitere, inhaltlich nur grob umrissene Grenze für die Leistung von Gruppenbeiträgen sieht der Reformvorschlag insoweit vor, als Gruppenbeiträge unzulässig sein sollen, wenn sie zu *»einer Unterschreitung einer bestimmten gesetzlichen Mindestrücklage führen (keine Insolvenz durch Gruppenbeiträge)«.*[899] Tatsächlich gemeint dürfte hiermit allerdings nicht der Erhalt einer *»Mindestrücklage«* sein, sondern der Erhalt des Stamm- bzw. Grundkapitals der Gruppenmitglieder bzw. des darüber hinaus gehenden Reservefonds.[900] Denn eine *»gesetzliche Mindestrücklage«* gibt es nur in der AG, wo § 150 Abs. 2 AktG die Bildung einer gesetzlichen Rücklage vorsieht, die nicht an die Aktionäre ausgeschüttet werden darf,[901] während andere Gesellschaftstypen, insbesondere die GmbH, keine gesetzliche Mindestrücklage kennen. Zudem steht die gesetzliche Rücklage nach § 150 AktG in keinem Zusammenhang mit der (In-) Solvenz der Gesellschaft, weil Verstöße gegen § 150 AktG nichts über eine etwaige Überschuldung oder Zahlungsunfähigkeit der Gesellschaft aussagen. Der Hinweis auf eine zu vermeidende Insolvenz der Gruppenmitglieder ist somit als Hinweis auf die Notwendigkeit zu verstehen, die gläubi-

---

899 S. Bericht der Facharbeitsgruppe *»Verlustverrechnung und Gruppenbesteuerung«* vom 15.09.2011, Anlage 7, Ziffer 2.4 a. E.

900 S. zum Umfang des durch die aktienrechtliche Vermögensbindung geschützten Vermögensbestandes der AG oben Ziffer D. I. 2. b) (1).

901 *Hüffer/Koch,* Aktiengesetz, § 150 Rn. 1. Die Verwendungsmöglichkeiten für die Rücklage nach § 150 Abs. 2 AktG sind in § 150 Abs. 3 und 4 AktG geregelt und hängen davon ab, ob die eingestellten Beträge die gesetzliche oder satzungsmäßige Höhe der Rücklage übersteigen.

gerschützenden Vorschriften der Kapitalaufbringung und -erhaltung zu beachten.[902]

Mit den vorstehenden Voraussetzungen und Bedingungen der Beitragsleistung haben die Urheber des Gruppenbeitragsmodells eine Reihe der gesellschaftsrechtlichen Fragestellungen angesprochen, die sich bei einer Implementierung des Gruppenbeitragsmodells stellen würden, insbesondere den Schutz der Außenseiter sowie der Gesellschaftsgläubiger. Allerdings sind diese Fragen nicht hinreichend beantwortet worden, weswegen es im Folgenden zu klären gilt, inwieweit der Abschluss eines Gruppenvertrages sowie die Vereinbarung und Leistung von Gruppenbeiträgen mit den unter Ziffer D. I. 2. dargestellten gesellschaftsrechtlichen Rahmenbedingungen vereinbar sind und inwieweit die vorgeschlagenen Voraussetzungen und Bedingungen geeignet sind, bestehende Konflikte zu entschärfen. Zudem sind etwaig erforderliche Maßnahmen der Beteiligten oder gar des Gesetzgebers zu identifizieren.

1. AG als Gruppengesellschaft

Ist eine Gruppengesellschaft als AG konstituiert, so ist der Gruppenträger mit seiner mindestens 95-prozentigen Beteiligung ein Unternehmen, das beherrschenden Einfluss auf die Gruppen-AG hat. Die Gruppen-AG und der Gruppenträger bilden somit einen sog. faktischen Konzern und die Rechtsbeziehungen zwischen beiden Gesellschaften unterliegen grundsätzlich den §§ 311 ff. AktG, die als lex specialis zu den allgemeinen Vorschriften des AktG die Voraussetzungen und Grenzen zulässiger Einflussnahmen des herrschenden Unternehmens auf die abhängige Gruppengesellschaft regeln.[903] Soll nun also eine AG als Gruppengesellschaft in eine steuerliche Gruppe nach dem Gruppenbeitragsmodell integriert werden, so ist zu prüfen, ob die hierfür erforderlichen Maßnahmen, die Stellung des Gruppenantrages (s. Ziffer D. III. 1. a) unten) und der Abschluss des Gruppenvertrages (s. Ziffer D. III. 1. b) nachfolgend) sowie die Maßnahmen zum Vollzug der steuerlichen Ergebniskonsolidierung – die Vereinbarung, der Empfang und die Leistung von Gruppenbeiträgen (dazu Ziffer D. III. 1. c) und d) unten) – nach den §§ 311 ff. AktG zulässig sind. Wie sich zeigen wird, stellt sich darüber hinaus die Frage, ob die Implementie-

902 So auch *Ismer*, DStR 2012, 821 [826].
903 S. hierzu Ziffer D. I. 2. b) 2. oben.

rung einer Gruppenbesteuerung nach dem Gruppenbeitragsmodell gegen organisationsrechtliche Vorgaben des AktG verstößt und wenn ja, ob und unter welchen Bedingungen die damit einhergehenden Strukturänderungen aktienrechtlich zulässig sind.

a) Aktienrechtliche Maßgaben für die Stellung des Gruppenantrages

Die Stellung des Gruppenantrages durch die Gruppen-AG könnte dann zu Konflikten mit aktienrechtlichen Vorschriften führen, wenn sie Änderungen der Verfassung der AG zeitigen oder deren Vermögenssituation verändern würde. Insbesondere die §§ 311 ff. AktG knüpfen tatbestandlich an nachteilige Rechtsgeschäften oder Maßnahmen an, wobei der Nachteilsbegriff eine Minderung oder konkrete Gefährdung des Vermögens oder der Ertragslage der Gesellschaft fordert.[904] Der Gruppenantrag begründet jedoch keine Verpflichtung der beteiligten Gesellschaften zur Leistung oder zum Empfang von Gruppenbeiträgen. Er ist für sie lediglich insofern relevant, als er Voraussetzung für die steuerliche Anerkennung späterer Gruppenbeitragszahlungen ist und die für das Gruppenbeitragsmodell vorgesehene fünfjährige Mindestbindungsfrist der Beteiligten an die steuerliche Gruppe in Gang setzt. Vermögensverschiebungen gehen mit der Stellung des Gruppenantrages nicht einher. Die Stellung des Gruppenantrages begründet daher keinen Nachteil i. S. v. § 311 Abs. 1 AktG und unterliegt – auch wenn sie durch den Gruppenträger veranlasst wurde – keinen Restriktionen nach den §§ 311 ff. AktG.[905] Mangels Vermögensrelevanz ist die

904 S. zur Definition des Nachteils i. S. v. § 311 Abs. 1 AktG oben, Ziffer D. II. 1. a) (3).

905 Nicht eindeutig dargestellt haben die Autoren des Gruppenbeitragsmodells, ob die von Ihnen vorgesehenen Rechtsfolgen der Gruppenbesteuerung für die Anwendung der sog. Zinsscharanke nach § 4h EStG in Verbindung mit § 8a KStG bereits mit der Stellung des Gruppenantrages eintreten oder von weiteren Voraussetzungen, bspw. dem Abschluss des Gruppenvertrages, abhängen sollen. Sollten die insoweit im Reformvorschlag skizzierten Rechtsfolgen, also insbesondere die Poolung und Saldierung von Zinserträgen und Zinsaufwendungen aller Gruppengesellschaften auf Ebene des Gruppenträgers sowie die Behandlung der Gruppe als »ein Betrieb« für die Anwendung der Freigrenze, der Konzernklausel und der Escapeklausel des § 4h EStG, bereits mit der gemeinsamen Stellung des Gruppenantrages eintreten, so wären hiermit ggfs. Vermögensverschiebungen zwischen den Beteiligten verbunden. Ob dies so ist, bleibt im Reformvorschlag allerdings offen. Zudem soll auf die sekundären steuerlichen Wirkungen der Reformmodelle vorliegend aus den in Ziffer

Stellung des Gruppenantrages auch als Geschäftsführungshandlung anzusehen, die in die Zuständigkeit des Vorstandes nach § 76 Abs. 1 AktG fällt. Konflikte mit dem Organisationsrecht der Gruppen-AG, insbesondere deren Zuständigkeitsordnung, sind nicht ersichtlich.

b) Aktienrechtliche Maßgaben für den Abschluss des Gruppenvertrages

Auch für den Gruppenvertrag stellt sich die Frage nach der Vereinbarkeit mit dem Aktien-Organisationsrecht und den §§ 311 ff. AktG: nach der Konzeption des Gruppenbeitragsmodells ist der Gruppenvertrag ein steuerlicher Rahmenvertrag, der die rechtliche Grundlage für die Festlegung und den Austausch von Gruppenbeiträgen zwischen den Gruppenmitgliedern bildet und die rechtlichen Bedingungen etwaiger Beitragsleistungen regelt, ohne allerdings selbst verbindlich Zahlungen zwischen den Beteiligten festzulegen. Ob Gruppenbeiträge geleistet oder empfangen werden, wird nach dem Vertragsschluss und für jeden Veranlagungszeitraum gesondert entschieden, weswegen eine Vermögensminderung mit dem Abschluss des Gruppenvertrages nicht verbunden ist. Der Gruppenvertrag begründet auch keine Verpflichtung der Beteiligten, später Gruppenbeiträge zu leisten oder entgegenzunehmen. Vielmehr setzt jeder Gruppenbeitrag eine gesonderte Einigung zwischen den beteiligten Gesellschaften voraus, so dass die Gruppenmitglieder sich ihre Entscheidungshoheit auch über den Abschluss des Gruppenvertrages hinaus bewahren. Folglich bedingt der Gruppenvertrag auch keine Gefährdung des Vermögens der Gruppengesellschaft, die hinreichend konkret wäre, um den Vertragsabschluss als nachteiliges Rechtsgeschäft gem. § 311 Abs. 1 AktG zu werten.

Allerdings regelt der Gruppenvertrag als »Rahmenvertrag« nicht nur den Finanztransfer und die Rechtsbeziehungen zwischen den verschiedenen Gruppenmitgliedern. Von maßgeblicher Bedeutung ist der Gruppenvertrag darüber hinaus für das Rechtsverhältnis zwischen dem Gruppenmitglied, das einen Gruppenbeitrag leistet, und seinen (außenstehenden) Gesellschaftern sowie für die innere Organisationsstruktur der Gruppenmitglieder. In diesem Verhältnis wirken insbesondere die vorgesehene

---

D. II. genannten Gründen nicht eingegangen werden, weswegen die Frage hier nicht zu vertiefen ist.

Festlegung einer Ausgleichsleistung für außenstehende Aktionäre im Gruppenvertrag sowie die von dem Reformmodell vorgesehene Möglichkeit des Vorstandes, auf Grundlage des mit Zustimmung der Hauptversammlung geschlossenen Gruppenvertrages Gruppenbeiträge eigenständig und ohne erneute Beteiligung der Hauptversammlung zu vereinbaren und zu leisten.[906] Insofern bildet der Gruppenvertrag auch gesellschaftsintern die Rechtsgrundlage für das Gruppenbeitragssystem und es stellt sich die Frage, wie der Gruppenvertrag aktienrechtlich einzustufen ist und ob er ohne gesetzliche Grundlage wirksam abgeschlossen werden kann.

(1) Organisationsrechtlicher Gehalt des Gruppenvertrages

In der aktienrechtlichen Terminologie werden Verträge, die dispositive oder auch zwingende Vorschriften über die innere Verfassung der AG außer Kraft setzen oder modifizieren, als Organisationsverträge bezeichnet[907] und das AktG regelt ihre Voraussetzungen und zwingenden Rechtsfolgen in den §§ 291 ff. Eine organisationsrechtliche Wirkung in diesem Sinne könnte auch dem Gruppenvertrag zukommen. Sie kommt zunächst insofern in Betracht, als der Gruppenvertrag die Kompetenz des Vorstandes der Gruppen-AG begründen soll, Vereinbarungen über die Leistung oder den Empfang von Gruppenbeiträgen mit anderen Gruppengesellschaften und dem Gruppenträger zu treffen. Hierin könnte ein Eingriff in

---

906 Das Gruppenbeitragsmodell bestimmt nicht ausdrücklich, dass die Kompetenz zur Vereinbarung von Gruppenbeiträgen der Geschäftsleitung übertragen wird. Allerdings wird – anders als für den Abschluss des Gruppenvertrages – für die Leistung der Gruppenbeiträge keine Beteiligung der Hauptversammlung gefordert. Es ist somit davon auszugehen, dass der Vertragsvollzug in die Kompetenz des Vorstandes fallen soll, wie dies auch bei Gewinnabführungsverträgen nach § 291 Abs. 1 AktG der Fall ist. Dies klingt auch an, wenn die Urheber des Modells fordern, der Gruppenvertrag solle die Erbringung von Gruppenbeiträgen an Gruppenmitglieder *»zulassen«*. Der Vertrag soll also offensichtlich eine »Ermächtigung« für den Vorstand beinhalten. Auch der Zustimmungsvorbehalt zu Gunsten der Gesellschafter- bzw. Hauptversammlung lässt erkennen, dass diese »Ermächtigung« zu Lasten deren Kompetenzen erfolgen soll, da ihre Zustimmung andernfalls entbehrlich wäre. Der Vertrag soll also die Ermächtigung der Geschäftsleitung zur Vereinbarung und zur Leistung bzw. zum Empfang von Gruppenbeiträgen durch die Gesellschafter- bzw. Hauptversammlung bewirken. S. hierzu bereits Ziffer C. III. 3. oben.

907 Vgl. hierzu *Mülbert* in: *Hopt/Wiedemann*, Großkommentar AktG, Vorb. § 291 ff. Rn. 6; *Veil,* Unternehmensverträge, S. 200.

die Gewinnverwendungskompetenz der Hauptversammlung nach §§ 119 Abs. 1 Nr. 2 und 174 Abs. 1 AktG und in das materielle Dividendenbezugsrecht der Aktionäre nach § 58 Abs. 4 AktG liegen. Nach diesen Vorschriften steht der Bilanzgewinn der AG grundsätzlich den Aktionären zu, die durch Hauptversammlungsbeschluss über dessen Verwendung entscheiden. Diese Ansprüche und Kompetenzen der Aktionäre knüpfen gegenständlich an den Bilanzgewinn i. S. v. § 158 Satz 1 Nr. 5 AktG als bilanzielle Rechengröße an, so dass ihr Umfang durch das Handelsbilanzrecht und den nach seinen Regeln aufgestellten Jahresabschluss vorgeprägt ist.[908] Ob ein Vorgang zu einer Beeinträchtigung der Gewinnverwendungskompetenzen der Hauptversammlung und das Dividendenbezugsrecht der Aktionäre führt, hängt deswegen maßgeblich davon ab, wie er handelsbilanziell behandelt wird. Die Autoren des Gruppenbeitragsmodells sehen insofern vor, dass die Gruppenbeiträge steuer- wie handelsbilanziell als Betriebseinnahme bzw. Betriebsausgabe behandelt werden.[909] Den Handelsbilanziellen Vorschriften zur Gewinn- und Verlustrechnung in § 275 HGB folgend, mindern vereinbarte und geleistete Gruppenbeiträge folglich als betriebliche Aufwendungen den Jahresüberschuss des Geschäftsjahres, in welchem sie vereinbart und geleistet wurden.[910] Da der Jahresüberschuss Ausgangspunkt für die Ermittlung des Bilanzgewinns nach § 158 Abs. 1 AktG ist, verhindern die Gruppenbeiträge also von Vornherein die Entstehung eines Bilanzgewinns in entsprechender Höhe.[911] Sie wirken sich folglich auf den Betrag aus, über den die Aktionäre

---

908 *Fleischer* in: *Schmidt/Lutter*, AktG, § 58 Rn. 37; *Drygala* in: *Zöllner/Noack*, Köln Komm AktG, § 58 Rn. 9.

909 Steuerbilanziell sollen die Gruppenbeiträge rückwirkend in dem Geschäftsjähr, für welches sie vereinbart wurden, als Betriebseinnahme bzw. Betriebsausgabe behandelt werden, s. Bericht der Facharbeitsgruppe *»Verlustverrechnung und Gruppenbesteuerung«* vom 15.09.2011, Anlage 7 Ziffer 2.4. Ebenso *Brusch*, DB 2011, Standpunkte 45-46 [45].

910 Insofern besteht ein Unterschied zwischen der handels- und der steuerbilanziellen Behandlung. Denn steuerbilanziell soll die Behandlung als Betriebsausgabe »rückwirkend« in dem Wirtschaftsjahr erfolgen *»für das«* der Gruppenbeitrag geleistet wurde. Das ist regelmäßig das der Gruppenbeitragsleistung vorhergehende Geschäftsjahr. S. hierzu hierzu Bericht der Facharbeitsgruppe *»Verlustverrechnung und Gruppenbesteuerung«* vom 15.09.2011, Anlage 7 Ziffer 2.4.

911 Sollten die Gruppenbeiträge tatsächlich in der vorgeschlagenen Form handelsbilanziell erfasst werden, so müssten sie allerdings in dem folgenden Jahr für steuerliche Zwecke außerbilanziell wieder hinzugerechnet werden, weil sie den steuerlichen Gewinn der Gesellschaft andernfalls zweimal mindern würden,

verfügen können, werden aber nicht »aus dem Bilanzgewinn« geleistet. Bei formaler Betrachtung liegt somit keine Beeinträchtigung der Aktionärs- bzw. Hauptversammlungsrechte vor.

Diese formale Betrachtung lässt allerdings außer Acht, dass es sich bei der vom Gruppenbeitragsmodell vorgesehenen bilanziellen Behandlung der Gruppenbeiträge als Betriebsausgaben bzw. -einnahmen um eine Fiktion handelt. Denn wie bereits herausgearbeitet wurde, handelt es sich bei den Gruppenbeiträgen um Leistungen, denen keine angemessene Gegenleistung seitens des empfangenden Gruppenmitglieds gegenübersteht, und damit um Leistungen, die nach allgemeinen steuerrechtlichen Maßstäben als einkommensneutrale Gewinnausschüttungen bzw. Einlageleistungen zu qualifizieren wären. Im Gruppenbeitragsmodell wird die betriebliche Veranlassung dieser einkommensneutralen Leistungen schlicht fingiert um die bezweckte Einkommenskonsolidierung zu ermöglichen.[912] Diese Fiktion darf nicht unbesehen in das Handelsbilanz- und nachfolgend auch in das Aktienrecht übertragen werden. Vielmehr ist für diesen Bereich nach allgemeinen gesellschaftsrechtlichen Maßstäben zu bestimmen, ob es sich bei den Gruppenbeiträgen um betrieblich veranlasste Leistungen oder Gewinnausschüttungen handelt. Und nach der gesellschaftsrechtlichen Qualifikation handelt es sich bei den Gruppenbeiträgen nicht um betrieblich veranlasste Zahlungen, sondern um die Weiterleitung bereits erwirtschafteter Gewinnen der Gruppen-AG. Denn ebenso wie das Steuerrecht, grenzt das Gesellschaftsrecht die betriebliche von der gesellschaftsrechtlichen Sphäre durch die Heranziehung des Drittvergleichsmaßstabes voneinander ab. Leistungen an Gesellschafter sowie solche, die ihnen zuzurechnen sind, sind immer dann gesellschaftsrechtlich veranlasst, wenn anzunehmen ist, dass eine ordentlich und gewissenhaft geleitete Gesellschaft diese Leistung einem Dritten nicht gewährt hätte.[913] Und da die Gruppenbeiträge – abgesehen von der Übernahme der auf den Gruppenbeitrag entfallenden Körperschaftsteuerlast – ohne Gegenleistung seitens der Emp-

---

einmal rückwirkend für das letzte und ein weiteres Mal im laufenden Geschäftsjahr.

912 S. zu dieser Fiktion als Kern der steuerrechtlichen Funktionsweise des Gruppenbeitragsmodells oben Ziffer D. I. 1. e).

913 Dies wurde bereits im Zusammenhang mit der Abgrenzung von »normalen« Auszahlungen zu (verbotenen) Gewinnausschüttungen erläutert. S. insofern die Ausführungen und Nachweise in Ziffer D. I. 2. a) (3). Zum AktG s. *Cahn/v. Spannenberg* in: *Spindler/Stilz*, AktG, § 57 Rn. 18 ff.; *Hüffer/Koch*, Aktiengesetz, § 57 Rn. 8 ff.

fängergesellschaft bleiben, halten sie dieser Prüfung nicht stand.[914] Sie sind nicht drittüblich und zählen daher zur Gewinnverwendung, die nicht in die Geschäftsführungskompetenz des Vorstandes nach §§ 76 Abs. 1, 119 Abs. 2 AktG fällt. Die Kompetenz zur Gewinnverwendung steht vielmehr der Hauptversammlung zu, soweit das Gesetz nichts anderes regelt.[915] Insofern führt das Gruppenbeitragsmodell trotz der vorgesehenen handelsbilanziellen Behandlung der Gruppenbeiträge als Betriebsausgabe zu einer Beeinträchtigung der Kompetenzen der Hauptversammlung nach §§ 119 Abs. 1 Nr. 2 und 174 Abs. 1 in Verbindung mit § 58 Abs. 3 AktG und des materiellen Gewinnbezugsrechts der Aktionäre nach § 58 Abs. 4 AktG.[916] Soweit dem Vorstand durch den Gruppenvertrag also das eigenverantwortliche Recht zur Vereinbarung und Leistung von Gruppenbeiträgen zu Lasten der Gewinnverwendungskompetenz der Hauptversammlung und des Gewinnbezugsrechts der Aktionäre zugestanden wird, hat der Gruppenvertrag einen organisationsrechtlichen Gehalt.

(2) Legitimationsfähigkeit der organisationsrechtlichen Wirkungen des Gruppenvertrages

An die Feststellung einer organisationsrechtlichen Dimension des Gruppenvertrages schließt sich die Frage nach der Legitimationsfähigkeit und Legitimation der mit dem Vertragsschluss einhergehenden Strukturänderungen an. Dass die Urheber des Gruppenbeitragsmodells die Zustimmung der Haupt- bzw. Gesellschafterversammlung der Gruppengesellschaft und des Gruppenträgers zum Abschluss des Gruppenvertrages vorgesehen haben, zeigt, dass auch sie von der Notwendigkeit einer Legitimation ausgegangen sind. Es liegt nahe, dass sie sich hinsichtlich des Legitimationsaktes an den §§ 291 bis 293 AktG orientiert haben. Danach sind Unterneh-

914 Ebenso bewerten die Autoren des IFSt-Modells die Gruppenbeiträge, *IFSt-Arbeitsgruppe*, IFSt-Schrift Nr. 471 2011, S. 48

915 Vgl. insoweit *Altmeppen* in: MüKo AktG, § 292 Rn. 61 im Zusammenhang mit den Gründen, warum der Abschluss von Teilgewinnabführungsverträgen von einem zustimmenden Beschluss der Hauptversammlung abhängt.

916 Vgl. *Veil,* Unternehmensverträge, S. 144 f., der klarstellt, dass es für das Vorliegen eines Eingriffes in die Aktionärs- bzw. Hauptversammlungsrechte keinen Unterschied macht, ob ein Vertrag den Aktionären bzw. der Hauptversammlung ihre Rechte formal entzieht oder dazu führt, dass kein Bilanzgewinn entsteht.

mensverträge – darunter auch die (Teil-) Gewinnabführungsverträge und Verträge über eine Gewinngemeinschaft, die einen Eingriff in die Gewinnverwendungshoheit der Hauptversammlung beinhalten[917] – von einem Zustimmungsbeschluss der Hauptversammlung mit qualifizierter Mehrheit von ¾ des bei der Beschlussfassung vertretenen Grundkapitals abhängig (§ 293 Abs. 1 Satz 2 AktG) und unterliegen damit den gleichen Hürden wie Satzungsänderungen nach § 179 Abs. 1 Satz 1 und Abs. 2 Satz 1 AktG. Das AktG gestattet somit, dass die organisationsrechtlichen Auswirkungen der vorgenannten Verträge, insbesondere ihre Auswirkungen auf die Finanzverfassung der AG, durch einen Hauptversammlungsbeschluss mit qualifizierter Kapitalmehrheit legitimiert werden. Dies legt den Schluss nahe, dass ein mit einer entsprechenden Mehrheit getroffener Beschluss auch den Abschluss eines Gruppenvertrages legitimieren könnte.

Dieser Schluss würde allerdings voraussetzen, dass die Wertungen der §§ 291 ff. AktG auch außerhalb ihres tatbestandlichen Anwendungsbereichs Geltung beanspruchen können, dass also Änderungen der aktienrechtlichen Organisationsstruktur durch andere als die in den §§ 291 und 292 AktG genannten Vertragstypen möglich sind, wenn nur die Voraussetzungen der §§ 293 ff. AktG eingehalten werden. Davon ist in dieser Allgemeinheit hingegen nicht auszugehen. Vielmehr handelt es sich bei den §§ 291 ff. AktG um Ausnahmeregelungen, die nur unter besonderen Voraussetzungen und unter Anordnung besonderer Rechtsfolgen Abweichungen von der gesetzlich vorgegebenen Verfassungsstruktur zulassen. Dort, wo diese Ausnahmevorschriften nicht eingreifen, gelten demgegenüber die allgemeinen Regelungen des AktG einschließlich des Grundsatzes der Gesetzesstrenge des Aktienrechts. Daher ist ein Vertrag, der keinem gesetzlich geregelten Unternehmensvertragstypus zugeordnet werden kann, aber gleichwohl indisponible Organisationsstrukturen des AktG verändert, wegen Gesetzesverstoßes nach § 134 BGB nichtig.[918] Im Schrift-

---

917 Für den Gewinnabführungsvertrag: *Veil,* Unternehmensverträge, S. 144 f.; für den Teilgewinnabführungsvertrag und die Gewinngemeinschaft *Koppensteiner* in: *Zöllner/Noack*, Köln Komm AktG, § 292 Rn. 16.

918 *Veil* führt insofern zutreffend aus, dass Unternehmensverträge als Gestaltungsinstrumente zu verstehen sind, die Änderungen der Verfassung einer Aktiengesellschaft zulassen, die wegen der Gesetzesstrenge sonst nicht möglich sind, *Veil,* Unternehmensverträge, S. 305. Daher gilt: *»Sofern ein sonstiger Vertrag in einer vergleichbaren Weise gegen die Vorschriften über die Organisation der Aktiengesellschaft verstößt, wäre der Vertrag nichtig«*, *Veil,* Unterneh-

tum hat sich hierfür der Begriff des numerus clausus der Unternehmensverträge etabliert.[919] Diese Nichtigkeitsfolge träfe auch den Gruppenvertrag, weil die allgemeinen Regelungen des AktG die Unübertragbarkeit der Gewinnverwendungskompetenz der Hauptversammlung vorsehen. Weder durch Satzungsbestimmungen, noch durch einen Hauptversammlungsbeschluss kann das Gewinnverwendungsrecht der Hauptversammlung auf ein anderes Gesellschaftsorgan übertragen werden.[920]

Freilich ist die Annahme eines numerus clausus der Unternehmensverträge im Schrifttum nicht unbestritten. Dagegen wird vorgetragen, dass eine triftige Begründung für einen solchen numerus clausus nicht ersichtlich sei; schließlich könne nicht davon ausgegangen werden, dass dem Gesetzgeber bei Einführung der §§ 291 ff. AktG alle denkbaren Vertragsgestaltungen mit organisationsrechtlichem Charakter gewahr gewesen seien.[921] Daher müsse eine analoge Anwendung der §§ 291 ff. AktG möglich sein, wenn und soweit dies aufgrund der jeweiligen Vertragsinhalte angezeigt sei.[922] Andere Stimmen halten eine Ausdehnung des Anwendungsbereiches der §§ 291 ff. AktG für grundsätzlich möglich, sehen aber in einer extensiven Auslegung der normierten Vertragstypen die äußerste Grenze dieser Anwendung.[923] Die Regelungen können danach nur auf solche Verträge angewandt werden, die sich ihrem Regelungsgehalt nach einem der Unternehmensverträge der §§ 291 und 292 AktG zuordnen lassen, wenngleich sie nicht dem Idealtypus der jeweiligen Vertragsart entsprechen. Welcher Ansicht zuzustimmen ist, kann an dieser Stelle offen bleiben, denn jedenfalls setzt eine analoge Anwendung der §§ 291 ff. AktG voraus, dass diese Vorschriften geeignet sind, die Lücken zu schließen, die an-

---

mensverträge, S. 228 (im Zusammenhang mit der Zulässigkeit einer analogen Anwendung der §§ 291 ff. AktG).

919 Vgl. *Koppensteiner* in: *Zöllner/Noack*, Köln Komm AktG, Vorb. § 291 Rn. 162; *Mülbert* in: *Hopt/Wiedemann*, Großkommentar AktG, Vorb. §§ 291 ff. Rn. 8 f.

920 *Drygala* in: *Schmidt/Lutter*, AktG, § 174 Rn. 3; *Euler/Klein* in: *Spindler/Stilz*, AktG, § 174 Rn. 7; *Hennrichs/Pöschke* in: MüKo AktG, § 174 Rn. 4.

921 *Veil,* Unternehmensverträge, S. 224 f.; wohl auch *Emmerich* in: *Emmerich/Habersack*, Konzernrecht, § 292 Rn. 7; ähnlich *Koppensteiner* in: *Zöllner/Noack*, Köln Komm AktG, Vorb. § 291 Rn. 162.

922 *Krieger* in: MHdG, Band IV, § 73 Rn. 4.

923 *Altmeppen* in: MüKo AktG, § 291 Rn. 42 f.; *Mülbert* in: *Hopt/Wiedemann*, Großkommentar AktG, Vorb. §§ 291 ff. Rn. 8.

dernfalls im gesetzlichen Regelungssystem aufträten.[924] Dem Legitimations- und Schutzcharakter der §§ 291 ff. AktG folgend, käme deren analoge Anwendung folglich nur in Betracht, wenn die organisationsrechtlichen Auswirkungen des in Rede stehenden Vertrages legitimiert und die mit diesem verbundenen Gefahren für die Gesellschaft, ihre außenstehenden Aktionäre und ihre Gläubiger kompensiert werden könnten. Diesbezüglich bestehen beim Gruppenvertrag jedoch erhebliche Zweifel:

Zwar wäre ein Zustimmungsbeschluss mit qualifizierter Kapitalmehrheit nach § 293 Abs. 1 Satz 2 AktG geeignet, die Einschränkung der Gewinnverwendungshoheit der Hauptversammlung zu legitimieren. Denn mit den §§ 291 Abs. 1, 292 Abs. 1 Nr. 1 und 2 und 293 Abs. 1 AktG hat der Gesetzgeber die Legitimationsfähigkeit eines solchen Eingriffs zum Ausdruck gebracht. Anders verhält es sich jedoch mit dem Schutz der außenstehenden Aktionäre. Ihnen droht mit dem Abschluss des Gruppenvertrages eine substantielle Gefährdung ihres Gewinnbezugsrechts nach § 58 Abs. 4 AktG. Denn indem der Gruppenvertrag den Vorstand ermächtigt, zu Lasten des Jahresergebnisses der Gruppen-AG Gruppenbeiträge an den Gruppenträger oder andere Gruppengesellschaften auszukehren und damit die Entstehung eines Bilanzgewinns zu verhindern, verlieren die außenstehenden Aktionäre ihren Einfluss auf die Gewinnverwendung. Sie drohen zudem gegenüber dem Gruppenträger entgegen §§ 53a und 60 Abs. 1 AktG benachteiligt zu werden, weil ihnen im Falle der Leistung eines Gruppenbeitrages potentielle Gewinnanteile endgültig verloren gingen, die stattdessen dem Gruppenträger zugutekämen indem sie ihm entweder direkt zufließen oder mittelbar als Gruppenbeitrag an eine andere Gruppengesellschaft, an der er zu mindestens 95 % beteiligt ist.

Derartige Einschnitte brauchen die Aktionäre jedoch nicht hinzunehmen. Im Gegenteil, aus den §§ 291 ff. AktG ergibt sich, dass die außenstehenden Aktionäre für Einschränkungen ihres Dividendenbezugsrechts stets eine angemessene Kompensation erhalten müssen. Bei der Gewinngemeinschaft und dem Teilgewinnabführungsvertrag nach § 292 Abs. 1 Nr. 1 und 2 AktG wird die notwendige Kompensation dadurch gewährleistet, dass diese Verträge eine angemessene Gegenleistung des anderen Ver-

924 Die Analogie setzt nicht nur voraus, dass eine Gesetzeslücke für einen Fall besteht, der dem geregelten Fall bei wertender Betrachtung hinreichend ähnlich ist. Sie setzt auch voraus, dass sich die vom Gesetzgeber getroffenen Regelungen auf den ähnlichen Fall übertragen bzw. anwenden lassen, vgl. *Pawlowski,* Methodenlehre für Juristen, S. 216 sowie *Larenz/Canaris,* Methodenlehre der Rechtswissenschaft, S. 202.

tragsteils vorsehen müssen, welche die Minderung des Gewinnanspruchs der Aktionäre ausgleicht.[925] Bei dem Gewinnabführungsvertrag ist die Kompensation durch die Ausgleichs- und Abfindungsansprüche nach §§ 304 f. AktG gewährleistet.[926] Wollte man die §§ 291 ff. AktG also zur Legitimation des Gruppenvertrages heranziehen, müsste man entweder eine Pflicht des empfangenden Gruppenmitglieds zur Leistung einer adäquaten Gegenleistung für den Gruppenbeitrag fordern oder eine Ausgleichsleistung nach dem Vorbild des § 304 AktG. Beides verbietet sich jedoch angesichts der steuerlichen Zielsetzung des Gruppenbeitragsmodells:

Eine angemessene Gegenleistung des empfangenden Gruppenmitglieds im Gruppenbeitragsmodell muss zwingend ausbleiben, damit der Gruppenbeitrag seiner steuerlichen Zielsetzung gerecht werden kann. Denn da der Gruppenbeitrag steuerlich als Betriebseinnahme bzw. Betriebsausgabe anerkannt wird, müsste konsequenterweise auch eine etwaige Gegenleistung beim Empfänger als Betriebseinnahme und beim Leistenden als Betriebsausgabe qualifiziert werden. Die so behandelte Gegenleistung würde die steuerliche Wirkung der Beitragsleistung aber neutralisieren und die beabsichtigte Konsolidierung des steuerpflichtigen Einkommens vereiteln.[927] Wollte man eine Gegenleistung fordern und dennoch die bezweckte steuerliche Konsolidierung erzielen, dann müsste die Gegenleistung – anders als die Beitragsleistung selbst – steuerlich »ausgeblendet« werden. Die steuerliche Behandlung der tatsächlichen Leistungsflüsse wäre folg-

---

925 Der Vertrag über die Gewinngemeinschaft muss einen angemessenen Schlüssel zur Verteilung des vergemeinschafteten Gewinns vorsehen, *Emmerich* in: *Emmerich/Habersack*, Konzernrecht, § 292 Rn. 18; *Hüffer/Koch,* Aktiengesetz, § 292 Rn. 10; *Mülbert* in: *Hopt/Wiedemann*, Großkommentar AktG, § 292 Rn. 74; *Veil* in: *Spindler/Stilz*, AktG, § 292 Rn. 11. Der Teilgewinnabführungsvertrag muss eine angemessene Gegenleistung des anderen Vertragsteils vorsehen, *Emmerich* in: *Emmerich/Habersack*, Konzernrecht, § 292 Rn. 27; *Mülbert* in: *Hopt/Wiedemann*, Großkommentar AktG, § 292 Rn. 91; *Veil* in: *Spindler/Stilz*, AktG, § 292 Rn. 18 ff. Fehlt die angemessene Gegenleistung ist der Vertrag nach § 134 BGB nichtig, *Raiser/Veil,* Recht der Kapitalgesellschaften, § 64 Rn. 12.

926 *Hasselbach/Hirte* in: *Hopt/Wiedemann*, Großkommentar AktG, § 304 Rn. 22; *Stephan* in: *Schmidt/Lutter*, AktG, § 304 Rn. 8 ff.

927 Eine Gegenleistungsanspruch des leistenden gegen das empfangende Gruppenmitglied würde – unabhängig von der tatsächlichen Erbringung der Gegenleistung – den handelsbilanziellen Gewinn des leistenden Gruppenmitglieds erhöhen und damit die Gewinnminderung durch den geleisteten Gruppenbeitrag neutralisieren.

lich asymmetrisch, ohne dass ein Grund für die ungleiche Behandlung auszumachen wäre. Das Gruppenbeitragsmodell liefe in diesem Fall folglich auf eine steuerliche Fiktion hinaus, die eine Betriebsausgabe des leistenden Gruppenmitglieds und eine gleich hohe Betriebseinnahme beim empfangenden Gruppenmitglied anerkennt, obgleich die tatsächliche (wirtschaftliche) Leistungsbilanz der Gruppenmitglieder ausgeglichen ist. Solch eine Fiktion aber widerspricht dem ausdrücklichen Ziel der Autoren des Gruppenbeitragsmodells, die steuerliche Anerkennung eines Gewinn- oder Verlusttransfers von einem tatsächlichen Leistungstransfer abhängig zu machen und das Gruppenbeitragssystem würde sein Ziel verfehlen, ein System zu etablieren, dass *»die Grundsätze der Besteuerung nach der wirtschaftlichen Leistungsfähigkeit wahrt«.*[928] Insofern scheidet eine adäquate Gegenleistung als Kompensation für die Einschnitte in die Rechte der außenstehenden Gesellschafter aus.

Aber auch eine Kompensation des Rechtsverlusts der außenstehenden Gesellschafter durch eine Ausgleichsleistung nach den §§ 304 f. AktG analog ist schwerlich möglich. Denn § 304 AktG ist auf eine stetige Gewinnabführung zugeschnitten, wie § 304 Abs. 2 Satz 1 AktG verdeutlicht, der die *»jährliche Zahlung«* eines Ausgleichs fordert. Im Gruppenbeitragsmodell werden Gruppenbeiträge jedoch nicht zwingend in jedem Jahr geleistet. Stattdessen legen die die Beteiligten jedes Jahr individuell fest, ob eine Beitragsleistung erfolgt, wobei sie die Leistungen zwanglos ein oder mehrere Jahre aussetzen können. Zudem ist die Ausgleichsregelung des § 304 AktG auf eine vollständige Gewinnabführung ausgerichtet. So sieht § 304 Abs. 2 Satz 1 AktG vor, dass sich die Ausgleisleistung an dem Betrag ausrichten soll, der

> »nach der bisherigen Ertragslage der Gesellschaft und ihren künftigen Ertragsaussichten [...] voraussichtlich als durchschnittlicher Gewinnanteil auf die einzelne Aktie verteilt werden könnte«.[929]

Der Ausgleich umfasst somit den vollständigen Gewinnanteil des außenstehenden Aktionärs, was ebenfalls nicht zum Gruppenbeitragsmodell

---

928 S. hierzu Bericht der Facharbeitsgruppe *»Verlustverrechnung und Gruppenbesteuerung«* vom 15.09.2011, Anlage 7 Ziffer 1 a. E. sowie *Brusch*, DB 2011, Standpunkte 45-46 [45].

929 Alternativ kommt – in bestimmten Konstellationen – die Gewährung eines sog. variablen Ausgleichs nach § 304 Abs. 2 Satz 2 AktG in Betracht. Auch dieser Ausgleich passt hier jedoch nicht, weil auch der dann als Bezugsgröße dienende Gewinn des anderen Vertragsteils durch Gruppenbeitragsleistungen »von oben nach unten« geschmälert sein kann.

passt, wo Gruppenbeiträge weder den vollständigen Handelsbilanzgewinn, noch einen gleichbleibenden Anteil an diesem umfassen müssen, sondern jährlich variabel festgelegt werden können. Eine Ausgleichsregelung für das Gruppenbeitragsmodell dürfte somit keinen festen, *»jährlich«* zahlbaren Ausgleich vorsehen, sondern einen variablen, der nur dann und nur in der Höhe gezahlt wird, wie die jeweilige Gesellschaft tatsächlich einen Gruppenbeitrag leistet. Die Ausgleichsregelung wäre daher insgesamt viel enger an der tatsächlichen Entwicklung der Geschehnisse ausgerichtet, als es die generell-prognostische Ausgleichsregelung des § 304 AktG ist, und müsste eine konkrete Ausgleichsberechnung vorsehen, die exakt den Gewinnanteil umfasst, den der Aktionär für das betreffende Geschäftsjahr erhalten würde, würde das Gesellschaftsergebnis nicht durch den Gruppenbeitrag gemindert. Zudem müssten die steuerlichen Folgen der Gruppenbeitragsleistung, namentlich die Befreiung der leistenden Gruppen-AG von der auf den Gruppenbeitrag andernfalls anfallenden Steuerlast,[930] bei der Berechnung der Ausgleichsleistung Berücksichtigung finden. All das vermag § 304 AktG nicht abzubilden, der überdies keine Lösung für den Fall anbietet, dass die Gruppen-AG nicht nur Gruppenbeiträge leisten, sondern in umgekehrter Richtung auch Gruppenbeiträge unmittelbar oder mittelbar über andere Gruppengesellschaften vom Gruppenträger erhalten kann. Für diesen Fall müsste – quasi als Gegenstück zu der Ausgleichsleistung der außenstehenden Aktionäre im Falle der Erbringung von Gruppenbeiträgen durch die Gruppen-AG – dafür Sorge getragen werden, dass Gruppenbeiträge, welche die Gruppen-AG empfängt, nicht an die außenstehenden Aktionäre ausgeschüttet werden. Die Außenseiter müssten von einer Verteilung des Bilanzgewinns also insoweit ausgeschlossen werden, als dieser auf Gruppenbeiträge anderer Gruppenmitglieder zurückgeht. Sonst würden sie auf Kosten des Gruppenträgers in ungerechtfertigter Weise bevorteilt.[931] Es zeigt sich somit, dass die notwendige

930 S. zu den Auswirkungen der steuerlichen Anerkennung der Gruppenbeiträge als Betriebseinnahmen bzw. -ausgaben oben Ziffer D. I. 1. e) sowie unten Ziffer D. III. 1. b) (3).

931 Da die Leistung von Gruppenbeiträgen aus steuerlicher Sicht nur zu der bezweckten Konsolidierungswirkung führt, wenn die empfangende Gesellschaft verlustträchtig ist bzw. im abgeschlossenen Wirtschaftsjahr war (steuerbilanziell wirkt die Beitragsleistung für das vorausgegangene Wirtschaftsjahr), wird in dem jeweiligen Geschäftsjahr bei der Empfängergesellschaft unter Umständen kein Gewinn anfallen. Sollte kein Gewinn anfallen, müssten die empfangenden Gruppenbeiträge dennoch dokumentiert werden, damit sie bei künfti-

Kompensation der außenstehenden Aktionäre nicht durch eine analoge Anwendung von § 304 AktG auf den Gruppenvertrag gewährleistet werden kann.[932]

Die genannten Aspekte veranschaulichen, dass die durch den Gruppenvertrag eintretenden Strukturänderungen und Vermögensfolgen sich nicht in das Gefüge der §§ 291 ff. AktG einfügen und durch eine (partielle) Analogie zu diesen Regelungen weder kompensiert noch legitimiert werden können. Insofern scheidet eine Analogie zu diesen Vorschriften aus und ein Gruppenvertrag wäre – auch wenn er mit der qualifizierten Zustimmung der Hauptversammlung der Gruppen-AG getroffen würde – wegen des Verstoßes gegen zwingendes Aktienrecht nichtig.[933]

(3) Notwendigkeit und Inhalt einer gesetzlichen Regelung

Soll der Gruppenvertrag dennoch wirksam mit einer Gruppen-AG abgeschlossen werden können, müsste der Gesetzgeber die Zulässigkeit des Gruppenvertrages positiv im AktG regeln und die Bedingungen für seinen wirksamen Abschluss festlegen.

---

gen Gewinnsituationen vorrangig zu Gunsten des an ihnen ausschließlich berechtigten Gruppenträgers berücksichtigt werden.

932 Eine Abfindung i. S. v. § 305 AktG, die den außenstehenden Aktionären das Risiko abnehmen soll nach der Beendigung des Beherrschungs- oder Gewinnabführungsvertrages ein weitgehend entwertetes und um seine Vermögensreserven erleichtertes Unternehmens zurückzuerhalten, sieht das Gruppenbeitragsmodell nicht vor. Eine analoge Anwendung des § 305 AktG wäre zwar möglich. Sie könnte das Fehlen einer passenden Ausgleichsregelung jedoch nicht kompensieren, weil ein Abfindungsanspruch ohne Ausgleichsanspruch den außenstehenden Aktionären nur die Wahl zwischen einem kompensationslosen Eingriff in ihre Gewinnrechte oder dem Ausscheiden aus der Gesellschaft ließe. Sie käme daher einem Zwangsausschluss gleich, Vgl. insofern *Koppensteiner* in: *Zöllner/Noack*, Köln Komm AktG, § 304 Rn. 6. Ein Zwangsausschluss kann jedoch nur im Wege der Mehrheitseingliederung oder des sog. squeeze out verwirklicht werden (s. zur Mehrheitseingliederung § 320 und zum Ausschluss von Minderheitsaktionären § 327a AktG).

933 Zu dem gleichen Ergebnis kommen *Veil* und *Altmeppen* für den Fall eines Teilgewinnabführungsvertrages, der keine Gegenleistung vorsieht, den Vorstand also ermächtigt einen Teil der Gewinne (an Dritte) zu verschenken, *Altmeppen* in: MüKo AktG, § 292 Rn. 75 ff.; *Veil,* Unternehmensverträge, S. 154; *ders.* in: *Spindler/Stilz*, AktG, § 292 Rn. 19 f.

Dem Wertungsmodell der §§ 291 Abs. 1, 292 Abs. 1 Nr. 1 und 2, 293 Abs. 1 und 294 AktG folgend, müsste Teil dieser Bedingungen sein, dass die Hauptversammlung der Gruppen-AG mit qualifizierter Kapitalmehrheit ihre Zustimmung zum Abschluss des Gruppenvertrages erteilt und dass der Vertrag zu seiner Wirksamkeit in das Handelsregister eingetragen werden muss. Der Hauptversammlungsbeschluss ist dabei nicht deswegen entbehrlich, weil der Gruppenträger ohnehin über die zu seinem Abschluss notwendige Kapital- und Stimmenmehrheit verfügt. Auch in anderen Zusammenhängen, namentlich bei der Eingliederung durch Mehrheitsbeschluss nach § 320 AktG oder dem Ausschluss von Minderheitsaktionären nach § 327a AktG, existieren Beschlusserfordernisse, obwohl der an der Beschlussfassung interessierte Mehrheitsaktionär in aller Regel[934] über die notwendige Stimmenmehrheit verfügt, um die Beschlüsse gegen den Willen der außenstehenden Aktionäre durchzusetzen. Das Beschlussprozedere ist in diesen Fällen dennoch sachlich gerechtfertigt, weil es im Zusammenspiel mit den Informationspflichten bei der Vorbereitung der Hauptversammlung gem. §§ 320 Abs. 2, 327c AktG eine angemessene Information der außenstehenden Aktionäre gewährleistet, ein Forum zur Aussprache zwischen den Akteuren bietet und Anknüpfungspunkt für eine Rechtmäßigkeitskontrolle des Beschlusses im Klageweg ist. Zudem gibt die Eintragung in das Handelsregister allen Verkehrskreisen Rechtssicherheit hinsichtlich der Wirksamkeit der Maßnahme.[935] Rechtssystematisch ist der Beschluss erforderlich, um die mit dem Vertrag verbundenen Änderungen der Verfassung der Gesellschaft zu legitimieren, wozu nach der Kompetenzordnung des Aktienrechts nur die Hauptversammlung befugt ist.[936]

Aus der Wertung des § 304 AktG folgt zudem, dass die außenstehenden Aktionäre einen Ausgleichsanspruch für die drohende Schmälerung ihrer Gewinnansprüche durch die Gruppenbeitragsleistungen erhalten müssten. Zu dem notwendigen Inhalt der Regelung, dem Bezugspunkt der Aus-

934 Anders als im Gruppenbeitragsmodell, wo der Gruppenträger über 95 % des Kapitals und der Stimmrechte verfügen muss (s. oben Ziffer C. III. 2.), ist bei der Mehrheitseingliederung und beim Squeeze-out eine 95 prozentige Kapitalmehrheit gefordert. Die Stimmrechte, können aufgrund von stimmrechtslosen Vorzugsaktien oder Mehrstimmrechten anders verteilt sein, *Grunewald* in: MüKo AktG, § 320 Rn. 8.

935 Vgl. zum Squeeze-out *Grunewald* in: MüKo AktG, § 327a Rn. 13.

936 Vgl. im Zusammenhang mit der Eingliederung *Habersack* in: *Emmerich/Habersack*, Konzernrecht, § 319 Rn. 10; *Koppensteiner* in: *Zöllner/Noack*, Köln Komm AktG, § 319 Rn. 2.

gleichsleistung und ihrer notwendigen Höhe wurde bereits Stellung genommen.[937] Danach müssen Anfall und Höhe der Ausgleichsleistung davon abhängen, ob und in welcher Höhe ein Gruppenbeitrag geleistet oder empfangen wurde. Ob die Ausgleichsregelung von einem Abfindungsanspruch der Minderheitsaktionäre flankiert werden muss, wie ihn § 305 AktG beim Abschluss eines Beherrschungs- oder Gewinnabführungsvertrages vorsieht, erscheint hingegen zweifelhaft. Denn anders als jene Unternehmensverträge begründet der Gruppenvertrag keine allgemeinen oder bilanzpolitischen Weisungsrechte des Gruppenträgers, die aber als wesentliche Gründe für die Notwendigkeit eines Austritts- und Abfindungsanspruches in den von § 305 AktG geregelten Fällen angesehen werden.[938]

Fraglich ist, inwieweit der Vertrag Mechanismen zum Schutz des Vermögens der Gesellschaft und ihrer Gläubiger enthalten muss. Insofern sieht das AktG für die Beherrschungs- und Gewinnabführungsverträge, die einen weitgehenden Zugriff des anderen Vertragsteils auf den Gewinn und das Vermögen der Gesellschaft ermöglichen, die vollständige und unbegrenzte Pflicht zum Verlustausgleich nach § 302 Abs. 1 AktG vor.[939] Die hinter § 302 Abs. 1 AktG stehende Wertung spricht jedoch nicht für die Erforderlichkeit einer globalen Verlustausgleichspflicht beim Abschluss eines Gruppenvertrages: Für Beherrschungsverträge ergibt sich die Pflicht zur Verlustübernahme daraus, dass die durch § 308 AktG abgesicherten Einflussmöglichkeiten des herrschenden Unternehmens bei gleichzeitiger Aufhebung der Kapitalerhaltungsschranken gem. § 291 Abs. 3 AktG dem anderen Vertragsteil einen weitgehenden Einfluss auf das Vermögen der Gesellschaft ermöglichen.[940] Vergleichbare Weisungsrechte oder Einflussnahmemöglichkeiten sind mit dem Gruppenvertrag jedoch nicht verbunden; auch nach seinem Abschluss verbleibt es bei der bloß faktischen Herrschaft des Gruppenträgers. Und auch das Konzernpri-

---

937 S. vorstehende Ziffer D. III. 1. b) (2).

938 BGH, Beschluss vom 20.05.1997 – II ZB 9/96, NJW 1997, 2242 [2243]; *Hasselbach/Hirte* in: *Hopt/Wiedemann*, Großkommentar AktG, § 305 Rn. 2.

939 § 302 Abs. 2 AktG regelt eine partielle Verlustausgleichspflicht, wenn die notwendige Gegenleistung eines Betriebspacht- oder Betriebsüberlassungsvertrages die angemessene Höhe nicht erreicht. Die Regelung passt jedoch schon deswegen wertungsmäßig nicht zum Gruppenvertrag, weil dieser kein entgeltlicher Austauschvertrag ist. Auf sie ist somit nicht weiter einzugehehen.

940 Ähnlich, jedoch die Herrschaftsrechte betonend *Koppensteiner* in: *Zöllner/Noack*, Köln Komm AktG, § 302 Rn. 6; die Aufhebung des Kapitalschutzes betonend hingegen *Emmerich* in: *Emmerich/Habersack*, Konzernrecht, § 302 Rn. 3; *Hirte* in: *Hopt/Wiedemann*, Großkommentar AktG, § 302 Rn. 4.

vileg des § 291 Abs. 3 AktG gilt in der steuerlichen Gruppe nicht. Im Falle (isolierter) Gewinnabführungsverträge wird die Verlustausgleichspflicht des anderen Vertragsteils maßgeblich mit dem Umstand begründet, dass die zur Gewinnabführung verpflichtete Gesellschaft durch die vollständige Gewinnabführung die Möglichkeit verliert, ihre Eigenfinanzierung durch die Thesaurierung von Gewinnen sicherzustellen.[941] Auch dieser Wertungsgesichtspunkt verfängt beim Gruppenvertrag nicht, weil dieser die Fähigkeit und Befugnis der Gesellschaft zur Rücklagenbildung und zum Gewinnvortrag formal nicht beeinträchtigt. Die Leistung eines Gruppenbeitrages bleibt stets von einer dahingehenden Einigung der Beteiligten unter Mitwirkung des Vorstandes der Gruppengesellschaft abhängig, sodass diese weiterhin darüber disponieren kann, ob sie Gruppenbeiträge zu Lasten des Jahresüberschusses leistet oder die Beträge (teilweise) zum Zwecke einer Thesaurierung einbehält. Die Rechtslage unterscheidet sich somit grundlegend von derjenigen beim Gewinnabführungsvertrag, wo der Verwaltung wegen der Abführung des ganzen Gewinns[942] jegliche Möglichkeit zur Rücklagenbildung entzogen ist.[943]

Gleichwohl stellt sich die Frage, welchen Wert die formal bestehende Entscheidungsfreiheit des Vorstandes der Gruppengesellschaft angesichts der faktischen Herrschaft des mit 95 % an Kapital und Stimmrechten der Gruppen-AG beteiligten Gruppenträgers hat. Die mit dieser Mehrheit verbundenen Einflussnahmemöglichkeiten[944] begründen die Gefahr einer durch seine Eigeninteressen geleiteten Einflussnahme des Gruppenträgers

---

941 *Kleindiek,* Strukturvielfalt im Personengesellschafts-Konzern, S. 144 f.; *Veil,* Unternehmensverträge, S. 148 f; ähnlich *Koppensteiner* in: *Zöllner/Noack*, Köln Komm AktG, § 302 Rn. 5.

942 Möglich bleibt allerdings eine vertragliche Regelung, die der zur Gewinnabführung verpflichteten Gesellschaft die Bildung von Gewinnrücklagen erlaubt. Dies folgt aus § 301 Satz 2 AktG. S. auch *Altmeppen* in: MüKo AktG, § 301 Rn. 30; *Emmerich* in: *Emmerich/Habersack*, Konzernrecht, § 301 Rn. 14.

943 Ein weiterer Unterschied ergibt sich daraus, dass die Gewinnabführung beim Gewinnabführungsvertrag bereits in den Jahresabschluss für das Geschäftsjahr einfließt, in welchem der Gewinn erwirtschaftet wurde. Die zur Gewinnabführung verpflichtete Gesellschaft weist also a priori keinen Jahresüberschuss aus. Beim Gruppenbeitragsmodell wäre das anders, wenn – wie von den Autoren des Modells vorgesehen – die handelsbilanzielle Erfassung als Betriebsausgabe in dem Geschäftsjahr erfolgt, in dem der Gruppenbeitrag geleistet wird. Dann nämlich wirkt sich der Gruppenbeitrag erst auf den Jahresabschluss für das laufende Geschäftsjahr aus. Die Einschränkungen der Gewinnverwendungsmöglichkeiten wirken somit in gewisser Weise »nachgelagert«.

944 S. dazu oben Ziffer D. I. 2. b) (2) (a).

auf die Entscheidung des Vorstandes über die Leistung von Gruppenbeiträgen. Diese (faktische) Einflussnahmemöglichkeit wäre grundsätzlich mit Blick auf das Schutzsystem der §§ 311 ff. AktG hinnehmbar, welches nachteilige Maßnahmen entsprechend reglementiert bzw. sanktioniert. Die Leistung von Gruppenbeiträgen kann allerdings nicht durch die §§ 311 ff. AktG reglementiert und sanktioniert werden, ohne dass zugleich die Erreichung der steuerlichen Zielsetzung des Gruppenbeitragsmodells gefährdet würde. Denn die Leistung eines Gruppenbeitrages ist wegen der damit verbundenen Hingabe von Vermögenswerten ohne angemessene Gegenleistung stets nachteilig i. S. v. § 311 Abs. 1 AktG,[945] mit der Folge, dass der Gruppenträger der leistenden Gruppen-AG gem. § 311 Abs. 2 AktG bis zum Ende des Geschäftsjahres ein vollständigen Nachteilsausgleich gewähren bzw. rechtsverbindlich zusagen müsste.[946] Diese Ausgleichsleistung, die dem Gruppenbeitrag »entgegenfließt«, würde die Beitragsleistung neutralisieren und die Leistungsbilanz zwischen den Beteiligten nivellieren. Sie würde somit verhindern, dass es zu der vom Gruppenbeitragsmodell beabsichtigten Ergebniskonsolidierung kommt.[947] Das Einzelausgleichssystem der §§ 311 ff. AktG erweist sich somit als inkompatibel mit der steuerlichen Zielsetzung des Gruppenbeitragsmodells und das Gesetz müsste die Gruppenbeitragsleistungen von einer Ausgleichspflicht freistellen.

Wenn eine etwaige Veranlassung der Gruppen-AG zur Leistung von Gruppenbeiträgen jedoch nicht dem Einzelausgleichssystem der §§ 311 ff. AktG unterliegt, so droht ein ungebremster Zugriff des Gruppenträgers auf die Gewinne der Gruppengesellschaft, der erneut die Frage nach der Notwendigkeit einer Verlustausgleichspflicht nach dem Vorbild des § 302 Abs. 1 AktG aufwirft, die hier – ähnlich wie beim isolierten Gewinnabführungsvertrag – die Unfähigkeit zur eigenverantwortlichen Selbstfinanzierung kompensieren könnte. Allerdings ist auch der Globalausgleich nach

---

945 S. dazu nachfolgende Ziffer D. III. 1. e).

946 S. zur Rechtslage nach den §§ 311 ff. AktG bereits oben Ziffer D. I. 2. b) (2) (d).

947 Hier gilt erneut, was bereits im Zusammenhang mit der fehlenden Gegenleistung der Empfängergesellschaften ausgeführt wurde (s. Ziffer D. III. 1. b) (2) oben): Weil das Gruppenbeitragsmodell nicht auf eine steuerliche Fiktion hinauslaufen, sondern auf einem tatsächlichen Leistungsfähigkeitstransfer beruhen soll, müsste die Ausgleichsleistung in gleicher Weise wie der Gruppenbeitrag steuerlich anerkannt werden. Das aber würde die beabsichtigte Konsolidierungswirkung und damit die Zweckverwirklichung der Gruppenbesteuerung vereiteln (s. hierzu bereits vorstehend in dieser Ziffer).

§ 302 Abs. 1 AktG mit den steuerlichen Zielsetzungen des Gruppenbeitragssystems nur bedingt kompatibel, wie folgende Überlegung zeigt: Wird die Verlustausgleichsleistung des Gruppenträgers steuerlich als Einlage behandelt, wie dies bei Verlustausgleichsleistungen nach § 302 AktG grundsätzlich der Fall ist,[948] so müsste der Gruppenträger im Falle eines handels- und steuerbilanziellen Verlustes der Gruppen-AG sowohl eine (steuerlich neutrale) Verlustausgleichsleistung nach § 302 Abs. 1 AktG leisten als auch einen (steuerwirksamen) Gruppenbeitrag, wenn er den steuerbilanziellen Verlust der Gruppengesellschaft zur Verrechnung mit eigenen Gewinnen »hochschleusen« möchte. Es erscheint zweifelhaft, dass der Gruppenträger zu diesem »doppelten« Verlustausgleich nachhaltig im Stande ist. Sinnvoller wäre es demgegenüber, die Verlustausgleichsleistung wie einen Gruppenbeitrag »von oben nach unten« zu behandeln und steuerlich als Betriebsausgabe bzw. -einnahme anzuerkennen,[949] was auch im Einklang mit der Intention des Gruppenbeitragsmodells stünde, einen tatsächlichen Leistungsfähigkeitstransfer auch steuerlich nachzuvollziehen. Dann aber würde § 302 AktG de facto eine Pflicht des Gruppenträgers begründen, Gruppenbeiträge an die Gruppengesellschaften zu leisten, sobald und soweit diese defizitär[950] sind. Der steuerliche Verlusttransfer »von unten nach oben« wäre mithin obligatorisch und nur der Verlusttransfer »von oben nach unten« durch Leistung von Gruppenbeiträgen seitens der Gruppengesellschaften stünde weiterhin im Ermessen der Beteiligten. Wegen der zwingenden Verlustausgleichspflicht des Gruppenträgers wäre auch ein »horizontaler« Verlusttransfer nicht mehr möglich, weil Verluste einer Gruppengesellschaft bereits vorrangig

948 Verlustausgleichsleistungen aufgrund von § 302 AktG werden zwar handelsrechtlich ergebniswirksam, steuerrechtlich aber als Einlagen behandelt, *Knepper*, DStR 1993, 1613 [1614]; *Kozikowski/Schubert* in: Beck'scher Bilanz-Kommentar, § 249 Rn. 100 (Stichwort *»Verlustausgleichsverpflichtung«*).

949 Auch bei der Organschaft wird die Ausgleichsleistung insofern wie eine »Betriebsausgabe« behandelt, als dem Organträger die Verluste, die mit der Ausgleichsleistung ausgeglichen werden, nach § 14 Abs. 1 Satz 1 KStG als eigene zugerechnet werden. Nur soweit die Ausgleichsleistung die zugerechneten Verluste übersteigt, erfolgt eine steuerliche Erfassung als Einlage, s. o. Ziffer C. I. 2.

950 Genauer: soweit bei diesen ein Jahresfehlbetrag entsteht, der weder durch die Auflösung von während der Vertragslaufzeit gebildeten anderen Gewinnrücklagen oder durch die Verrechnung mit Gewinnvorträgen ausgeglichen werden kann, *Koppensteiner* in: *Zöllner/Noack*, Köln Komm AktG, § 302 Rn. 21 ff.

vom Gruppenträger ausgeglichen werden müssten. Die gewünschte Flexibilität des Systems würde mithin radikal beschnitten.[951]

Soll die volle Flexibilität des Systems erhalten bleiben, müsste der Gesetzgeber den Gläubigerschutz folglich auf andere Weise sicherstellen. Die aktienrechtlichen Regelungen zum Gruppenvertrag müssten insbesondere gewährleisten, dass sowohl die Gruppenbeiträge als auch die erforderlichen Ausgleichsleistungen[952] die Grenzen der materiellen Kapitalerhaltung nach § 57 Abs. 1 AktG einhalten. Der Gesetzgeber müsste mithin anordnen, dass weder Gruppenbeiträge noch Ausgleichszahlungen zulasten des Grundkapitals und der gebundenen Rücklagen nach § 150 AktG (gesetzliche und gebundene Kapitalrücklagen) geleistet werden dürfen.[953]

Hinsichtlich der Integrität der gesetzlichen Rücklage ist insofern zu berücksichtigen, dass die Gruppenbeiträge handelsbilanziell als Betriebsausgaben behandelt werden und daher den Jahresüberschuss des Jahres mindern sollen, in dem sie geleistet werden. Sie mindern damit die Ausgangsgröße für die Berechnung der zu dotierenden Rücklage nach § 150 Abs. 2 AktG und gehen folglich stets zu Lasten der gesetzlichen Rücklage, wenn diese nicht bereits vollständig dotiert ist. Ein negativer Einfluss der Beitragsleistung auf die Rücklagenbildung kann somit nur ausgeschlossen werden, wenn entweder die Beitragsleistungen der »Bemessungsgrundlage« für die Rücklagenbildung nach § 150 Abs. 2 AktG wieder hinzugerechnet werden oder wenn die Möglichkeit von Gruppenbeitragsleistungen solchen Gruppenmitgliedern vorbehalten bleibt, deren gesetzliche Rückla-

951 Hinzu kommt, dass die Übernahme der Verlustausgleichspflicht zwar ohne Frage geeignet wäre, die Gläubigerinteressen zu befriedigen, aus Sicht des Gruppenträgers allerdings als zu hoher Preis für die Möglichkeit zur Implementierung einer Gruppenbesteuerung erscheint. Dabei ist zu berücksichtigen, dass der Gruppenträger hier – anders als beim (isolierten) Gewinnabführungsvertrag – nicht zwingend in den Genuss der ganzen Gewinne der Gruppengesellschaften kommt, weil der Gruppenvertrag eben keine Gewinnabführungspflicht der Gruppengesellschaften begründet.

952 Anders als bei § 304 AktG, wo allgemein anerkannt ist, dass der andere Vertragsteil Schuldner der Ausgleichszahlung ist (statt vieler und m. w. N. *Emmerich* in: *Emmerich/Habersack*, Konzernrecht, § 304 Rn. 23), sieht das Gruppenbeitragsmodell vor, dass die Ausgleichsleistung von der Gesellschaft erbracht wird, die den Gruppenbeitrag leistet, s. Bericht der Facharbeitsgruppe *»Verlustverrechnung und Gruppenbesteuerung«* vom 15.09.2011, Anlage 7 Ziffer 2.4.

953 S. zum Umfang der materiellen Kapitalerhaltung im AktG *Bezzenberger,* Das Kapital der Aktiengesellschaft, S. 16 ff.

ge die gesetzliche (oder höhere satzungsgemäße) Obergrenze bereits erreicht hat.

Weiterhin zu klären wäre, wie sich die Gruppenbeiträge zu den Regelungen in § 150 Abs. 3 und 4 AktG verhalten.[954] Hier ergäbe sich ein Widerspruch, wenn durch die Leistung eines Gruppenbeitrages, also de facto durch eine Gewinnausschüttung,[955] ein Jahresfehlbetrag entstehen könnte, der sodann durch eine Auflösung von Kapitalrücklagen nach § 272 Abs. 2 Nr. 1 bis 3 HGB kompensiert werden kann. Denn damit würde eine Ausschüttung der gebundenen Kapitalrücklagen ermöglicht, die vom Gesetz nicht vorgesehen ist. Um dies zu vermeiden, müsste eine Gruppenbeitragsleistung ausgeschlossen sein, soweit sie zur Entstehung oder Erhöhung eines handelsbilanziellen Jahresfehlbetrages führt.[956] Problematisch daran ist, dass bei der Vereinbarung und Leistung des Gruppenbeitrages noch nicht absehbar ist, wie das Ergebnis des laufenden Geschäftsjahres ausfallen wird.[957] Insofern kann die kausale Verursachung eines Jahresfehlbetrages durch einen Gruppenbeitrag nur sicher ausgeschlossen werden, wenn der Gruppenbeitrag (i) zeitlich nach dem Gewinnverwendungsbeschluss der Hauptversammlung vereinbart wird und (ii) die Hauptversammlung in ihrem Gewinnverwendungsbeschluss Gewinne vorträgt, welche die Beitragsleistung vollständig decken. Der Gruppenbeitrag darf

---

954 § 150 Abs. 3 und 4 AktG führen die zulässigen Verwendungsmöglichkeiten der gebundenen Kapitalrücklagen enumerativ auf. Eine Ausschüttung an die Aktionäre ist dabei ausgeschlossen, *Hennrichs/Pöschke* in: MüKo AktG, § 150 Rn. 24 ff.

955 S. zur Qualifikation des Gruppenbeitrags als Gewinnausschüttung bereits oben Ziffer D. I. 1. e) und D. III. 1. b) (1).

956 Die Entstehung eines handelsbilanziellen Jahresfehlbetrages durch die Gruppenbeitragsleistung ist nicht bereits dadurch ausgeschlossen, dass im Gruppenbeitragsmodell eine Begrenzung der Beitragsleistungen auf die Höhe des zu versteuernden Einkommens für das jeweilige Wirtschaftsjahr vorgesehen ist (s. dazu oben Ziffer C. III. 3.). Denn während sich diese Grenze wegen der »steuerlichen Rückwirkung« der Beitragsleistung auf das zu versteuernde Einkommen des abgelaufenen Wirtschaftsjahres bezieht, wirkt sich der Gruppenbeitrag handelsbilanziell in dem Geschäftsjahr aus, in dem er geleistet wird. Das Vorliegen eines steuerlichen Gewinns in Höhe des Beitrags im letzten Wirtschaftsjahr vermag somit nicht auszuschließen, dass die Beitragsleistung handelsbilanziell zu einem Verlust führt.

957 Zur Erinnerung: Der Gruppenbeitrag soll handelsbilanziell – anders als steuerbilanziell – nicht für das abgeschlossene, sondern für das laufende Geschäftsjahr als Betriebsausgabe behandelt werden, s. Bericht der Facharbeitsgruppe *»Verlustverrechnung und Gruppenbesteuerung«* vom 15.09.2011, Anlage 7, Ziffer 2.4.

also einen bestehenden Gewinnvortrag nicht übersteigen. Verbleibt am Ende des laufenden Geschäftsjahres dann ein Jahresfehlbetrag, so wird dieser gem. § 150 Abs. 3 und 4 AktG durch die vorgetragenen Gewinne vorrangig vor den gebundenen Rücklagen ausgeglichen. Ein nach diesem Ausgleich gegebenenfalls noch verbleibender Fehlbetrag ist dann in jedem Fall »betrieblich« veranlasst und keine Folge der Gruppenbeitragsleistung. Die Absicherung der Gruppenbeitragsleistung durch einen entsprechenden Gewinnvortrag verhindert zugleich ein »Ausbluten« der Gesellschaft, das andernfalls durch das denkbare Nebeneinander von Gewinnausschüttung und Gruppenbeitragsleistung drohen würde.

Auch die Ausgleichsleistung für die außenstehenden Aktionäre, die ja von der leistenden Gesellschaft gezahlt werden soll,[958] müsste durch entsprechende Gewinnvorträge gedeckt bzw. abgesichert sein. Denn obgleich sie nach dem Gruppenbetragsmodell ertragsteuerlich nicht als Betriebsausgabe, sondern wie eine reguläre Gewinnausschüttung behandelt werden soll,[959] muss sie handelsbilanziell – wie die Ausgleichsleistungen nach § 304 AktG auch[960] – als Betriebsausgabe behandelt werden. Durch die Behandlung der Beitragszahlung als Betriebsausgabe stellen sich hinsichtlich des Kapitalschutzes der Gruppen-AG die gleichen Konfliktlagen wie in Bezug auf die Beitragsleistung. Daher muss auch sie durch ein entsprechendes, in Gewinnvorträgen verkörpertes Ausschüttungspotential gedeckt sein.

c) Alternative: Festlegung der Gruppenbeiträge durch die Hauptversammlung

Fraglich ist, ob auf den Abschluss eines Gruppenvertrages und damit auch die Schaffung einer gesetzlichen Rechtsgrundlage für diesen verzichtet werden könnte, wenn stattdessen die Hauptversammlung der Gruppen-AG

---

958 Bericht der Facharbeitsgruppe *»Verlustverrechnung und Gruppenbesteuerung«* vom 15.09.2011, Anlage 7 Ziffer 2.4.

959 Bericht der Facharbeitsgruppe *»Verlustverrechnung und Gruppenbesteuerung«* vom 15.09.2011, Anlage 7 Ziffer 2.4.

960 Ausgleichsleistungen werden handelsbilanziell als Betriebsausgaben der zur Gewinnabführung verpflichteten Gesellschaft behandelt, weswegen sie für steuerliche Zwecke dem Gewinn der Gesellschaft außerbilanziell wieder hinzugerechnet werden müssen, um körperschaftsteuerlich erfasst zu werden. Diese Hinzurechnung regelt § 4 Abs. Satz 1 5 Nr. 9 EStG.

für jedes Geschäftsjahr über die Leistung eines Gruppenbeitrages entschiede. Dabei würde der Hauptversammlungsbeschluss die Leistung nicht selbst letztverbindlich festschreiben, weil die Leistung eines Gruppenbeitrages keine einseitige Maßnahme ist, sondern eine Vereinbarung zwischen leistendem und empfangendem Gruppenmitglied erfordert. Der Beschluss würde vielmehr eine im Vorfeld durch den Vorstand unter aufschiebender Bedingung getroffene Abrede in Kraft setzen oder eine Ermächtigung des Vorstandes zur Vereinbarung eines dahingehenden Gruppenbeitrages darstellen. Da es sich bei der Leistung eines Gruppenbeitrages um eine Form der Gewinnverwendung, namentlich um eine Gewinnausschüttung an den Gruppenträger, handelt,[961] wäre hierüber im Rahmen des Gewinnverwendungsbeschlusses nach §§ 58 Abs. 3, 174 Abs. 1 AktG zu entscheiden. Die Beitragsleistung würde in diesem Fall – wie jede andere Gewinnausschüttung auch – den verteilungsfähigen Bilanzgewinn mindern, so dass eine Doppelverwendung von Gewinnen durch Ausschüttung einerseits und Beitragsleistung andererseits einschließlich der damit verbundenen Konflikte mit dem Schutz des gebundenen Reservefonds der AG ausgeschlossen wären.

Voraussetzung einer Gruppenbeitragsfestsetzung durch einen Gewinnverwendungsbeschlusses wäre allerdings das Bestehen einer entsprechenden satzungsmäßigen Ermächtigung. Denn jede Gruppenbeitragsleistung, gleich ob an den Gruppenträger oder eine anderen Gruppengesellschaft,[962] wäre eine von § 60 Abs. 1 AktG abweichende Gewinnverteilung,[963] die nach § 60 Abs. 3 AktG nur auf Grundlage einer entsprechenden Satzungsregelung erfolgen darf. Die erforderliche Satzungsregelung müsste – wenn sie nicht schon Teil des Gründungsstatuts der Gesellschaft ist – mit den Stimmen der Minderheitsaktionäre der Gruppen-AG beschlossen werden,

---

961 S. hierzu oben Ziffer D. III. 1. b) (1).

962 § 58 Abs. 3 Satz 2 AktG, der für die Auskehrung von Gewinnen an Dritte gilt, wäre hier hingegen nicht einschlägig. Denn – wie auch im Rahmen von § 57 AktG – würden Leistungen an eine andere Gruppengesellschaft dem Gruppenträger als Leistungsempfänger zugerechnet, weil er aufgrund seiner (mittelbaren) Mehrheitsbeteiligung an allen Gruppengesellschaften, auf diese Leistung zugreifen kann und durch sie wirtschaftlich begünstigt ist. Vgl. BGH, Urteil vom 21.06.1999 – II ZR 70–98, NJW 1999, 2822; *Drygala* in: *Zöllner/Noack*, Köln Komm AktG, § 57 Rn. 124; *Fleischer* in: *Schmidt/Lutter*, AktG, § 57 Rn. 31.

963 S. zur Qualifikation der Beitragsleistung als Akt der Gewinnverwendung, unabhängig von der steuer- und handelsbilanziellen Behandlung, oben Ziffer D. III. 1. b) (1).

weil für die Festlegung einer von § 60 Abs. 1 AktG abweichenden Gewinnverteilung stets die Zustimmung der hierdurch benachteiligten Aktionäre erforderlich ist.[964] Insofern wäre die Implementierung des Gruppenbeitragsmodells von der Mitwirkung der außenstehenden Aktionäre abhängig.

Allerdings wäre selbst dann, wenn eine statuarische Grundlage für die Festlegung von Gruppenbeiträgen per Gewinnverwendungsbeschluss mit den Stimmen der Minderheitsaktionäre zustande käme, der Vollzug des Gruppenbeitragsmodells nicht vollwirksam möglich. Denn obwohl die Satzungsautonomie der Hauptversammlung in Bezug auf den Gewinnverteilungsschlüssel groß ist, unterliegt sie doch insoweit Einschränkungen, als sich der Gewinnverteilungsschlüssel aus der Satzung selbst ergeben muss. Nicht zulässig sind hingegen Satzungsregelungen, nach denen die Festlegung des Gewinnverteilungsschlüssels auf die Hauptversammlung oder ein anderes Gesellschaftsorgan delegiert wird.[965] Insofern kann eine Gruppenbeitragsleistung in der Satzung nur in Form einer generellen, verbindlichen und klaren Vorschrift geregelt werden, nach der sich für jedes Geschäftsjahr die Frage nach dem »Ob«, dem Empfänger und der Höhe eines Gruppenbeitrages eindeutig beantworten lässt. Dies würde die Flexibilität des Gruppenbeitragsmodells ganz erheblich einschränken.

Die volle Flexibilität des Gruppenbeitragssystems bliebe nur erhalten, wenn die Hauptversammlung im Einzelfall durch Beschluss einen Gruppenbeitrag entgegen dem allgemeinen gesetzlichen oder satzungsmäßigen Gewinnverteilungsschlüssel festlegen könnte. Für Gewinnverwendungsbeschlüsse nach § 174 Abs. 1 AktG wird im Schrifttum die Zulässigkeit einer Gewinnverwendungsentscheidung der Hauptversammlung contra legem bzw. entgegen des satzungsgemäßen Gewinnverteilungsschlüssels unter dem Gesichtspunkt propagiert, dass die Hauptversammlung gem. § 60 Abs. 3 AktG ohnehin die Kompetenz hat, über den Gewinnvertei-

964 *Bayer* in: MüKo AktG, § 58 Rn. 113 f.; *Drygala* in: *Zöllner/Noack*, Köln Komm AktG, § 58 Rn. 118.

965 H.M.: *Bayer* in: MüKo AktG, § 60 Rn. 16; *Drygala* in: *Zöllner/Noack*, Köln Komm AktG, § 60 Rn. 24; *Fleischer* in: *Schmidt/Lutter*, AktG, § 60 Rn. 14. *Erhart/Riedel*, BB 2008, 2266 [2269]. Auch die zur GmbH ergangene Rechtsprechung, wonach eine Öffnungsklausel zu Gunsten der Gesellschafterversammlung für gelegentliche Abweichungen möglich sein soll ist – abgesehen davon, dass eine solche Öffnungsklausel hier nicht ausreichend wäre – nicht auf die AG übertragbar, *Drygala* in: *Zöllner/Noack*, Köln Komm AktG, § 60 Rn. 26.

lungsschlüssel zu disponieren, wenn der Beschluss mit den Stimmen aller benachteiligten Aktionäre gefasst wird. Dementsprechend könne auch im Einzelfall mit der Zustimmung der betroffenen Aktionäre der gesetzliche oder satzungsmäßige Verteilungsschlüssel derogiert werden.[966] Für diese Ansicht spricht, dass durch einen solchen Beschluss weder die gesetzlichen Organzuständigkeiten verändert, noch Rechte einzelner Aktionäre gegen ihren Willen beschnitten werden. Auf das Gruppenbeitragsmodell übertragen, wäre demnach eine Festlegung von Gruppenbeiträgen per Gewinnverwendungsbeschluss ohne satzungsmäßige Rechtsgrundlage möglich, wenn alle außenstehenden Aktionäre diesem zustimmen. Nachteil der Lösung ist jedoch, dass sie einen kontinuierlichen Vollzug des Gruppenbeitragssystems nach Maßgabe der steuerlichen Zielsetzungen nicht bzw. nur in der Ein-Personen-AG sicherstellen könnte, weil jede Gruppenbeitragsleistung von der Zustimmung der außenstehenden Aktionäre abhinge. Die außenstehenden Aktionäre könnten ihre Zustimmung insbesondere davon abhängig machen, dass Ihnen eine Ausgleichsleistung zuteilwird, die nicht nur die Minderung ihres Dividendenbezugsrechts durch den Gruppenbeitrag kompensiert, sondern darüber hinaus auch die sog. Gruppenprämie[967] ganz oder teilweise an sie weiterleitet.

Sollte allerdings ein Gewinnverwendungsbeschluss mit den Stimmen der außenstehenden Gesellschafter zustande kommen, so hätte dies auch entscheidende Vorteile: Denn wenn alle von der Beitragsleistung betroffenen Minderheitsaktionäre der Beitragsleistung zustimmen, so ließe sich mit guten Gründen vertreten, dass die so beschlossene Gruppenbeitragszahlung nicht von dem Gruppenträger als herrschendem Unternehmen i. S. v. § 311 Abs. 1 AktG veranlasst worden ist.[968] Denn die Stimmen des Gruppenträgers sind für den Beschluss zwar notwendig, nicht aber ausreichend. Das Zustandekommen des Beschlusses unterliegt daher keinem

---

966 *Bayer* in: MüKo AktG, § 60 Rn. 34; *Drygala* in: *Zöllner/Noack*, Köln Komm AktG, § 60 Rn. 72; *Henze* in: *Hopt/Wiedemann*, Großkommentar AktG, § 60 Rn. 34.

967 S. zum Anfall und zur Verteilung Gruppenprämie im Gruppenbeitragsmodell unten Ziffer D. III. 1. d).

968 Es ist umstritten, entspricht inzwischen aber der wohl h. M., dass auch Gewinnverwendungsbeschlüsse grundsätzlich als taugliche Veranlassungshandlung i. S. v. § 311 Abs. 1 AktG in Betracht kommen, *Altmeppen* in: MüKo AktG, § 311 Rn. 121 ff.; *Habersack* in: *Emmerich/Habersack*, Konzernrecht, § 311 Rn. 29; *H. F. Müller* in: *Spindler/Stilz*, AktG, § 311 Rn. 21, jeweils m. w. N. Insofern scheidet die Anwendbarkeit der §§ 311 ff. AktG hier nicht bereits von vornherein aus.

entscheidenden Einfluss des Gruppenträgers.[969] Somit läge keine »Veranlassung« durch den Gruppenträger vor, die §§ 311 ff. AktG blieben unanwendbar und es müsste kein Nachteilsausgleich durch den Gruppenträger geleistet werden,[970] der die Beitragsleistung (steuerlich) neutralisieren würde.[971]

Die Unanwendbarkeit der §§ 311 ff. AktG hätte zugleich das Wiederaufleben der allgemeinen Regelungen der aktienrechtlichen Vermögensbindung zur Folge,[972] die Ausschüttungen an Aktionäre auf den Bilanzgewinn beschränken.[973] Die Höhe der Gruppenbeiträge wäre folglich durch den Bilanzgewinn abzüglich einer etwaigen Ausgleichsleistung, von welcher die außenstehenden Aktionäre ihre Zustimmung sicherlich abhängig machen würden, limitiert und die Hauptversammlung könnte Gruppenbeiträge nur beschließen, nachdem der Jahresabschluss festgestellt wurde und soweit der Gruppenbeitrag den darin ausgewiesenen Bilanzgewinn abzüglich der Ausgleichsleistungen nicht übersteigt. Diese Beschränkung würde wiederum weitere Schutzmechanismen zu Gunsten der Minderheitsaktionäre oder Gesellschaftsgläubiger entbehrlich machen, weil sie auf eine bestimmte Verwendung des Bilanzgewinns, insbesondere dessen Thesaurierung in der Gesellschaft, keinen Anspruch haben. Die Begrenzung des Gruppenbeitrages auf den Bilanzgewinn würde zugleich sicherstellen,

---

969 Es ist allgemein anerkannt, dass eine Veranlassung gegenüber dem abhängigen Unternehmen auch durch einen Hauptversammlungsbeschluss erfolgen kann. Der Hauptversammlungsbeschluss ist in diesem Fall das Veranlassungsmittel. Die Zurechenbarkeit dieser Veranlassung zum herrschenden Unternehmen setzt aber voraus, dass es den Hauptversammlungsbeschluss mit seinen Stimmen herbeiführen kann. Ist der Hauptversammlungsbeschluss wie hier von den Stimmen anderer Aktionäre abhängig, so ist er dem herrschenden Unternehmen nicht zurechenbar. Die Veranlassung erfolgt somit nicht durch das herrschende Unternehmen, was aber Voraussetzung des § 311 Abs. 1 AktG ist. Vgl. zur Notwendigkeit eines entscheidenden Einflusses des herrschenden Unternehmens für die Veranlassung *Bayer* in: MüKo AktG, § 311 Rn. 82 sowie *Koppensteiner* in: *Zöllner/Noack*, Köln Komm AktG, § 311 Rn. 2.

970 S. zur Unanwendbarkeit der §§ 311 ff. AktG bei fehlender Veranlassung einer Maßnahme durch das herrschende Unternehmen oben Ziffer D. I. 2. b) (2) (e).

971 S. zu den Folgen einer »Gegen-» oder »Ausgleichsleistung« für die mit dem Gruppenbeitragsmodell beabsichtigte steuerliche Konsolidierung oben Ziffer D. III. 1 b) (3).

972 S. hierzu ebenfalls oben Ziffer D. I. 2. b) (2) (e).

973 Die »formelle« Vermögensbindung, wäre hingegen kein Problem, weil das in den §§ 58, 174 AktG vorgeschriebene Verfahren eingehalten und über die Gewinnverteilung im Rahmen des gesetzlich vorgesehenen Gewinnverwendungsbeschlusses entschieden würde.

dass die aktienrechtlichen Vorgaben zur innergesellschaftlichen Kompetenzverteilung in Bezug auf die Gewinnverwendung, insbesondere das eigenständige Recht der Verwaltung zur Thesaurierung von Gewinnen nach § 58 Abs. 2 AktG, gewahrt bliebe.

Insgesamt tritt bei dieser Lösung offen zu Tage, dass es bei der Leistung von Gruppenbeiträgen durch die Gruppengesellschaften im Kern um eine Ausschüttung von Gewinnen geht, die entgegen der allgemeinen steuerrechtlichen Grundsätze als Betriebsausgabe auf Seiten der leistenden und als Betriebseinnahme auf Seiten der empfangenden Gesellschaft behandelt wird.

d) Anfall und Verbleib der Gruppenprämie

In den vorstehenden Ausführungen wurde herausgearbeitet, welche organisationsrechtlichen Vorgaben bei der Vereinbarung und Leistung von Gruppenbeiträgen zu beachten sind. Dabei wurden die Voraussetzungen und Grenzen einer Leistung von Gruppenbeiträgen unter den Gesichtspunkten des Außenseiter- und Gläubigerschutzes dargestellt. Offen geblieben ist bislang, wo die Gruppenprämie, d. h. der durch die wechselseitigen Gruppenbeitragsleistungen und den dadurch erzielten interpersonalen Ausgleich von steuerlichen Gewinnen und Verlusten in der Gruppe generierte Zins- und Liquiditätsvorteil, anfällt und wo er zu verbleiben hat. In Bezug auf diese Frage ergeben sich im Gruppenbeitragsmodell maßgebliche Unterschiede zu den Zurechnungsmodellen, die dadurch bedingt sind, dass hier keine Zurechnung der steuerlichen Gewinne und Verluste zum Gruppenträger erfolgt und die Gewinne und Verluste der Gruppe nicht zentral bei diesem gepoolt und saldiert werden. Die Konsolidierungswirkung entsteht stattdessen durch den zielgerichteten Ausgleich von Gewinnen und Verlusten zwischen einzelnen Gruppenmitgliedern. Mangels Zusammenführung des Besteuerungssubstrats beim Gruppenträger erfolgt auch keine zentrale Besteuerung bei diesem. Alle Gruppenmitglieder versteuern ihr eigenes Einkommen, wie es sich unter Berücksichtigung der Gruppenbeitragsleistungen darstellt. Dementsprechend fällt auch die Gruppenprämie nicht zentral beim Gruppenträger an, sondern dezentral bei den Gruppenmitgliedern, zwischen denen die Gruppenbeiträge geleistet werden.

Wie bereits dargestellt wurde,[974] fällt der unmittelbare Steuervorteil dabei bei dem Gruppenmitglied an, das einen Gruppenbeitrag leistet, weil sich dessen steuerpflichtiges Einkommen um den Gruppenbeitrag reduziert. In dem gleichen Umfang schmelzen bei der Gesellschaft, die einen Gruppenbeitrag empfängt, die vortragsfähigen Verluste einschließlich des diesen innewohnenden Steuerminderungspotenzials ab. Sie finanziert den Steuervorteil des leistenden Gruppenmitgliedes somit durch die »Opferung« eigener Verluste. Die hiermit verbundene Vermögensminderung der empfangenden Gesellschaft wird durch die Gruppenbeitragszahlung allerdings mehr als kompensiert. Denn dem Vermögen der empfangenden Gesellschaft fließt im Rahmen des Vorganges der gesamte Gruppenbeitrag zu; sie erhält im Gegenzug für das Abschmelzen ihrer Verluste folglich mehr als nur die auf den Gruppenbeitrag entfallende Steuerlast, die wertmäßig dem nominalen Steuerminderungspotenzial der von ihr »geopferten« steuerlichen Verluste entspricht. Die empfangende Gesellschaft ist im Ergebnis somit um die Differenz zwischen dem »brutto Gruppenbeitrag« und der auf diesen entfallenden Steuerlast, d. h. um den »netto Gruppenbeitrag«[975], bereichert. Einen weiteren Vermögensvorteil erhält die empfangende Gesellschaft dadurch, dass sie durch den Vorgang das volle Steuerminderungspotenzial ihres »geopferten« Verlustes vorzeitig realisieren kann. Denn ohne die Verrechnung mit dem Gruppenbeitrag, d. h. in der stand-alone Situation, hätte sie den Verlust vortragen müssen und erst in späteren Gewinnjahren und nur in den Grenzen von § 10d Abs. 2 EStG zur Minderung ihrer eigenen Steuerlast einsetzen können. Durch die vorgezogene Verlustverwertung erhält sie einen Liquiditäts- und Zinsvorteil (Gruppenprämie). Im Ergebnis stellt sich die Leistungsbilanz der beteiligten Gruppengesellschaften somit wie folgt dar:

- Das Vermögen der leistenden Gruppengesellschaft ist durch den Vorgang um den »netto-Gruppenbeitrag« gemindert.
- Das Vermögen der empfangende Gruppengesellschaft wächst demgegenüber um den »netto Gruppenbeitrag« zuzüglich der Zins- und Liquiditätsvorteile, die sie aus der vorgezogenen Verlustverwertung zieht.

974 S. oben Ziffer D. I. 1. e).
975 S. zu diesem Begriff die Erläuterungen oben Ziffer D. I. 1. e).

Der – durch Ableitung aus der Steuerplanung prognostisch zu ermittelnde – Zins- und Liquiditätsvorteil entsteht also bei der empfangenden Gruppengesellschaft.[976]

Bezieht man nun die an den Gruppengesellschaften beteiligten Anteilsinhaber in die Betrachtung ein, so ist festzustellen, dass die Vermögensverschiebungen infolge des Übergangs des »netto-Gruppenbeitrages« auf das empfangende Gruppenmitglied vollständig ausgeglichen werden. Die Kompensation erfolgt für die außenstehenden Gesellschafter der leistenden Gruppengesellschaften durch die Ausgleichsleistung, welche ihnen auf Grundlage der neu zu schaffenden Rechtsgrundlage für den Gruppenvertrag zuzusprechen wäre[977] oder die sie sich als Preis für die Zustimmung zur Zahlung eines Gruppenbeitrages in der Hauptversammlung ausbedingen würden.[978] Diese Ausgleichsleistung schützt sie vor Vermögenseinbußen durch die Leistung von Gruppenbeiträgen seitens »ihrer« Gesellschaft. Spiegelbildlich hierzu werden die außenstehenden Gesellschafter der empfangenden Gruppengesellschaft an den Gewinnen »ihrer« Gruppengesellschaft nicht beteiligt, soweit sie auf den Empfang von Gruppenbeiträgen zurückzuführen sind.[979] Das ganze gilt spiegelverkehrt, wenn die jeweilige Gesellschaft ihre Rolle wechselt, also in einem späteren Zeitraum einen Gruppenbeitrag leistet, anstatt ihn zu empfangen, oder umgekehrt.

Auch aus Sicht des Gruppenträgers ergeben sich keine Vermögensveränderungen: Leistet eine »seiner« Gruppengesellschaften einen Gruppenbeitrag ist hiermit für den Gruppenträger kein Vermögensabfluss verbunden, weil sich der »netto-Gruppenbeitrag« hierdurch lediglich von einer »seiner« Gesellschaften in eine andere verschiebt (wenn er ihm nicht direkt zufließt). Verwerfungen, die dadurch entstehen könnten, dass der Gruppenträger an den beteiligten Gruppengesellschaften in unterschiedlicher Höhe beteiligt ist, werden dadurch ausgeglichen, dass die außenste-

---

976 Voraussetzung der hier getroffenen Feststellung ist freilich, dass der Gruppenbeitrag an eine Gesellschaft geleistet wird, die in entsprechender Höhe über steuerliche Verluste verfügt. Dies entspricht dem wahrscheinlichen Geschehensablauf, weil nur so eine Steuerkonsolidierung möglich ist, ist aber nach dem hessischen Gruppenbesteuerungsmodell keine Voraussetzung für die steuerliche Anerkennung der Beitragsleistung, s. Bericht der Facharbeitsgruppe *»Verlustverrechnung und Gruppenbesteuerung«* vom 15.09.2011, Anlage 7 Ziffer 2.4.

977 S. oben Ziffer D. III. 1. b) (3).

978 S. vorstehende Ziffer D. III. 1. c).

979 S. Ziffer D. III. 1. b) (3) oben.

henden Gesellschafter sowohl auf Seiten der leistenden Gruppengesellschaft (durch Ausgleichsleistungen) als auch auf Seiten der empfangenden Gruppengesellschaft (durch ihren Ausschluss von der Verteilung des auf den Gruppenbeitrag zurückgehenden Anteils des Bilanzgewinns) von einer Teilhabe an dem Vermögenstransfer ausgeschlossen sind. Nicht ausgeglichen wird in diesem System lediglich die Gruppenprämie, die bei der empfangenden Gruppengesellschaft anfällt, so dass sich die Frage stellt, ob und wenn ja, in welchem Verhältnis dieser Zins- und Liquiditätsvorteil auszugleichen bzw. zu berücksichtigen ist.

Im Zurechnungsmodell stellte sich die Frage, ob eine Beteiligung der Gruppengesellschaft an der Gruppenprämie erforderlich ist, unter dem Gesichtspunkt der §§ 311 ff. AktG, die eine Ausgestaltung der Gruppenbesteuerung und eine Verteilung der Gruppenprämie in Übereinstimmung mit dem Drittvergleichsmaßstab erfordern.[980] Die rechtliche Ausgangslage im Gruppenbeitragsmodell ist grundverschieden: die §§ 311 ff. AktG kommen hier nicht zur Anwendung, weil sie entweder durch eine aktienrechtliche Rechtsgrundlage für den Gruppenvertrag de lege ferenda als lex specialis verdrängt werden[981] oder weil keine »Veranlassung« der Beitragszahlung durch den Gruppenträger vorliegt, weil die leistende Gruppen-AG über die Beitragsleistung durch einen Hauptversammlungsbeschluss mit den Stimmen der außenstehenden Aktionäre entschieden hat.[982] Die Frage nach einer Verteilung der Gruppenprämie stellt sich somit allenfalls unter dem Gesichtspunkt des allgemeinen Außenseiter- und Gläubigerschutzes. Hier erscheinen die zuvor herausgearbeiteten Maßgaben, namentlich die obligatorische Festlegung einer angemessenen Ausgleichsleistung für die außenstehenden Aktionäre und der kapitalerhaltungsrechtliche Schutz des gebundenen Vermögens der Gruppengesellschaften (bei Abschluss eines Gruppenvertrages de lege ferenda, s. Ziffer

980 S. zu der Frage, ob unter den §§ 311 ff. AktG eine Pflicht besteht, die abhängige Gesellschaft an den Synergieeffekten aus der Gruppenbesteuerung zu beteiligen, oben Ziffer D. II. 1. a) (6) (c).

981 S. zur Unanwendbarkeit der §§ 311 ff. AktG auf Maßnahmen, die das Eingreifen eigener, vorrangiger Regelungen zum Schutz der außenstehenden Aktionäre und Gläubiger nach sich ziehen, wie z. B. Eingliederungen oder Umwandlungsmaßnahmen, oben Ziffer D. II. 1. a) (1). Auch hier wären die §§ 311 ff. AktG unanwendbar demnach, weil die Regelung zum Gruppenvertrag ein eigenständiges Instrumentarium zum Schutz der Gesellschaft, ihrer Gläubiger und der außenstehenden Gesellschafter vorsehen müsste, s. oben Ziffer D. III. 1. b) (3).

982 S. oben Ziffer D. III. 1. c).

D. III. 1. b) (3) oben) bzw. die Beschränkung von Gruppenbeiträgen auf den verteilungsfähigen Bilanzgewinn sowie die Leistung einer Ausgleichsleistung an die außenstehenden Aktionäre (bei Festlegung der Beitragszahlung durch Hauptversammlungsbeschluss, s. Ziffer D. III. 1. c) vorstehend), ausreichend, um die betroffenen Akteure zu schützen. Eine Notwendigkeit, die außenstehenden Aktionäre bei der Berechnung des Ausgleichs auch an der bei der empfangenden Gesellschaft anfallenden Gruppenprämie zu beteiligen, ist nicht ersichtlich. Sie sind an den steuerlichen Synergieeffekten dadurch in ausreichendem Maße beteiligt, dass sie von der Gruppenprämie in den Fällen profitieren, in denen »ihre« Gesellschaft Gruppenbeiträge empfängt und hierdurch Zins- und Liquiditätsvorteile generiert. Eine Grundlage für einen Anspruch der Gläubiger auf Partizipation an der Gruppenprämie besteht nicht.

e) Vereinbarkeit von Gruppenbeiträgen mit den §§ 311 ff. AktG

Die Frage nach der Vereinbarkeit der Leistung von Gruppenbeiträgen mit den §§ 311 ff. AktG ist bereits angesprochen und auch beantwortet worden.[983] Vergegenwärtigt man sich die Voraussetzungen des Nachteilsbegriffs des § 311 Abs. 1 AktG und den systematischen Zusammenhang der Norm mit § 317 Abs. 2 AktG, liegt es auf der Hand, dass die Leistung eines Gruppenbeitrages an den Gruppenträger (als herrschendes Unternehmen) oder an eine andere von ihm abhängige Gruppengesellschaft ohne annähernd gleichwertige Gegenleistung[984] einen Nachteil in diesem Sinne begründet. Denn sie führt zu einer unmittelbaren Minderung des Vermögens der abhängigen Gruppen-AG, die ein ordentlicher und gewissenhafter Vorstand einer unabhängigen Gesellschaft nicht in Kauf genommen hätte.[985] Die Leistung eines Gruppenbeitrages durch eine Gruppen-AG begründet daher einen ausgleichspflichtigen Nachteil i. S. v. § 311 Abs. 1 AktG. Das Vorliegen einer nachteiligen Maßnahme seitens der Gruppen-AG führt zugleich zu der Vermutung bzw. zu dem Beweis des ersten Anscheins dafür, dass diese Maßnahme von dem Gruppenträger als herr-

---

983 S. Ziffer D. III. 1. b) (3).

984 Ganz ohne Gegenleistung bleibt der Gruppenbeitrag nicht, weil die empfangende Gesellschaft zumindest die auf den »brutto Gruppenbeitrag« entfallende Steuerlast übernimmt, s. vorstehende Ziffer D. III. 1. d).

985 So auch *IFSt-Arbeitsgruppe*, IFSt-Schrift Nr. 471 2011, S. 48.

schendes Unternehmen veranlasst wurde.[986] Letzteres wäre mithin zum Nachteilsausgleich nach Maßgabe von § 311 Abs. 2 AktG verpflichtet.

Wie im Zusammenhang mit der Allokation der Gruppenprämie jedoch bereits erläutert wurde,[987] dürften die §§ 311 ff. AktG bei der Implementierung eines Gruppenbeitragsmodells nicht zum Tragen kommen. Denn soweit die Gruppenbeiträge auf Grundlage eines Gruppenvertrages durch die Leitungsorgane geleistet werden sollen, bedürfte dieser Vertrag wegen seines organisationsrechtlichen Gehalts einer (neu zu schaffenden) aktienrechtlichen Rechtsgrundlage.[988] Sollte eine solche normative Grundlage geschaffen werden, müsste diese Regelung Vorkehrungen zum Ausgleich der Nachteile für die außenstehenden Aktionäre und Gläubiger der Gruppen-AG beinhalten.[989] Dieses spezifische Schutzsystem stünde einer Anwendbarkeit der §§ 311 ff. AktG jedoch entgegen, weil es diese als lex specialis verdrängen würde.[990] Voraussichtlich würde die entsprechende Regelung die §§ 311 ff. AktG sogar ausdrücklich für unanwendbar erklären, weil das auf einen vollständigen Vermögensausgleich ausgerichtete System der §§ 311 ff. AktG mit den steuerrechtlichen Zielsetzungen des Gruppenbeitragsmodells unvereinbar ist.[991] Ohne einen Gruppenvertrag als organisationsrechtliche Rechtsgrundlage, können Gruppenbeiträge nicht durch die Verwaltung einer Gruppen-AG vereinbart werden, weil dies einen unzulässigen Eingriff in die aktienrechtliche Zuständigkeitsordnung für die Gewinnverwendung darstellten würde.[992] Eine Beitragsleistung ohne Gruppenvertrag wäre daher allenfalls auf Grundlage eines – einstimmigen – Gewinnverwendungsbeschlusses der Hauptversammlung der Gruppen-AG denkbar. Auch auf diese Maßnahme wären die §§ 311 ff. AktG nicht anwendbar, weil die Beitragsleistung in diesem Fall nicht von der Gruppengesellschaft veranlasst wäre, die den Beschluss ja nicht ohne

986 S. oben Ziffer D. II. 1. a) (2).
987 S. vorstehende Ziffer D. III. 1. d).
988 S. oben Ziffer D. III. 1. b) (3).
989 S. zu den notwendigen Schutzinstrumenten ebenfalls Ziffer D. III. 1. b) (3).
990 S. zur Unanwendbarkeit der §§ 311 ff. AktG auf Maßnahmen, für die das Gesetz ein eigenständiges Regelungssystem zum Schutz der betroffenen Interessengruppen vorsieht, oben Ziffer D. II. 1. a) (1).
991 S. zu den steuerlichen Folgen eines Nachteilsausgleichs oben Ziffer D. III. 1. b) (2).
992 S. hierzu oben Ziffer D. III. 1. b) (1).

oder gegen die Stimmen der Minderheitsgesellschafter herbeiführen könnte.[993]

Insofern kommt den §§ 311 ff. AktG im Gruppenbeitragsmodell keine gesonderte Bedeutung zu.

f) Zwischenergebnis

Insgesamt zeigt sich bei der aktienrechtlichen Prüfung des Gruppenvertrages, dass die Konzeption des Gruppenbeitragsmodells bei der Einbindung einer AG als Gruppengesellschaft zu erheblichen Verwerfungen mit der Verfassung der Gesellschaft führt. Ausgangspunkt dieser Verwerfungen ist der Umstand, dass die Wirkung des Gruppenbeitragssystems letztlich auf einer steuerlichen Qualifikation von Einlagen bzw. Gewinnausschüttungen als Betriebseinnahmen bzw. Betriebsausgaben beruht. Die vorgesehene handels- und steuerbilanzielle Behandlung der Gruppenbeiträge als Betriebseinnahmen bzw. Betriebsausgaben kann jedoch nicht darüber hinwegtäuschen, dass es sich bei den Leistungen tatsächlich um Maßnahmen der Gewinn- bzw. Einkommensverwendung handelt.

Die Entscheidung über die Gewinnverwendung fällt nach dem AktG zwingend in die Kompetenz der Hauptversammlung, weswegen eine Änderung dieser indisponiblen Zuständigkeitsverteilung einer Rechtsgrundlage im AktG bedarf. Die zu schaffende Regelung muss auch dem Minderheiten- und Gläubigerschutz angemessen Rechnung tragen. Hinsichtlich des Minderheitenschutzes muss insbesondere ein Ausgleich dafür geschaffen werden, dass Gruppenbeitragsleistungen dem Gruppenträger stets (mittelbar) zu Gute kommen, während die außenstehenden Aktionäre von ihr in aller Regel nicht profitieren. Die hiermit verbundene wirtschaftliche Benachteiligung der außenstehenden Aktionäre ist durch eine angemessene Ausgleichsleistung zu kompensieren. Zum Schutze der Gesellschaftsgläubiger muss sichergestellt werden, dass Gruppenbeiträge nicht zu Lasten des gebundenen Reservefonds der AG geleistet werden. Gruppenbeitragszahlungen dürfen daher die Dotierung der gesetzlichen Rücklagen nicht beeinträchtigen oder nur dann zulässig sein, wenn die leistende Gruppen-AG ihre gesetzliche Rücklage vollständig dotiert hat. Zudem darf die Behandlung des Gruppenbeitrages als Betriebsausgabe nicht dazu

993 S. zur fehlenden Veranlassung bei einer notwendigen Mitwirkung der außenstehenden Aktionäre vorstehend Ziffer D. III. 1. c).

führen, dass ein Jahresfehlbetrag entsteht, der durch die Auflösung gebundener Rücklagen ausgeglichen wird. Insofern muss die Beitragsleistung durch einen Gewinnvortrag aus dem letzten Geschäftsjahr »gedeckt« sein. Gleiches gilt für die Ausgleichsleistungen. Schließlich muss eine Anwendung der §§ 311 ff. AktG auf die einzelnen Gruppenbeitragszahlungen ausgeschlossen werden, wenn die Zielsetzung des Gruppenbeitragssystems nicht von vornherein vereitelt werden soll. Eine gesonderte Regelung zur Zuordnung der Gruppenprämie erscheint hingegen verzichtbar.

Soll auf eine aktienrechtliche Regelung des Gruppenvertrages verzichtet werden, könnten Gruppenbeiträge de lege lata nur als (mittelbare) Gewinnausschüttung an den Gruppenträger im Rahmen eines Gewinnverwendungsbeschlusses der Hauptversammlung veranlasst werden. Dieser Beschluss bedürfte allerdings der Zustimmung aller durch die Beitragsleistung benachteiligten Aktionäre. Die Gruppenbeitragsleistung unterläge in diesem Fall nicht der Kontrolle durch die §§ 311 ff. AktG, müsste allerdings die aktienrechtlichen Grenzen der Vermögensbindung einhalten und wären somit auf den Bilanzgewinn (abzüglich etwaiger Ausgleichsleistungen) begrenzt.

2. GmbH als Gruppengesellschaft

Sollen Gesellschaften mbH als Gruppengesellschaften in das Gruppenbeitragssystem einbezogen werden, stellen sich ähnliche Fragen, wie bei der Gruppen-AG. Auch hier ist nach der Vereinbarkeit des Modells mit der inneren Verfassung der GmbH zu fragen, insbesondere mit ihrer Kompetenzordnung. Wegen der Stellung des Gruppenträgers als beherrschender Gesellschafter sind darüber hinaus die Rechtsregeln des faktischen GmbH-Konzerns zu beachten, die für mehrgliedrige und Ein-Personen-Gesellschafen mbH unterschiedlich ausgestaltet sind. Da diese Regeln nicht als spezielles, dem allgemeinen GmbH-Recht vorgehendes Sonderrecht kodifiziert sind, beanspruchen die allgemeinen Vorschriften des GmbHG, insbesondere die Regeln der Kapitalerhaltung, weiterhin Geltung. Ihnen kommt im Gruppenbeitragsmodell, das einen Transfer von Finanzmitteln von den Gruppengesellschaften an den Gruppenträger und/oder andere Gruppengesellschaften vorsieht, eine zentrale Rolle zu. Im Folgenden werden die zur Implementierung und Durchführung der Gruppenbesteuerung nach dem Gruppenbeitragsmodell erforderlichen Maßnahmen – die Stellung des Gruppenantrages (dazu Ziffer D. III. 2. a) unten), der Abschluss des Gruppenvertrages (dazu Ziffer D. III. 2. b) unten) und die Leistung der Gruppenbeiträge (dazu Ziffer D. III. 2. c) und d) unten) – am Maßstab der vorgenannten Regelungen geprüft und die sich aus dieser Prüfung ergebenden Grenzen oder zu beachtenden Maßgaben dargestellt.

a) GmbH-rechtliche Maßgaben für die Stellung des Gruppenantrages

Erneut stellt sich zunächst die Frage, ob die Stellung des Gruppenantrages zu Konflikten mit der inneren Verfassung der Gruppengesellschaften mbH, der GmbH-rechtlichen Kapitalerhaltung oder dem GmbH-Konzernrecht führt. Auch bei der Einbindung von Gruppengesellschaften mbH begründet der Gruppenantrag jedoch weder im Verhältnis der Beteiligten zur Finanzverwaltung, noch im Verhältnis der Beteiligten untereinander Verpflichtungen zur Leistung oder zum Empfang von Gruppenbeiträgen. Mit ihm sind daher weder Veränderungen der inneren Kompetenzordnung der Gruppengesellschaft mbH verbunden, noch Vermögensverschiebungen, die nachteilig für Gläubiger oder außenstehende Gesellschafter sein könnten.[994] Der Gruppenantrag ist lediglich Voraussetzung für die steuerliche Anerkennung von später etwaig geleisteten Gruppenbeiträgen und markiert den Beginn der vorgesehenen fünfjährigen Mindestbindungsfrist an die steuerliche Gruppe. GmbH-rechtliche Konflikte aus oder im Zusammenhang mit der Stellung des Gruppenantrages sind insofern nicht ersichtlich.

b) GmbH-rechtliche Maßgaben für den Abschluss des Gruppenvertrages

In Ziffer D. III 1. b) wurde bereits zur Konzeption des Gruppenbeitragsmodells ausgeführt, wonach der Gruppenvertrag als steuerlicher Rahmenvertrag, die rechtliche Grundlage für die Festlegung und den Austausch

994 Wie bereits in Ziffer D. III. 1. a) dargestellt, geht aus dem Vorschlag für das Gruppenbeitragsmodell nicht hervor, ob die vorgesehenen Rechtsfolgen im Bereich der sog. Zinsscharanke bereits mit der Stellung des Gruppenantrages eintreten. Sollten die insoweit im Reformvorschlag skizzierten Rechtsfolgen bereits mit dem Gruppenantrag eintreten, wären hiermit ggfs. Vermögensverschiebungen verbunden, auf die hier aus den in Ziffer D. II. genannten Gründen allerdings nicht näher eingegangen werden soll.

von Gruppenbeiträgen zwischen den Gruppenmitgliedern bilden soll, ohne selbst verbindlich Gruppenbeiträge festzulegen. Diese Festlegung erfolgt vielmehr gesondert für die jeweiligen Veranlagungszeiträume, weswegen mit dem Abschluss des Gruppenvertrages noch keine Vermögensverschiebung oder Verpflichtung zu einer solchen verbunden ist. Gleichwohl regelt der Gruppenvertrag als Organisationsvertrag gesellschaftsintern die Zuständigkeit für den Abschluss von Vereinbarungen über Gruppenbeiträge und etwaige Ausgleichsleistungen für außenstehende Gesellschafter, woraus sich Konflikte mit dem GmbH-Organisationsrecht ergeben können. Die Prüfung der Vereinbarkeit eines Gruppenvertrages mit dem GmbH-Organisationsrecht hat an dem Befund Ausgang zu nehmen, dass es sich bei den Gruppenbeiträgen trotz ihrer handels- und steuerbilanziellen Behandlung als Betriebseinnahmen bzw. -ausgaben um Maßnahmen der Gewinnverwendung handelt.[995] Dementsprechend stellt sich insbesondere die Frage, inwiefern der Gruppenvertrag Abweichungen von der Kompetenzordnung des GmbHG in Bezug auf die Gewinnverwendung bedingt, und wenn ja, ob bzw. unter welchen Voraussetzungen diese Abweichungen zulässig sind.

(1) Abweichungen von der Gewinnverwendungskompetenz der Gesellschafter

Der hessische Vorschlag eines Gruppenbeitragsmodells sieht vor, dass die Beteiligten einen Gruppenvertrag abschließen können, der als Rahmenvereinbarung die Zulässigkeit der wechselseitigen Beitragsleistungen regelt, wobei die konkreten Gruppenbeiträge von den Geschäftsführern der Gruppengesellschaft mbH vereinbart werden können sollen.[996] Diese Konzeption steht im Widerspruch zu § 29 Abs. 2 GmbHG, der den Gesellschaftern die Kompetenz zur Entscheidung über die Gewinnverwendung durch Beschluss zuweist. Der Gruppenvertrag würde somit auch für Gruppengesellschaften mbH eine Abweichung von den gesetzlichen Organzuständigkeiten bedingen und hätte mithin einen organisationsrechtlichen Gehalt.

995 S. insoweit die Darstellungen in Ziffer D. III. 1. b) (1) sowie die Qualifikation der Beitragsleistungen als Auszahlung i. S. v. § 30 Abs. 1 Satz 1 GmbHG unten in Ziffer D. III. 2. c).

996 In Ziffer D. III. 1. b) wurde bereits dargestellt, dass sich dies zwar nicht ausdrücklich, aber implizit aus der Skizze des Gruppenbeitragsmodells ergibt.

Der organisationsrechtliche Gehalt des Gruppenvertrages sagt jedoch noch nichts über seine Wirksamkeit oder die Erforderlichkeit einer gesetzlichen Grundlage für diesen aus. Denn anders als im Aktienrecht, wo § 23 Abs. 5 AktG den Grundsatz der Gesetzesstrenge anordnet und damit enge Grenzen für Änderungen der gesetzlichen Organisationsstruktur der AG zieht, besteht für die GmbH-Gesellschafter bei der Ausgestaltung der Verfassung ihrer GmbH weitgehende Gestaltungsfreiheit.[997] Allerdings müssen die Gesellschafter Einschränkungen ihrer Handlungsfreiheit insofern hinnehmen, als sie von ihrer Gestaltungsfreiheit nur in den vom Gesetz vorgegebenen Handlungsformen Gebrauch machen können. Insbesondere müssen Regelungen, die sich auf die Organverfassung der GmbH und die Kompetenzordnung ihrer Organe auswirken, grundsätzlich in der Form einer Satzungsänderung nach den §§ 53 ff. GmbHG getroffen werden.[998] Ihnen muss also ein notariell beurkundeter Gesellschafterbeschlusses zu Grunde liegen, der mit einer Mehrheit von ¾ der abgegebenen Stimmen zustande gekommen ist. Zudem ist die Satzungsänderung zur Eintragung in das Handelsregister anzumelden. Neben der »formellen« Satzungsänderung, also der Änderung des Satzungstextes, gibt es allerdings auch andere Maßnahmen, die eine inhaltliche Änderung der GmbH-Verfassung (»materielle Satzungsänderung«) beinhalten können, insbesondere können auch rechtsgeschäftliche Vereinbarungen die Wirkung einer materiellen Änderung der GmbH-Verfassung haben. Wegen dieser materiell-satzungsändernden Wirkung hängt die Wirksamkeit entsprechender Vereinbarungen – wie bei formellen Satzungsänderungen auch – von der Einhaltung der GmbH-rechtlichen Vorschriften über formelle Satzungsänderungen ab.[999]

Ausdrücklich anerkannt ist die Möglichkeit einer materiellen Satzungsänderung durch Rechtsgeschäft für die Unternehmensverträge der §§ 291 ff. AktG.[1000] Es ist allerdings anzunehmen, dass nicht nur die ak-

---

997 *Mayer* in: MüKo GmbHG, § 2 Rn. 13.

998 *Leitzen*, RNotZ 2010, 566 [569].

999 Grundlegend: BGH, Beschluss vom 24.10.1988 – II ZB 7/88 (»*Supermarkt*«), NJW 1989, 295 [298]; *Hoffmann* in: *Michalski*, GmbHG, § 53 Rn. 157; *Ulmer* in: *Ulmer/Habersack/Löbbe*, GmbHG, § 53 Rn. 156.

1000 *Harbarth* in: MüKo GmbHG, § 53 Rn. 144 ff.; *Hoffmann* in: *Michalski*, GmbHG, § 53 Rn. 156 ff.; *Roth* in: *Altmeppen/Roth*, GmbHG, § 53 Rn. 10; *Zöllner/Noack* in: *Baumbach/Hueck*, GmbHG, § 53 Rn. 38. Auch Umwandlungsvorgänge stellen materielle Satzungsänderungen dar, unterliegen allerdings den speziellen Regelungen des UmwG.

tienrechtlichen Unternehmensverträge, sondern auch andere Verträge mit organisationsrechtlichem Gehalt, die sich nicht in dem Katalog der §§ 291 ff. AktG finden, bei Einhaltung der §§ 53 ff. GmbHG wirksam abgeschlossen werden können. Für diese Möglichkeit – und gegen einen numerus clausus der Organisationsverträge im GmbH-Recht – spricht dreierlei: Zum einen gelten die §§ 291 ff. AktG nicht unmittelbar, wenn Unternehmensverträge von einer GmbH als abhängigem Unternehmen geschlossen werden. Selbst wenn die §§ 291 ff. AktG also im Sinne eines abschließenden Enumerativkatalogs zulässiger Organisationsverträge konzipiert worden wären,[1001] bezöge sich diese Konzeption nur auf Aktiengesellschaften als abhängige Unternehmen. Ein gesetzgeberischer Wille, die Zulässigkeit von Organisationsverträgen auch für Gesellschaften mbH zu begrenzen, lässt sich den §§ 291 ff. AktG nicht entnehmen. Zum Zweiten ist das Fehlen eines Unternehmensvertragsrechts im GmbHG keinesfalls als Entscheidung des Gesetzgebers gegen die Zulässigkeit von GmbH-Organisationsverträgen zu verstehen. Der Gesetzgeber hat von der Kodifikation eines umfassenden (Vertrags-) Konzernrechts der GmbH, welches 1972 bereits im Entwurf vorlag,[1002] nicht abgesehen, um damit die Unzulässigkeit von Organisationsverträgen bei der GmbH zum Ausdruck zu bringen, sondern weil er die damit im Zusammenhang stehenden Fragen der Klärung durch Rechtsprechung und Wissenschaft überlassen wollte.[1003] Das GmbHG ist insofern offen für organisationsvertragliche Gestaltungen. Das gilt auch für solche Gestaltungen, die sich nicht an den aktienrechtlichen Regelungen orientieren. Und ein dritter Aspekt streitet gegen eine Begrenzung zulässiger GmbH-Organisationsverträge auf den Katalog der §§ 291 f. AktG: Im GmbHG gilt – wie bereits erläutert – der aktienrechtliche Grundsatz der Gesetzesstrenge nicht; Abweichung von dem gesetzlichen Organisationsstatut stehen daher nicht unter dem Erlaubnisvorbehalt des Gesetzes. Insofern gibt es keinen Grund, Organisationsverträgen, die nicht im GmbHG geregelt sind und sich auch nicht durch Analogie zum Aktienrecht begründen lassen, von vornhinein die Anerkennung zu versagen. Zu fordern ist lediglich, dass sämtliche Organisationsverträge und ihre materiell satzungsändernden oder satzungsüberlagernden Wir-

---

1001 S. zum diesbezüglichen Streitstand oben Ziffer D. III. 1. b) (2).

1002 RegE zum GmbHG, BT-Drucks. IV 3088.

1003 BGH, Beschluss vom 24.10.1988 – II ZB 7/88 (»*Supermarkt*«), NJW 1989, 295 [299]; *Lutter/Hommelhoff*, NJW 1988, 1240 [1240].

kungen,[1004] mit den zwingenden Wertungen und Schutzmechanismen des Gesetzes im Einklang stehen. Zu beachten sind somit nicht nur die Verfahrens- und Formvorschriften der §§ 53 ff. GmbHG, sondern auch die materiellen Grenzen der Satzungsautonomie der Gesellschafter. Denn diese Grenzen können ohne besondere Rechtsgrundlage nicht überschritten werden.

Die Satzungsautonomie der GmbH-Gesellschafter erlaubt ihnen, von § 29 Abs. 2 GmbHG abweichende Regelungen über die Gewinnverwendung festzulegen. Dabei können sie nicht nur die Mehrheitserfordernisse für Gewinnverwendungsbeschlüsse abändern, sondern auch die Zuständigkeit für die Gewinnverwendungsentscheidung auf ein anderes Gesellschaftsorgan übertragen, selbst wenn diesem Personen angehören, die nicht zum Gesellschafterkreis gehören.[1005] Insofern steht das Gesetz einer Kompetenzzuweisung für die Vereinbarung von Gruppenbeiträgen an die Geschäftsführer nicht grundsätzlich entgegen.

Allerdings ist die Leistung von Gruppenbeiträgen nur eine von verschiedenen denkbaren Gewinnverwendungsmöglichkeiten und die Konzeption des Gruppenbeitragsmodells lässt es zu, dass Gewinne nur zum Teil und/oder nur in einigen Geschäftsjahren zur Beitragsleistung verwendet werden. Die Gesellschafter werden daher ein Interesse daran haben, jedenfalls insoweit weiterhin über die Gewinnverwendung zu entscheiden, als Gewinne nicht zur Leistung eines Gruppenbeitrages eingesetzt werden. Es stellt sich somit die Frage, ob die Gewinnverwendungskompetenz zwischen Geschäftsführung und Gesellschafterversammlung aufgeteilt werden kann, so dass die Geschäftsführer zwar Gruppenbeiträge vereinbaren können, an der Entscheidung über die Verwendung des Jahresüberschusses im Übrigen aber nicht teilnehmen. Überzeugende Gründe, die gegen die Zulässigkeit einer solchen Teilung der Gewinnverwendungskompetenz sprechen, sind nicht ersichtlich. Eine Aufteilung der Gewinnverwendungskompetenzen auf verschiedene Gesellschaftsorgane ist dem deutschen Kapitalgesellschaftsrecht durchaus vertraut, wie § 58 Absätze 2 und 3 AktG zeigen: Diese Regelungen weisen sowohl der Verwaltung der AG als auch ihrer Hauptversammlung Gewinnverwendungskompetenzen zu. Und auch im GmbHG ist anerkannt, dass die Gesellschafterversammlung

---

1004 *Priester/Veil* in: *Scholz*, GmbHG, § 53 Rn. 169.

1005 H. M.: *Salje* in: *Michalski*, GmbHG, § 29 Rn. 69; *Verse* in: *Scholz*, GmbHG, § 29 Rn. 40; *Zöllner* in: *Baumbach/Hueck*, GmbHG, § 46 Rn. 16 und 21.; einschränkend *Ekkenga* in: MüKo GmbHG, § 29 Rn. 136.

die Kompetenz zur Feststellung des Jahresabschlusses unter Einschluss der Kompetenz, Teile des Jahresüberschusses zur Rücklagenbildung zu verwenden, auf ein anderes Gesellschaftsorgan übertragen kann.[1006] Insofern wäre die statuarische Ermächtigung der Geschäftsführung zur Vereinbarung von Gruppenbeiträgen selbst dann möglich, wenn der Gesellschafterversammlung das Recht verbliebe, ihrerseits ebenfalls Gewinnverwendungsrechte auszuüben. Wegen der konkurrierenden Kompetenzen der Organe, müsste eine dahingehende Satzungsregelung allerdings inhaltlich klar und verständlich sein und insbesondere etwaige Höchstbeträge oder sonstige Grenzen der Gewinnverwendungskompetenz der Verwaltung eindeutig benennen. Zudem müsste sie das Rangverhältnis der Gewinnverwendungskompetenzen eindeutig festlegen. Hierfür bietet sich ein Vorrang der Verwendungsentscheidung der Geschäftsleitung an, wie dies auch bei § 58 Abs. 2 und Abs. 3 AktG der Fall ist, damit die Gesellschafterversammlung über den gesamten verbleibenden Betrag entscheiden kann.[1007] Unter den genannten Voraussetzungen können somit der Gesellschaftsvertrag und auch ein satzungsüberlagernder Gruppenvertrag vorsehen, dass die Geschäftsführung über die Leistung von Gruppenbeiträgen befinden kann.

(2) Abweichungen vom gesetzlichen Gewinnverteilungsschlüssel

Die Festlegung eines Gruppenbeitrages durch die Geschäftsleitung könnte allerdings die Rechte etwaig vorhandener außenstehender Gesellschafter unzulässig einschränken. Denn der Gruppenbeitrag, dem keine adäquate Gegenleistung gegenübersteht und der dem Gruppenträger unmittelbar oder mittelbar über die von ihm mit 95-prozentiger Kapital- und Stimmenmehrheit beherrschte Empfängergesellschaft zufließt, stellt materiell-

---

1006 Vgl. insofern *Verse* in: *Scholz*, GmbHG, § 29 Rn. 33; *W. Müller* in: *Ulmer/Habersack/Löbbe*, GmbHG, § 29 Rn. 26. § 29 Abs. 4 GmbHG ist hingegen kein gesetzlicher Fall einer Aufteilung von Gewinnverwendungskompetenzen, weil die Möglichkeit der Geschäftsführung, Wertaufholungsbeträge in Gewinnrücklagen einzustellen, hiernach von der Zustimmung der Gesellschafterversammlung abhängt, *Ekkenga* in: MüKo GmbHG, § 29 Rn. 243 f.; *Verse* in: *Scholz*, GmbHG, § 29 Rn. 103.

1007 Da der Gewinnverwendungsbeschluss das gesamte verwendbare Ergebnis umfassen muss, würden sich andernfalls Unsicherheiten hinsichtlich der Wirksamkeit des Beschlusses sowie des Schicksals eines etwaigen Restbetrages ergeben, vgl. *Verse* in: *Scholz*, GmbHG, § 29 Rn. 43.

rechtlich eine Gewinnausschüttung an den Gruppenträger als herrschenden Gesellschafter dar.[1008] Insoweit ist die Gruppenbeitragsleistung zugleich eine (verdeckte) Gewinnausschüttung, die zu Lasten des etwaig verbleibenden Volumens ausschüttungsfähiger Gewinne geht. Werden die verbleibenden Gewinne nach dem gesetzlichen oder satzungsmäßigen Gewinnverteilungsschlüssel auf die Gesellschafter aufgeteilt, liegt insgesamt eine vom gesetzmäßigen Verteilungsmaßstab des § 29 Abs. 3 Satz 1 GmbHG abweichende, disquotale Verteilung der Gewinne vor, welche die außenstehenden Gesellschafter benachteiligt.

Derartige Benachteiligung und disquotale Gewinnausschüttungen sind jedoch nicht grundsätzlich unzulässig. § 29 Abs. 3 Satz 2 GmbHG räumt den Gesellschaftern die Möglichkeit ein, im Gesellschaftsvertrag einen von Satz 1 der Vorschrift abweichenden Gewinnverteilungsmaßstab zu regeln. Die Gestaltungsfreiheit der Gesellschafter ist dabei groß und umfasst auch ungleiche Verteilungsmaßstäbe.[1009] Selbst ein vollständiger Ausschluss einzelner Gesellschafter von der Gewinnverteilung ist zulässig.[1010] Die höchstrichterliche Rechtsprechung setzt der Satzungsautonomie der Gesellschafter erst dort Grenzen, wo ein Gesellschafter so umfassend entrechtet wird, dass er nicht mehr als Gesellschafter, sondern als bloß schuldrechtlich Beteiligter an der Unternehmung anzusehen ist.[1011] Inhaltliche Grenzen ergeben sich aus diesem Maßstab kaum noch.[1012] Diese weite inhaltliche Gestaltungsfreiheit der Gesellschafter ist dadurch gerechtfertigt, dass dem Minderheitenschutz bei ungleichen Gewinnverteilungsschlüsseln auf anderem Wege, als durch eine inhaltliche Kontrolle des vereinbarten Gewinnverteilungsschlüssels Rechnung getragen wird. Der Außenseiterschutz ist hier verfahrensrechtlich abgesichert, indem die Implementierung eines von § 29 Abs. 3 Satz 1 GmbHG abweichenden Gewinnverteilungsschlüssels von einer entsprechenden Satzungsänderung abhängt, für die wiederum die Zustimmung derjenigen Gesellschafter er-

---

1008 Die Frage, ob bzw. wann Gruppenbeitragsleistungen an Schwester-Gesellschaften dem herrschenden Gruppenträger als Leistungen an ihn zuzurechnen sind, wird im Zusammenhang mit der Kapitalerhaltung ausführlich erörtert, s. Ziffer D. III. 2. c) unten.

1009 *Verse* in: *Scholz*, GmbHG, § 29 Rn. 74; vgl. auch *Müller* in: *Ulmer/Habersack/Löbbe*, GmbHG, § 29 Rn. 94 und *Pentz* in: *Rowedder/Schmidt-Leithoff*, GmbHG, § 29 Rn. 107 ff.

1010 *Ekkenga* in: MüKo GmbHG, § 29 Rn. 195.

1011 BGH, Urteil vom 14.07.01954 – II ZR 342/53, NJW 1954, 1563 [1564].

1012 *Ekkenga* in: MüKo GmbHG, § 29 Rn. 195; *Verse* in: *Scholz*, GmbHG, § 29 Rn. 75.

forderlich ist, zu deren Nachteil sich die Änderung auswirkt.[1013] Die benachteiligten Gesellschafter können einen Gewinnverteilungsschlüssel, der sie benachteiligt, somit stets verhindern, wodurch sie wirksam vor einer Übervorteilung durch den Mehrheitsgesellschafter geschützt sind. Dieses Zustimmungserfordernis ergäbe sich in gleicher Weise bei einer gleichheitswidrigen Änderung des gesetzlichen oder satzungsmäßigen Gewinnverteilungsschlüssels durch einen (satzungsüberlagernden) Gruppenvertrag. Der Gruppenvertrag müsste somit nicht nur mit einer satzungsändernden ¾-Mehrheit, sondern mit den Stimmen aller außenstehenden Gesellschafter beschlossen werden.

Selbst wenn der Gruppenvertrag die notwendige Zustimmung aller außenstehenden Gesellschafter erhalten würde, stünde ihm allerdings eine weitere rechtliche Hürde im Wege: Denn wie auch im Aktienrecht[1014] muss der Gewinnverteilungsschlüssel einer GmbH hinreichend klar und deutlich aus dem Gesellschaftsvertrag hervorgehen.[1015] Dies ist schon mit Blick auf das Informationsinteresse etwaig neu in die Gesellschaft eintretender Gesellschafter zu fordern. Eine Satzungsregelung, nach der die Gewinnverteilung in das freie Ermessen der Gesellschafterversammlung gestellt wird, lässt das Gesetz nicht zu.[1016] Für die Gruppenbeiträge ergibt sich somit das gleiche Problem wie auch im Aktienrecht: Eine flexible, für jedes Geschäftsjahr individuell festzulegende Gruppenbeitragsleistung lässt sich auch im gestaltungsoffeneren GmbH-Recht durch einen gesellschaftsvertraglichen Gewinnverteilungsschlüssel nicht abbilden.[1017] Erlaubt sind lediglich sog. Öffnungsklauseln, d. h. Satzungsregelungen, die Abweichungen von dem gesetzlichen oder satzungsgemäßen Gewinnverteilungsschlüsseln im Einzelfall zulassen.[1018] Die Wirkung solcher Öff-

---

1013 *Ekkenga* in: MüKo GmbHG, § 29 Rn. 193; *Pentz* in: *Rowedder/Schmidt-Leithoff*, GmbHG, § 29 Rn. 109; *Ulmer* in: *Ulmer/Habersack/Löbbe*, GmbHG, § 53 Rn. 130.

1014 S. dazu oben Ziffer D. III. 1. c).

1015 BayObLG, Beschluss vom 23.05.2001 – 3Z BR 31/01, NJW-RR 2002, 248 [248]; *Pentz* in: *Rowedder/Schmidt-Leithoff*, GmbHG, § 29 Rn. 107; *Roth* in: *Altmeppen/Roth*, GmbHG, § 29 Rn. 48; *Verse* in: *Scholz*, GmbHG, § 29 Rn. 75.

1016 *Ekkenga* in: MüKo GmbHG, § 29 Rn. 192.

1017 S. zum entsprechenden Problemkreis bei der AG oben, Ziffer D. III. 1. c).

1018 BayObLG, Beschluss vom 23.05.2001 – 3Z BR 31/01, NJW-RR 2002, 248; *Verse* in: *Scholz*, GmbHG, § 29 Rn. 75; *W. Müller* in: *Ulmer/Habersack/Löbbe*, GmbHG, § 29 Rn. 7; s. ausführlich zu Öffnungsklauseln im Zusam-

nungsklauseln beschränkt sich allerdings darauf, flexible Entscheidungen im Einzelfall[1019] unter Verzicht auf das formale Verfahren der Satzungsänderung zu ermöglichen und entsprechenden Gesellschafterbeschlüssen die satzungsdurchbrechende Wirkung zu nehmen.[1020] Sie macht einen Gesellschafterbeschluss, über den im jeweiligen Einzelfall anzuwendenden Gewinnverteilungsschlüssel jedoch nicht hinfällig. Im Gegenteil: Soll in Ausnutzung einer Öffnungsklausel eine Gewinnverteilung zu Lasten einzelner Gesellschafter beschlossen werden, so bedarf dieser Gewinnverteilungsbeschluss – wie eine Änderung des generellen Gewinnverteilungsschlüssels auch – zu seiner Wirksamkeit der Zustimmung der benachteiligten Gesellschafter.[1021]

Die vom Gruppenbeitragssystem vorgesehene Ermächtigung der Geschäftsführung zur eigenverantwortlichen Festlegung von individuellen Gruppenbeiträgen würde inhaltlich jedoch auf eine Öffnungsklausel zu Gunsten der Geschäftsführung hinauslaufen, deren Zulässigkeit zweifelhaft ist. Denn eine solche Klausel würde einseitige Maßnahmen der Geschäftsführung zu Lasten einzelner Gesellschafter zulassen, ohne dass die betroffenen Gesellschafter diese Maßnahmen verhindern könnten. Die außenstehenden Gesellschafter könnten entsprechende Entscheidungen der Geschäftsführung weder blockieren, noch korrigieren: Für die rückwirkende Korrektur fehlt es ihnen sowohl an einem wirksamen Rechtsbehelf[1022] als auch an der notwendigen Stimmenmehrheit, um die Geschäftsführung durch Beschluss zur Rückabwicklung anzuweisen. Zudem fehlt den Außenseitern die Stimmenmacht, um die materielle Satzungsände-

---

menhang mit der Gewinnverteilung *Peschke,* Gesellschafts- und steuerrechtliche Zulässigkeit disquotaler Gewinnverteilungen bei der GmbH, S. 100 ff.

1019 Der BGH spricht insofern von Beschlüssen mit punktuellem Regelungscharakter, BGH, Urteil vom 07.06.1993 – II ZR 81/92, NJW 1993, 2246 [2247].

1020 *Peschke,* Gesellschafts- und steuerrechtliche Zulässigkeit disquotaler Gewinnverteilungen bei der GmbH, S. 100; vgl. *Priester* in: *Scholz*, GmbHG, § 53 Rn. 27 ff.; *Ulmer* in: *Ulmer/Habersack/Löbbe*, GmbHG, § 53 Rn. 40.

1021 *Peschke,* Gesellschafts- und steuerrechtliche Zulässigkeit disquotaler Gewinnverteilungen bei der GmbH, S. 104 f.; *Priester* in: *Scholz*, GmbHG, § 53 Rn. 143.

1022 Die Geschäftsführungsmaßnahme selbst kann nicht angefochten werden und wegen der Ermächtigung der Geschäftsführung durch den Gruppenvertrag könnte die Maßnahme – anders als in den Fällen, in denen die Kompetenz der Gesellschafterversammlung durch die Geschäftsführung schlicht übergangen wird (s. hierzu *Liebscher* in: MüKo GmbHG, Anh. § 13 Rn. 1172) – auch nicht unter dem Gesichtspunkt der Kompetenzverletzung zum Gegenstand eines Rechtsstreits gemacht werden.

rung, welche der Gruppenvertrag darstellt, zu revidieren, weil sie im Gruppenbeitragssystem über maximal 5 % der Stimmrechte verfügen. Die außenstehenden Gesellschafter könnten die Ermächtigung der Geschäftsführung somit nicht eigenmächtig widerrufen, sondern wären auf Dauer der Willkür der Geschäftsführung bzw. des weisungsbefugten Mehrheitsgesellschafters ausgeliefert. Insofern ist die Kombination aus Übertragung der Gewinnverwendungskompetenz auf die Geschäftsführung und Ermächtigung derselben zur freien Entscheidung über den Gewinnverteilungsschlüssel mit grundsätzlichen Wertungen des GmbH-Rechts, insbesondere den schützenswerten Interessen der Minderheitsgesellschafter nicht zu vereinbaren. Sie kann weder durch Satzungsänderung noch durch eine Satzungsüberlagerung mittels eines unter Beachtung der §§ 53 ff. GmbHG abgeschlossenen Gruppenvertrages implementiert werden.

(3) Notwendigkeit und Inhalt einer gesetzlichen Regelung

Soll die vom Gruppenbeitragsmodell vorgesehene Kompetenzverteilung bei Beibehaltung der gewünschten Flexibilität des Systems implementiert werden, so bedarf es folglich auch im GmbH-Recht einer gesetzlichen Grundlage für den Gruppenvertrag. Aus den genannten Gründen, insbesondere der drohenden dauerhaften Benachteiligung der außenstehenden Gesellschafter, dürfte sich diese Regelung allerdings nicht darauf beschränken, eine Ermächtigung der Geschäftsführung zur freien Festlegung von Gruppenbeiträgen für zulässig zu erklären. Sie müsste vielmehr die von einer solchen Regelung nachteilig betroffenen Interessengruppen durch geeignete Instrumente schützen. Wie im Aktienrecht auch, müsste der Abschluss eines Gruppenvertrages somit unter die Bedingung gestellt werden, dass die außenstehenden Gesellschafter eine angemessene Ausgleichsleistung erhalten. Hinsichtlich der Berechnung und Höhe eines angemessenen Ausgleichs gelten auch im GmbH-Recht die Grundsätze, die in Ziffer D. III. 1. b) (2) für die AG herausgearbeitet worden sind: Erforderlich ist somit eine Ausgleichsregelung, die keine alljährliche Ausgleichsleistung nach Maßgabe eines abstrakt-prognostischen Maßstabes vorsieht, wie dies in § 304 AktG der Fall ist, sondern eine Regelung, die den Minderheitsgesellschaftern einen Ausgleichsanspruch nur für den Fall einräumt, dass die Gesellschaft einen Gruppenbeitrag leistet, und in exakt der Höhe, um die ihr regulärer Gewinnanspruch durch die Beitragsleistung geschmälert wird.[1023] Um unerwünschte positive Vermögenseffekte zu Gunsten der außenstehenden Gesellschafter von Gruppengesellschaften mbH, die Gruppenbeiträge empfangen, zu vermeiden, müsste zudem eine (anteilige) Ausschüttung der hieraus resultierenden Gewinne an sie untersagt werden.[1024]

c) Vereinbarkeit von Gruppenbeiträgen mit der GmbH-Kapitalerhaltung

Auch wenn die organisationsrechtlichen Fragestellungen hinsichtlich der Kompetenzordnung, des Gewinnverteilungsschlüssels und dem Außenseiterschutz durch eine gesetzliche Regelung zufriedenstellend gelöst würden, verbliebe jedoch weiterhin die Frage nach der Zulässigkeit von Gruppenbeitragsleistungen unter dem Gesichtspunkt der Kapitalerhaltung gem. § 30 Abs. 1 Satz 1 GmbHG, wonach *»[d]as zur Erhaltung des Stammkapitals erforderliche Vermögen der Gesellschaft [...] an die Gesellschafter nicht ausgezahlt werden«* darf. Denn § 30 Abs. 1 Satz 1 GmbHG entfaltet für etwaig zu vereinbarende Gruppenbeiträge volle Geltung. Insbesondere folgt aus dem organisationsvertraglichen Charakter des Gruppenvertrages keine Einschränkung der Kapitalerhaltung gem. § 30 Abs. 1 Satz 2, 1. Hs. GmbHG. Diese Regelung macht nur beim Bestehen eines Beherrschungs- oder Gewinnabführungsvertrages Ausnahmen von der strengen Kapitalbindung, weil nur diese Verträge die Verlustausgleichspflicht analog § 302 AktG nach sich ziehen, die eine Beachtung des Kapitalerhaltungsgebots nach § 30 Abs. 1 Satz 1 GmbHG überflüssig erscheinen lässt.[1025] Der Gruppenvertrag würde die Beteiligten hingegen nicht in den Genuss eines solchen »Konzernprivilegs« bringen und auch die Ausnahme des § 30 Abs. 1 Satz 2, 2. Hs. GmbHG greift hier in Ermangelung eines (voll-

1023 S. zu den Auswirkungen des Gruppenbeitrags auf die Vermögenslage der beteiligten Gesellschaften und deren Gesellschafter unter Berücksichtigung auch der steuerlichen Auswirkungen oben Ziffer D. III. 1. d).

1024 S. auch hierzu bereits Ziffer D. III. 1. b) (2) und (3).

1025 *Habersack* in: *Ulmer/Habersack/Löbbe*, GmbHG, § 30 Rn. 85; *Verse* in: *Scholz*, GmbHG, § 30 Rn. 72. Streitig ist allerdings, ob dies nur gilt, wenn der Verlustausgleichsanspruch nach § 302 AktG auch i. S. v. § 30 Abs. 1 Satz 2, 2. Hs. GmbHG vollwertig ist. Dafür u. a.: *Verse* in: *Scholz*, GmbHG, § 30 Rn. 72. *Altmeppen* in: *Altmeppen/Roth*, GmbHG, § 30 Rn. 101; dagegen u. a.: *Ekkenga* in: MüKo GmbHG, § 30 Rn. 270; *Pentz* in: *Rowedder/Schmidt-Leithoff*, GmbHG, § 30 Rn. 62.

wertigen) Gegenleistungs- oder Rückgewähranspruchs der leistenden Gruppengesellschaft gegen den Beitragsempfänger nicht ein. Gruppenbeiträge unterliegen daher ohne Einschränkung den Grenzen des § 30 Abs. 1 Satz 1 GmbHG für Ausschüttungen an Gesellschafter.

Gruppenbeitragsleistungen stellen dabei hinsichtlich nahezu aller Tatbestandsmerkmale den Idealtypus der vielen denkbaren und realiter auftretenden Erscheinungsformen von (verdeckten) Auszahlungen an Gesellschafter dar: Sie werden von der Gesellschaft selbst vereinbart und angewiesen[1026] und beinhalten einen Transfer von Geldmitteln, deren Vermögens- und Bilanzwirksamkeit außer Frage steht.[1027] Soweit der Gruppenbeitrag von der Gruppengesellschaft an den Gruppenträger geleistet wird, liegt auch eine unmittelbare Auszahlung *»an die Gesellschafter«* vor. Schwerer fehlt die Beantwortung der Frage, ob die von § 30 Abs.1 Satz 1 GmbHG geforderte Auszahlung *»an die Gesellschafter«* vorliegt, wenn die Gruppenbeitragsleistung horizontal, von einer Gruppengesellschaft mbH an eine andere Gruppengesellschaft erfolgt. Hier sind verschiedene Fallgruppen zu unterscheiden:

Handelt es sich bei der Gruppengesellschaft, die den Gruppenbeitrag empfängt, ebenfalls um eine GmbH, liegt unstreitig eine Auszahlung vor, die dem Gruppenträger als herrschendem Unternehmen[1028] wie eine Auszahlung an ihn selbst zuzurechnen ist.[1029] Diese Zurechnung lässt sich unter zwei Gesichtspunkten begründen, wobei jeder dieser Gesichtspunkte für sich allein eine Zurechnung rechtfertigt: Zum einen muss das herrschende Unternehmen sich die Auszahlung zurechnen lassen, wenn es diese veranlasst hat.[1030] Dabei wird die Veranlassung durch den Mehrheitsgesellschafter – wie auch im Rahmen von § 311 AktG[1031] – widerleglich

---

1026 S. hierzu die Ausführungen und Nachweise oben bei Ziffer D. I. 2. a) (2).

1027 S. zu den möglichen Gegenständen einer »Auszahlung« im kapitalerhaltungsrechtlichen Sinne ebenfalls Ziffer D. I. 2. a) (2) oben.

1028 Das Gruppenbeitragsmodell setzt eine qualifizierte Mehrheitsbeteiligung des Gruppenträgers von 95 % des Kapitals und der Stimmrechte an allen Gruppengesellschaften voraus, s. oben Ziffer C. III. 3.

1029 S. nur *Ekkenga* in: MüKo GmbHG, § 30 Rn. 182; *Hommelhoff* in: *Lutter/Hommelhoff*, GmbHG, § 30 Rn. 22; *Verse* in: *Scholz*, GmbHG, § 30 Rn. 46.

1030 BGH, Urteil vom 31.05.2011 – II ZR 141/09 (*»Dritter Börsengang«*), NJW 2011, 2719 [2723]; *Habersack* in: *Ulmer/Habersack/Löbbe*, GmbHG, § 30 Rn. 79; *Heidinger* in: *Michalski*, GmbHG, § 30 Rn. 182; *Verse* in: *Scholz*, GmbHG, § 30 Rn. 45. Ausführlich zum Rechtsgedanken der Veranlassung *Cahn,* Kapitalerhaltung im Konzern, S. 16 ff.

1031 S. hierzu bereits oben Ziffer D. I. 2. b) (2) (e).

vermutet.[1032] Auch im Falle einer horizontalen Gruppenbeitragsleistung läge somit im Zweifel eine Veranlassung durch den Gruppenträger und damit eine Auszahlung an diesen vor. Einen weiteren (selbständigen) Zurechnungsgrund liefert die Zugriffsmöglichkeit des Mehrheitsgesellschafters (hier des Gruppenträgers) auf die von der Schwester-GmbH empfangene Leistung. Das Organisationsstatut der GmbH, namentlich das Weisungsrecht der Gesellschafterversammlung gegenüber der Geschäftsführung,[1033] begründet die Möglichkeit des Mehrheitsgesellschafters, über den Leistungsgegenstand zu verfügen, auch wenn dieser sich nun im Eigentum und Besitz der Empfängergesellschaft befindet. Diese Zugriffsmöglichkeit rechtfertigt es, diese Leistung für die Zwecke des § 30 Abs. 1 Satz 1 GmbHG einer Leistung an die Muttergesellschaft gleichzustellen, selbst dann, wenn sie die Leistung nicht veranlasst hat.[1034] Ein Gruppenbeitrag, der von einer Gruppengesellschaft mbH an eine andere Gruppengesellschaft mbH geleistet wird, stellt somit stets eine Auszahlung im Sinne der Kapitalerhaltung an den Gruppenträger dar.

Ist die Empfänger-Gruppengesellschaft eine AG, verfangen die vorstehend dargestellten Zurechnungsgründe nur zum Teil. Insbesondere wird vertreten, dass der herrschenden Muttergesellschaft die Leistung einer ihrer Tochtergesellschaften an eine andere Tochter-AG nicht unter dem Gesichtspunkt der Zugriffsmöglichkeit zugerechnet werden könne. Denn mangels Weisungsrechts der Muttergesellschaft gegenüber der Empfänger-AG, die von ihrem Vorstand gem. § 76 Abs. 1 AktG unabhängig und *»unter eigener Verantwortung«* geleitet wird, könne die Muttergesellschaft auf diese Leistung bei ihrer Tochter-AG nicht zugreifen.[1035] Eine

---

1032 *Altmeppen* in: *Altmeppen/Roth*, GmbHG, § 30 Rn. 61; *Heidinger* in: *Michalski*, GmbHG, § 30 Rn. 182; *Pentz* in: *Rowedder/Schmidt-Leithoff*, GmbHG, § 30 Rn. 128; *Verse* in: *Scholz*, GmbHG, § 30 Rn. 45; für das AktG ferner *Cahn/v. Spannenberg* in: *Spindler/Stilz*, AktG, § 57 Rn. 79. Hierzu ferner ausführlich *Cahn,* Kapitalerhaltung im Konzern, S. 67 f.

1033 Im Zuge ihrer Allzuständigkeit kann die Gesellschafterversammlung der Geschäftsführung – auch hinsichtlich der Führung der laufenden Geschäfte – unmittelbar bindende Weisungen erteilen. *Liebscher* in: MüKo GmbHG, § 45 Rn. 37 f.; *Römermann* in: *Michalski*, GmbHG, § 46 Rn. 3; *Zöllner* in: *Baumbach/Hueck*, GmbHG, § 46 Rn. 89 und 91.

1034 BGH, Urteil vom 31.05.2011 – II ZR 141/09 (*»Dritter Börsengang«*), NJW 2011, 2719 [2723]; BGH, Urteil vom 05.05.2008 – II ZR 108/07, NZG 2008, 507 [508] (zum Eigenkapitalersatzrecht); *Habersack* in: *Ulmer/Habersack/Löbbe*, GmbHG, § 30 Rn. 79; *Verse* in: *Scholz*, GmbHG, § 30 Rn. 46.

1035 In diesem Sinne, jeweils unter Berufung auf die Urteile des BGH *»Dritter Börsengang«* (Urteil vom 31.05.2011 – II ZR 141/09, NJW 2011, 2719) und vom

Zurechnung sei nur dann gerechtfertigt, wenn die Muttergesellschaft an der empfangenden Tochter-AG zu 100 % beteiligt sei, weil dann eine wirtschaftliche Identität vorliege.[1036] Ob diese Differenzierung unter Berufung auf die eigenverantwortliche Leitung der AG durch ihren Vorstand trägt, ist allerdings zweifelhaft.[1037] Denn trotz des fehlenden Weisungsrechts stehen dem herrschenden Unternehmen gegenüber einer abhängigen AG mittelbare Einflussmöglichkeiten zu, namentlich die über die Hauptversammlungsmehrheit und den Aufsichtsrat vermittelte Macht zur Besetzung des Vorstandes (Personalhoheit). Diese Personalhoheit stellt eine Einflussmöglichkeit dar, deren Wirksamkeit unstreitig ist und die vom Gesetzgeber daher zum maßgeblichen Anknüpfungspunkt für die Abhängigkeitsvermutung des § 17 Abs. 2 AktG[1038] und zur »Eintrittskarte« in

---

05.05.2008 (II ZR 108/07, NZG 2008, 507) *Habersack* in: *Ulmer/Habersack/Löbbe*, GmbHG, § 30 Rn. 79; *Verse* in: *Scholz*, GmbHG, § 30 Rn. 46. *Verse* spricht insofern von einer *»gefestigten Rechtsprechung«*. Ob dies so zutrifft ist aber nicht zweifelsfrei. Denn den in diese Zusammenhang stets genannten BGH-Urteilen (s. Zitate am Anfang der Fn.) lagen jeweils spezielle Sachverhaltskonstellationen zu Grunde. Die tatbestandliche Besonderheit lag bei dem Urteil des BGH vom 31.05.2011 darin, dass das herrschende Unternehmen – anders als im gesetzlichen Regelfall – den Verwaltungsrat der Empfängergesellschaft nicht mehrheitlich besetzen konnte, weswegen sie auch über keine Personalhoheit und damit auch über keinen beherrschenden Einfluss verfügte. In dem Urteil des BGH vom 05.05.2008 bestand die tatbestandliche Besonderheit darin, dass die leistende und die empfangende Gesellschaft keine Schwestergesellschaften waren. Vielmehr waren die leistende und die Mutter-AG der empfangenden Gesellschaft »Schwestern«. Die empfangende Gesellschaft war eine konzernebene tiefer angesiedelt, weswegen die gesellschaftsrechtlichen Verbindungen noch mittelbarer und »lockerer« waren, als dies bei einer Schwestergesellschaften mit einer gemeinsamen Muttergesellschaft der Fall ist. Zudem erging das Urteil zum seinerzeitigen Kapitalersatzrecht, in dem leicht abweichende Zurechnungsgrundsätze galten.

1036 *Bayer* in: MüKo AktG, § 57 Rn. 124; *Hüffer/Koch,* Aktiengesetz, § 57 Rn. 19.

1037 Auch im Steuerrecht wird für die Behandlung von Leistungen an Schwestergesellschaften als verdeckte Gewinnausschüttung an die Muttergesellschaft nicht auf die Rechtsform, sondern lediglich auf eine mehr als 50-prozentige Kapitalbeteiligung abgestellt, weil auch in solchen Fällen Gewinnausschüttungen – also nicht dem Drittvergleich standhaltende Leistungen – nur aus dem gesellschaftsrechtlichen Verhältnis der Beteiligten heraus verständlich sind und daher im Zweifel auf diesem beruhen, *Frotscher* in: *Frotscher/Maas*, KStG/GewStG/UmwStG, Anhang zu § 8 KStG Rn. 63a und 66.

1038 *Bayer* in: MüKo AktG, § 17 Rn. 26 f.; *Emmerich* in: *Emmerich/Habersack*, Konzernrecht, § 17 Rn. 6 f.; *Hüffer/Koch,* Aktiengesetz, § 17 Rn. 5 m. w. N.

das Recht des faktischen Aktienkonzerns gemacht wurde.[1039] Es steht somit ganz außer Frage, dass der herrschende Mehrheitsaktionär trotz des Fehlens eines rechtlich abgesicherten Weisungsrechts einen maßgeblichen Einfluss auf die abhängige AG hat. Wenn dieses Einflusspotential eine umfassende Konzerngefahr und die Anwendung der §§ 311 ff. AktG zu begründen vermag,[1040] so begründet sie auch eine Zugriffsmöglichkeit des herrschenden Unternehmens auf das Vermögen ihrer Tochter-AG, die Grundlage einer Gleichstellung der Leistung an die Tochter-AG mit einer Leistung an die herrschende Aktionärin für die Zwecke des § 30 Abs. 1 GmbHG ist.[1041] In jedem Fall sollte die im Gruppenbeitragssystem notwendigerweise vorliegende 95-prozentige Beteiligung des Gruppenträgers an Kapital und Stimmrechten jeder Gruppengesellschaft ausreichen, um ihm horizontale Gruppenbeitragsleistungen als *»Auszahlung«* im Sinne der GmbH-rechtlichen Kapitalerhaltungsregeln zuzurechnen. Schließlich begründet diese Mehrheit für den Gruppenträger nicht nur die Personalhoheit als »übliches« Herrschaftsmittel, sondern zudem die Möglichkeit, jede Gruppen-AG jederzeit – auch gegen den Willen etwaig vorhandener Außenseiter – im Wege der Eingliederung nach § 320 AktG oder des Squeeze-Outs nach § 327a AktG wirtschaftlich vollständig in sein Unternehmen zu integrieren. Unabhängig hiervon gilt jedoch auch bei Auszahlungen einer abhängigen GmbH an eine Schwester-AG die Vermutung, dass diese Auszahlung von dem herrschenden Gesellschafter veranlasst wurde und ihm aus diesem Grunde zuzurechnen ist.[1042] Auch bei horizon-

1039 Aufgrund der Anknüpfung der §§ 311 ff. AktG, der Regelungen zur Konzernrechnungslegung etc. ist der Abhängigkeitsbegriff im Sinne des § 17 AktG vom Gesetzgeber zu einem Schlüsselbegriff des Konzernrechts erhoben worden, *Emmerich* in: *Emmerich/Habersack*, Konzernrecht, § 17 Rn. 2; *Schall* in: *Spindler/Stilz*, AktG, § 17 Rn. 1.

1040 S. zum Grundgedanken der §§ 311 ff. AktG oben Ziffer D. I. 2. b) (2) sowie statt vieler *Habersack* in: *Emmerich/Habersack*, Konzernrecht, § 311 Rn. 1.

1041 I d S. begreifen zahlreiche Autoren Auszahlungen an vom Aktionär beherrschte (Schwester-) Unternehmen unabhängig von deren Rechtsform als Auszahlungen *»an Aktionäre«* i. S. v. § 57 AktG: *Drygala* in: *Zöllner/Noack*, Köln Komm AktG, § 57 Rn. 121; *Henze* in: *Hopt/Wiedemann*, Großkommentar AktG, § 57 Rn. 92. Auch Teile des GmbH-rechtlichen Schrifttums differenzieren nicht nach der Rechtsform der empfangenden Schwestergesellschaft: *Altmeppen* in: *Altmeppen/Roth*, GmbHG, § 30 Rn. 61; *Fastrich* in: *Baumbach/Hueck*, GmbHG, § 30 Rn. 26a.

1042 S. hierzu ausführlich *Cahn*, Kapitalerhaltung im Konzern, S. 19 ff. sowie 64 ff. Die rechtsformspezifischen Unterschiede wiegen schon aus diesem Grunde nicht allzu schwer, *Verse* in: *Scholz*, GmbHG, § 30 Rn. 46.

talen Gruppenbeitragsleistungen einer Gruppengesellschaft an eine andere Gruppen-AG liegt somit eine Leistung im Sinne des § 30 Abs. 1 Satz 1 GmbHG an den Gruppenträger vor.[1043]

Stellen Gruppenbeiträge, die von einer Gruppegesellschaft mbH an andere Gruppengesellschaften geleistet werden, somit in jeder denkbaren Konstellation Auszahlungen an einen Gesellschafter i. S. v. § 30 Abs. 1 GmbHG dar, so folgt daraus, dass mittels einer Gruppenbeitragsleistung kein Vermögen abgeführt werden darf, dass *»zur Erhaltung des Stammkapitals erforderlich[...]«* ist. Die Gruppenbeitragsleistung darf somit weder zu einer Unterbilanz führen, noch eine solche vertiefen.[1044] Der für die Überprüfung der Zulässigkeit der Auszahlung maßgebliche Zeitpunkt ist dabei derjenige, in dem die Beitragsleistungspflicht erfüllt wird, nicht hingegen derjenige, in dem diese vereinbart wurde. Denn anders als in den Zurechnungsmodellen[1045] tritt im Gruppenbeitragsmodell die Pflicht zur Gruppenbeitragsleistung nicht ipso iure aufgrund der Mitgliedschaft in der steuerlichen Gruppe ein. Sie fußt vielmehr auf einer dahingehenden (rechtsgeschäftlichen) Vereinbarung zwischen den Gruppenmitgliedern. Wie bei anderen rechtsgeschäftlich begründeten Zahlungspflichten auch, steht der zur Beitragsleistung verpflichteten Gesellschaft aus § 30 Abs. 1 Satz 1 GmbHG somit ein Leistungsverweigerungsrecht zu, solange und soweit die Auszahlung gegen die Kapitalerhaltung verstoßen würde. Wegen dieses Leistungsverweigerungsrechts belastet die Beitragsverbindlichkeit die Bilanz der Gruppengesellschaft-mbH (noch) nicht. Erst die Erfüllung der Verbindlichkeit kann zu einem Verstoß gegen die Kapitalerhal-

1043 An dieser Stelle nicht von Relevanz und insofern nicht weiter zu thematisieren ist die Frage, ob in derartigen Fällen lediglich der mittelbare Gesellschafter, hier also der Gruppenträger, haftet oder ob auch die unmittelbare Leistungsempfängerin einer Haftung nach § 31 GmbHG ausgesetzt ist. S. hierzu *Habersack* in: *Ulmer/Habersack/Löbbe*, GmbHG, § 30 Rn. 79; *Verse* in: *Scholz*, GmbHG, § 30 Rn. 48. Für die AG ausführlich *Cahn,* Kapitalerhaltung im Konzern, S. 39 ff.

1044 S. zum Begriff des zur Erhaltung des Stammkapitals erforderlichen Vermögens die oben Ziffer D. I. 2. a) (1). Im Falle eines Gruppenbeitrags ist die hier gewählte Formulierung auch zutreffend, weil Gruppenbeiträge immer bilanzwirksam sind und daher eine etwaig bereits bestehende Unterbilanz vertiefen würde. Gleichwohl ist richtig, dass nicht nur die Unterbilanz vertiefende Auszahlungen von § 30 Abs. 1 Satz 1 GmbHG verboten werden, sondern auch bilanzneutrale Auszahlungen, die bei Bestehen einer Unterbilanz vorgenommen werden, s. *Verse* in: *Scholz*, GmbHG, § 30 Rn. 52.

1045 S. zum maßgeblichen Zeitpunkt für die Bilanzprüfung im Zurechnungsmodell oben Ziffer D. II. 2. a) (1) (b).

tung führen und ist daher der für die Zulässigkeitsprüfung maßgebliche Zeitpunkt.[1046]

Im Ergebnis stehen somit für Gruppenbeiträge nur diejenigen Beträge zur Verfügung, die andernfalls für die Ausschüttung an den Gruppenträger und die außenstehenden Gesellschafter der Gruppengesellschaften zur Verfügung gestanden hätten. Eine Erweiterung des durch § 30 Abs. 1 Satz 1 GmbHG gesteckten Rahmens dürfte auch im Rahmen der zu schaffenden gesetzliche Grundlage für den Gruppenvertrag nicht möglich sein, weil die steuerlichen Zielsetzungen eine Beeinträchtigung der Gläubigerinteressen nicht zu rechtfertigen vermögen und weil denkbare Kompensationsinstrumente, namentlich eine Verlustübernahmepflicht nach dem Vorbild des § 302 Abs. 1 AktG, nicht mit der steuerrechtlichen Konzeption des Gruppenbeitragsmodells in Einklang zu bringen sind.[1047]

d) Vereinbarkeit von Gruppenbeiträgen mit dem Recht des faktischen GmbH-Konzerns

Da die Mitglieder einer steuerlichen Gruppe stets auch verbundene, genauer abhängige (Gruppengesellschaften) und herrschende Unternehmen (Gruppenträger) im Sinne der §§ 15 ff. AktG sind, bilden sie gemeinsam einen faktischen Konzern.[1048] In solchen faktischen Konzernen gelten die oben unter Ziffer D. I. 2. b) und c) dargestellten Sonderregeln, die der Gefahr eines Missbrauchs des Einflusses des herrschenden Gesellschafters auf das abhängige Unternehmen entgegenwirken sollen. Im Recht der GmbH werden diese Sonderregeln in Ermangelung einer gesetzlichen Regelung sowie wegen der Unanwendbarkeit der §§ 311 ff. AktG[1049] dogmatisch am allgemeinen Institut der gesellschaftsrechtlichen Treuepflicht angeknüpft. Die Treuepflicht verpflichtet den herrschenden Gesellschafter einer mehrgliedrigen GmbH zur Rücksichtnahme gegenüber der Gesell-

---

1046 S. hierzu die Ausführungen und Nachweise oben bei Ziffer D. II. 2. a) (1) (b).

1047 S. zur Unvereinbarkeit des Globalausgleichs mit den Zielsetzungen der Reformmodelle Ziffer D. III. 1. b) (3) oben.

1048 Zur Terminologie s. oben Ziffer D. I. 2. b) (2).

1049 S. zur Unübertragbarkeit der §§ 311 ff. AktG auf das GmbH-Recht Ziffer D. I. 2. c) (1) oben.

schaft und seinen Mitgesellschaftern[1050] und verbietet ihm die Verfolgung von Sondervorteilen zu deren Lasten (s. Ziffer (1) unten). [1051] Weil die Mitgesellschafter auf die Einhaltung der Treuepflicht aber verzichten können und weil weder die gemeinschaftlich agierende Gesamtheit der Gesellschafter, noch der Alleingesellschafter einer Treuebindung gegenüber »ihrer« bzw. »seiner« GmbH unterliegen,[1052] gelten insbesondere in der Ein-Personen-GmbH andere Maßstäbe (s. Ziffer (2) unten):

(1) Mehrgliedrige GmbH

In einer steuerlichen Gruppe nach dem Gruppenbeitragsmodell ist der Gruppenträger mit mindestens 95 % an Stammkapital und Stimmrechten der Gruppengesellschaften beteiligt. Der so an einer GmbH beteiligte Gesellschafter unterliegt einer gesteigerten Treuepflicht, aus der für ihn ein umfassendes Schädigungsverbot gegenüber der abhängigen GmbH erwächst.[1053] Der herrschende Gesellschafter – hier der Gruppenträger – ist somit bei der Ausübung der uneigennützigen Gesellschafterrechte, insbesondere seinem Recht auf Mitwirkung an der Geschäftsführung der Gesellschaft, strikt auf das Gesellschaftsinteresse verpflichtet[1054] und darf die Gesellschaft zu keiner für sie schädlichen Maßnahme veranlassen, auch wenn diese in seinem eigenen oder dem Interesse anderer von ihm beherrschter Unternehmen, mithin im Konzerninteresse liegen sollte.[1055] Er hat bei Einflussnahmen auf die Gesellschaft, insbesondere bei Weisungen an die Geschäftsführung, somit die Sorgfalt eines ordentlichen Geschäfts-

1050 Zu den verschiedenen Bezugspunkten der Treuepflicht und der Notwendigkeit der Differenzierung *Winter,* Mitgliedschaftliche Treuebindungen im GmbH-Recht, S. 85 ff.

1051 *Winter,* Mitgliedschaftliche Treuebindungen im GmbH-Recht, S. 105. S. im Übrigen oben Ziffern D. I. 2. c) (2) und D. II. 2. b).

1052 *Winter,* Mitgliedschaftliche Treuebindungen im GmbH-Recht, S. 195 ff. S. ferner die Nachweise oben bei D. I. 2. c) (3). A. A. *Wimmer-Leonhardt,* Konzernhaftungsrecht, S. 266 ff.

1053 S. oben Ziffer D. I. 2. c) (2).

1054 *Emmerich* in: *Scholz,* GmbHG, § 13 Rn. 41; *Raiser* in: *Ulmer/Habersack/Löbbe,* GmbHG, § 14 Rn. 87. Ausführlich: *Winter,* Mitgliedschaftliche Treuebindungen im GmbH-Recht, S. 95 ff., insbesondere S. 98 f.

1055 S. die Ausführungen sowie Nachweise unter Ziffer D. I. 2. c) (2).

mannes anzuwenden, wie sie auch von einem Geschäftsführer gem. § 43 Abs. 1 GmbHG gefordert wird.[1056]

Dieser Maßstab entspricht inhaltlich dem Maßstab eines ordentlichen Geschäftsleiters einer unabhängigen Gesellschaft, wie er in den §§ 311 Abs. 1, 317 Abs. 2 AktG niedergelegt ist,[1057] weswegen in der mehrgliedrigen GmbH die gleichen Grenzen für die Vereinbarung von Gruppenbeiträgen gelten, wie in der AG:[1058] Da der Gruppenbeitrag ohne annähernd gleichwertige Gegenleistung seitens des Empfängerunternehmens bleibt,[1059] verstoßen Vereinbarung und Leistung eines Gruppenbeitrages gegen die vom herrschenden Unternehmen geschuldete Sorgfalt. Und weil die Beitragsleistung zudem zu einer Bereicherung des Gruppenträgers führt, sei es unmittelbar oder gemittelt über eine andere von ihm beherrschte Gruppengesellschaft,[1060] ist zu vermuten, dass die Maßnahme kausal auf eine sorgfaltswidrige Veranlassung des herrschenden Unternehmens zurückgeht.[1061] Eine Widerlegung dieser Vermutung dürfte de facto ausgeschlossen sein, weil die Leistung eines Gruppenbeitrages final und ausschließlich auf das wirtschaftliche Interesse des Gruppenträgers als »Konzernspitze« ausgerichtet ist. Denn ihr Zweck besteht in einer Optimierung der Verlustnutzung zur Verringerung der Konzernsteuerquote,

---

1056 Die Weisungsbefugnis der GmbH-Gesellschafter i. V. m. der Enthaftung der Geschäftsführer im Falle eines Handelns auf Weisung der Gesellschafter (§ 43 Abs. 3 Satz 3 GmbHG) erfordert es, den Mehrheitsgesellschafter bei der Ausübung seines Weisungsrechts wie einen Geschäftsführer auf das Gesellschaftsinteresse zu verpflichten, *Winter,* Mitgliedschaftliche Treuebindungen im GmbH-Recht, S. 99 ff.

1057 *Emmerich* in: *Scholz*, GmbHG, Anh. § 13 Rn. 73 f.; *Habersack* in: *Emmerich/Habersack*, Konzernrecht, Anh. § 318 Rn. 29; *Henssler/Strohn* in: *Henssler/Strohn*, Gesellschaftsrecht, Anh. § 13 GmbHG Rn. 50; *Koppensteiner/Schnorbus* in: *Rowedder/Schmidt-Leithoff*, GmbHG, Anh. § 52 Rn. 56 (widersprüchlich hierzu allerdings Rn. 59); *Liebscher* in: MüKo GmbHG, Anh. § 13 Rn. 418 f.; *Maul* in: *Gehrlein/Ekkenga/Simon*, GmbHG, Anh. § 13 Rn. 63.

1058 S. oben Ziffer D. III. 1. e).

1059 S. zur Vermögensbilanz der den Gruppenbeitrag leistenden und empfangenden Gruppenmitglieder unter Einschluss der steuerlichen Folgen oben Ziffer D. II. 1. a) (4).

1060 S. zur Gleichstellung von Auszahlungen an andere Gruppengesellschaften mit Auszahlungen an den Gruppenträger selbst vorstehende Ziffer D. I. 2. a) (2).

1061 *Verse* in: *Scholz*, GmbHG, Anh. § 13, Rn. 85a; *Liebscher* in: MüKo GmbHG, Anh. § 13 Rn. 457 sowie ausführlich *Limmer,* Die Haftungsverfassung des faktischen GmbH-Konzerns, S. 151 ff. Für eine Beweislastumkehr *Koppensteiner/Schnorbus* in: *Rowedder/Schmidt-Leithoff*, GmbHG, Anh. § 52 Rn. 61.

was letztlich dem Gruppenträger (und etwaigen außenstehenden Gesellschaftern; s. zur Allokation und Verteilung der Konzernprämie Ziffer D. III. 1. d) oben) in Form eines erhöhten Volumens ausschüttungsfähiger Gewinne zu Gute kommt.[1062] Die Vereinbarung und Leistung eines Gruppenbeitrages durch eine mehrgliedrige Gruppengesellschaft mbH erfüllt somit die Tatbestandsvoraussetzungen einer treuwidrigen und daher verbotenen Schädigung der Gruppengesellschaft mbH und ist folglich generell unzulässig.

Ob die von den Autoren des Gruppenbeitragsmodells vorgesehene Ausgleichsleistung als obligatorischer Bestandteil des Gruppenvertrages an diesem Befund etwas zu ändern vermag, ist fraglich. Zwar ist im Zusammenhang mit dem Zurechnungsmodell herausgearbeitet worden, dass – obwohl § 311 AktG im GmbH-Recht weder unmittelbar noch analog gilt – im Falle von »Schädigungen« einer mehrgliedrigen, abhängigen GmbH durch ihren Mehrheitsgesellschafter eine finanzielle Ausgleichsleistung des Mehrheitsgesellschafters den Schaden unter bestimmten Umständen ausgleichen kann bzw. den Schadenseintritt a priori verhindert. Insbesondere dann, wenn der Schaden ausschließ finanzieller Art ist und die schädigende Maßnahme keinen über den finanziellen Nachteil hinausgehenden Einfluss auf den Unternehmenszweck der abhängigen Gesellschaft oder die Art und Weise ihrer Zweckverfolgung hat, erscheint es angemessen, einen Ausgleich zuzulassen.[1063] Diese Voraussetzungen für eine Ausgleichsfähigkeit lägen auch bei der Schädigung einer Gruppengesellschaft mbH durch deren Veranlassung zur Leistung eines Gruppenbeitrages vor. Allerdings sieht die Konzeption des Gruppenbeitragsmodells vor, dass die Ausgleichsleistung nicht an die geschädigte Gruppengesellschaft geleistet werden soll, sondern an deren außenstehende Gesellschafter. Die Relevanz dieses Unterschiedes wird klar, wenn man sich die Argumente in Erinnerung ruft, die für die Ausgleichsfähigkeit eines Schadens durch den

---

1062 Soweit die Beitragsleistungen zu einer Begünstigung einer Gruppengesellschaft führen, wie dies bei horizontalen Beitragsleistungen oder Beitragsleistungen »von oben nach unten« der Fall ist, ist diese Begünstigung nicht das finale Ziel des Gruppenbeitrages, sondern nur ein notwendiges Zwischenziel. Denn eine Bereicherung der Gruppengesellschaften ließe sich auch durch eine (steuerneutrale) Einlage des Gruppenträgers erreichen. Maßgebliches Ziel des Gruppenbeitrages ist stattdessen die Minimierung der Gesamtsteuerbelastung der Unternehmensgruppe und damit einer Erhöhung der Gewinne, die letztlich in der Konzernspitze zusammenlaufen.

1063 S. oben Ziffer D. II. 2. b).

herrschenden GmbH-Gesellschafter trotz Unanwendbarkeit des § 311 AktG streiten: das zentrale Argument für die Anerkennung einer Ausgleichsleistung lautete, das sich letztlich kein Schaden der abhängigen (Gruppen-) Gesellschaft feststellen lasse, wenn ein rein monetärer Schaden zeitlich und rechtlich unmittelbar mit einer ebenfalls monetären Ausgleichsleistung verknüpft ist.[1064] Wenn die Ausgleichsleistung aber an die außenstehenden Gesellschafter fließt und nicht an die geschädigte Gesellschaft, verbleibt es aus Sicht der Gesellschaft bei der Äquivalenzstörung zwischen der von ihr gewährten Leistung (dem Gruppenbeitrag) und der von ihr empfangenen Gegenleistung (der Steuerbefreiung). Der vorgenannten Argumentation, es könne kein Schaden festgestellt werden, wäre folglich der Boden entzogen.

Nichtsdestotrotz bestehen keine ernsthaften Zweifel daran, dass der Abschluss eines Gruppenvertrages und die Leistung von Gruppenbeiträgen zulässig sind, wenn der Gesetzgeber die erforderliche[1065] gesetzliche Grundlage für den Gruppenvertrag schafft, die eine Verpflichtung des Gruppenträgers zur Leistung einer angemessenen Ausgleichsleistung an die außenstehenden Gesellschafter vorsieht. Insbesondere kann eine auf Grundlage eines solchen, gesetzlich abgesicherten Gruppenvertrages erfolgte Veranlassung einer Gruppengesellschaft mbH zur Leistung eines Gruppenbeitrages seitens des Gruppenträgers keine Haftung des Gruppenträgers unter dem Gesichtspunkt des Schädigungsverbotes auslösen. Hierfür fehlt es bereits an einer Schädigung, die nur bei Maßnahmen angenommen werden kann, welche gegen die Sorgfalt eines ordentlichen Geschäftsführers einer unabhängigen GmbH verstoßen.[1066] Dem Gruppenträger, der die Umsetzung eines gesetzlich vorgesehenen Rechtsinstituts unter Beachtung der hierfür geregelten Voraussetzungen durch seine Tochtergesellschaft(en) veranlasst, kann ein solcher Sorgfaltspflichtverstoß jedoch nicht vorgeworfen werden. Zudem wirkt die Ausgleichsleistung an die Mitgesellschafter genau dort, wo das Schädigungsverbot seinen dogmatischen Ausgangspunkt hat, bei den Interessen der außenstehenden Mitgesellschafter und der gebotenen Rücksichtnahme auf diese. Auch wenn also auf Seiten der »geschädigten« Gruppengesellschaft eine negati-

---

1064 S. ebenfalls oben Ziffer D. II. 2. b).

1065 S. zur Erforderlichkeit einer gesetzlichen Rechtsgrundlage für den Gruppenvertrag oben, Ziffer D. III. 2. b) (3).

1066 Statt vieler *Emmerich* in: *Scholz*, GmbHG, Anh. § 13 Rn. 73 f sowie die Ausführungen oben in Ziffer D. I. 2. c) (2).

ve Vermögensbilanz verbleiben sollte, verhindert die Ausgleichsleistung eine Betroffenheit der Interessen der Minderheitsgesellschafter und entzieht weitergehenden Rechtsbehelfen gegen die Gruppenbeiträge die Grundlage. Auf Grundlage einer neu geschaffenen gesetzlichen Grundlage wäre der Abschluss des Gruppenvertrages mit dem Gruppenträger und die Leistung von Gruppenbeiträgen an diesen daher ebenso unproblematisch zulässig, wie es derzeit der Abschluss eines Gewinnabführungsvertrages mit einem herrschenden Unternehmen und die Abführung des ganzen Gewinns der Gesellschaft an dieses sind, obwohl – sowohl im Aktienrecht[1067] als auch im Recht der GmbH[1068] – der Abschluss eines Gewinnabführungsvertrages die allgemeinen Regelungen über die Haftung im faktischen Konzern unberührt lässt.

Im Ergebnis stellen Gruppenbeitragsleistungen von mehrgliedrigen Gruppengesellschaften mbH somit einen Verstoß des Gruppenträgers gegen das strikte Schädigungsverbot dar, der Unterlassungs- und Schadensersatzansprüche der Gruppengesellschaft auslöst, die von ihren außenstehenden Gesellschaftern im Wege der actio pro socio geltend gemacht werden können.[1069] Soweit der Abschluss des Gruppenvertrages allerdings auf einer gesetzlichen Grundlage de lege ferenda fußt oder alle Minderheitsgesellschafter der leistenden Gruppengesellschaft mbH dem Abschluss des Gruppenvertrages und der einzelnen Beitragsleistung zustim-

---

1067 Im Aktienrecht bestimmt § 311 Abs. 1 Satz 1 AktG seine Unanwendbarkeit nur für den Fall, dass ein Beherrschungsvertrag besteht. Bei Bestehen eines (isolierten) Gewinnabführungsvertrages geht das Gesetz hingegen von der Anwendbarkeit der §§ 311, 317 und 318 AktG aus, wie sich aus § 316 AktG ergibt. Die Sinnhaftigkeit dieser Regelung und der Anwendbarkeit des Einzelausgleichssystems neben dem Globalausgleich nach § 302 AktG ist allerdings umstritten, dagegen z. B. *Habersack* in: *Emmerich/Habersack*, Konzernrecht, § 316 Rn. 10; *Koppensteiner* in: *Zöllner/Noack*, Köln Komm AktG, § 316 Rn. 1 sowie *Stephan*, DK 2014, 1 [27].

1068 Die Geltung des Schädigungsverbotes neben § 302 AktG, der auch beim Abschluss eines Gewinnabführungsvertrages durch eine GmbH analog gilt, wird im GmbH-rechtlichen Schrifttum soweit ersichtlich nicht behandelt. Soweit jedoch Minderheitsgesellschafter vorhanden sind, geht mit deren Zustimmung zu dem Vertragsschluss kein allgemeiner, über die Gewinnabführung hinausgehender Verzicht auf die Treuebindungen des herrschenden Gesellschafters einher. Insofern ist davon auszugehen, dass ihnen trotz der Geltung des § 302 AktG, gegen schädigende Maßnahmen des Mehrheitsgesellschafters die allgemeinen Rechtsbehelfe zustünden, insbesondere auch ein Unterlassungsanspruch.

1069 S. oben Ziffer D. I. 2. c) (2).

men,[1070] liegt kein Treuepflichtverstoßt und keine Schädigung der Gruppengesellschaft durch den Gruppenträger vor. Die Gruppenbeiträge unterliegen in diesen Fällen keinen Restriktionen durch das Schädigungsverbot.

(2) Ein-Personen-GmbH

In der Ein-Personen GmbH bestehen keine Treuepflichten des Alleingesellschafters gegenüber der GmbH.[1071] Ist der Gruppenträger einziger Gesellschafter einer Gruppengesellschaft mbH, ist er ihr gegenüber mithin nicht zu einer Rücksichtnahme verpflichtet, sondern darf über ihr Vermögen bis zur Grenze der vom BGH in gefestigter Rechtsprechung anerkannten sog. Existenzvernichtungshaftung verfügen, also mit Ausnahme von missbräuchlichen, die Insolvenzreife der Gesellschaft herbeiführenden oder vertiefenden Vermögenseingriffen.[1072] Da Gruppenbeitragsleistungen allerdings stets bilanzwirksam sind und auch in der Ein-Personen-GmbH den Grenzen der Kapitalerhaltung unterliegen,[1073] sind sie nach § 30 Abs. 1 Satz 1 GmbHG bereits dann unzulässig, wenn und soweit sie eine Unterbilanz der leistenden Gruppengesellschaft herbeiführen oder vertiefen. Diese Grenzziehung durch die Kapitalerhaltungsregelungen dürfte einem Eingreifen von Haftungsansprüchen gegen den Gruppenträger unter dem Gesichtspunkt der Existenzvernichtungshaftung in aller Regel zuvorkommen. Ist der Gruppenträger alleiniger Gesellschafter einer Gruppengesellschaft mbH, folgen aus der Existenzvernichtungshaftung somit keine Grenzen für die Leistung von Gruppenbeiträgen, die über die durch die Kapitalerhaltung gezogenen Grenzen hinausgehen.

e) Zwischenergebnis

Die Prüfung lässt sich festhalten, dass die Implementierung eines Gruppenbeitragsmodells und die Leistung von Gruppenbeiträgen auch im GmbH-Recht zu Verwerfungen mit der GmbH-rechtlichen Organisations-

1070 Zur Disponibilität der Treuebindungen zwischen den Gesellschaftern und der dadurch möglichen Entkräftung des Schädigungsverbots s. oben Ziffer D. I. 2. c) (3).

1071 S. oben Ziffer D. I. 2. c) (3).

1072 S. insofern die Ausführungen und Nachweise bei Ziffer D. I. 2. c) (3) oben.

1073 S. dazu vorstehend Ziffer D. III. 2. c).

verfassung führen sowie zu Konflikten mit dem Außenseiterschutz. Daher verlangt die von den Urhebern des Gruppenbeitragsmodells vorgesehene Kompetenzverteilung bei gleichzeitiger Erhaltung der gewünschten Flexibilität die Schaffung einer gesetzlichen Grundlage für den Gruppenvertrag. Diese gesetzliche Grundlage muss eine Ausgleichsregelung zu Gunsten etwaig vorhandener außenstehender Gesellschafter der Gruppengesellschaften mbH verbindlich vorschreiben, wenn eine kompensationslose Benachteiligung dieser Gruppe verhindert werden soll. Im Sinne der Rechtssicherheit für die Beteiligten wäre eine inhaltliche Konturierung der Ausgleichsregelung im Sinne der Darstellungen oben in Ziffer D. III. 2. b) (3) wünschenswert. Wird eine entsprechende gesetzliche Regelung geschaffen, ist die erfolgreiche Implementierung und Umsetzung des Gruppenbeitragsmodells auch unter Beteiligung von Gesellschaften mbH jedoch möglich.

Gleichwohl zeigt die Prüfung auch deutlich die Grenzen des Gruppenbeitragssystems auf: Da der Gruppenbeitrag mit einem Ausgleich für die außenstehenden Gesellschafter einhergehen muss, der naturgemäß dann angemessen ist, wenn die Außenseiter jedenfalls das erhalten, was ihnen nach Maßgabe des regulären Gewinnverteilungsschlüssels ohne einen Gruppenbeitrag[1074] zugestanden hätte, kommt letztlich auch im Falle der Leistung eines Gruppenbeitrags der reguläre Gewinnverteilungsschlüssel zur Geltung, nur dass die einzelnen Gewinnanteile dann in Gestalt von Ausgleichs- und Gruppenbeitragsleistungen fließen. Zudem gelten für die Gruppenbeitragsleistungen die allgemeinen Kapitalerhaltungsregelungen, so dass die für die Leistung von Gruppenbeiträgen zur Verfügung stehende Vermögenssubstanz den allgemein verteilungsfähigen Vermögensstock nicht übersteigt. Im Ergebnis bietet das Gruppenbeitragsmodell dem Gruppenträger also auch bei Vorliegen einer gesetzlichen Grundlage nicht mehr und nicht weniger, als die Möglichkeit, seinen regulären Anteil am ausschüttungsfähigen Gewinn einer Gruppengesellschaft mbH steuerwirksam auf sein eigenes Unternehmen oder aber eine andere Gruppengesellschaft zu verlagern.

1074 *»Ohne einen Gruppenbeitrag«* heißt allerdings auch ohne die mit der Gruppenbeitragsleistung verbundene Steuerentlastung der Gruppengesellschaft mbH. Maßgeblich für die Bemessung des angemessenen Ausgleichs ist also der Anteil des außenstehenden Gesellschafters an dem Gewinn der Gruppengesellschaft mbH ohne Gruppenbeitragsleistung aber nach voller (fiktiver) Steuer. S. zu den wirtschaftlichen Be- und Entlastungswirkungen der Gruppenbeitragsleistung oben Ziffer D. III. 1. d).

3. Zwischenergebnis zur Prüfung des Gruppenbeitragsmodells

Die Prüfung der Vereinbarkeit des Gruppenbeitragssystems mit dem Gesellschaftsrecht hat offenbart, dass dieses System nicht mit der gesetzlich vorgegebenen Organisationsstruktur der als Gruppengesellschaften potentiell beteiligten Gesellschaftstypen konform geht. Grund hierfür ist der vorgesehene Übergang von Kompetenzen zur Verwendung bereits erwirtschafteter Gesellschaftsgewinne in Gestalt von Gruppenbeiträgen von der Haupt- bzw. Gesellschafterversammlung auf die Geschäftsleitung. Diese Kompetenzverschiebung erfordert Eingriffe in das Organisationsstatut der Gruppengesellschaften, die einer gesetzlichen Grundlage bedürfen. Im Aktienrecht folgt diese Notwendigkeit bereits aus dem Grundsatz der Gesetzesstrenge des Aktienrechts in Verbindung mit dem Umstand, dass das AktG derzeit keinen Tatbestand aufweist, der für die erforderlichen Strukturänderungen nutzbar gemacht werden kann. Im liberaleren GmbH-Recht ist insofern der Umstand maßgebend, dass die vom Gruppenbeitragssystem vorgesehene Kompetenzordnung zu einem dauerhaften, für die außenstehenden Gesellschafter irreversiblen Übergang der Gewinnverwendungskompetenz auf die – dem Gruppenträger gegenüber weisungsgebundenen – Geschäftsführer führt. Der Gewinnverteilungsschlüssel der Gruppengesellschaft mbH ergibt sich in diesem Fall nicht mehr aus der Satzung und ist für Außenstehende weder erkennbar noch nachvollziehbar, was nach geltendem Recht unzulässig ist.

Hinzu kommt, dass sowohl für die Gruppen-AG als auch für die Gruppengesellschaft mbH zur Vermeidung von Benachteiligungen der Minderheitsgesellschafter Ausgleichsregelungen erforderlich sind, die ihrer Art und Höhe nach an die Besonderheiten des Gruppenbeitragsmodells angepasst sein müssen. Sie haben insbesondere die vorgesehene Möglichkeit zur flexiblen, jährlich wechselnden Festlegung von Gruppenbeiträgen zutreffend abzubilden. Diese Regelungen sind dabei doppelt relevant: Sie verhindern zum einen die Benachteiligung der außenstehenden Gesellschafter, sind aber ebenso wichtig, um die andernfalls eingreifenden gesetzlich vorgesehenen Sanktionen (Ausgleichs- und Schadensersatzansprüche nach den §§ 311, 317 AktG und Schadensersatzansprüche wegen Verstoßes gegen das GmbH-rechtliche Schädigungsverbot) auszuschließen. Denn diese gesetzlichen Ansprüche würden die Leistungsbilanz zwischen den Gruppengesellschaften und dem Gruppenträger nivellieren und die steuerliche Zielsetzung des Gruppenbeitragssystems untergraben, wonach Grundlage der steuerlichen Ergebniskonsolidierung ein tatsächlicher Leistungsfähigkeitstransfer zwischen den Beteiligten sein soll.

Ebenfalls sind Regelungen zum Schutz der Gesellschaftsgläubiger erforderlich, die sicherstellen, dass der gebundene Reservefonds der Gruppengesellschaften nicht in Form von Gruppenbeitragsleistungen an die Gruppenträger (als beherrschende Gesellschafter) abfließt. Insbesondere im Aktienrecht sind hier dezidierte Regelungen erforderlich, wohingegen im GmbH-Recht eine Beachtung der durch § 30 Abs. 1 GmbHG gesetzten Ausschüttungsgrenzen zu sachgerechten Ergebnissen führt.

Bei Beachtung dieser Vorgaben verbleibt aus steuerlicher Sicht die Erkenntnis, dass ein umfassender steuerlicher Ergebnistransfer mit dem Gruppenbeitragsmodell nicht erreichbar ist. Vielmehr führen die gesellschaftsrechtlichen Vorgaben dazu, dass im Gruppenbeitragsmodell stets nur die ausschüttungsfähigen Gewinne der Gewinngesellschaften zur Verfügung stehen, um einen steuerwirksamen Ergebnistransfer zu bewirken.

E. Resümee

Mit nachvollziehbaren Argumenten praktischer und dogmatischer Natur sind die Autoren der Reformmodelle angetreten, um das überkommene Rechtsinstitut der körperschaftsteuerlichen Organschaft im Sinne einer modernen Gruppenbesteuerung zu reformieren. Als erklärtes Ziel haben sie dabei die Entflechtung des Steuer- und Gesellschaftsrechts angeführt,[1075] deren derzeitige Verstrickungen nicht nur zu Brüchen im dogmatischen Unterbau des geltenden Organschaftsrechts führen,[1076] sondern auch die Abwicklung der Besteuerung im Organkreis erheblich verkomplizieren.[1077] Eine Entflechtung des Steuerrechts vom Gesellschaftsrecht bietet zudem die Hoffnung darauf, dass eine künftige Gruppenbesteuerung von den Fehlerquellen befreit ist, die der derzeit notwendige Abschluss des Gewinnabführungsvertrages und das Erfordernis seiner durchgehenden, ordnungsgemäßen Durchführung für die Organschaft bereithalten,[1078] so dass ein erhöhtes Maß an Rechtssicherheit erreicht werden kann.

Die bereits eingangs dieser Arbeit beschriebene Vielschichtigkeit von Konzernsachverhalten[1079] hat sich allerdings auch im Zuge der vorliegenden Untersuchung gezeigt und bewiesen, dass eine Trennung der wirtschaftlichen, steuerrechtlichen und zivilrechtlichen Aspekte von Unternehmensgruppen nicht möglich ist, sondern dass sich Konzernsachverhalte nur in einer ganzheitlichen Betrachtung zutreffend erfassen und gestalten lassen. Dies gilt auch für die Implementierung einer modernen Gruppenbesteuerung, die nur gelingen kann, wenn die gesellschaftsrechtliche Bedeutung ihrer steuerlichen Folgen bedacht und berücksichtigt wird.

Bei der Durchführung der notwendigen gesellschaftsrechtlichen Folgenbetrachtung offenbarte sich, dass die Zurechnungsmodelle sich notfalls

---

1075 *IFSt-Arbeitsgruppe*, IFSt-Schrift Nr. 471 2011, S. 38 f.; Bericht der Facharbeitsgruppe *»Verlustverrechnung und Gruppenbesteuerung«* vom 15.09.2011, Anhang 6, S. 3 sowie Anhang 7, S. 2.

1076 S. zu der Diskrepanz zwischen der Anknüpfung an der handelsrechtlichen Gewinnabführung und der Zurechnung des steuerlichen Gewinns oben Ziffer B. I. 1.

1077 S. hierzu, insbesondere zu den notwendigen Ausgleichskonten für Mehr- und Minderabführungen, oben Ziffer C. I. 2.

1078 S. oben Ziffer C. II. 1.

1079 S Ziffer A. I.

ohne einen gesetzgeberischen Eingriff im Bereich des Gesellschaftsrechts umsetzen ließen. Dies bedeutet jedoch nicht, dass ihre Implementierung ohne Konsequenzen gesellschaftsrechtlicher Art wäre. Im Gegenteil: Eine Beachtung der gesellschaftsrechtlichen Rahmenbedingungen und eine Begleitung der Zurechnungsmodelle durch flankierende Maßnahmen zivil- und gesellschaftsrechtlicher Art ist zwingend erforderlich, um die Entstehung von Unterlassungs- und Schadensersatzansprüchen[1080] zwischen den Beteiligten zu verhindern sowie Haftungsrisiken für die Leitungsorgane der beteiligten Gesellschaften[1081] auszuschließen.

Bei einer Einbindung von Aktiengesellschaften ist zu diesem Zweck den Anforderungen der §§ 311 ff. AktG durch den Abschluss einer Steuerumlagevereinbarung Rechnung zu tragen, die den Gruppengesellschaften keine überhöhten oder ungesicherten Steuerumlagen abverlangt[1082] und den Verlustgesellschaften einen angemessenen Ausgleich für die von ihnen in die Gruppe eingebrachten und mit den Gewinnen der anderen Gruppenmitglieder verrechneten steuerlichen Verluste gewährt.[1083]

Bei Gruppengesellschaften mbH ist der Abschluss eines angemessenen Umlagevertrages ebenso erforderlich, insbesondere unter dem Gesichtspunkt der Kapitalerhaltung, weil nur die drittübliche Ausgestaltung der Gruppenbesteuerung Rückgewähr- und Haftungsansprüche nach den §§ 31 und 43 Abs. 3 GmbHG ausschließt, sollte die Gruppengesellschaft im Zustand der Unterbilanz vortragsfähige Verluste durch Zurechnung an den Gruppenträger verlieren.[1084] Ein angemessen ausgestalteter Umlagevertrag ist aber ebenso erforderlich, um eine Haftung des Gruppenträgers und der Geschäftsführer der Gruppengesellschaft unter dem Gesichtspunkt eines Verstoßes gegen das Schädigungsverbot zu verhindern.[1085]

Wegen der zahlreichen Zweifelsfragen, die sich hinsichtlich der zulässigen Art und Höhe des Ausgleichs sowohl im Aktien-[1086] als auch im

---

1080 S. zu der Rechtslage nach den §§ 311 ff. AktG Ziffer D. I. 2. b) (2) (d).

1081 S. für den AG-Vorstand oben Ziffer D. II. 1. a) (7), für die GmbH-Geschäftsführer Ziffer D. II. 2. a) (1) (f).

1082 S. zur Nachteiligkeit von Steuerumlagevereinbarungen, die überhöhte Steuerumlagen oder keine Besicherung positiver Steuerumlagen vorsehen Ziffer D. II. 1. b) (1) und (2).

1083 S. insofern Ziffer D. II. 1. a) (6).

1084 S. hierzu Ziffer D. II. 2. a) (1) (e).

1085 S. hierzu Ziffer D. II. 2. b).

1086 S. zur Nachteiligkeit von Steuerumlagevereinbarungen, die überhöhte Steuerumlagen oder keine Besicherung positiver Steuerumlagen vorsehen Ziffer D. II. 1. b) (1) und (2).

GmbH-Recht[1087] stellen und der Haftungsrelevanz dieser Fragen für die beteiligten Akteure, wäre insofern eine gesetzliche Regelung wünschenswert, ohne dass sie zwingende Voraussetzung für die Implementierung eines Zurechnungsmodells wäre.

Rechtsfolgenseitig gewähren die Zurechnungsmodelle die Möglichkeit einer Einkommenskonsolidierung, die derjenigen in der Organschaft entspricht. Gleichzeitig bleiben unerwünschte Verquickungen von Steuer- und Zivilrecht auf Tatbestandsebene aus und zivilrechtliche Fehler schlagen nicht mehr auf die steuerliche Ebene durch. Das gilt auch für Mängel des Umlagevertrages, die – weil sein Abschluss nach den Reformmodellen und anders als im österreichischen Steuerrecht[1088] keine Tatbestandsvoraussetzung der Organschaft sein soll – ausschließlich zivil- bzw. gesellschaftsrechtliche Folgen für die Beteiligten haben. Insofern lässt sich mit den Zurechnungsmodellen die bezweckte Entflechtung von Steuer- und Gesellschaftsrecht bei gleichzeitiger Aufrechterhaltung der gegenwärtigen steuerlichen Einkommenskonsolidierungsmöglichkeiten weitgehend erreichen.

Anders sieht dies bei einem Gruppenbeitragsmodell aus: Hier hat die Prüfung gezeigt, dass die Umsetzung der vorgesehen Konzeption zu Verwerfungen mit den gesellschaftsrechtlichen Rahmenbedingungen führt, die nicht durch den Abschluss begleitender Verträge zwischen Gruppengesellschaften und Gruppenträger ausgeräumt werden können. Den Ausgangspunkt nehmen diese Verwerfungen in dem Umstand, dass die Gruppenbeiträge der steuerlichen Zielsetzung der Einkommenskonsolidierung folgend zwar als Betriebsausgaben behandelt werden sollen,[1089] dass deren Leistung nach den allgemeingültigen Maßstäben sowohl des Gesellschafts-[1090] als auch des Steuerrechts[1091] aber einen Akt der Gewinnverwendung darstellt. Die Konzeption des Gruppenbeitragsmodells läuft somit darauf hinaus, dass die Leitungsorgane der Gruppenmitglieder für jeden Veranlagungszeitraum flexibel über Gewinnauszahlungen an Schwester- und/oder Muttergesellschaften bzw. Einlagen von Mutter- an Tochtergesellschaften entscheiden können. Das führt zu Konflikten mit der gesetzlichen Kompetenzordnung des AktG und GmbHG.

1087 S. oben Ziffer D. II. 2. b).
1088 S. § 9 Abs. 8 Satz 2, 3. Spiegelstrich öKStG.
1089 S. Ziffer C. III. 3.
1090 S. Ziffer D. III. 2. b) (1).
1091 S. oben Ziffer D. I. 1. e).

Diese Konflikte lassen sich im Aktienrecht wegen dessen Gesetzesstrenge nur auf Grundlage einer neu zu schaffenden gesetzlichen Grundlage lösen.[1092] Aber auch im GmbH-Recht erreicht die vorgesehene Kompetenzverlagerung die Grenzen der Satzungsautonomie der Gesellschafter und erfordert daher eine normative Basis.[1093]

Zudem ergeben sich beim Gruppenbeitragsmodell aufgrund des vorausgesetzten tatsächlichen Geld- bzw. Leistungsfähigkeitstransfers,[1094] der bei Leistungen der Gruppengesellschaften als Gewinnausschüttung an den Gruppenträger anzusehen ist,[1095] Konflikte mit der Kapitalerhaltung und Vermögensbindung. Hier ist zum Schutze der Gesellschaftsgläubiger sicherzustellen, dass kein gebundenes Gesellschaftsvermögen in Gestalt von Gruppenbeiträgen an den Gruppenträger abgeführt wird.[1096] Durch die entsprechenden Maßnahmen wird das zur Beitragsleistung verwendbare Vermögen auf den Betrag der ausschüttungsfähigen Gewinne begrenzt.

Aber nicht nur die Gläubiger sind zu schützen. Auch die außenstehenden Gesellschafter müssen keine Benachteiligungen durch disquotale Gewinnausschüttungen zu Gunsten des Gruppenträgers hinnehmen. Deswegen muss ihnen ein adäquater Ausgleich für die Schmälerung des verteilungsfähigen Gewinns der Gruppengesellschaft zufließen,[1097] wenn die Leistung eines Gruppenbeitrages nicht in jedem einzelnen Fall von ihrer Zustimmung abhängen soll.[1098] Da diese Ausgleichsleistung von der

---

1092 Zur Notwendigkeit einer gesetzlichen Grundlage bei Einbindung einer Gruppen-AG s. Ziffer D. III. 1. a) (3).

1093 Entscheidend ist hier nicht der Übergang von Gewinnverwendungskompetenzen an die Geschäftsführer an sich, sondern die Kombination dieses Überganges mit einem wechselnden, disquotalen Gewinnverteilungsschlüssel, s. D. III. 2. b) (3).

1094 Bericht der Facharbeitsgruppe *»Verlustverrechnung und Gruppenbesteuerung«* vom 15.09.2011, Anhang 7, S. 3.

1095 S. zur Zurechnung der Auszahlung Ziffer D. III. 2. c).

1096 S. zu den notwendigen Regularien zum Schutze des gebundenen Reservefonds der Gruppen-AG Ziffer D. III. 1. b) (3). Zur GmbH-rechtlichen Kapitalerhaltung s. Ziffer D. III. 2. c).

1097 Für die AG s. insofern Ziffern D. III. 1) (b) (2) und (3) sowie für die GmbH D. III. 2. b) (3).

1098 S. zur alternativen Festlegung von Gruppenbeiträgen im Rahmen der Gewinnverwendungsbeschlüsse der Hauptversammlung Ziffer D. III. 1. c). Zum Zustimmungserfordernis bei Gesellschafterbeschlüssen über eine vom gesetzlichen oder satzungsmäßigen Gewinnverteilungsschlüssel abweichende Gewinnverteilung s. oben Ziffer D. III. 2. b) (2).

Gruppengesellschaft selbst gezahlt werden soll und nicht vom Gruppenträger,[1099] reduziert sich der zur Beitragsleistung verfügbare Betrag weiter.

Erschwerend kommt bei alledem hinzu, dass die Gefahren für Gläubiger und außenstehende Gesellschafter nicht durch die Zahlung einer angemessenen Gegen- oder Ausgleichsleistung seitens der Empfängergesellschaft ausgeräumt werden können, weil derartige Leistungen die Leistungsbilanz der beteiligten Gesellschaften nivellieren und damit den Zweck der Gruppenbesteuerung – die steuerliche Ergebniskonsolidierung – vereiteln würden.[1100] Insofern muss die Implementierung eines Gruppenbeitragsmodells von einer gesellschaftsrechtlichen Gesetzesänderung begleitet werden, die alle vorgenannten Konfliktlagen auflöst. Die Leitlinien und Eckpunkte dieser Regelungen wurden im Rahmen der Untersuchung aufgezeigt, so dass nicht mehr zweifelhaft ist, dass eine Lösung möglich ist. Diese Leitlinien zeigen jedoch auch klar die Grenzen des Gruppenbeitragsmodells: Gruppenbeiträge können seitens der Gruppengesellschaften nur geleistet werden, soweit diese über ausschüttungsfähiges Vermögen verfügen, das dem Gruppenträger als Gewinnanteil zusteht.[1101] Bei Inkaufnahme dieser Einschränkung und Umsetzung der notwendigen Legislativmaßnahmen, kann jedoch auch im Gruppenbeitragsmodell eine Entflechtung des Steuer- vom Gesellschaftsrecht insoweit gelingen, dass der steuerliche Gruppenbesteuerungstatbestand – abgesehen von der finanziellen Eingliederung – nicht mehr an zivil- und gesellschaftsrechtliche Voraussetzungen anknüpft.

Insgesamt ist zu konstatieren, dass eine grundlegende Reform und Modernisierung der Organschaft unter weitgehender »tatbestandlicher Entflechtung« des Steuer- vom Gesellschaftsrechte möglich ist, wenn diese Reform die steuer- und gesellschaftsrechtlichen Aspekte gleichermaßen berücksichtigt. Dabei biete n nur die Zurechnungsmodelle die Möglichkeit einer so umfassenden Ergebniskonsolidierung, wie sie aus der Organschaft bekannt ist.

1099 S. Ziffer D. III. 1. b) (3) oben, sowie Bericht der Facharbeitsgruppe *»Verlustverrechnung und Gruppenbesteuerung«* vom 15.09.2011, Anlage 7 Ziffer 2.4.

1100 S. hierzu im Zusammenhang mit §§ 311 und 302 AktG oben Ziffer D. III. 1. b) (2) und (3).

1101 S. bereits oben Ziffer D. III. 2. e).

Literaturverzeichnis

Altmeppen, Holger/Roth, Günter: Gesetz betreffend die Gesellschaften mit beschränkter Haftung, 8. Auflage, 2015, München, Verlag C. H. Beck (zitiert als: *Bearbeiter* in: *Altmeppen/Roth*, GmbHG)

Bachem, Wilfried: Neuregelung der Besteuerung im Konzern, 1996, Berlin, Institut Finanzen und Steuern (zitiert als: *Bachem*, IFSt-Schrift Nr. 350 1996)

Ballerstedt, Kurt: Handels- und gesellschaftsrechtliche Probleme der Organschaft (Teil I), Der Betrieb, 1956, S. 813 ff.

Ballerstedt, Kurt: Handels- und gesellschaftsrechtliche Probleme der Organschaft (Teil II), Der Betrieb, 1956, S. 37 ff.

Bamberger, Heinz Georg/Roth, Georg: Beck'scher Online-Kommentar BGB, 39. Edition, Stand: 01.03.2011, München, Verlag C. H. Beck (zitiert als: *Bearbeiter* in: *Bamberger/Roth*, Beck OK BGB)

Barz, Carl Hans: Abhängigkeitsausschlussvertrag bei der Aktiengesellschaft, Festschrift für Johannes Bärmann zum 70. Geburtstag - Recht und Wirtschaft in Geschichte und Gegenwart, 1975, München, Verlag C. H. Beck, S. 185 ff. (zitiert als: *Barz* in: FS Bärmann)

Bauer, Klaus: Die Besteuerung deutscher Konzerne – Wirtschaftliche Einheit und Konzernsteuerrecht, 1987, Regensburg, (zitiert als: *Bauer*, Die Besteuerung deutscher Konzerne)

Baumbach, Adolf (Begr.)/Hueck, Alfred (Hrsg.): Gesetz betreffend die Gesellschaften mit beschränkter Haftung, 21. Auflage, 2017, München, Verlag C. H. Beck (zitiert als: *Bearbeiter* in: *Baumbach/Hueck*, GmbHG)

Bayer, Walter/Habersack, Mathias: Aktienrecht im Wandel – Band I: Entwicklung des Aktienrechts, 2007, Tübingen, Mohr-Siebeck (zitiert als: *Bearbeiter* in: Aktienrecht im Wandel, Band I)

Bayer, Walter/Habersack, Mathias: Aktienrecht im Wandel – Band II: Grundsatzfragen des Aktienrechts, 2007, Tübingen, Mohr-Siebeck (zitiert als: *Bearbeiter* in: *Bayer*, Aktienrecht im Wandel, Band II)

Bayer, Walter/Lieder, Jan: Das aktienrechtliche Freigabeverfahren für die GmbH, Neue Zeitschrift für Gesellschaftsrecht 2011, S. 1170 ff.

Beiser, Reinhold: Keine Vererbbarkeit von Verlustvorträgen? – Kritik zur Divergenzanfrage des I. Senats des BFH vom 29.3.2000, Deutsches Steuerrecht 2000, S. 1505 ff.

Bezzenberger, Tilman: Das Kapital der Aktiengesellschaft – Kapitalerhaltung – Vermögensbindung – Konzernrecht, 2005, Köln, Verlag Dr. Otto Schmidt

Brandis, Peter/Heuermann, Bernd (Hrsg.): Blümich – EStG · KStG · GewStG, 135. Ergänzungslieferung, Stand: November 2016, München, Verlag Franz Vahlen (zitiert als: *Bearbeiter* in: *Blümich*, EStG/KStG/GewStG)

Bödefeld, Axel/Krebs, Hans-Joachim: Dauer des Gewinnabführungsvertrages bei körperschaftsteuerlicher Organschaft, Finanz-Rundschau 1996, S. 157 ff.

Boer, Martin: Die niederländische fiskale Einheit in der Körperschaftsteuer, Internationales Steuerrecht 2011, S. 61 ff.

Brusch, Friedrich: Hessische Überlegungen zum Gruppenbeitragsmodell, Der Betrieb 2011, Standpunkte, S. 45 f.

Cahn, Andreas: Kapitalerhaltung im Konzern, 1998, Köln, Verlag Carl Heymann

Claussen, Carsten Peter/Scherrer, Gerhard: Kölner Kommentar zum Rechnungslegungsrecht (§§ 238-342e HGB), 2010, Köln, Verlag Carl Heymann (zitiert als: *Bearbeiter* in: *Claussen/Scherrer* KölnKomm Rechnungslegung)

Dahlke, Jürgen: Bilanzierung latenter Steuern bei Organschaftsverhältnissen nach dem BilMoG, Betriebs-Berater 2009, S. 878 ff.

Danelsing, Walter: Reform der inländischen Organschaftsbesteuerung – Die österreichische Gruppenbesteuerung als ein mögliches Modell, Deutsches Steuerrecht 2005, S. 1342 ff.

Dauner-Lieb, Barbara: Die Existenzvernichtungshaftung – Schluss der Debatte, Deutsches Steuerrecht 2006, S. 2034 ff.

Dettling, Heinz-Uwe: Die Entstehungsgeschichte des Konzernrechts im Aktiengesetz von 1965, 1997, Tübingen, Verlag J. C. B. Mohr

Dötsch, Ewald: Organschaft: Neuere Entwicklung, Der Konzern 2005, S. 695 ff.

ders.: Kann eine unzutreffende handelsrechtliche Bilanzierung zur steuerlichen Nichtanerkennung der Organschaft führen?, Der Konzern 2009, S. 171 ff.

Dötsch, Ewald/Pung, Alexandra/Möhlenbrock, Ralf: Die Körperschaftsteuer, 88. Ergänzungslieferung, Stand: Januar 2017, Stuttgart, Schaeffer-Pöschel (zitiert als: *Bearbeiter* in: *Dötsch*, KStG)

Duden, Konrad: Aktienrechtliche Fragen zur „Organschaft“ mit einem Großaktionär, Betriebs-Berater 1957, S. 49 ff.

Ebling, Iris: Besteuerung von Einkommen – Veröffentlichungen der Deutschen Steuerjuristischen Gesellschaft e. V., Band 24, 2001, Köln, Verlag Dr. Otto Schmidt (zitiert als: *Bearbeiter* in: *Ebling*, Besteuerung von Einkommen)

Ellerbusch, Martin/Schlüter, Andreas: Die Abgrenzung latenter Steuern im Organkreis nach BilMoG, Deutsches Steuerrecht 2009, S. 2443 ff.

Emmerich, Volker/Habersack, Mathias: Aktien- und GmbH-Konzernrecht, 8. Auflage, 2016, München, Verlag C. H. Beck (zitiert als: *Bearbeiter* in: *Emmerich/ Habersack*, Konzernrecht)

Erhart, Gabriele/Riedel, Hannspeter: Disquotale Gewinnausschüttungen bei Kapitalgesellschaften – gesellschafts- und steuerrechtliche Gestaltungsmöglichkeiten, Betriebs-Berater 2008, S. 2266 ff.

Erlinghagen, Peter: Der Organschaftsvertrag mit Ergebnis-Ausschlußklausel im Aktienrecht, 1960, Hamburg, Verlag N. G. Elwert

Esterer, Fritz/Bartelt, Martin: Modernes Gruppenbesteuerungssystem für Deutschland, kritische Analyse der Organschaft und mögliche Reformansätze, Betriebs-Berater-Special Steuerrecht 2010, S. 2 ff.

Feddersen, Dieter: Gewerbesteuerumlage im faktischen Konzern, Besprechung der Entscheidung BGH ZIP 1999, 708 ff., Zeitschrift für Unternehmens- und Gesellschaftsrecht 2000, S. 523 ff.

Fleck, Hans-Joachim: Die Drittanstellung des GmbH-Geschäftsführers, Zeitschrift für das Gesamte Handels- und Gesellschaftsrecht 1985, S. 387 ff.

Fleischer, Holger: Haftung des herrschenden Unternehmens im faktischen Konzern und unternehmerisches Ermessen (§§ 317 II, 93 I AktG) – Das UMTS-Urteil des BGH, Neue Zeitschrift für Gesellschaftsrecht 2008, 371 ff.

ders.: Zur (Nicht-) Anwendbarkeit des Freigabeverfahrens nach § 246a AktG im GmbH-Recht, Der Betrieb 2011, S. 2132 ff.

Fleischer, Holger/Goette, Wulf (Hrsg.): Münchener Kommentar zum Gesetz betreffend die Gesellschaften mit beschränkter Haftung, Band 1 (§§ 1-34), 2. Auflage, 2015, München, Verlag C. H. Beck (zitiert als: *Bearbeiter* in: MüKo GmbHG)

dies.: Münchener Kommentar zum Gesetz betreffend die Gesellschaften mit beschränkter Haftung, Band 2 (§§ 35-52), 2. Auflage, 2016, München, Verlag C. H. Beck (zitiert als: *Bearbeiter* in: MüKo GmbHG)

dies.: Münchener Kommentar zum Gesetz betreffend die Gesellschaften mit beschränkter Haftung, Band 3 (§§ 53-85), 2. Auflage, 2015, München, Verlag C. H. Beck (zitiert als: *Bearbeiter* in: MüKo GmbHG)

Flume, Werner: Die Organschaft im Körperschaftsteuerrecht, Der Betrieb 1965, S. 455 ff.

Frey, Johannes/Sälzer, Marc: Die deutsche Konzernbesteuerung im Umbruch - Gelingt die Befreiung aus den Schlingen des Gewinnabführungsvertrags?, Betriebs-Berater 2012, S. 294 ff.

Frotscher, Gerrit: Die KGaA als Organgesellschaft, Der Konzern 2006, S. 139 ff.

Frotscher, Gerrit/Maas, Ernst: Kommentar zum Körperschaft-, Gewerbe- und Umwandlungssteuergesetz, 137. Ergänzungslieferung, Stand: Januar 2017, Freiburg, Haufe (zitiert als: *Bearbeiter* in: *Frotscher/Maas*, KStG/GewStG/UmwStG)

Fuchs, Hubert: Gruppenbesteuerung, 2005, Wien, Verlag Österreich

Fußbroich, Pinkas: Verlustverrechnung und Verlustverwertung in der Konzernunternehmung, 2001, Lohmar, Verlag Josef Eul

Gehrlein, Markus/Ekkenga, Jens/Simon, Stefan (Hrsg.): GmbHG, 2. Auflage, 2015, Köln, Verlag Carl Heymann (zitiert als: *Bearbeiter* in: *Gehrlein/Ekkenga/Simon*, GmbHG)

Gerlach, Jens: Die Organschaft im Ertragsteuerrecht – Ein Auslaufmodell?, Finanz-Rundschau 2012, S. 450 ff.

Goette, Wulf/Habersack, Mathias: Das MoMiG in Wissenschaft und Praxis, 2009, Köln, RWS Verlag

Goette, Wulf/Habersack, Mathias (Hrsg.): Münchener Kommentar zum Aktiengesetz, Band 1 (§§ 1-75), 4. Auflage, 2016, München, C. H. Beck (zitiert als: *Bearbeiter* in: MüKo AktG)

dies.: Münchener Kommentar zum Aktiengesetz, Band 2(§§ 76-117), MitbestG, DrittelbG, 4. Auflage, 2014, München, C. H. Beck (zitiert als: *Bearbeiter* in: MüKo AktG)

dies.: Münchener Kommentar zum Aktiengesetz, Band 3 (§§ 118-178), 3. Auflage, 2013, München, C. H. Beck (zitiert als: *Bearbeiter* in: MüKo AktG)

dies.: Münchener Kommentar zum Aktiengesetz, Band 5 (§§ 278-328), SpruchG, ÖGesAusG, Österreichisches Konzernrecht, 4. Auflage, 2015, München, C. H. Beck (zitiert als: *Bearbeiter* in: MüKo AktG)

dies.: Münchener Kommentar zum Aktiengesetz, Band 7 (Europäisches Aktienrecht, SE-VO, SEBG, Europäische Niederlassungsfreiheit), 3. Auflage, 2012, München, C. H. Beck (zitiert als: *Bearbeiter* in: MüKo AktG)

Gosch, Dietmar (Hrsg.): Körperschaftsteuergesetz, 3. Auflage, 2015, München, C. H. Beck (zitiert als: *Bearbeiter* in: *Gosch*, KStG)

Grigoleit, Hans Christoph (Hrsg.): Aktiengesetz, Kommentar, 2013, München, Verlag C. H. Beck (zitiert als: *Bearbeiter* in: *Grigoleit*, AktG)

ders.: Gesellschafterhaftung für interne Einflussnahme im Recht der GmbH – Dezentrale Gewinnverfolgung als Leitprinzip des dynamischen Gläubigerschutzes, 2006, München, Verlag C. H. Beck

Groll, Rüdiger von (Hrsg.): Verluste im Steuerrecht – 29. Jahrestagung der Deutschen Steuerjuristischen Gesellschaft e.V., Mainz, 27. und 28. September 2004 – Veröffentlichungen der Deutschen Steuerjuristischen Gesellschaft e. V., Band 28, 2005, Köln, Verlag Dr. Otto Schmidt (zitiert als: *Bearbeiter* in: *Groll*, Verluste im Steuerrecht)

Grotherr, Sigfried: Der Abschluss eines Gewinnabführungsvertrages als (un-) verzichtbares Tatbestandsmerkmal der körperschaftsteuerlichen Organschaft, Finanz-Rundschau 1995, S. 1 ff.

ders.: Kritische Bestandsaufnahme der steuersystematischen und betriebswirtschaftlichen Unzulänglichkeiten des gegenwärtigen Organschaftskonzepts, Steuer und Wirtschaft 1995, S. 124 ff.

Grottel, Bernd/Schmidt, Stefan/Schubert, Wolfgang/Winkeljohann, Norbert (Hrsg.): Beck'scher Bilanz-Kommentar – Handelsbilanz Steuerbilanz, 10. Auflage, München 2016, Verlag C. H. Beck (zitiert als: *Bearbeiter* in: Beck'scher Bilanz-Kommentar)

Gummert, Hans (Hrsg.): Münchener Anwaltshandbuch Personengesellschaftsrecht, 2. Auflage, 2015, München, C. H. Beck

Günkel, Manfred/Wagner, Thomas: Ertragsteuerliche Organschaft bei Wegfall des Gewinnabführungsvertrages, Die Unternehmensbesteuerung 2010, S. 603 ff.

Haas, Wolfgang/Herzig, Norbert/Hey, Johanna/Hirte, Heribert /Kessler, Wolfgang/ Kröner, Michael/Rennings, Peter/Rödder, Thomas: Einführung einer modernen Gruppenbesteuerung – Ein Reformvorschlag, 2011, Berlin, Institut Finanzen und Steuern (zitiert als: *IFSt-Arbeitsgruppe*, IFSt-Schrift Nr. 471 2011)

Habersack, Mathias: Steuerumlagen im faktischen Konzern - konzernrechtlich betrachtet, Betriebs-Berater 2007, S. 1397 ff.

ders.: Geschäftschancen im Recht der verbundenen Aktiengesellschaften, Festschrift für Michael Hoffmann-Becking, 2013, München, Verlag C. H. Beck, S. 421 ff. (zitiert als: *Habersack* in: FS Hoffmann-Becking)

Hachenburg, Max (Hrsg.): Gesetz betreffend die Gesellschaften mit beschränkter Haftung – Großkommentar, Band 2: §§ 1-34, 8. Auflage, 1992, Berlin, De Gruyter (zitiert als: *Bearbeiter* in: *Hachenburg,* GmbHG Großkommentar)

Heidel, Thomas: § 311 Abs. 2 AktG – wider die vollständige Entwertung einer gut gemeinten Norm, Festschrift für Wienand Meilicke, 2010, Baden-Baden, Nomos, S. 125 ff. (zitiert als: *Heidel* in: FS Meilicke)

Hennrichs, Joachim: Kapitalschutz bei GmbH, UG (haftungsbeschränkt) und SPE, Neue Zeitschrift für Gesellschaftsrecht 2009, S. 921 ff.

Hennrichs, Joachim/Kleindiek, Detlef/Watrin, Christoph(Hrsg.): Münchener Kommentar zum Bilanzrecht, Band 2 (§§ 238-342e HGB), 2013, München, Verlag C. H. Beck (zitiert als: *Bearbeiter* in: MüKo Bilanzrecht)

Henssler, Martin/Strohn, Lutz (Hrsg.): Gesellschaftsrecht: GesR - BGB, HGB, PartGG, GmbHG, AktG, GenG, UmwG, InsO, AnfG, IntGesR, 3. Auflage, 2016, München, C. H. Beck (zitiert als: *Bearbeiter* in: *Henssler/Strohn*, Gesellschaftsrecht)

Herlinghaus, Andreas: Verdeckte Gewinnausschüttungen im Organschaftskonzern – Zugleich Anmerkung zum Urteil des BFH vom 07.11.2001 – I R 57/00, GmbH-Rundschau, 2002, S. 989 ff.

Herrmann, Carl/Heuer, Gerhard/Raupach, Arndt (Hrsg.): Einkommensteuer- und Körperschaftsteuergesetz, 274. Ergänzungslieferung, Stand Mai 2016, Köln, Verlag Dr. Otto Schmidt (zitiert als: *Bearbeiter* in: *Herrmann/Heuer/Raupach*, EStG/ KStG)

Herzig, Norbert (Hrsg.): Organschaft – laufende und aperiodische Besteuerung, nationale und internationale Aspekte, Hinweise zum EU-Recht, 2003, Stuttgart, Schaeffer-Poeschel (zitiert als: *Bearbeiter* in: *Herzig*, Organschaft)

ders.: CCCTB-Projekt und Zukunft der Konzernbesteuerung (III), Finanz-Rundschau 2009. S. 1037 ff.

ders.: Die Organschaft im Umbruch, Beihefter zu Deutsches Steuerrecht, 2010, S. 61 ff.

ders.: Bedeutung latenter Steuern für die Konzernsteuerquote, Festschrift für Wolfgang Lück, 2003, Düsseldorf, IDW-Verlag, S. 429 ff. (zitiert als: *Herzig* in: FS Lück)

Herzig, Norbert/Lieckenbrock, Bernhard: Zinsschranke im Organkreis, Der Betrieb 2007, S. 2387 ff.

dies.: Zum Zinsvortrag bei der Organschaft, Der Betrieb 2009, S. 1949 ff.

Herzig, Norbert/Stock, Cornelius: Entwicklungen der Organschaft und Zukunftsperspektiven einer Gruppenbesteuerung, Betriebswirtschaftliche Forschung und Praxis 2011, S. 476 ff.

Herzig, Norbert/Wagner, Thomas: Zukunft der Organschaft im EG-Binnenmarkt, Der Betrieb 2005, S. 1 ff.

Hey, Johanna: Steuerpolitischer Handlungsbedarf bei der Organschaft, Finanz-Rundschau 2012, S. 994 ff.

Hirte, Heribert: Kapitalgesellschaftsrecht, 8. Auflage, 2016, Köln, RWS Verlag

Hoffmann, Friedrich: Konzernhandbuch: Recht, Steuern, Rechnungslegung, Führung, Organisation, Praxisfälle, 1993, Wiesbaden, Gabler (zitiert als: *Hoffmann*, Konzernhandbuch)

Hoffmann, Wolff-Dieter/Lüdenbach, Norbert (Hrsg.): Bilanzierung – Handels- und Steuerrecht, 7. Auflage, 2014, Herne, NWB-Verlag (zitiert als: NWB Kommentar Bilanzierung)

Hoffmann-Becking, Michael (Hrsg.): Münchener Handbuch des Gesellschaftsrechts, Band 4 (Aktiengesellschaft), 4. Auflage, 2015, München, Verlag C. H. Beck (zitiert als: *Bearbeiter* in: MHdG, Band IV)

Hogh, Thomas: Die Nachteilsermittlung im Rahmen des § 311 I AktG – Möglichkeit einer Orientierung an dem Institut der verdeckten Gewinnausschüttung im Sinne des § 8 III 2 KStG, 2004, Frankfurt a. M., Verlag Peter Lang

Hölters, Wolfgang (Hrsg.): Aktiengesetz, 2. Auflage, 2014, München, C. H. Beck (zitiert als: *Bearbeiter* in: *Hölters*, AktG)

Hommelhoff, Peter: Die Konzernleitungspflicht – Zentrale Aspekte eines Konzernverfassungsrechts, 1982, Köln, Verlag Carl Heymann (zitiert als: *Hommelhoff*, Konzernleitungspflicht)

ders.: Modernisiertes HGB-Bilanzrecht im Wettbewerb der Regelungssysteme – Konzeptionelle Bemerkungen aus Anlass des RegE BilMoG, Zeitschrift für Unternehmens- und Gesellschaftsrecht 2008, S. 250 ff.

ders.: Förder- und Schutzrecht für den faktischen GmbH-Konzern, Zeitschrift für Unternehmens- und Gesellschaftsrecht 2012, S. 535 ff.

Hommelhoff, Peter/Semler, Johannes/Doralt, Peter/Roth, Günter (Hrsg.): Entwicklungen im GmbH-Konzernrecht – 2. Deutsch-Österreichisches Symposium zum Gesellschaftsrecht vom 21. und 22. Februar, Zeitschrift für Unternehmens- und Gesellschaftsrecht, Sonderheft 6, 2015, Berlin, De Gruyter (zitiert als: *Bearbeiter* in: Entwicklungen im GmbH-Konzernrecht)

Hopt, Klaus/Wiedemann, Herbert (Hrsg.): Aktiengesetz – Großkommentar, Band 1 (Einleitung; §§ 1-53); 4. Auflage, 2012, Berlin, De Gruyter (zitiert als: *Bearbeiter* in: *Hopt/Wiedemann*, Großkommentar AktG) dies.: Aktiengesetz – Großkommentar, Band 2 (§§ 53a-75); 4. Auflage, 2012, Berlin, De Gruyter (zitiert als: *Bearbeiter* in: *Hopt/Wiedemann*, Großkommentar AktG)

dies.: Aktiengesetz – Großkommentar, Band 8 (§§ 278-310); 4. Auflage, 2013, Berlin, De Gruyter (zitiert als: *Bearbeiter* in: *Hopt/Wiedemann*, Großkommentar AktG)

Hübl, Leo: Die Organtheorien im Körperschaftsteuerrecht, Deutsche Steuer-Zeitung, Ausgabe A 1965, S. 17 ff.

Hueck, Alfred: Zur Frage der Rechtswirksamkeit der Organschaftsverträge, Der Betrieb 1959, S. 223 ff.

Hüffer, Uwe (Begr.)/Koch, Jens: Aktiengesetz: AktG, 12. Auflage, 2016, München, C. H. Beck (zitiert als: *Hüffer/Koch*, AktG)

Hüttemann, Rainer: Steuerumlagen im Konzern, Zeitschrift für das gesamte Handels- und Gesellschaftsrecht 2007, S. 451 ff.

Ismer, Roland: Gruppenbesteuerung statt Organschaft im Ertragsteuerrecht, Deutsches Steuerrecht 2012, S. 821 ff.

Jochum, Heike: Organschaft versus Gruppenbesteuerung – Ist der Ergebnisabführungsvertrag als Organschaftsvoraussetzung bei der Körperschaftsteuer verzichtbar?, Finanz-Rundschau 2005, S. 577 ff.

Jurkat, Werner: Die Organschaft im Körperschaftsteuerrecht, 1975, Heidelberg, Verlagsgesellschaft Recht und Wirtschaft

Kaeser, Christian: Der Gewinnabführungsvertrag als formale Hürde der Organschaft, Beihefter zu Deutsches Steuerrecht 2010, S. 56 ff.

ders.: Die steuerliche und bilanzielle Behandlung von Verlusten im Konzern, Münchener Schriften zum Internationalen Steuerrecht, Heft 24: Verluste im nationalen und internationalen Steuerrecht, 2004, München, Verlag C. H. Beck, S. 115 ff.

Karthaus, Carolin: Die österreichische Gruppenbesteuerung als Modell für Deutschland – Reformnotwendigkeit und mögliche Neugestaltung der körperschaftsteuerlichen Organschaft, 2009, Marburg, Tectum-Verlag

Kessler, Wolfgang/Kröner, Michael/Köhler, Stefan (Hrsg.): Konzernsteuerrecht – National – International, 2. Auflage, 2008, München, Verlag C. H. Beck (zitiert als: *Bearbeiter* in: *Kessler, Kröner, Köhler*, Konzernsteuerrecht)

Kessler, Wolfgang/Phillipp, Moritz: Von der Organschaft zur Gruppenbesteuerung - Plädoyer für einen dogmatischen Neuanfang, Die Unternehmensbesteuerung 2010, S. 867 ff.

Klein, Franz (Begr.): Abgabenordnung, 13. Auflage, München, 2016, Verlag C. H. Beck (zitiert als: *Bearbeiter* in: *Klein*, AO)

Kleindiek, Detlef: Strukturvielfalt im Personengesellschafts-Konzern, 1991, Köln, Verlag Carl Heymann

ders.: Steuerumlagen im gewerbesteuerlichen Organkreis, Deutsches Steuerrecht 2000, S. 559 ff.

Kluth, Winfried: Rechtsfragen der verwaltungsrechtlichen Willenserklärung Auslegung, Bindung, Widerruf, Anfechtung, Neue Zeitschrift für Verwaltungsrecht 1990, S. 608 ff.

Knepper, Karl Heinz: Bilanzierung im qualifiziert faktischen Konzern, Deutsches Steuerrecht 1993, S. 1613 ff.

Knobbe-Keuk, Brigitte: Bilanz- und Unternehmenssteuerrecht, 9. Auflage, 1993, Köln, Verlag Dr. Otto Schmidt

Koenig, Ulrich (Hrsg.): Abgabenordnung, 3. Auflage, 2014, München, Verlag C. H. Beck (zitiert als: *Bearbeiter* in: *Koenig*, AO)

Krebühl, Hans-Herbert: Beteiligung an ausländischen Gesellschaften – Möglichkeiten und Grenzen des § 8b KStG, Der Betrieb1994, S. 496 ff.

ders.: Reform der köperschaftsteuerlichen und gewerbesteuerlichen Organschaft, Der Betrieb1995, S. 743 ff.

ders.: Zur Reform und Reformnotwendigkeit der deutschen Konzernbesteuerung, Deutsches Steuerrecht 2001, S. 1730 ff.

ders.: Besteuerung der Organschaft im neuen Unternehmenssteuerrecht, Deutsches Steuerrecht 2002, S. 1244 ff.

ders.: Reform der Konzernbesteuerung (IV), Finanz-Rundschau 2009, S. 1042 ff.

Kropff, Bruno: Aktiengesetz, Textausgabe des Aktiengesetzes vom 6.9.1965 (Bundesgesetzblatt I S. 1089) und des Einführungsgesetzes zum Aktiengesetz vom 6.9.1965 (Bundesgesetzblatt I S. 1185); mit Begründung des Regierungsentwurfs, 1965, Düsseldorf, Verlagsbuchhandlung des Instituts der Wirtschaftsprüfer GmbH (zitiert als: *Kropff*, Aktiengesetz)

ders.: Der "faktische Konzern" als Rechtsverhältnis (Teil II), Der Betrieb 1967, S. 2204 ff.

ders.: Benachteiligungsverbot und Nachteilsausgleich im faktischen Konzern, Festschrift für Walther Kastner zum 90. Geburtstag, 1992, Wien, Verlag Dr. Anton Orac, S. 279 ff. (zitiert als: *Kropff* in: FS Kastner)

ders.: Einlagenrückgewähr und Nachteilsausgleich im faktischen Konzern, Neue Juristische Wochenschrift 2009, S. 814 ff.

Krüger, Felix: Die ertragsteuerliche Konzernbesteuerung im deutschen, europäischen und US-amerikanischen Vergleich, 2015, Hamburg, Verlag Dr. Kovač

Krüger, Wolfgang/Rauscher, Thomas (Hrsg.): Münchener Kommentar zur Zivilprozessordnung, Band 2, 5. Auflage 2016, München, Verlag C. H. Beck (zitiert als: *Bearbeiter* in: MüKo ZPO)

Lampert, Steffen/Grave, Johannes: Die Einführung eines Gruppenbeitragsmodells - Vorbote der Angleichung europäischer Gruppenbesteuerungssysteme?, Deutsche Steuer-Zeitung 2012, S. 463 ff.

Lange, Carsten: Der steuerlich wichtige Kündigungsgrund bei der ertragsteuerlichen Organschaft, GmbH-Rundschau, 2011, S. 806 ff.

Larenz, Karl (Begr.)/Canaris, Claus-Wilhelm: Methodenlehre der Rechtswissenschaft, 3. Auflage, 1995, Berlin, Verlag Axel Springer

Leitzen, Mario: Neues zu Satzungsdurchbrechung und schuldrechtlichen Nebenabreden - zugleich Anmerkung zu BGH RNotZ 2010, 589, Rheinische Notarzeitschrift 2010, S. 566 ff.

Liebelt, Klaus-Günter: Die Rechtsprechung zum Einkommensteuerausgleich unter Ehegatten, NJW 1993, S. 1741 ff.

Limmer, Peter: Die Haftungsverfassung des faktischen GmbH-Konzerns – Haftungsrechtliche Konsequenzen von Konzernleitung und -organisation, 1992, Köln, Verlag Dr. Otto Schmidt

Linsmann, Hans Friedrich: Der Ausgleichsanspruch nach § 311 Abs. 2 des Aktiengesetzes, 1969, Bochum

Littmann, Eberhard (Begr.)/Bitz, Horst/Pust, Hartmut (Hrsg.): Das Einkommensteuerrecht – Kommentar zum Einkommensteuerrecht, 111. Ergänzungslieferung 2015, Stuttgart, Schäffer-Poeschel (zitiert als: *Bearbeiter* in: *Littmann/Bitz/Pust*, Das Einkommensteuerrecht)

Lüdicke, Jürgen: Reform der Konzernbesteuerung (I), Finanz-Rundschau 2009, S. 1025 ff.

ders.: Die Haftung in der körperschaftsteuerlichen und gewerbesteuerlichen Organschaft, Festschrift für Norbert Herzig zum 60. Geburtstag, 2010, München, Verlag C. H. Beck, S. 259-283 (zitiert als: *Lüdicke* in: FS Herzig)

Lüdicke, Jürgen/Rödl, Sabine: Generalthema II: Gruppenbesteuerung, Internationales Steuerrecht 2004, S. 549 ff.

Lutter, Marcus: Die zivilrechtliche Haftung in der Unternehmensgruppe, Zeitschrift für Unternehmens- und Gesellschaftsrecht 1982, S. 244 ff.

ders.: Grenzen zulässiger Einflußnahme im faktischen Konzern - Nachbetrachtung zum Mannesmann/Vodafone-Takeover, Festschrift für Martin Peltzer zum 70. Geburtstag, 2001, Köln, Verlag Dr. Otto Schmidt, S. 241 ff. (zitiert als: *Lutter* in: FS Peltzer)

Lutter, Marcus/Hommelhoff, Peter: Formerfordernisse für Unternehmensverträge im GmbH-Recht, Neue Juristische Wochenschrift 1988, S. 1240 ff.

Lutter, Marcus/Hommelhoff, Peter/Kleindiek, Detlef/Bayer, Walter: GmbH-Gesetz, 19. Auflage, 2016, Köln, Verlag Dr. Otto Schmidt (zitiert als: *Bearbeiter* in: *Lutter/Hommelhoff*, GmbHG)

Luttermann, Claus/Grossfeld, Bernhard: Bilanzrecht – Die Rechnungslegung in Jahresabschluss und Konzernabschluss nach Handelsrecht und Steuerrecht, Europarecht und IAS/IFRS, 2005, Heidelberg, Verlag C. F. Müller (zitiert als: *Luttermann/Grossfeld*, Bilanzrecht)

Martini, Ruben: Das Verhältnis von Schadensersatzzahlungen wegen fehlerhafter Anlageberatung zum Ertragsteuerrecht, Deutsches Steuerrecht 2014, S. 2160 ff.

Martens, Klaus-Peter: Der Ausschluß des Bezugsrechts: BGHZ 33, S. 175, Festschrift für Robert Fischer, 1979, Berlin, De Gruyter (zitiert als: *Martens* in: FS Fischer)

Marx, Jürgen: Rechtfertigung, Bemessung und Abbildung von Steuerumlagen, Der Betrieb 1996, S. 950 ff.

ders.: Der Verlustabzug im Erbfall und die "Rechtsprechung der ruhigen Hand", Der Betrieb 2001, S. 2364 ff.

Melan, Nevada/Karrenbrock, Tobias: Die Durchführung des Gewinnabführungsvertrages als Ernstlichkeits- und Veranlassungsprüfung und die Folgen für die Gestaltungspraxis, Finanz-Rundschau 2009, S. 757 ff.

Michalski, Lutz (Hrsg.): Kommentar zum Gesetz betreffend die Gesellschaften mit beschränkter Haftung, Band I (Systematische Darstellungen, §§ 1-34 GmbHG) 2. Auflage, 2015, München, Verlag C. H. Beck (zitiert als: *Bearbeiter* in: *Michalski*, GmbHG)

ders.: Kommentar zum Gesetz betreffend die Gesellschaften mit beschränkter Haftung, Band II (§§ 35-88 GmbHG, §§ 1-7 EGGmbHG), 2. Auflage, 2015, München, Verlag C. H. Beck (zitiert als: *Bearbeiter* in: *Michalski*, GmbHG)

Mössner, Jörg-Manfred/Seeger, Siegbert (Hrsg.): Körperschaftsteuergesetz Kommentar, Herne, 2013, NWB Verlag (zitiert als: *Bearbeiter* in: *Mössner/Seeger* KStG)

Mülbert, Peter O.: Aktiengesellschaft, Unternehmensgruppe und Kapitalmarkt – Die Aktionärsrechte bei Bildung und Umbildung einer Unternehmensgruppe zwischen Verbands- und Anlegerschutzrecht, 2. Auflage, 1996, München, Verlag C. H. Beck (zitiert als: *Mülbert*, Aktiengesellschaft, Unternehmensgruppe und Kapitalmarkt)

Müller, Hans-Friedrich: Konzernrechtlicher Nachteilsausgleich bei Beschlüssen der Hauptversammlung, Festschrift für Eberhard Stilz zum 65, Geburtstag, 2014, München, C. H. Beck, S. 427 ff. (zitiert als: *H. F. Müller* in: FS Stilz)

Müller, Klaus: Die Haftung der Muttergesellschaft für die Verbindlichkeiten der Tochtergesellschaft im Aktienrecht, Zeitschrift für Unternehmens- und Gesellschaftsrecht 1977, S. 1 ff.

Müller, Thomas/Stöcker, Ernst-Erhard/Lieber, Bettina: Die Organschaft – Körperschaftsteuerrecht, Gewerbesteuerrecht, Umsatzsteuerrecht, Grunderwerbsteuerrecht, 10. Auflage, 2017, Herne, NWB-Verlag (zitiert als: *Müller/Stöcker*, Die Organschaft)

Müller, Welf: Die Begrenzung der Zulässigkeit von Steuerumlagen im Aktienkonzern durch die Vorschriften des Aktiengesetzes, Festschrift für Heinrich Beisse, 1997, Düsseldorf, IDW Verlag, S. 363 ff. (zitiert als: *Müller* in: FS Beisse)

Müller, Welf/Rödder, Thomas: Beck'sches Handbuch der AG – Gesellschaftsrecht – Steuerrecht – Börsengang, 2. Auflage, 2009, München, Verlag C. H. Beck (zitiert als: *Bearbeiter* in: Beck'sches Handbuch der AG)

Musielak, Hans-Joachim / Voit, Wolfgang (Hrsg.): Zivilprozessordnung, 14. Auflage, 2017, München, Verlag Franz Vahlen (zitiert als: *Bearbeiter* in: *Musielak/Voit*, ZPO)

Neuhaus, Jürgen: Der Schadensersatzanspruch des außenstehenden Aktionärs gegenüber dem Vorstand seiner faktisch beherrschten Aktiengesellschaft nach § 93 AktG 65 (1. Teil), Der Betrieb 1971, S. 1193 ff.

Niehus, Ulrich / Wilke, Helmuth: Die Besteuerung der Personengesellschaften, 7. Auflage, 2015, Stuttgart, Schäffer-Poeschel

Oesterwinter, Petra: Problembereiche der ertragsteuerlichen Organschaft – Lösung durch die Einführung eines modernen Gruppenbesteuerungssystems? Deutsche Steuer-Zeitung 2011, S. 585 ff.

Paul, Jens Philippe: Informelle und formelle Einflussnahmen des faktisch herrschenden Unternehmens auf die faktisch abhängige AG, 2013, Baden-Baden, Nomos

Pawlowski, Hans-Martin: Methodenlehre für Juristen – Theorie der Norm und des Gesetzes, 1999, Heidelberg, Verlag C. F. Müller (zitiert als: *Pawlowski*, Methodenlehre für Juristen)

Peschke, Thomas: Gesellschafts- und steuerrechtliche Zulässigkeit disquotaler Gewinnverteilungen bei der GmbH, 2006, Frankfurt am Main, Verlag Peter Lang

Pfeuffer, Frank: Verschmelzungen und Spaltungen als nachteilige Rechtsgeschäfte im Sinne von § 311 Abs. 1 AktG?, 2006, Berlin, Duncker & Humblot

Priester, Hans-Joachim/Mayer, Dieter/Wicke, Hartmut (Hrsg.): Münchener Handbuch des Gesellschaftsrechts, Band 3: Gesellschaft mit beschränkter Haftung, 4. Auflage, 2012, München, Verlag C. H. Beck (zitiert als: *Bearbeiter* in: MHdG, Band III)

Prinz, Ulrich: Unternehmenssteuerreform 2001: Organschaft im Wandel, Finanz-Rundschau 2000, S. 1255 ff.

ders.: Mittelstandsfinanzierung in Zeiten der Zinsschranke, Finanz-Rundschau 2008, S. 441 ff.

ders.: Gedankensplitter zur konzeptionellen Fortentwicklung des deutschen Organschaftsrechts – Diskussionsbeitrag zum 2. Münchener Unternehmenssteuerforum, Beihefter zu Deutsches Steuerrecht 2010, S. 67 ff.

Prinz, Ulrich/Winkeljohann, Norbert (Hrsg.): Beck'sches Handbuch der GmbH – Gesellschaftsrecht, Steuerrecht, 2014, München, Verlag C. H. Beck

Pyszka, Tillmann: Verdeckte Gewinnausschüttungen bei Gewerbesteuerumlagen im Organkreis, GmbH-Rundschau 1999, S. 646 ff.

Quantschnigg, Peter (Hrsg.): Gruppenbesteuerung - Kommentar und systematische Darstellungen, 2005, Wien, Linde Verlag (zitiert als: *Bearbeiter* in: *Quantschnigg*, Gruppenbesteuerung)

Raiser, Thomas/Veil, Rüdiger: Recht der Kapitalgesellschaften – Ein Handbuch für Praxis und Wissenschaft: Aktiengesellschaft, Societas Europaea, Kommanditgesellschaft auf Aktien, Gesellschaft mit beschränkter Haftung, Kapitalgesellschaft et Co., Insolvenzrecht, Konzernrecht, Umwandlungsrecht, Übernahmerecht, Kapitalmarktrecht, 6. Auflage, 2015, München, Verlag Franz Vahlen (zitiert als: *Raiser/Veil*, Recht der Kapitalgesellschaften)

Rasch, Harold: Sind auf dem Gebiete des Konzernrechts gesetzgeberische Maßnahmen erforderlich? – Gutachten für den 42. Deutschen Juristentag; 1957, Tübingen, Verlag J. C. B. Mohr

Rau, Günther/Dürrwächter, Erich: Kommentar zum Umsatzsteuergesetz, 168. Ergänzungslieferung, Stand: 2016, Köln, Verlag Dr. Otto Schmidt (zitiert als: *Bearbeiter* in: *Rau/Dürrwächter*, UStG)

Rehbinder, Eckard: Gesellschaftsrechtliche Probleme mehrstufiger Unternehmensverbindungen, Zeitschrift für Unternehmens- und Gesellschaftsrecht 1977, S. 581 ff.

Richter, Lutz: Die Auswirkungen des Steuervergünstigungsabbaugesetzes (StVergAbG) auf das Rechtsinstitut der Organschaft – Eine kritische Analyse ausgewählter verabschiedeter Regelungen, Steuer und Wirtschaft 2004, S. 51 ff.

Risse, Robert: Tax Accounting, Festschrift für Norbert Herzig zum 60. Geburtstag, 2010, München, Verlag C. H. Beck, S. 651 ff. (zitiert als: *Risse* in: FS Herzig)

Rödder, Thomas: Einführung einer neuen Gruppenbesteuerung an Stelle der Organschaft; Die Unternehmensbesteuerung 2011, S. 473 ff.

ders.: Die kleine Organschaftsreform, Die Unternehmensbesteuerung 2012, S. 717 ff.

Rödder, Thomas/Herlinghaus, Andreas/Neumann, Ralf (Hrsg.): Körperschaftsteuergesetz, 2015, Köln, Verlag Dr. Otto Schmidt (zitiert als: *Bearbeiter* in: *Rödder/Herlinghaus/Neumann*, KStG)

Rödder, Thomas/Schönfeld, Jens: Abschied (auslandsbeherrschter) inländischer Kapitalgesellschaften von der deutschen Ertragsteuerpflicht? – Erste Anmerkungen zum überraschenden Urteil des BFH v. 9.2.2011 (I R 54, 55/10, DStR 2011 Seite 762), Deutsches Steuerrecht 2011, S. 886 ff.

Rogall, Matthias: Die Belastung von Dividenden und Veräußerungsgewinnen im Konzern nach den beabsichtigten Neuerungen des § 8b Abs. 3 und 5 KStG, Der Betrieb 2003, S. 2185 ff.

Römermann, Volker (Hrsg.): Münchener Anwaltshandbuch GmbH-Recht, 3. Auflage, 2014, München, Verlag C. H. Beck

Rowedder, Heinz (Begr.)/Schmidt-Leithoff, Christian (Hrsg.): Gesetz betreffend die Gesellschaften mit beschränkter Haftung; 5. Auflage, 2013, München, Verlag Franz Vahlen (zitiert als: *Bearbeiter* in: *Rowedder/Schmidt-Leithoff*, GmbHG)

Säcker, Franz Jürgen/Rixecker Roland/Oetker, Hartmut/Limperg, Bettina: Münchener Kommentar zum Bürgerlichen Gesetzbuch, Band 2 (Schuldrecht - Allgemeiner Teil), 7. Auflage, 2016, München, Verlag C. H. Beck (zitiert als: *Bearbeiter* in: MüKo BGB)

Sapper, Helmut: Die rechtssystematische Stellung der Unternehmensverträge – Zugleich ein Beitrag zum Recht der Konzernorganisation und zur Regelung der Unternehmensverbindung im Amtlichen Entwurf 1960/62 eines Aktiengesetzes, 1963, Tübingen

Schauhoff, Stephan: Steuerumlagen im Konzern nach der BGH-Rechtsprechung, Steuerberater-Jahrbuch 2000/2001, S. 325 ff.

Scheifele, Matthias/Hörner, Steffen: Neue formale Anforderungen an die Regelung der Verlustübernahmepflicht in Gewinnabführungsverträgen – Handlungsbedarf für Alt- und Neuverträge, Deutsches Steuerrecht 2013, S. 553 ff.

Schimansky, Herbert/Bunte, Hermann-Josef/Lwowski, Hans-Jürgen (Hrsg.): Bankrechts-Handbuch, 5. Auflage, 2017, München, Verlag C. H. Beck (zitiert als: *Bearbeiter* in: *Schimansky/Bunte/Lwowski*, Bankrechts-Handbuch)

Schmidt, Eckehardt: Bayerische Reformüberlegungen zur Gruppenbesteuerung, Der Betrieb 2011, Standpunkte S. 43 f.

Schmidt, Ludwig: Die gesetzliche Regelung der Organschaft im Körperschaftsteuerrecht, Steuer und Wirtschaft, 1969, S. 441 ff.

Schmidt, Karsten: Gesellschaftsrecht, 4. Auflage, 2002, Köln, Verlag Carl Heymann

ders. (Hrsg.): Münchener Kommentar zum Handelsgesetzbuch, Band 4 (Drittes Buch, Handelsbücher, §§ 238-342e), 3. Auflage, 2013, München, Verlag C. H. Beck (zitiert als: *Bearbeiter* in: MüKo HGB)

ders. (Hrsg.): Aktiengesetz Kommentar, 3. Auflage, 2015, Köln, Verlag Carl Heymann (zitiert als: *Bearbeiter* in: *Schmidt/Lutter*, AktG)

Schmolke, Klaus Ulrich: Kapitalerhaltung in der GmbH nach dem MoMiG – Kommentierung zu den §§ 30, 31 GmbHG, 2009, München, Verlag C. H. Beck

Schneider, Norbert/Hinz, Wiebke: Verunglückte Organschaft – Ursachen und Heilungsmöglichkeiten, Die Unternehmensbesteuerung 2009, S. 738 ff.

Schneider, Norbert/Sommer, Ulrike: Organschaftsreform "light" – Ein Überblick insbesondere zur neuen Fiktion der tatsächlichen Durchführung, GmbH-Rundschau 2013, S. 22 ff.

Scholz, Frank (Hrsg.): GmbHG, Band 1 (§§ 1-34), 9. Auflage, 2000, Köln, Verlag Dr. Otto Schmidt (zitiert als: *Bearbeiter* in: *Scholz*, AktG (9. Auflage)

ders.: GmbHG, Band 1 (§§ 1-34), 11. Auflage, 2012, Köln, Vcrlag Dr. Otto Schmidt (zitiert als: *Bearbeiter* in: *Scholz*, AktG)

ders.: GmbHG, Band 2 (§§ 35-52), 11. Auflage, 2013, Köln, Verlag Dr. Otto Schmidt (zitiert als: *Bearbeiter* in: *Scholz*, AktG)

ders.: GmbHG, Band 3 (§§ 53-85), 11. Auflage, 2015, Köln, Verlag Dr. Otto Schmidt (zitiert als: *Bearbeiter* in: *Scholz*, AktG)

Schön, Konrad/Osterloh-Konrad, Christine (Hrsg.): Kernfragen des Unternehmenssteuerrechts, 2010, Berlin. Verlag Axel Springer (zitiert als: *Bearbeiter* in: *Schön/Osterloh-Konrad*, Kernfragen des Unternehmenssteuerrechts)

Schön, Wolfgang: Abschied vom Vertragskonzern?, Zeitschrift für das gesamte Handels- und Gesellschaftsrecht 2004, S. 629 ff.

ders.: Perspektiven der Konzernbesteuerung, Zeitschrift für das gesamte Handels- und Gesellschaftsrecht 2007, S. 409 ff.

Schwarz, Bernhard/Widmann, Werner/Radeisen, Rolf-Rüdiger (Hrsg.): Kommentar zum Umsatzsteuergesetz, 182. Ergänzungslieferung, 2015, Haufe-Lexware (zitiert als: *Bearbeiter* in: *Schwarz/Widmann/Radeisen*, UStG)

Seeger, Siegbert F. (Hrsg.): Perspektiven der Unternehmensbesteuerung – 26. Jahrestagung der Deutschen Steuerjuristischen Gesellschaft e.V., Hamburg, 24. und 25. September 2001, 2002, Köln, Verlag Dr. Otto Schmidt (zitiert als: *Bearbeiter* in: *Seeger*, Perspektiven der Unternehmensbesteuerung)

Simon, Stefan: Zulässigkeit von Gewerbesteuerumlagen nach der Belastungsmethode im Lichte der zivilrechtlichen Rechtsprechung, Deutsches Steuerrecht 2000, S. 431 ff.

ders.: Zur Ausgestaltung von Gewerbesteuerumlagen, Deutsches Steuerrecht 2000, S. 537 ff.

ders.: Steuerumlagen im Konzern, Zeitschrift für Unternehmens- und Gesellschaftsrecht 2007, S. 71 ff.

Soergel, Theodor (Begr.): Bürgerliches Gesetzbuch mit Einführungsgesetz und Nebengesetzen, Band 3/2: Schuldrecht 1/2: §§ 243-304, 13. Auflage, 2014, Stuttgart, Kohlhammer Verlag (zitiert als: *Bearbeiter* in: *Soergel*, BGB)

Sonnenschein, Jürgen: Organschaft und Konzerngesellschaftsrecht – unter Berücksichtigung des Wettbewerbsrechts und des Mitbestimmungsrechts, 1976, Baden-Baden, Nomos

Spindler, Gerald/Stilz, Eberhard (Hrsg.): Kommentar zum Aktiengesetz, Band 1 (§§ 1-149), 3. Auflage, 2015, München, Verlag C. H. Beck (zitiert als: *Bearbeiter* in: *Spindler/Stilz*, AktG)

dies.: Kommentar zum Aktiengesetz, Band 2 (§§ 150-410), 3. Auflage, 2015, München, Verlag C. H. Beck

Stadie, Manfred-Holger: Umsatzsteuergesetz, 3. Auflage, 2015, Köln, Verlag Dr. Otto Schmidt

Stangl, Ingo/Brühl, Manuel: Die "kleine Organschaftsreform", Der Konzern 2013, S. 77 ff.

Stangl, Ingo/Ritzer, Claus: "Zahlungsfähigkeit" oder "Werthaltigkeit" als Voraussetzung für die Durchführung eines Gewinnabführungsvertrags per Novation oder Aufrechnung?, Der Konzern 2012, S. 529 ff.

Staub, Hermann (Begr.): Handelsgesetzbuch, Band 5 (§§ 238-289a), 5. Auflage, 2014, Berlin, De Gruyter (zitiert als: *Bearbeiter* in: *Staub*, HGB)

Staudinger, Julius von (Begr.): Kommentar zum Bürgerlichen Gesetzbuch – Buch 2: Recht der Schuldverhältnisse §§ 249-254 (Schadensersatzrecht), 2005, Berlin, De Gruyter (zitiert als: *Bearbeiter* in: *Staudinger*, BGB)

ders.: Kommentar zum Bürgerlichen Gesetzbuch – Buch 2: Recht der Schuldverhältnisse §§ 812 - 822 (Ungerechtfertigte Bereicherung), 2007, Berlin, De Gruyter (zitiert als: *Bearbeiter* in: *Staudinger*, BGB)

Stelkens, Paul/Bonk, Heinz Joachim/Sachs, Michael (Hrsg.): Verwaltungsverfahrensgesetz, 8. Auflage, 2014, München, Verlag C. H. Beck (zitiert als: *Bearbeiter* in: *Stelkens/Bonk/Sachs*, VwVfG)

Stephan, Klaus-Dieter: Zum Stand des Vertragskonzernrechts, Der Konzern 2014, S. 1 ff.

Stiftung Marktwirtschaft, Frankfurter Institut: Kommission „Steuergesetzbuch“, Steuerpolititsches Programm – Einfacher, gerechter, sozialer: Eine umfassende Ertragsteuerreform für mehr Wachstum und Beschäftigung, 2006, Berlin (zitiert als: *Kommission Steuergesetzbuch*, Steuerpolitisches Programm 2006)

Streck, Michael (Hrsg.): Körperschaftsteuergesetz, 6. Auflage, 2003, München, Verlag C. H. Beck (zitiert als: *Bearbeiter* in: *Streck*, KStG (6. Auflage 2003))

ders.: Körperschaftsteuergesetz, 8. Auflage, 2014, München, Verlag C. H. Beck (zitiert als: *Bearbeiter* in: *Streck*, KStG)

Strohn, Lutz: Die Verfassung der Aktiengesellschaft im faktischen Konzern – Zur Harmonisierung des Paragraphen 311 ff. AktG mit den allg. Bestimmungen des Aktienrechts, 1977, Köln, Verlag Carl Heymann

Stützel, Dieter: Schadensersatz bei vermögensverwaltenden Immobilienfonds – Besteuerung und Anrechnung von Steuervorteilen, Neue Juristische Wochenschrift 2014, S. 2070 ff.

Tetzlaff, Christian: Aufhebung von harten Patronatserklärungen, Wertpapiermitteilungen 2011, S. 1016 ff.

Theisen, Manuel René: Der Konzern – Betriebswirtschaftliche und Rechtliche Grundlagen der Konzernunternehmung, 2. Auflage, 2000, Stuttgart, Schäffer-Poeschel

Tipke, Klaus/Kruse, Heinrich Wilhelm (Begr.): Abgabenordnung – Finanzgerichtsordnung, 146. Ergänzungslieferung, 2016, Köln, Verlag Dr. Otto Schmidt (zitiert als: *Bearbeiter* in: *Tipke/Kruse*, AO/FGO)

Tipke, Klaus (Begr.) / Lang, Joachim (Hrsg.): Steuerrecht, 22. Auflage, 2015, Köln, Verlag Dr. Otto Schmidt

Treptow, Harald: Konzernbesteuerung auf dem Prüfstand, Steuerberater-Jahrbuch 1995/96, S. 53 ff.

Ulmer, Peter/Habersack, Mathias/Löbbe, Marc (Hrsg.): Gesetz betreffend die Gesellschaften mit beschränkter Haftung, Band 1 (§§ 1-28), 2. Auflage, 2013, Tübingen, Mohr-Siebeck (zitiert als: *Bearbeiter* in: *Ulmer/Habersack/Löbbe*, GmbHG)

dies.: Gesetz betreffend die Gesellschaften mit beschränkter Haftung, Band 2 (§§ 29-52), 2. Auflage, 2014, Tübingen, Mohr-Siebeck (zitiert als: *Bearbeiter* in: *Ulmer/Habersack/Löbbe*, GmbHG)

dies.: Gesetz betreffend die Gesellschaften mit beschränkter Haftung, Band 3 (§§ 53-88), 2. Auflage, 2016, Tübingen, Mohr-Siebeck (zitiert als: *Bearbeiter* in: *Ulmer/Habersack/Löbbe*, GmbHG)

van Lishaut, Ingo: Die Reform der Konzernbesteuerung (II), Finanz-Rundschau 2009, S. 1030 ff.

Veil, Rüdiger: Unternehmensverträge – Organisationsautonomie und Vermögensschutz im Recht der Aktiengesellschaft, 2003, Tübingen, Mohr-Siebeck

Verse, Dirk A.: Der Gleichbehandlungsgrundsatz im Recht der Kapitalgesellschaften, 2006, Tübingen, Mohr-Siebeck

Wagner, Franz: Was bedeutet und wozu dient Rechtsformneutralität der Unternehmensbesteuerung?, Steuer und Wirtschaft 2006, S. 101 ff.

Walter, Wolfgang: Organschaft und Mindestdauer des Ergebnisabführungsvertrages, GmbH-Rundschau 1995, S. 649 f.

Wassermeyer, Franz: Können organschaftliche Mehrabführungen Gewinnausschüttungen sein?, GmbH-Rundschau 2003, S. 313 ff.

Watrin, Christoph/Sievert, Elke/Strohm, Christiane: Reform der Konzernbesteuerung in Deutschland und Europa, Finanz-Rundschau 2004, S. 1 ff.

Weigert, Katja/Strohm, Joachim: Zu den persönlichen Voraussetzungen der ertragsteuerlichen Organschaft unter Berücksichtigung aktueller Entwicklungen, Der Konzern 2013, S. 249 ff.

Wiedemann, Herbert/Fleischer, Holger: Anmerkung zu BGH, Urteil v. 01.03.1999 – II ZR 312/97 ("Buderus"), Juristenzeitung 2000, S. 159 ff.

Wiesner, Werner/Kirchmayr, Sabine/Mayr, Gunter (Hrsg.): Die neue Gruppenbesteuerung – Praxiskommentar, Gesetzestext und Materialien, Erlass, Kommentierung, praktische Beispiele, 2005, Wien, Lexis-Nexis Verlag (zitiert als: *Bearbeiter* in: *Wiesner/Kirchmayr/Mayr*, Die neue Gruppenbesteuerung)

Wilhelm, Alexander: Zur Gestaltung des Nachteilsausgleichs bei Unternehmensveräußerungen im faktischen Aktienkonzern – Zugleich eine Besprechung der HVB/UniCredit-Entscheidung des BGH, Neue Zeitschrift für Gesellschaftsrecht 2012, S. 1287 ff.

Wilhelm, Jan: Kapitalgesellschaftsrecht, 3. Auflage, 2009, Berlin, De Gruyter

Wimmer-Leonhardt, Susanne: Konzernhaftungsrecht – Die Haftung der Konzernmuttergesellschaft für die Tochtergesellschaften im deutschen und englischen Recht, 2004, Tübingen, Mohr-Siebeck

Winnefeld, Robert: Bilanz-Handbuch – Handels- und Steuerrecht, Rechtsformspezifisches Bilanzrecht, Bilanzielle Sonderfragen, Sonderbilanzen, IFRS/IAS, 5. Auflage, 2015, München, Verlag C. H. Beck

Winter, Martin: Mitgliedschaftliche Treuebindungen im GmbH-Recht, 1988, München, Verlag C. H. Beck

ders.: Upstream-Finanzierung nach dem MoMiG-Regierungsentwurf – Rückkehr zum bilanziellen Denken, Deutsches Steuerrecht 2007, S. 1484 ff.

Witt, Carl-Heinz: Die Konzernbesteuerung – Vorschlag zur Fortentwicklung des Rechts der steuerlichen Organschaft, 2006, Köln, Verlag Dr. Otto Schmidt

Wolfersdorff, Janine von: Die "kleine Organschaftsreform" – Erleichterungen bei Abschluss und Durchführung des Gewinnabführungsvertrags; Notlösung, aber keine Alternative zur Einführung einer modernen Gruppenbesteuerung, 2012, Berlin, Institut Finanzen und Steuern (zitiert als: *von Wolfersdorff*, IFSt-Schrift Nr. 481 2012)

Wollny, Christoph: Wer den Schaden hat, muss für die Bewertung sorgen – Unternehmensbewertung zur Ermittlung von Schadensersatzansprüchen, Deutsches Steuerrecht 2013, S. 2132 ff.

Zöllner, Wolfgang/Noack, Ulrich (Hrsg.): Kölner Kommentar zum Aktiengesetz; Band 1 (§§ 1-75), 3. Auflage, 2012, Köln, Verlag Carl Heymann (zitiert als: *Bearbeiter* in: *Zöllner/Noack*, Köln Komm AktG)

dies.: Kölner Kommentar zum Aktiengesetz; Band 6 (§§ 291-393 und §§ 15-22), 3. Auflage, 2004, Köln, Verlag Carl Heymann (zitiert als: *Bearbeiter* in: *Zöllner/Noack*, Köln Komm AktG)